AULU-GELLE

LES NUITS ATTIQUES

LIVRES V - X

COLLECTION DES UNIVERSITÉS DE FRANCE
publiée sous le patronage de l'ASSOCIATION GUILLAUME BUDÉ

AULU-GELLE

LES NUITS ATTIQUES

TOME II

LIVRES V - X

TEXTE ÉTABLI ET TRADUIT
PAR
RENÉ MARACHE
Professeur à l'Université de Rennes II

Quatrième tirage

PARIS
LES BELLES LETTRES
2023

Conformément aux statuts de l'Association Guillaume Budé, ce volume a été soumis à l'approbation de la commission technique, qui a chargé M. Guy Serbat d'en faire la révision et d'en surveiller la correction en collaboration avec M. René Marache.

95 boulevard Raspail, 75006 Paris
www.lesbelleslettres.com

Premier tirage 1978

ISBN : 978-2-251-01017-5
ISSN : 0184-7155

SIGLA

I CODICES

Ad libros I-VII

A codex rescr. Vaticanus lat. 24, saec. IV; post 4, 1, 13 non legitur. Cf. supra, vol. I, *Introduction*, p. XLIII s.

P Parisinus olim Regius Bibl. nat. lat. 5765 saec. XII; cum uerbis *ictus solis* 7, 4, 3 desinit. Cf. vol. I, p. XLV.

R Leidensis Gronou. 21 (olim Rottendorfianus) saec. XII; lemmata non praebet; cum uerbis *inger mi calices*, 6, 20, 6 desinit; cf. vol. I, p. XLIV.

V Vaticanus Lat. 3452 saec. XIII; usque ad libri VII finem pergit; cf. vol. I, p. XLV.

Ad libros IX-XX

Familia γ

F Leuwarden Bibl. Prov. van Friesland 55 (olim Franequeranus), saec. IX,
inc. 9, 1, lem. desinit cum uerbis *manum conserere*, 20, 10, 6; cf. vol. I, p. XLIX.

N Florentinus Bibl. nat. J.4, 26 (olim Magliabecchianus 329) saec. XV,
inc. 9, 1, lem., desinit cum uerbis *nolite uos atque*, 20, 11, 5; cf. vol. I, p. XLVIII.

O Vaticanus Reginensis lat. 597 saec. IX,
inc. cum uerbis *grammaticam facie* 9, 14, 2, desinit cum uerbis *pars uestrorum intellegit*, 20, 6, 12. Adsunt fragmenta de sequentibus capitulis; nam desinebat ut uidetur 20, 10, 5; cf. vol. I, p. XLVII.

Π Vaticanus Reginensis lat. 1646, saec. XII, inc. 9, 1, lem., desinit cum uerbis *manum conserere*, 20, 10, 6 ; cf. vol. I, p. XLVIII.

X Leidensis Vossianus lat. F 112, saec. X, inc. a uerbo *Harmodii* 9, 2, 10 usque ad *indigentiam* 9, 8, 1 ; tum a *non ut uulgo* 9, 12, 10 usque ad *sibi reddi* 9, 16, 6 ; tum denique a 1, 10, 1 usque ad uerba *manum conserere* 20, 10, 6 ; lemmata libri IX et libri X non praebet ; cf. vol. I, p. XLVIII.

Familia δ

B codex anno 1173 scriptus in duas partes diuisus : Bernensis Bibl. mun. 404 et Leidensis B.P.L. 1925 (olim Rheno-Traiectinus), saec. XII, desinit cum fine libri XII sed praebet et cap. 12, 5 sine lemmate ; cf. vol. I, p. XLVII.

Q Parisinus Bibl. nat. 8664, saec. XIII, inc. 9, 1, lem., desinit cum uerbis *manum conserere*, 20, 10, 6 ; cf. vol. I, p. XLVI.

Z Leidensis Vossianus F 7, saec. XIV, inc. 9, 1, lem., desinit cum uerbis *manum conserere* 20, 10, 6 ; cf. vol. I, p. XLVII.

Ad libros omnes

T Anthologia Valerio-Gelliana, Parisinus Bibl. nat. lat. 4952, saec. XII.

Y Anthologia Valerio-Gelliana, Vaticanus lat. 3307, saec. XII.

recc. per ultimam partem ad familiam γ adsignandi, inc. ab initio operis, desinunt cum uerbis *nolite uos atque* 20, 11, 5.

La présente liste constitue un rectificatif de la page LXIV du premier volume. Comme cela a été vérifié aimablement par Mlle Jeudy, conservateur à la Bibliothèque nationale, *P* est du XIIe siècle et non du XIIIe, date donnée par tous les éditeurs avant P. K. Marshall. Nous ne noterons pas les leçons de *G*, manuscrit qui se rattache à la famille γ et qu'aucune qualité particulière ne signale dans une famille dont il existe de si nombreux représentants. Au lieu du sigle *L* nous userons de *F* pour désigner le manuscrit de Leuwarden, ceci afin d'employer le même symbole que l'édition de P. K. Marshall. Cette édition, parue quelques mois après notre premier volume en 1968, modifie en effet considérablement les conditions de notre travail. Elle est dotée d'un très bon apparat critique, établi dans des conditions qui sont celles d'aujourd'hui ; elle donne une image fort exacte de l'état de la tradition manuscrite, étant dépourvue des erreurs[1] et des faiblesses qui se trouvaient encore chez Hertz et chez Hosius. La grande innovation réside dans l'usage de ce manuscrit *F* pour le texte de la deuxième partie. Laissé de côté par Hertz et par Hosius, celui-ci a été remis en honneur par G. I. Liefting[2] qui en a montré tout l'intérêt. Il a été écrit à Fulda dans la première moitié du IXe siècle, par plusieurs mains, sans doute d'après un exemplaire insulaire. Liefting prétendait en trouver la trace dans la correspondance de Servatus Lupus et affirmait qu'il avait servi à ce dernier pour corriger le manuscrit *O*. P. K. Marshall fait justice de ces affirmations : il ne voit pas de similitude entre O^2 et *F*. Mais il est si pénétré de l'excellence de ce témoin en somme nouveau[3] qu'il le considère comme le représentant unique d'une nouvelle famille. En réalité, s'il est vrai que *F* est un témoin de qualité, ses leçons ne présentent pas d'originalité très apparente

1. Voici quelles erreurs nous avons notées, bien heureux si notre travail n'en admettait pas davantage : 10, 3, 9 *inflammatus B* lire en réalité *inflammatur* ; 10, 12, 5 la lacune n'est pas indiquée d'où une notation fausse de la leçon de δ ; 10, 13, 4 *itemque* ω : *item Q. recc.* mais *ΠN* ont en réalité eux aussi *item q.* ; 10, 15, 9 *ullum Z* en réalité *ullam* ; 10, 16, 3 *aut Aeneas* $FO^2X\Pi B$ en réalité O^2X seulement, tous les autres manuscrits portent *et Aen-*, *B* omet le passage ; 10, 20, 5 *dicatur rell.* (c'est-à-dire *OΠNB*) mais *O* porte en réalité *dicitur* et les autres une abréviation qui ne paraît pas indiquer *dicatur* ; 10, 23, 4 *multiciter Q* faute d'impression pour *multicitur* ; 10, 23, 5 *adulterariare F* en réalité *adulteriare*.

2. Cf. vol. I, p. XLIX.

3. Il avait servi en 1592 à l'établissement du *Tornaesianus* et I. G. Boot l'avait examiné et loué (*Mnemos.* 15, 1887, 283 ss.).

par rapport à ce que l'on connaissait. Pour nous en tenir à l'apparat de Marshall, nous avons compté au cours des livres IX et X 116 accords *F*γ contre 11 *F*δ. Il faut se rendre à l'évidence, *F* fait partie de la famille γ, il en est un membre aussi ancien que *O*, de qualité comparable, mais il ne mérite pas un traitement privilégié, ni l'orgueilleuse solitude où le dresse Marshall.

On acquiert ainsi une vision assez différente de celle de Hertz : une vulgate immense γ comprenant une infinité de manuscrits. Les *recentiores* font partie de γ puisqu'ils sont étroitement liés à *N*. Le manuscrit *G*, les compléments et les livres IX-XX de *V* en font partie. En face d'un tel flot, trois manuscrits δ seulement : *BQZ* Le premier dans une minuscule assez peu soignée, est un témoin particulièrement sincère. *Z* au contraire est souvent fautif ; ses leçons personnelles sont dépourvues d'intérêt. *Q* a été corrigé par un scribe de forte personnalité qui interprétait le texte et pratiquait la conjecture[1]. Tel qu'il nous est parvenu, il présente plutôt une édition, souvent très intelligente, parfois aberrante, de notre texte. Il ne mérite pas en tout cas la confiance que lui ont accordée Hertz et surtout Hosius. Mais l'accord *BQZ* ne doit pas être sous-estimé ; il nous conserve souvent le bon texte et équilibre à lui seul la famille si nombreuse et plus ancienne γ. Il n'est guère possible de déterminer la date à laquelle l'unité *BQZ* s'est séparée de la grande vulgate. Certaines erreurs remontent à l'écriture capitale (par exemple *soporibus* pour *sororibus* 9, 12, 11).

Reste à donner quelques indications sur les autres membres de γ dont nous avons transcrit les leçons A côté de *F*, *O* conserve toute sa valeur, très soigné, assez sûr et pourvu d'un correcteur de grande classe. X parfois négligé et incorrect transmet à l'occasion la bonne leçon. *Π* malgré une écriture gothique très soignée

1. Par exemple en 10, 13, 4 on lit : « hac *FOXΠN* : ac *BZ* ea *Q* ». Tout se passe comme si *Q* avait eu devant les yeux l'archétype δ donnant le texte incompréhensible *ac* ; il a alors corrigé et mis à la place de la conjonction inexplicable le pronom que *ac* lui suggérait, c'est-à-dire *ea*, la restauration de *hac* venant moins naturellement à l'esprit.

est souvent fautif ; ses initiatives sont sans intérêt, inspirées par des idées personnelles ; c'est une édition mal faite plus qu'une copie. *N* est une édition assez bien faite et l'examen interne confirme l'hypothèse selon laquelle il serait l'œuvre d'un humaniste.

II EDITIONES IMPRESSAE

Confer supra vol. I, p. LVIII s. Sed addere eis oportet quae illic adhibitae sunt praesertim Venetas 1472 et 1489, Beroaldinam 1503, Iuntinam 1513, Aldinam 1515, Ascensianam 1517.

III EMENDATIONES

Bergk	= Bergk Th., in *Rhein. Mus.* N.F. 19, 1864, p. 605 s.
	— in *Philologus* 29, 1870, p. 329.
	— in *Jahrbuch f. class. Philol.* 113, 1876, p. 279 s.
Boot	= Boot J. C., in *Mnemos. Miscell. philol. et paed.* F 2 Amsterdam 1850, p. 55 s.
	— in *Mnemos.* XV, 1887, p. 283.
Bothius	= Bothius, *Fragm. Trag. Lat.*
Brodaeus	= Brodaeus I., in *Miscell.* IV, 26 (lamp. Grut. 2, 566).
Carrio	= Carrio L., cf. supra, *Introduction* vol. I, p. LIX.
Casaubonus	= Casaubonus Is., in ed. Tornaesiana 1592.
Cobet	= Cobet C. G., in *Mnemos.* N.S. 6, 1878, p. 111 s.
Corazzini	= Corazzini de Bulciano F., *Storia della marina militare e commerciale*, 5, 1898, app. 3.

Cornelissen = Cornelissen I. I., in *Mnemos.* N.S. 3 1875, p. 73 s.

Cramer = Cramer A. W. *Opuscula*, 1837.
— *Verzeichnis v. Hss. der Kieler Univ. Bibl.*, Abt. 1-4, Kiel 1873.
— *Kleine Schriften*, Kiel 1875, p. 64-136.

Damsté = Damsté P. H., in *Mnemos.* N.S. 42, 1914, p. 91-92 ; 46, 1918, p. 444 ; 47, 1919, p. 288-298 ; 48, 1920, p. 80-89 ; p. 293 s.

Dziatszko = Dziatszko K., in ed. Hertz, 1885, cf. supra, vol. I, p. LXI.

Fleckeisen = Fleckeisen A. *Zur Kritik der altlatein. Dichterfragmente bei G.*, Lipsiae 1854.
— in *Jahrb. f. class. Philol.* 97, 1868, p. 415 s.

Fruterius = Fruterius L., in ed. Hertz. Cf. huius *Praefatio*, vol. 2, p. LXXVI.

Gron. = Gronove I. F., ed., cf. supra, vol. I, *Introduction*, p. LIX-LXI.

I. Gron. = Gronove I., ed. supra, vol. I, *Introduction*, p. LX.

Gifanius = Gifanius, cf. ed. Gron. praesertim 1687.

Gruchius = Gruchius, *De com. Rom.* 2, 3 (Gaeu., *Thes.* I, 668).

Hadr. Iun. = Hadr. Iunius, ed. Non., Anvers 1565.
— *Animaduersorum*, libri VI, Bâle 1556.

Hagen = Hagen, J., in *Jahresb. Bursian* II, 1876, 1408-1416.
— *Catal. cod. Bern.*, p. 366.

Haupt = Haupt M., *Opusc.* 2, 1876, p. 121-125.

Heinse = Heinse, in ed. Ouid. *Fast.*

Heraeus = Heraeus W., in *Berlin Philol. Wochenschr.* 24, 1904, p. 1163-1171.

Hertz = Hertz M., *A.G.N.A.*, ex recensione M. Hertz, Lipsiae 1853.
— *A.G.N.A.*, ex rec. M. Hertz 1883 et 1885. Ed. maior, cf. supra, vol. I, p. LXI
— *Vindiciae Gellianae*, Greifswald 1858.
— *Vindiciae Gellianae alterae*, aus dem 7. Suppl. d. *Jahrb. f. class. Philol.* 1873.
— *Ramentorum Gellianorum mantissa*, Bratislava 1868, — *mantissa altera*, Bratislava 1869.
— *Miscellen* in *Jahrb. f. class. Philol.* 101, 1870 et 103, 1871.
— *Opuscula Gelliana*, Berlin 1886.
— *Supplementum apparatus Gelliani (Jahrb. f. class. Phil.*, Suppl. 21, 1894, p. 1-48).

Hosius = Hosius C., ed. supra, vol. I, *Introduction*, p. LXII.

Jahn = Jahn O., in *Philol.* 26, 1867, p. 8.

Jong = De Jong in ed. Hertz.

Klotz = Klotz R., *Quaest. Gell.* Un. Leips. progr. Acad. 4, 1857.

Kretschmer = Kretschmer J., *De A. Gellii fontibus...*, Berlin 1866.

Kronenberg = A. J. Kronenberg in *Class. Quat.* 4, 1910, p. 233.

Kumanudis = Kumanudis, in *Ac. Inscr. et B. Lettres, C.R.* 7, 1871, p. 249.

F. Lachmann = Lachmann F., *de die Alliensi*, Göttingen 1822.

K. Lachmann Lachmann K., in Lucret. ed.

Lambecius Lambecius P., in ed. Gronovianis.

Lion = Lion A., ed. supra, vol. I, p. LXI.

Lipsius = Lipsius I., ex ed. Gronovianis cognoui.

Longolius = Longolius P. D., ed. supra, vol. I. *Introduction*, p. LXI.

Madvig = Madvig I. N., *Adversariorum criticorum ad scriptores Graecos Latinos* liber I, Havniae 1871 ; liber II, Havniae 1873.

Markland = Markland I., ad Stat., *Silu.*

Mercerus = Mercerus, in ed. Gron. 1651.

Mercklin = Mercklin L., *Die Citiermethode und Quellenbenützung des A. Gellius. Ann. Philol.* Suppl. III, Lipsiae 1860.

Mommsen = Mommsen Th., *Symbola Bethmanno Holwegio obl. Berlin* 1868. Et uaria quaedam in ed. Hertz adspersa.

Mueller C. F. W. =
Mueller H. I. =
Mueller L. =
} Mueller C. F. W., Mueller H. I., Mueller L., in ed. Hertz 1883.

Nettleship = Nettleship H., *Lectures and Essays*, Oxford 1885.

Nipperdey = Nipperdey C., *Opuscula*, Berlin 1876.

Petchenig = Petchenig M., in *Philol. Anzeiger*, 17, 1887, p. 104.

Pighius = Pighius, in *Ann. Rom.* 582, t. 2, p. 366.

Pontanus = Pontanus, ed. Macrobe.

Quicherat	= Quicherat L., *Introduction à la lecture de Non. Marc.*, Paris 1872.
Salmasius	= Salmasius (Saumaise), in ed. Gronov.
Sarisb.	= Jean de Salisbury, *Policratici libri.*
Schaefer	= Schaefer A., in ed. Hertz.
Scheffer	= Scheffer J., notulae in ed. Gron. 1687.
Sciopp.	= Scioppius G., in ed. J. F. et Iac. Gronov. 1706.
F. Skutsch	= Skutsch F., in ed. Hosius, supra, vol. I, p. LXII.
O. Skutsch	= Skutsch O., in *Rhein. Mus.* N.F. 96, 1953, p. 193-201.
	— *Class. Quat.* 13, 1963, p. 94-97.
Stephanus	= Stephanus H., *Noctes Parisinae, Atticis A. Gellii Noctibus inuigilatae*, Paris 1585.
Thysius	= Thysius, in ed. Gronoviana 1706.
Vogel	= Vogel Th., *De A. Gelli sermone I. De copia uerborum*, Zwickau 1862.

LIVRE V

LIVRE V

I

Que le philosophe Musonius a blâmé et condamné les cris et les transports pour louer l'exposé d'un philosophe.

1. On nous a appris que le philosophe Musonius avait l'habitude[1]... « Quand le philosophe, dit-il, exhorte, avertit, persuade, réprimande ou développe un autre point d'enseignement, si les auditeurs, sans réfléchir ni se contraindre, débitent les premiers éloges venus, s'ils vont jusqu'à crier, s'ils se laissent émouvoir, exciter et enthousiasmer par le charme des sons, la mélodie des mots et pour ainsi dire, le rythme[2] du discours, alors, sachez-le, orateur et auditeurs perdent leur temps et il n'y a pas là un philosophe qui parle, c'est un flûtiste qui joue. **2.** Quand on écoute un philosophe, l'esprit tendu n'a pas le loisir de louer abondamment et profusément quand ce qui est dit est utile et salutaire, et apporte des remèdes aux erreurs et aux vices. **3.** Quel

1. Le début du chapitre est tronqué. La lacune est dissimulée par l'addition *dicere* des éditeurs anciens. On rapprochera 16, 1, 1 qui prouve qu'Aulu-Gelle a eu des échos très directs de l'enseignement de Musonius. C. Musonius Rufus né avant l'an 30 p. J.-C. s'exila sous Néron pour suivre Rubellius Plautus ; il fut, à la suite de la conspiration de Pison, exilé à nouveau à Gyaros ; de retour à Rome sous Vespasien il poursuivit les délateurs, en particulier Egnatius Celer, dénonciateur de Barea Soranus. Des fragments de lui nous ont été conservés par Épictète (XXXVIII à XLVIII de Hense) et par Stobée (I à XXI Hense). Il eut une grosse influence et de nombreux disciples parmi lesquels Épictète, Dion Chrysostome et Artemidoros, un maître de Pline le Jeune. Bien que les fragments conservés par Épicure le montrent savant et préoccupé de physique, il apparaît chez Stobée comme soucieux essentiellement de la pratique et de vivre sa philosophie. De tendance cynico-stoïcienne, il serait alors voisin des philosophes qu'Oltramare appelle diatribiques. Le cas concret présenté ici et accompagné d'une citation d'Homère se rapporte à cette tendance. Cf. Frag. 49 éd. Hense, Leipzig, 1905.

LIBER QVINTVS

I

Quod Musonius philosophus reprehendit improbauitque laudari philosophum disserentem a uociferantibus et in laudando gestientibus.

1. *** Musonium philosophum solitum accepimus. « Cum philosophus, inquit, hortatur, monet, suadet, obiurgat aliudue quid disciplinarum disserit, tum qui audiunt si de summo et soluto pectore obuias uulgatasque laudes effutiunt, si clamitant etiam, [si gestiunt,] si uocum eius festiuitatibus, si modulis uerborum, si quibusdam quasi fr*equen*tamentis orationis mouentur, exagitantur et gestiunt, tum scias et qui dicit et qui audiunt frustra esse, neque illi philosophum loqui, sed tibicinem canere. **2.** « Animus, inquit, audientis philosophum, ⟨dum⟩ quae dicuntur utilia ac salubria sunt et errorum atque uitiorum medicinas ferunt, laxamentum atque otium prolixe profuseque laudandi non habet. **3.** Quisquis ille est qui audit, nisi ille est

I. **1** *Lacunam statuit Hertz* || solitum *PRV* : solitum dicere *edd.* locutum *Gron.* || si gestiunt *PRV, del. Carrio* : si exsiliunt *Gron.* cf. *Quint.* 2, 2, 9 si aestuant *I. Gron.* || frequentamentis *recc.* (cf. 1, 11, 12 *et R. Marache, Mots nouveaux*... p. 163) : fretamentis *PRV* frit- *Heraeus* irrit- *Salmas.* || orationis *edd.* : -nibus *PRV* || gestiunt : cf. *supra* || **2** dum quae *Hertz* : quae *PRV* quae si quae *Carrio* || sunt *PRV* : *fortasse delendum* || ferunt *recc.* : fuerunt *PRV.*

que soit l'auditeur, s'il n'est pas complètement dépravé, il faut qu'il frissonne, pendant le discours même du philosophe, qu'il ait honte en silence, se repente, se réjouisse, s'étonne, **4.** ait des visages variés et des sentiments différents, selon que l'examen du philosophe le concernant et éveillant sa conscience, porte sur des parties de son âme saines ou malades.

5. Il disait en outre qu'un grand éloge n'est pas très éloigné de l'admiration, et que l'admiration à son paroxysme, ne produit pas des mots, mais le silence : **6.** « C'est pourquoi, dit-il, le plus sage des poètes, à propos des auditeurs d'Ulysse en train de faire le très brillant récit de ses travaux, n'en montre pas quand le héros eut fini, les transports, bruits ou acclamations, mais dit qu'ils se turent tous, comme frappés d'étonnement et de stupéfaction, le charme qui avait atteint leurs oreilles se glissant jusqu'à l'origine de la voix : « Il dit ainsi : et tous gardèrent le silence, un charme les tenait dans la grande salle obscure[1]. »

II

Sur le cheval du roi Alexandre qui était nommé Bucéphale.

1. Le cheval du roi Alexandre était Bucéphale, et de tête et de nom[2]. **2.** Chares a écrit[3] qu'il fut acheté treize talents[4] et donné en cadeau au roi Philippe : cela fait trois cent douze mille sesterces de notre monnaie. **3.** Au sujet de ce cheval il a paru intéressant de rappeler

1. *Od.* 13, 1. Ammien (18, 5, 7) fait allusion à ce passage des *Nuits* (cf. Symm. 3, 11, 2).
2. Bucéphale signifie tête de bœuf.

plane deperditus, inter ipsam philosophi orationem et perhorrescat necesse est et pudeat tacitus et paeniteat et gaudeat et admiretur, **4**. uarios adeo uultus disparilesque sensus gerat, proinde ut eum conscientiamque eius adfecerit utrarumque animi partium, aut sincerarum aut aegrarum, philosophi pertractatio. »

5. Praeterea dicebat magnam laudem non abesse ab admiratione, admirationem autem quae maxima est non uerba parere, sed silentium. **6**. « Idcirco, inquit, poetarum sapientissimus auditores illos Vlixi, labores suos illustrissime narrantis, ubi loquendi finis factus, non exsultare nec strepere nec uociferari facit, sed consiluisse uniuersos dicit, quasi attonitos et obstupidos, delenimentis aurium ad origines usque uocis permanantibus :

Ὣς φάτο· τοὶ δ' ἄρα πάντες ἀκὴν ἐγένοντο σιωπῇ,
Κηληθμῷ δ' ἔσχοντο κατὰ μέγαρα σκιόεντα.

II

Super equo Alexandri regis, qui Bucephalas appellatus est.

1. Equus Alexandri regis et capite et nomine Bucephalas fuit. **2**. Emptum C*h*ares scripsit talentis tredecim et regi Philippo donatum ; hoc autem aeris nostri summa est sestertia trecenta duodecim. **3**. Super hoc equo dignum memoria uisum, quod, ubi ornatus erat armatusque ad proelium,

5 parere *P V*[2] : parare *V*[1] parcere *R*.

II. **2** chares *Vossius pater ap. Sciopp.* : cares *RV* ikares *P* || donatum *RV* : datum *P* || hoc autem *R* : *om. spatio relicto V*, *om. P*.

qu'une fois harnaché et paré pour le combat, il n'a jamais souffert d'être monté par personne d'autre que le roi. **4.** On a encore rapporté sur ce cheval que, dans la guerre des Indes[1], comme Alexandre le chevauchant et accomplissant des prouesses, l'avait jeté dans la formation ennemie sans trop de prudence, et que, les traits pleuvant de tous côtés sur Alexandre, le cheval avait la nuque et le flanc transpercés de blessures profondes, moribond, presque vidé de son sang, il retira pourtant le roi du milieu des ennemis à l'allure la plus vive, et lorsqu'il l'eut enlevé hors de portée des traits, il tomba sur place, puis, hors de souci pour son maître désormais sauvé, il expira avec la consolation d'un cœur humain, eût-on dit. **5.** Le roi Alexandre, la victoire une fois obtenue dans cette guerre, fonda une ville en ces mêmes lieux et l'appela Bucephalon[2] en l'honneur du cheval.

III

Sous l'effet de quelle impulsion première dit-on que Protagoras aborda les études philosophiques.

1. Protagoras[3], homme remarquable dans l'étude des sciences, dont Platon mit le nom en titre sur son livre fameux, dans sa jeunesse pour gagner sa vie, avait été, dit-on, placé comme salarié, et avait assuré des transports de fardeaux sur ses épaules, **2.** comme ceux que les Grecs appellent ἀχθοφόροι[4] et nous les Latins *baiuli* (portefaix). **3.** Il portait de la campagne voisine à Abdère[5], ville dont il était originaire, un grand nombre

1. Il s'agit de la guerre contre Porus.

2. La ville de Bucéphale fut fondée par Alexandre à l'endroit où il avait franchi le fleuve Hydaspes en 326. Sur l'autre rive la ville de Nikaia conservait le souvenir de sa victoire sur Porus. La tradition que rapporte Aulu-Gelle ne manque pas d'auteurs. Mais il semble plutôt que le cheval soit mort de fatigue et de vieillesse (cf. Arrian. 5, 19, 4, etc.), soit au passage du fleuve, soit après la bataille.

haud unquam inscendi sese ab alio nisi ab rege passus sit. 4. Id etiam de isto equo memoratum est, quod, cum insidens in eo Alexander bello Indico et facinora faciens fortia, in hostium cuneum non satis sibi prouidens immisisset, coniectisque undique in Alexandrum telis, uulneribus altis in ceruice atque in latere equus perfossus es*set*, moribundus tamen ac prope iam exsanguis e mediis hostibus regem uiuacissimo cursu retulit atque, ubi eum extra tela extulerat, ilico concidit et, domini iam superstitis securus, quasi cum sensus humani solacio animam expirauit. 5. Tum rex Alexander, parta eius belli uictoria, oppidum in isdem locis condidit idque ob equi honores Bucephalon appellauit.

III

Quae causa quodque initium fuisse dicatur Protagorae ad philosophiae litteras adeundi.

1. Protagoram, uirum in studiis doctrinarum egregium, cuius nomen Plato libro suo illi incluto *in*scripsit, adulescentem aiunt uictus quaerendi gratia in mercede*m* missum uecturasque onerum corpore suo factitauisse, 2. quod genus Graeci ἀχθοφόρους vocant, Latine baiulos appellamus. 3. Is de proximo rure Abdera in oppidum, cuius popularis fuit, caudices ligni plurimos funiculo

4 cuneum *RV* : cum eum *P* cuneum eum *coni. Hertz* || coniectisque *PRV* : coniectis *edd.* || esset *Hertz* : est *PRV* || 5 regem : alexandrum *R*.

III. *Lem.* dicatur *recc.* : dictatur *PV* || I inscripsit *edd.* : scripsit *PRV* || mercedem *edd.* : -de *PRV*

de bûches entourées d'une courte cordelette. **4.** Il se trouva que Démocrite, citoyen de la même cité, homme admirable avant tout autre pour sa vertu et sa philosophie, sortait de la ville : il le voit avancer facilement et sans embarras, avec un fardeau de cette sorte, si embarrassant et si impossible à maintenir ; il s'approche et considère l'assemblage et la disposition du bois faits avec habileté et adresse, et il lui demande de s'arrêter un peu. **5.** Quand Protagoras eut fait comme il lui était demandé et que Démocrite eut remarqué que ce tas, cette sorte de cylindre de bûches, retenu par un court lien, s'équilibrait et se maintenait pour quelque raison quasi géométrique, il demanda qui avait disposé ce bois ainsi, et, l'autre disant que c'était lui qui l'avait disposé, il voulut qu'il défît l'assemblage et le reformât à nouveau de la même manière. **6.** Mais quand Protagoras eut défait et rangé à nouveau les bûches de façon semblable, Démocrite, frappé par l'acuité d'esprit et l'habileté d'un homme sans instruction, lui dit : « Cher jeune homme, puisque tu as naturellement le talent de faire si bien, il y a plus grand et mieux à faire avec moi. » Il l'emmena aussitôt, le garda avec lui, subvint à ses besoins, lui enseigna la philosophie et le fit devenir ce qu'il fut par la suite.

7. Cependant Protagoras fut un philosophe, de mauvais aloi, il est vrai, mais surtout le plus redoutable des sophistes : en effet recevant une immense somme d'argent chaque année de ses élèves, il se faisait fort d'enseigner une habileté verbale qui rendît la cause la plus faible la plus forte[1], ce qu'il exprimait ainsi en grec : « Τὸν ἥττω λόγον κρείττω ποιεῖν. »

1. Protagoras professait que sur toute question il y a deux discours opposés ; tout son art revenait à être capable de faire du raisonnement le plus faible le plus fort (cf. Diog. Laert. 9, 51).

breui circumdatos portabat. **4**. Tum forte Democritus, ciuitatis eiusdem ciuis, homo ante alios uirtutis et philosophiae gratia uenerandus, cum egrederetur extra urbem, uidet eum cum illo genere oneris tam impedito ac tam incohibili facile atque expedite incedentem, et prope accedit et iuncturam posituramque ligni scite periteque factam considerat petitque ut paululum adquiescat. **5**. Quod ubi Protagoras, ut erat petitum, fecit atque itidem Democritus aceruum illum et quasi orbem caudicum, breui uinculo comprehensum, ratione quadam quasi geometrica librari contine-rique animaduertit, interrogauit quis id lignum ita composuisset, et cum ille a se compositum dixisset, desiderauit uti solueret ac denuo in modum eundem collocaret. **6**. At postquam ille soluit ac similiter composuit, tum Democritus, animi aciem sollertiamque hominis non docti demiratus : « Mi adulescens, inquit, cum ingenium bene faciendi habeas, sunt maiora melioraque quae facere mecum possis », abduxitque eum statim secumque habuit et sumptum ministrauit et philosophias docuit et esse eum fecit quantus postea fuit.

7. Is tamen Protagoras insincerus quidem philosophus, sed acerrimus sophistarum fuit ; pecuniam quippe ingentem cum a discipulis acciperet annuam, pollicebatur se id docere quanam uerborum industria causa infirmior fieret fortior, quam rem Graece ita dicebat : τὸν ἥττω λόγον κρείττω ποιεῖν.

5 interrogauit *RV* :-uitque *P*.

IV

Sur le mot *duouicesimus* qui est inconnu du langage courant, mais a été employé bien des fois dans les livres par des doctes.

1. Nous nous trouvions assis, le poète Julius Paulus[1], l'homme le plus savant que j'aie connu, et moi, dans une librairie, près du marché des *Sigillaria*[2] ; là étaient exposées les *Annales* de Fabius[3], des volumes de bonne et authentique ancienneté, que le vendeur prétendait exempts de toute faute. **2.** Or un grammairien des plus connus, pris par un acheteur pour examiner les livres, disait avoir trouvé une faute dans un livre ; le libraire au contraire offrait n'importe quel enjeu s'il y avait quelque part une erreur d'une seule lettre. **3.** Le grammairien faisait voir le texte suivant au livre quatre : « C'est pourquoi l'un des consuls fut choisi dans la plèbe[4] pour la première fois la vingt-deuxième *(duouicesimo)* année après la prise de Rome par les Gaulois. » **4.** Ce n'est pas *duouicesimo*[5], qu'il eût fallu écrire, disait-il, mais *duo et uicesimo.* **5.** Car qu'est-ce que *duouicesimo* ? » *** ... Varron[6] au livre XVI des *Antiquités humaines* écrivit : « Il est mort la vingt-deuxième année ; il fut roi vingt et un ans. »***

1. Sur Julius Paulus cf. 1, 22, 9 ; 16, 10, 9 ; et 19, 7. Il apparaît dans les *Nuits Attiques* comme un érudit préoccupé de langage ancien, qu'il s'agisse du sens véritable et un peu oublié à son époque de *superesse*, de *proletarii* ou des trouvailles verbales de Laevius.
La forme *consideramus* qui est d'un usage rare se trouve solidement attestée dans la tradition manuscrite : seuls quelques *recentiores* et une *manus recens* de *P* portent *consederamus.*

2. Il s'agit d'un marché où l'on vendait de petites poteries à offrir pour les Saturnales. La fête du même nom avait fini par s'ajouter aux Saturnales qui comportèrent ainsi sept jours, cf. Macr., *Sat.* 1, 10, 24 ; Auson., *Cent. Nupt.* p. 206; Sueton., *Claud.* 5 et 16. Si le marché se tenait bien comme l'affirme le scholiaste de Juvénal (cf. Klotz in *R.E.* II A, 2, p. 2278) *in porticu Agrippiana* (sc. *Argonautorum*) et plus tard *in porticu Traianarum thermarum* le mot ne peut pas désigner un quartier de Rome comme on l'a cru parfois ; il doit s'agir de boutiques installées autour des marchands de *sigilla.*

IV

De uerbo ' duouicesimo ', quod uulgo incognitum sed a uiris doctis multifariam in libris scriptum est.

1. Apud Sigillaria forte in libraria ego et Iulius Paulus poeta, uir memoria nostra doctissimus, consideramus ; atque ibi expositi erant Fabii ' Annales ', bonae atque sincerae uetustatis libri, quos uenditor sine mendis esse contendebat. **2**. Grammaticus autem quispiam de nobilioribus, ab emptore ad spectandos libros adhibitus, repperisse ⟨se⟩ unum in libro mendum dicebat ; sed contra librarius in quoduis pignus uocabat, si in una uspiam littera delictum esset. **3**. Ostendebat grammaticus ita scriptum in libro quarto : « Quapropter tum primum ex plebe alter consul factus est, duouicesimo anno postquam Romam Galli ceperunt. » **4**. « Non, inquit, duouicesimo, sed ' duo et uicesimo ' scribi oportuit. **5**. Quid enim est duouicesimo ? » *** ⟨Varro ' Humanarum Rerum ' lib. XVI ;⟩ hic ita scripsit : Mortuus est anno duouicesimo ; rex fuit annos XXI.***

IV. *Lem.* duouicesimo *Quicherat post Hadr. Iun. ad Non.* : duodeuicesimo *PV* || sed *Hertz qui* set *scrib.* : est *PV, fort. delendum* || **2** se *Hertz* : *om. PRV* || **3** duouicesimo *Quich.* : duo et uic- *PRV* || **4** duouicesimo *Quich.* : duo et uic- *PRV* || duo et uicesimo *Hertz* : duodeuic- *PRV* || **5** duouicesimo *bis Quich.* : duodeuic- *PRV* || *lacunam statuit Thysius et ex Nonio partim explendam agnouit.*

V

Par quel trait le Carthaginois Hannibal s'est moqué du roi Antiochus.

1. Il est écrit dans les livres d'anciennes histoires que le Carthaginois Hannibal fit une plaisanterie très jolie chez le roi Antiochus[1]. **2.** Cette plaisanterie fut à peu près la suivante : Antiochus lui montrait sur un terrain les forces immenses qu'il avait rassemblées dans l'intention de faire la guerre au peuple Romain, et il faisait manœuvrer une armée qui brillait d'ornements d'or et d'argent ; **3.** il présentait aussi les chars munis de faux, les éléphants avec leurs tours, et la cavalerie aux mors, aux housses, aux colliers, aux phalères étincelants. **4.** Et alors le roi, gonflé de vanité devant une armée si nombreuse et si ornée, regarde Hannibal et lui dit : « Penses-tu que tout cela puisse être comparé aux Romains et suffire pour eux ? » **5.** Alors le Carthaginois raillant la mollesse et l'incapacité des soldats du roi, dotés d'un si riche armement : « Tout cela est suffisant, largement suffisant pour les Romains, je le crois, si cupides qu'ils soient. » **6.** Rien absolument ne peut être dit avec autant d'esprit, ni autant de méchanceté ; la question du roi avait porté sur l'effectif de son armée et sur l'évaluation d'un rapport de forces, Hannibal répondit butin.

1. Il s'agit d'Antiochus III, roi de Syrie auprès duquel Hannibal s'exila après la bataille de Zama (202) et qui fit la guerre aux Romains à partir de 192 av. J.-C.

V

Cuiusmodi ioco incauillatus sit Antiochum regem Poenus Hannibal.

1. In libris ueterum memoriarum scriptum est, Hannibalem Carthaginiensem apud regem Antiochum facetissime cauillatum esse. **2**. Ea cauillatio huiuscemodi fuit : ostendebat ei Antiochus in campo copias ingentis quas bellum populo Romano facturus comparauerat, conuertebatque exercitum insignibus argenteis et aureis florentem ; **3**. inducebat etiam currus cum falcibus et elephantos cum turribus equitatumque frenis, ephippiis, monilibus, phaleris praefulgentem. **4**. Atque ibi rex, contemplatione tanti ac tam ornati exercitus gloriabundus, Hannibalem aspicit et : « Putasne, inquit, conferri posse ac satis esse Romanis haec omnia ? » **5**. Tum Poenus, eludens ignauiam imbelliamque militum eius pretiose armatorum : « Satis, plane satis esse credo Romanis haec omnia, etiamsi auarissimi sunt. » **6**. Nihil prorsum neque tam lepide neque tam acerbe dici potest ; **7**. rex de numero exercitus sui ac de aestimanda aequiperatione quaesiuerat, respondit Hannibal de praeda.

V. *Lem.* incauillatus *PV* : cauillatus *recc.* || **2** ingentis *RV* : -tes *P* || conuertebatque : contuebaturque *Madvig* || **3** inducebat : inducebatque *P* || **4** ac tam : acta. *V* || esse *Macr.* : esse credo *RV* esse credam *P* esse credis *recc.*

VI

Sur les couronnes militaires : ce que sont parmi elles la couronne triomphale, de siège, civique, murale, de camp, navale, d'ovation, et la couronne d'olivier.

1. Les couronnes militaires sont nombreuses et variées[1]. **2.** Les plus réputées d'entre elles sont à peu près celles-ci d'après la tradition : la couronne triomphale, de siège, civique, murale, de camp, navale ; **3.** il y a aussi la couronne qu'on appelle d'ovation, et il y a en dernier lieu la couronne d'olivier, **4.** qu'on donne à ceux qui, sans avoir participé à la bataille, organisent le triomphe.

5. Les couronnes triomphales sont en or[2] : on les accorde aux généraux victorieux pour faire honneur à leur triomphe. **6.** On appelle cela communément l'or coronaire. **7.** Ces couronnes étaient en laurier dans les temps anciens, puis on s'est mis à les faire en or.

8. La couronne de siège est celle que les assiégés délivrés d'un siège donnent au général qui les a délivrés. **9.** Cette couronne est de gazon[3], et la coutume a prescrit de la faire avec du gazon qui ait poussé à l'endroit dans lequel les assiégés étaient enfermés. **10.** Le sénat et le peuple romain donnèrent cette couronne de gazon à Quintus Fabius Maximus[4] lors de la deuxième guerre punique, pour avoir libéré la ville de Rome du siège ennemi.

11. On appelle couronne civique celle[5] qu'un citoyen donne au citoyen qui l'a sauvé au combat, pour

1. On considère souvent que ce chapitre est pris à Varron, *Ant. rer. hum.* Cf. L. Mercklin, *De Varrone coronarum Romanorum interprete praecipuo*, Dorpat, 1859. Mirsch l'a inséré dans son édition (22, 16). Cf. Plin., *N.H.* 16, 4, 7 ; 22, 3, 6 et le mot *accepimus* qui semble indiquer une source composée. Aulu-Gelle a énuméré les récompenses de Sicinius Dentatus, *supra* 2, 11, 2. Mais la vraie source nous est donnée au dernier §. C'est Masurius Sabinus que Pline nomme également (15, 126). Sur les couronnes militaires, cf. Fiebiger, *R.E.*, *s.u. corona*, Bd. IV, 2, col. 1638.

VI

De coronis militaribus; quae sit earum triumphalis, quae obsidionalis, quae ciuica, quae muralis, quae castrensis, quae naualis, quae oualis, quae oleaginea.

1. Militares coronae multae, uariae sunt. **2**. Quarum quae nobilissimae sunt, has ferme esse accepimus : triumphalem, obsidionalem, ciuicam, muralem, castrensem, naualem ; **3**. est ea quoque corona quae oualis dicitur, est item postrema oleaginea, **4**. qua uti solent qui in proelio non fuerunt sed triumphum procurant.

5. Triumphales coronae sunt aureae, quae imperatoribus ob honorem triumphi mittuntur. **6**. Id uulgo dicitur aurum coronarium. **7**. Hae antiquitus e lauru erant, post fieri ex auro coeptae.

8. ‘ Obsidionalis ’ est, quam ii qui liberati obsidione sunt, dant ei duci qui liberauit. **9**. Ea corona graminea est, obseruarique solitum ut fieret e gramine quod in eo loco gnatum esset intra quem clausi erant qui obsidebantur. **10**. Hanc coronam gramineam senatus populusque Romanus Q. Fabio Maximo dedit bello Poenorum secundo, quod urbem Romam obsidione hostium liberasset.

11. Ciuica corona appellatur, quam ciuis ciui a quo in proelio seruatus est testem uitae salutisque

VI. **1** multae uariae *PRV* : multifariae *recc.* multae et uariae *Lion* || **7** hae *recc.* : hee *P* hec *RV* || **8** ii *recc.* : hii *V* hi *P*, *recc.*, *om. R* || **9** gnatum : generatum *recc.* || **10** senatus *recc.* : senatusque *PRV* || **11** ciuis : -ues *P*.

témoigner qu'il a reçu de lui la vie sauve. **12.** On la fait en feuillage de chêne car le chêne fut l'aliment et la nourriture qu'on avait l'habitude de prendre dans les temps les plus anciens ; il y en eut aussi en yeuse, espèce très proche de la précédente, comme il est écrit dans une comédie de Caecilius[1] : « On les amène, dit-il, avec la couronne d'yeuse et la chlamyde, dieux, je vous prends à témoins ! » **13.** Mais Masurius Sabinus au onzième livre de ses *Mémoires*[2] dit que la couronne civique était donnée d'ordinaire quand celui qui avait sauvé un citoyen, avait aussi tué en même temps un ennemi, sans quitter son poste dans la bataille[3] ; selon lui le droit à la couronne civique n'était pas concédé s'il en était autrement. **14.** Cependant il rapporte que Tibère, à qui on demandait si quelqu'un qui avait sauvé un citoyen et tué en même temps deux ennemis, mais ne s'était pas maintenu sur sa position de combat — position dont l'ennemi s'était emparé — pouvait recevoir la couronne civique, répondit que l'homme lui paraissait digne de la couronne civique, lui aussi, parce que, selon toute évidence, il avait sauvé un citoyen dans une position si mauvaise que celle-ci n'avait pu être conservée, même par des soldats combattant avec grand courage. **15.** Cette couronne civique Lucius Gellius, ancien censeur, proposa au sénat de la décerner au nom de l'État, à Cicéron[4], lors de son consulat, pour avoir par son action découvert et puni l'horrible conjuration de Catilina.

16. La couronne murale est celle dont un général en chef gratifie celui qui le premier a gravi un rempart[5] et a forcé la montée dans la place ennemie ; aussi est-elle

1. V. 269 Ribbeck². Dans l'état du texte le vers est inscandable.
2. Frag. 17 Huschke.
3. Non seulement il ne fallait pas avoir cédé de terrain mais même avoir conquis la position ennemie d'après Plin. 16, 12 : *ciuem seruare hostem occidere utque eum locum in quo sit actum hostis obtineat eo die...*
4. Frag. 101, 6 Malcovati². L. Gellius Poplicola, prêteur en 94, consul en 72, censeur en 70, fut un fidèle allié de Cicéron notamment dans sa lutte contre César. Sur cette couronne civique cf. *In Pison.* 3, 6. On sait que la couronne civique fut offerte à Auguste en 27.

perceptae dat. **12.** Ea fit e fronde quernea, quoniam cibus uictusque antiquissimus quercus capi solitus ; fuit etiam ex ilice, quod genus superiori proximum est, sicuti scriptum est in quadam comoedia Caecilii :

« Aduehuntur, inquit, cum ilignea corona et et chlamyde ; di uestram fidem ! »

13. Masurius autem Sabinus, in undecimo librorum ‘ Memorialium ’ ciuicam coronam tum dari solitam dicit, cum is qui ciuem seruauerat eodem tempore etiam hostem occiderat neque locum in ea pugna reliquerat ; aliter ius ciuicae coronae negat concessum. **14.** Tiberium tamen Caesarem consultum an ciuicam coronam capere posset qui ciuem in proelio seruasset et hostes ibidem duos interfecisset, sed locum in quo pugnabat non retinuisset eoque loco hostes potiti essent, rescripsisse dicit eum quoque ciuica dignum uideri, quod appareret e tam iniquo loco ciuem ab eo seruatum, ut etiam a fortiter pugnantibus retineri non quiuerit. **15.** Hac corona ciuica L. Gellius, uir censorius, in senatu Ciceronem consulem donari a republica censuit, quod eius opera esset atrocissima illa Catilinae coniuratio detecta uindicataque.

16. Muralis est corona, qua donatur ab imperatore qui primus murum subiit inque oppidum hostium per uim ascendit ; idcirco quasi muri

12 cibus *recc.* : ciuus *PRV* || antiquissimus *PV* : -quis *R* quissimis *recc.* || quercus *PV, recc.* : *om. R* querceus *Ald.* quernus *Carrio* || aduehuntur : -hitur *Fleckeisen* -hunt eum *C. F. W. Müller* || ilignea : -gna *Fleckeisen* || uestram *PRV* : nostram *recc.* || **13** masurius *P* : masirius *RV* || memorialium : -ralium *R* || **14** potiti *recc.* : positi *PRV* || e tam *edd.* : et tam *PRV* ita *recc.* tam *Carrio* || ut *recc.* : aut *PRV* || a *RV* : *om. P* || **15** hac *recc.* : ac PR^2 a R^1V || a : e *Carrio.*

décorée comme de créneaux. **17.** La couronne « de camp »[1] est celle dont un général en chef gratifie qui est entré le premier dans le camp ennemi en combattant ; cette couronne est marquée d'une palissade. **18.** La couronne navale[2] est celle dont on a coutume de gratifier celui qui a sauté le premier dans un navire ennemi par force, en armes : elle est décorée comme d'éperons de navire. **19.** La couronne murale, du reste comme la couronne de camp et la couronne navale, se fait en or.

20. La couronne d'ovation est en myrte[3] ; c'est celle que portaient les généraux qui entraient à Rome avec ovation. **21.** Il y a lieu de célébrer une ovation et non pas un triomphe, lorsque la guerre n'a pas été déclarée suivant les règles et n'a pas été faite avec un ennemi dûment reconnu tel, ou lorsqu'il s'agit d'ennemis de bas et insuffisant renom, comme d'esclaves ou de pirates, ou lorsque la reddition étant intervenue soudainement, une victoire est échue « sans poussière », comme on dit, et sans effusion de sang. **22.** On a pensé qu'à cette facilité convenait le feuillage de Vénus, parce qu'il s'agissait d'un triomphe non pas Martien, mais en quelque sorte Vénusien. **23.** Marcus Crassus, rentrant pour célébrer l'ovation après avoir terminé la guerre contre les fugitifs, méprisa avec insolence la couronne de myrte et s'employa par intrigue à obtenir un sénatus-consulte prescrivant qu'il fût couronné de laurier[4] et non de myrte.

24. Marcus Caton reproche à Marcus Fulvius Nobilior[5] d'avoir gratifié ses soldats de couronnes sous les moindres prétextes pour se faire bien venir. **25.** Je transcris les termes mêmes de Caton à ce sujet : « D'abord

1. Cf. P. Fest. p. 49, l. 25 : *Castrensi corona donabatur qui primus hostium castra pugnando introisset, cui insigne erat ex auro uallum.* Elle était dite aussi *uallaris* T. Liu. 10, 46, 3 ; Suet., *Aug.* 25 ; Plin. 33, 38.

2. La *corona naualis* (Vell. Pat. 2, 81, 3) était dite aussi *rostrata* Plin., 16, 7 ; Virg., *Aen.* 8, 684. Festus p. 156, 16 (cf. P. Fest. p. 157, l. 9) emploie les termes mêmes d'Aulu-Gelle. Elle fut très rarement attribuée sous la République (à M. Varro après la guerre des pirates) ; elle fut donnée à Agrippa après sa victoire sur Sextus Pompée ; au Bas Empire elle devint l'insigne des légats consulaires.

pinnis decorata est. **17**. Castrensis est corona, qua donat imperator eum qui primus hostium castra pugnans introiuit ; ea corona insigne ualli habet. **18**. Naualis est, qua donari solet maritimo proelio qui primus in hostium nauem ui armatus transiluit ; ea quasi nauium rostris insignita est. **19**. Et muralis autem et castrensis et naualis fieri ex auro solent.

20. Oualis corona murtea est ; ea utebantur imperatores qui ouantes urbem introibant. **21**. Ouandi ac non triumphandi causa est, cum aut bella non rite indicta neque cum iusto hoste gesta sunt, aut hostium nomen humile et non idoneum est, ut seruorum piratarumque, aut, deditione repente facta, ‘ impuluerea, ’ ut dici solet, incruentaque uictoria obuenit. **22**. Cui facilitati aptam esse Veneris frondem crediderunt, quod non Martius, sed quasi Venerius quidam triumphus foret. **23**. Ac murteam coronam M. Crassus, cum bello fugitiuorum confecto ouans rediret, insolenter aspernatus est senatusque consultum faciundum per gratiam curauit, ut lauro, non murto, coronaretur.

24. Marcus Cato obicit M. Fuluio Nobiliori quod milites per ambitum coronis de leuissimis causis donasset. **25**. De qua re uerba ipsa apposui Catonis : « Iam principio quis uidit corona donari quemquam,

16 pinnis : primus *recc.* || **17** qua P^2, *recc.* : quo P^1RV || **18** donari: ornari *P* || in *PRV* : *del. Kronenberg* || transiluit : -siliuit *V* || **21** ac R^1, *recc.* : hac PR^2V || aut bella : ad bella *V* || indicta *recc.* : indigna *PRV* || impuluerea ut *Carrio* : in puluere aut *PRV* || **22** martius *recc.* : -tium *PRV* || **23** ac : hanc *recc.* || faciundum : -endum *P* || murto : myrto *P* || coronaretur : -rentur *R* || **24** ambitum *R*, *recc.* : -tium *PV* || **25** iam RP^2 : nam *V*, *recc.* || corona donari *PV* : coronari *R*.

qui a vu quelqu'un gratifié d'une couronne sans que la place eût été prise ou le camp de l'ennemi brûlé ? » Or Fulvius, contre qui sont dirigées ces paroles de Caton, avait gratifié de couronnes des soldats parce qu'ils s'étaient occupés du retranchement ou ceux qui avaient creusé un puits avec diligence.

27. Il ne faut pas oublier en ce qui concerne les ovations, un point sur lequel j'apprends que les auteurs anciens n'ont pas été d'accord. Selon certains, celui qui avait l'ovation faisait son entrée à cheval ; mais d'après Masurius Sabinus[1], ceux qui avaient l'ovation faisaient leur entrée à pied, suivis, non pas de leurs soldats, mais du sénat tout entier.

VII

Quelle jolie explication Gavius Bassus a donnée du nom *persona*, le masque, et quelle est selon lui l'origine de ce mot.

1. Gavius Bassus donne une jolie explication, ma foi, et ingénieuse de l'origine de *persona*, dans les livres qu'il a composés *Sur l'étymologie des substantifs* : il conjecture que ce mot a été fait à partir de *personare*, retentir. **2.** « Car fermées de tous côtés par la couverture du masque qui ne laisse qu'un seul passage à l'émission vocale, la tête et la bouche, puisqu'elles lancent la voix qui n'est plus incertaine et diffuse, mais rassemblée, contrainte vers une seule issue, rendent des sons plus hauts et plus sonores. Puisque ce revêtement du visage

1. Frag. 26 Hutschke. Masurius est également donné comme source par Pline 15, 126. Le char caractérise le triomphe. L'*ouatio* se faisait à cheval ou à pied. La règle générale était bien celle qu'énonce Masurius Sabinus.

cum oppidum captum non esset aut castra hostium non incensa essent ? » **26**. Fuluius autem, in quem hoc a Catone dictum est, coronis donauerat milites quia uallum curauerant aut qui puteum strenue foderant.

27. Praetereundum non est, quod ad ouationes attinet, super quo dissensisse ueteres scriptores accipio. Partim enim scripserunt qui ouaret introire solitum equo uehentem ; sed Sabinus Masurius pedibus ingredi ouantes dicit, sequentibus eos non militibus, sed uniuerso senatu.

VII

‘ Personae ’ uocabulum quam lepide interpretatus sit quamque esse uocis eius originem dixerit Gauius Bassus.

1. Lepide, mi hercules, et scite Gauius Bassus in libris, quos ‘ De origine uocabulorum ’ composuit, unde appellata ‘ persona ’ sit interpretatur ; a personando enim id uocabulum factum esse coniectat. **2**. « Nam caput, inquit, et os coperimento personae tectum undique unaque tantum uocis emittendae uia peruium, quoniam non uagam neque diffusam sed in unum tantummodo exitum collectam coactamque uocem ciet, magis claros canorosque sonitus facit. Quoniam igitur indumentum illud oris

26 quia : qui *Lion* || qui *PV* : quia *recc.*, *om. R* || **27** accipio *recc.* : scipio *PRV* || ouaret : -rent *recc. p.* || solitum : -tos *recc. p.* || uehentem *Iunt.* 1513 : -ted *PRV* || sed *scripsi* : set *Hertz* et *PRV* || militibus *recc.* : milibus *PRV*.

VII. **1** scite P^2, *recc.* : site P^1RV || bassus *om. P* || **2** et os : et eos *P* || quoniam *PRV*, *recc.* : quod *edd.* quae *Gron.* || uagam *Mommsen* : uaga *PRV* || diffusam sed *Mommsen* : -sa est *PRV* -sa est sed *Hertz*.

augmente la hauteur et le son de la voix, on l'a appelé *persona*[1], avec un *o* allongé, à cause de la forme du substantif. »

VIII

Défense de vers de Virgile, que le grammairien Julius Hyginus avait incriminés; et dans le même chapitre ce qu'est un *lituus* ; étymologie de ce mot.

1. « Et lui avec l'insigne augural de Quirinus, vêtu de la courte trabée, il siégeait, et de la gauche il portait le bouclier[2]. » Hygin a écrit[3] que Virgile a commis une faute dans ces vers : il n'aurait pas remarqué qu'il manquait quelque chose à ces mots « *ipse Quirinali lituo*, et lui avec l'insigne augural de Quirinus ». **2.** Car si nous ne remarquons pas, dit-il, qu'il manque quelque chose, il semble qu'il faille comprendre : « *lituo et trabea subcinctus*, vêtu de l'insigne augural et de la trabée », ce qui est totalement absurde ; en effet *lituus* désignant la courte baguette, courbée en sa partie la plus forte, dont se servent les augures, de quelle manière peut-on admettre « vêtu d'un *lituus* » ?

3. Bien au contraire, c'est Hygin, quant à lui, qui ne remarque pas que la chose est dite, comme on a coutume de dire souvent, par ellipse. **4.** Ainsi lorsqu'on dit « *M. Cicero homo magna eloquentia*, Cicéron homme à la grande éloquence » et « *Q. Roscius histrio summa uenus-*

1. Frag. 8 Funaioli. *Persona* a un *o* long en effet, *personare* un *o* bref. Mais l'explication de Gavius Bassus est erronée. Bien que le sens soit calqué sur le grec πρόσωπον l'étymologie reste obscure. Sur Gauius Bassus, cf. *supra*. 2, 4, 3 et la note.

2. *Aen.* 5, 372. La *trabaea* était une toge royale d'origine sabine croit-on, que portaient aussi les augures. Elle était ornée de bandes horizontales de pourpre et de safran. Le chapitre est reproduit par Macrobe 6, 8, 1 à 6, 8, 6, sans qu'Hygin soit mentionné.

3. Frag. 5 Funaioli. Sur Hygin, cf. 1, 14, 1 et la note.

clarescere et resonare uocem facit, ob eam causam ‘ persona ’ dicta est, ‘ o ’ littera propter uocabuli formam productiore. »

VIII

Defensus error a Vergilii uersibus, quos arguerat Iulius Hyginus grammaticus; et ibidem, quid sit lituus; deque ἐτυμολογίᾳ uocis eius.

1. Ipse Quirinali lituo paruaque sedebat
Subcinctus trabea laeuaque ancile gerebat.

In his uersibus errasse Hyginus Vergilium scripsit, tamquam non animaduerterit deesse aliquid hisce uerbis :

« Ipse Quirinali lituo. »

2. « Nam si nihil, inquit, deesse animaduerterimus, uidetur ita dictum ut fiat ‘ lituo et trabea subcinctus ’, quod est, inquit, absurdissimum ; quippe cum ‘ lituus ’ sit uirga breuis, in parte qua robustior est incurua, qua augures utuntur, quonam modo ‘ subcinctus lituo ’ uideri potest ? »

3. Immo ipse Hyginus parum animaduertit sic hoc esse dictum, ut pleraque dici per defe*cti*onem solent. **4.** Veluti cum dicitur « M. Cicero homo magna eloquentia » et « Q. Roscius histrio summa uenustate », non plenum hoc utrumque neque

VIII. *Lem.* ἐτυμολογία *recc.* : ετυμωγια *PV* || **3** defectionem *Macr.* : defensionem *PRV* || **4** magna eloquentia *R*[1] : magneloquentia *V* magne loquentie *P* magne eloquentia *R*[2] || uenustate *R* : uetustate *PV*.

tate, Quintus Roscius, acteur au très grand charme », ces deux expressions ne sont ni l'une ni l'autre pleines et parfaites[1] ; mais en fait sont prises pour pleines et parfaites. **5.** De même Virgile ailleurs : « *Victorem Buten inmani corpore*[2], le vainqueur Butes au corps monstrueux », c'est-à-dire, ayant un corps monstrueux ; de même en un autre endroit : « Il jeta deux cestes au poids monstrueux, *immani pondere*[3] » ; et de façon semblable : « La maison au pus et aux repas sanglants *(sanie dapibusque cruentis)*, au dedans obscure, immense[4]. » **6.** L'expression doit donc paraître dite ainsi : *Picus Quirinali lituo erat*, Picus avait l'insigne augural, comme nous disons : *Statua grandi capite erat*, la statue avait une grande tête. **7.** Mais *est* (il est), *erat* et *fuit* (il était), manquent souvent par recherche, sans inconvénient pour le sens.

8. Et puisqu'on a fait mention du *lituus* (l'insigne augural), il ne faut pas oublier qu'on peut se demander, comme nous l'avons noté, si le *lituus* augural a pris le nom de la trompette qui est appelée *lituus*, ou si la trompette a été appelée *lituus* du nom du *lituus* des augures. **9.** Les deux en effet ont la même forme et la même courbure. **10.** Mais si comme certains pensent, la trompette a été appelée *lituus* à cause du son d'après le mot homérique : « Λίγξε βιός, l'arc retentit[5] », il faut nécessairement conclure que la baguette augurale est nommée *lituus* par suite de sa ressemblance avec la trompette. **11.** Quant à Virgile, il se sert de ce mot pour la trompette également : « Il allait à la bataille remarquable par sa trompette *(lituo)* et sa lance[6]. »

1. Cf. Seruius, *ad. Aen.* 1, 75. Il s'agit d'ablatifs dérivés d'instrumentaux d'accompagnement dont la construction est assez libre en latin, cf. Hofmann-Szantyr II, p. 115 ss. Pour Aulu-Gelle, Hygin voudrait qu'ils ne fussent pas directement rattachés à un substantif et qu'ils pussent être considérés comme dépendant d'un verbe ou d'un adjectif. Mais quand il ne s'agit que de la copule on ne voit pas ce que cela change. Il n'y a pas de différence essentielle dans l'usage de l'ablatif entre *statua grandi capite* et *statua grandi capite erat*. Il reste que dans la phrase en question la coordination entre un ablatif de cette sorte et un ablatif instrumental des plus normaux dépendant de *subcinctus* fait grand effet.

2. *Aen.* 5, 372.

perfectum est, sed enim pro pleno atque perfecto auditur. **5**. Vt Vergilius alio in loco :

Victorem Buten immani corpore,

id est corpus immane habentem, et item alibi :

In medium geminos immani pondere caestus
Proiecit,

ac similiter :

Domus sanie dapibusque cruentis,
Intus opaca, ingens.

6. Sic igitur id quoque uideri dictum debet : « Picus Quirinali lituo erat », sicuti dicimus : « Statua grandi capite erat. » **7**. Et ‘ est ’ autem et ‘ erat ’ et ‘ fuit ’ plerumque absunt cum elegantia sine detrimento sententiae.

8. Et, quoniam facta ‘ litui ’ mentio est, non praetermittendum est quod posse quaeri animaduertimus, utrum lituus auguralis a tuba quae ‘ lituus ’ appellatur, an tuba a lituo augurum ‘ lituus ’ dicta sit ; **9**. utrumque enim pari forma et pariter incuruum est. **10**. Sed si, ut quidam putant, tuba a sonitu ‘ lituus ’ appellata est ex illo Homerico uerbo :

Λίγξε βιός,

necesse est ita accipi, ut uirga auguralis a tubae similitudine ‘ lituus ’ uocetur. **11**. Vtitur autem uocabulo isto Vergilius et pro tuba :

Et lituo pugnas insignis obibat et hasta.

6 statua *RV, recc.* : fatua *P* || **8** lituus : littuus *V (et sic ter infra)* || an tuba *R, recc.* ; an tubam *PV* || **11** hasta : hastam *P*.

IX

Histoire du fils de Crésus tirée des livres d'Hérodote.

1. Le fils du roi Crésus[1] avait atteint l'âge de la parole mais ne parlait pourtant pas et, quand il eut encore beaucoup grandi, il était toujours incapable de parler. Il fut donc tenu longtemps pour muet et aphasique. **2.** Son père avait été vaincu dans une grande guerre et la ville où il se trouvait était prise, un ennemi marchait sur lui, l'épée dégainée, sans savoir qu'il était le roi ; alors le jeune homme distendit sa bouche en s'efforçant de crier, et dans cet effort et cette impulsion le souffle rompit le défaut et le nœud de sa langue, il parla clairement et distinctement, criant à la face de l'ennemi de ne pas tuer le roi Crésus. **3.** Alors l'ennemi rengaina son épée, laissa au roi la vie sauve, et le jeune homme se mit tout simplement à parler à partir de ce moment-là. **4.** Hérodote a écrit ce récit dans ses *Histoires* et il rapporte les paroles que le fils de Crésus a dites en premier lieu : « Homme, ne tue pas Crésus. »

5. Mais un athlète de Samos[2] aussi, son nom était Echeclous, qui jusque-là n'avait pas été doué de la parole, se mit à parler pour une raison semblable, dit-on. **6.** Comme lors d'un concours sacré un tirage au sort entre son équipe et ses adversaires ne se faisait pas loyalement et qu'il avait vu ajouter un sort dont le nom

1. L'anecdote est contée par Hérodote, I, 85. Cicéron y fait allusion (*Diu.* 1, 53, 121) dont le même ouvrage est à la source du § 8 du chapitre précédent (*Diu.* 1, 17, 30). La scène se passe en 547-546 lors de l'invasion de la Lydie par les Perses.

2. L'anecdote d'Échelous est mentionnée par Valère Maxime (1, 8, ext. 4).

IX

Historia de Croesi filio sumpta ex Herodoti libris.

1. Filius Croesi regis, cum iam fari per aetatem posset, infans erat et, cum iam multum adoleuisset, item nihil fari quibat. Mutus adeo et elinguis diu habitus est. **2.** Cum in patrem eius, bello magno uictum et urbe in qua erat capta, hostis gladio deducto, regem esse ignorans, inuaderet, diduxit adolescens os, clamare nitens, eoque nisu atque impetu spiritus uitium nodumque linguae rupit planeque et articulate elocutus est, clamans in hostem ne rex Croesus occideretur. **3.** Tum et hostis gladium reduxit et rex uita donatus est et adulescens loqui prorsum deinceps incepit. **4.** Herodotus in ‘ Historiis ’ huius memoriae scriptor est eiusque uerba sunt, quae prima dixisse filium Croesi refert : Ἄνθρωπε, μὴ κτεῖνε Κροῖσον.

5. Sed et quispiam Samius athleta, nomen illi fuit Ἐχεκλοῦς, cum antea non loquens fuisset, ob similem dicitur causam loqui coepisse. **6.** Nam cum in sacro certamine sortitio inter ipsos et aduersarios non bona fide fieret et sortem nominis falsam subici animaduertisset, repente in eum

IX. *Lem.* filio sumpta *recc.* : filium tam *PV* filio muto *Hertz* || **2** in patrem : patrem *P* || urbe *P* : urbem *RV* || deducto *PRV* : educto *Gron.* || **3** prorsum : prorsus *P* || huc usque *post* incepit *add. P* cf. 1, 8, 6 || **5** ἐχεκλοῦς *Kempf* : exaaους *P* exλαοις *V* cf. *Val. Max.* 1, 8, *ext.*, 4. || similem : similitudinem *P* || **6** ipsos *PRV* : ipsum *recc.* || sortem : -te *P*.

était faux, il cria soudain à haute voix après celui qui agissait ainsi, qu'il voyait ce qu'il faisait. Et le lien de sa bouche dénoué, il parla ensuite toute sa vie sans trouble ni gêne.

X

Sur les démonstrations qu'on appelle en grec ἀντιστρέφοντα, et qui en latin peuvent être dites « *reciproca*, qui se retournent ».

1. Parmi les vices d'argumentation, le plus grand me paraît être le vice que les Grecs appellent ἀντιστρέφοντα **2.** Certains des nôtres l'ont appelé avec assez d'à-propos, ma foi, *reciproca*, qui se retourne. **3.** Or ce vice se produit de la façon suivante : quand l'argument proposé peut être renvoyé et se retourner contre celui par qui il a été dit, et a valeur égale dans les deux sens[1] ; tel est celui, très connu, dont Protagoras, le plus redoutable des sophistes, se servit, à ce qu'on rapporte, contre Evathlus, son élève[2].

4. Il y avait entre eux le litige et débat que voici sur les honoraires convenus. **5.** Evathlus, jeune homme riche, fut désireux d'apprendre l'éloquence et de plaider des causes. **6.** Il se mit à l'école de Protagoras et promit de donner en honoraires une grande somme d'argent, comme Protagoras l'avait demandé ; il en donna la moitié tout de suite, avant de suivre l'enseignement, et s'engagea à donner le reste le jour où il aurait plaidé une cause devant des juges pour la première fois et où

1. Cf. des raisonnements du même type au chapitre suivant et en 9, 15 et 9, 16.

2. Sur Protagoras, cf. *supra* 5, 3 et la note. L'anecdote a été contée par Apulée, *Flor.* 18 ; Diogène Laërce fait allusion en 9, 54 à un procès contre Euanthlos ; Jean de Salisbury a repris ce chapitre (*Policrat.* 5, 12).

qui id faciebat, uidere sese quid faceret, magnum inclamauit. Atque is oris uinclo solutus per omne inde uitae tempus non turbide neque adhaese locutus est.

X

De argumentis quae Graece ἀντιστρέφοντα appellantur, a nobis ' reciproca ' dici possunt.

1. Inter uitia argumentorum longe maximum esse uitium uidetur quae ἀντιστρέφοντα Graeci dicunt. **2**. Ea quidam e nostris non hercle nimis absurde ' reciproca ' appellauerunt. **3**. Id autem uitium accidit hoc modo, cum argumentum propositum referri contra conuertique in eum potest a quo dictum est, et utrimque pariter ualet ; quale est peruolgatum illud quo Protagoram, sophistarum acerrimum, usum esse ferunt aduersus Euathlum, discipulum suum.

4. *L*is namque inter eos et controuersia super pacta mercede haec fuit. **5**. Euathlus, adolescens diues, eloquentiae discendae causarumque orandi cupiens fuit. **6**. Is in disciplinam Protagorae sese dedit daturumque promisit mercedem grandem pecuniam, quantam Protagoras petiuerat, dimidiumque eius dedit iam tunc statim priusquam disceret, pepigitque ut reliquum dimidium daret quo primum die causam apud iudices orasset et

X. **3** utrimque *R* : utrumque *PV* || **4** lis *edd.* : is *PRV, recc.* || **6** disciplinam *RV* : -na *P* || protagorae : pith- P^1 *et sic saepe infra* || disceret : diceret *R* || pepigitque : pepigit *R* || primum *P* : primo *RV* primam *Gron.*

il l'aurait emporté. **7.** Puis, comme après avoir été assez longtemps auditeur et disciple de Protagoras et avoir fait des progrès substantiels dans l'étude de l'éloquence du moins, il ne prenait cependant pas de causes, et qu'un long espace de temps s'écoulait déjà, comme il paraissait agir ainsi pour ne pas donner le reste des honoraires, Protagoras prend un parti retors à ce qu'il croyait.

8. Il se mit à réclamer les honoraires convenus, il entame un procès contre Evathlus. **9.** Comme ils étaient venus auprès des juges pour plaider et établir leur cause, Protagoras commença ainsi : « Apprends, dit-il, stupide jeune homme, que, de toute manière, tu devras me donner ce que je demande, que l'on prononce pour toi ou contre toi. **10.** Car si le procès se conclut contre toi, le jugement te contraindra à me payer les honoraires, puisque je l'aurai emporté ; si au contraire la sentence est prononcée en ta faveur, les honoraires me seront dus en raison du traité conclu, puisque tu l'auras emporté. »

11. A cela Evathlus répondit : « J'aurais pu, dit-il, m'opposer à ton sophisme si captieux, en ne parlant pas moi-même et en me servant d'un autre avocat. **12.** Mais je prends plus de plaisir à cette victoire, en l'emportant non seulement dans la cause, mais aussi dans l'usage de ton argument. **13.** Apprends donc toi aussi, maître si sage, que, de toute manière, je ne te donnerai pas ce que tu demandes, que l'on prononce contre moi ou pour moi. **14.** Car si les juges donnent leur sentence en ma faveur, rien ne te sera dû, en vertu du jugement, puisque je l'aurai emporté ; si au contraire ils prononcent contre moi, je ne devrai rien, en raison du traité, puisque je ne l'aurai pas emporté. »

uicisset. **7**. Postea cum diutule auditor adsectatorque Protagorae fuisset *et* in studio quidem facundiae abunde promouisset, causas tamen non reciperet tempusque iam longum transcurreret et facere id uideretur, ne reliquum mercedis daret, capit consilium Protagoras, ut tum existimabat, astutum. **8**. Petere instituit ex pacto mercedem, litem cum Euathlo contestatur. **9**. Et cum ad iudices coniciendae consistendae causae gratia uenissent, tum Protagoras sic exorsus est : « Disce, inquit, stultissime adolescens, utroque id modo fore uti reddas quod peto, siue contra te pronuntiatum erit siue pro te. **10**. Nam si contra te lis data erit, merces mihi ex sententia debebitur, quia ego uicero ; sin uero secundum te iudicatum erit, merces mihi ex pacto debebitur, quia tu uiceris. »

11. Ad ea respondit Euathlus : « Potui, inquit, huic tuae tam ancipiti captioni isse obuiam, si uerba non ipse facerem atque alio patrono uterer. **12**. Sed maius mihi in ista uictoria prolubium est, cum te non in causa tantum, sed in argumento quoque isto uinco. **13**. Disce igitur tu quoque, magister sapientissime, utroque modo fore uti non reddam quod petis, siue contra me pronuntiatum fuerit siue pro me. **14**. Nam si iudices pro causa mea senserint, nihil tibi ex sententia debebitur, quia ego uicero ; sin contra me pronuntiauerint, nihil tibi ex pacto debebo, quia non uicero. »

7 fuisset et *edd.* : fuisset *PRV* || ut tum *edd.* : ut cum *PV* utum *R* || **8** instituit : instituit *R* || **9** consistendae *RV* : consistendaeque *P* constituendaeque *Sarisb.* consciendaeque *Lachmann* consciscendaeque *Hosius* || id *om. P* || **11** potui *R* : opto *P* o tu *V* || **12** prolubium : proludium *recc.* || **14** si *P* : sic *RV*.

15. Alors les juges, estimant que l'argumentation était douteuse et que ce qui se disait de part et d'autre ne pouvait être débrouillé, de peur que leur sentence en quel sens qu'elle allât, ne se détruisît elle-même, laissèrent l'affaire sans jugement et ajournèrent la cause à une date très éloignée. **16.** Ainsi le maître d'éloquence illustre fut confondu par son jeune disciple au moyen de son propre argument, et se trouva dépouillé d'un sophisme imaginé avec astuce.

XI

Que le syllogisme de Bias sur le mariage ne peut passer pour un ἀντιστρέφον.

1. Certains pensent que ce mot de Bias, sage célèbre[1], est lui aussi un ἀντιστρέφον semblable à celui de Protagoras dont je viens de parler. **2.** Comme quelqu'un demandait à Bias s'il devait prendre femme ou passer sa vie en célibataire : « Ou tu épouseras, dit-il, une belle, ou une laide ; si elle est belle, elle te trompera, si elle est laide, elle te punira ; or l'un et l'autre sont à rejeter ; il ne faut donc pas te marier. »

3. Mais ils retournent en sens inverse ce raisonnement ainsi : « Si j'épouse une belle, elle ne me punira pas ; si elle est laide, elle ne me trompera pas ; il me faut donc me marier. » **4.** Cependant il ne semble pas qu'il s'agisse d'un ἀντιστρέφον, car, retourné de l'autre côté, il a moins d'intérêt et de force. **5.** En effet Bias a affirmé qu'il ne fallait pas prendre femme à cause d'un des

1. Sur Bias de Priène, un des sept sages, cf. Diogène Laërce 1, 81 s.

15. Tum iudices, dubiosum hoc inexplicabileque esse quod utrimque dicebatur rati, ne sententia sua, utramcumque in partem dicta esset, ipsa sese rescinderet, rem iniudicatam reliquerunt causamque in diem longissimam distulerunt. **16.** Sic ab adolescente discipulo magister eloquentiae inclitus suo sibi argumento confutatus est et captionis uersute excogitatae frustratus fuit.

XI

Biantis de re uxoria syllogismum non posse uideri ἀντιστρέφειν.

1. Existimant quidam etiam illud Biantis, uiri sapientis ac nobilis, responsum consimile esse atque est Protagorion illud de quo dixi modo, ἀντιστρέφον. **2.** Nam cum rogatus esset a quodam Bias, deberetne uxorem ducere an uitam uiuere caelibem, Ἤτοι, inquit, καλὴν ἄξεις ἢ αἰσχράν· καὶ εἰ καλήν, ἕξεις κοινήν, εἰ δὲ αἰσχράν, ἕξεις ποινήν· ἑκάτερον δὲ οὐ ληπτέον· οὐ γαμητέον ἄρα.

3. Sic autem hoc rursum conuertunt : Εἰ μὲν καλὴν ἄξω, οὐχ ἕξω ποινήν· εἰ δὲ αἰσχράν, οὐχ ἕξω κοινήν· γαμητέον ἄρα. **4.** Sed minime hoc esse uidetur ἀντιστρέφον, quoniam ex altero latere conuersum frigidius est infirmiusque. **5.** Nam Bias proposuit non esse ducendam uxorem propter alterutrum incommodum, quod necessario patiendum erit ei

16 uersute : uersute et *P*.
XI. *Lem.* biantis *recc.* : iantis *P* liantis *V* Bionis *Casaubonus ex Diog. Laert.* 4, 48 || **1** protagorion *RV* : protagoricum *P*[2], *non satis legitur P*[1] || **3** sic : hic *P* || **4** altero : latero *P* || **5** ducendam : dicendam *P*[1] || alterutrum : alterum *R*.

deux inconvénients que devra souffrir nécessairement celui qui se marie. **6.** Or en retournant la proposition, on ne se défend pas de l'inconvénient qui est présent, on affirme être exempt de l'autre qui n'est pas là. **7.** Mais il suffit pour défendre l'énoncé de Bias que celui qui a pris femme souffre nécessairement l'un des deux inconvénients, ou trahison ou punition.

8. Notre ami Favorinus, alors qu'on faisait par hasard mention devant lui du syllogisme de Bias, dont la première prémisse est : « Ou tu prendras une belle, ou une laide », dit[1] que ce n'était pas une disjonction admissible ni régulière, puisqu'il n'était pas nécessaire que l'un des deux éléments de la disjonction soit vrai, ce qui est de règle dans la prémisse du syllogisme disjonctif. **9.** En effet il semble qu'on désigne des belles et des laides au degré extrême des types de beauté en quelque sorte. **10.** Or il y a encore, dit-il, une troisième catégorie entre les deux qu'on met en disjonction : Bias n'en a pas tenu compte et ne l'a pas prise en considération. **11.** Entre la femme très belle et la très laide, il y a un type moyen qui ne présente pas les dangers de l'excessive beauté ni l'horreur de l'extrême laideur ; **12.** telle est la femme que Quintus Ennius dans sa *Melanippa*[2] dit, d'un mot très recherché, *stata* (en balance), une femme qui ne soit destinée à être ni trahison ni punition. **13.** Ce type de beauté mesurée et modérée, Favorinus l'appelait, non sans esprit, ma foi, « conjugale ». **14.** Quant à Ennius, dans la tragédie dont j'ai parlé, il a dit qu'étaient en général d'une chasteté sans tache, les femmes d'une beauté *stata* (en balance).

1. Favorinus Frag. 122 et la note éd. A. Barigazzi, Firenze, 1966, qui donne la liste des documents dans lesquels se trouve cette maxime et des auteurs auxquels elle a été attribuée. Parmi eux en particulier Bion de Borysthène (Diog. Laert. 4, 48) qu'Aulu-Gelle peut avoir confondu avec Bias. Mais la maxime est plus ancienne : elle remonte à Théophraste, qui avait écrit un Περὶ γάμου et par delà aux auteurs de la comédie ancienne. Cf. A. Barigazzi, *ad locum*. Celui-ci rapproche le discours que fait Favorinus en 12, 1 sur l'allaitement maternel et n'exclut pas l'influence d'un traité de Favorinus sur le mariage.

qui duxerit. **6**. Qui conuertit autem, non ab eo se defendit incommodo quod adest, sed carere se altero dicit quod non adest. **7**. Satis est autem tuendae sententiae quam Bias dixit, quod eum qui duxit uxorem pati necesse est ex duobus incommodis alterum, ut aut κοινὴν habeat aut ποινήν.

8. Sed Fauorinus noster, cum facta esset forte mentio syllogismi istius quo Bias usus est, cuius prima πρότασις est, ἤτοι καλὴν ἄξεις ἢ αἰσχράν, non ratum id neque iustum diiunctiuum esse ait, quoniam non necessum sit alterum ex duobus quae diiunguntur uerum esse, quod in proloquio diiunctiuo necessarium est. **9**. Eminentia enim quadam significari formarum turpes et pulcrae uidentur. **10**. « Est autem, inquit, tertium quoque inter duo ista quae diiunguntur, cuius rationem prospectumque Bias non habuit. **11**. Inter enim pulcherrimam feminam et deformissimam media forma quaedam est, quae et a nimiae pulcritudinis periculo et a summae deformitatis odio uacat ; **12**. qualis a Quinto Ennio in ‘ Melanippa ’ perquam eleganti uocabulo ‘ stata ’ dicitur, quae neque κοινὴ futura sit neque ποινή. » **13**. Quam formam modicam et modestam Fauorinus non, mi hercule, inscite appellabat uxoriam. **14**. Ennius autem in ista quam dixi tragedia, eas fere feminas ait incolumi pudicitia esse quae stata forma forent.

6 adest *prius recc.* : abest *PRV* || **8** id : *om. P* || uerum *R*² : ueterum *PR*¹*V* || **9** quadam *edd.* : quedam *PV* quae *R ut uidetur* || formarum : formari *P* || **11** a nimiae *P*² : anime *P*¹*V* animi et *R* || **12** stata : tecta *V* || **13** formam *P*² : informam *P*¹*RV*, *recc.* || **14** in ista : iusta *V* || dixi *R* : dixit *PV*.

XII

Sur les noms des dieux du peuple romain *Diouis* et *Vediovis*.

1. Nous avons remarqué qu'il y avait dans les anciennes prières ces noms de dieux : *Diouis* et *Vediouis*. **2.** Et il y a un temple de Vediouis[1] entre la citadelle et le Capitole. **3.** Voici l'explication de ces noms telle que je l'ai trouvée : **4.** les anciens latins appelèrent *Iouis* de *iuuare*[2] (aider), et le nommèrent aussi en ajoutant un autre mot, *pater* (père). **5.** Car ce qui fait Jupiter, avec suppression ou changement de quelques lettres, c'est *Iouispater* sous sa forme pleine et sans altération. On dit ainsi par jonction et *Neptunuspater* et *Saturnuspater* et *Januspater* et *Marspater* — c'est *Marspiter* —, de même Iouis a été appelé *Diespiter*, c'est-à-dire père du jour et de la lumière. **6.** C'est pourquoi il a été appelé d'un nom semblable à *Iouis*, *Diouis* et aussi *Lucetius*[3], parce que avec le jour et la lumière *(lux)* il nous dotait et assistait pour ainsi dire de la vie même. **7.** Naevius d'ailleurs appelle Jupiter *Lucetius* dans ses livres *De la Guerre Punique*.

8. Comme ils avaient donc nommé Iouis et Diouis de *iuuare* (aider), ils nommèrent au contraire le dieu qui n'avait pas le pouvoir d'aider, mais la force de nuire — car ils fréquentaient le culte de certains dieux

1. Ce temple nous est connu par Ovid., *Fast.* 3, 429 et Vitruve, 4, 8, 4, cf. A. M. Collins in *Boll. comm. arch.*, Roma, 1942, p. 5-45.
2. *Iouis* est mis en rapport avec *iuuare* par Cicéron, *Nat. d.* 2, 25, 64. En réalité, il n'y a pas pour *iuuare* d'étymologie sûre (A. Ernout et A. Meillet, *Dict. étym.*, *s.u.* p. 331 ; cf. Walde-Hofmann *s.u.* 1, p. 736) et il n'y a pas de rapprochement à faire avec le nom du dieu du jour : Iupiter est formé d'un premier élément qui est une forme de vocatif. *Iouis* et *Diouis* sont des nominatifs refaits sur le génitif. Cf. Varro, *L.L.* 5, 65.

XII

De nominibus deorum populi Romani Diouis et Vediouis.

1. In antiquis precationibus nomina haec deorum inesse animaduertimus : ‘ Diouis ’ et ‘ Vediouis ’. **2.** Est autem etiam aedes Vediouis Romae inter Arcem et Capitolium. **3.** Eorum nominum rationem esse hanc comperi : **4.** ‘ Iouem ’ Latini ueteres a ‘ iuuando ’ appellauere, eundemque alio uocabulo iuncto ‘ patrem ’ dixerunt. **5.** Nam quod est, elisis aut inmutatis quibusdam litteris, ‘ Iupiter ’, id plenum atque integrum est ‘ Iouispater ’. Sic et ‘ Neptunuspater ’ coniuncte dictus est ⟨et⟩ ‘ Saturnuspater ’ et ‘ Ianuspater ’ et ‘ Marspater ’ — hoc enim est ‘ Marspiter ’ — itemque Iouis ‘ Diespiter ’ appellatus, id est diei et lucis pater. **6.** Idcircoque simili nomine Iouis ‘ Diouis ’ dictus est et ‘ Lucetius ’, quod nos die et luce quasi uita ipsa afficeret et iuuaret. **7.** ‘ Lucetium ’ autem Iouem Cn. Naeuius in libris ‘ Belli Poenici ’ appellat.

8. Cum Iouem igitur et Diouem a iuuando nominassent, eum contra deum, qui non iuuandi potestatem, sed uim nocendi haberet — nam deos quosdam, ut prodessent, celebrabant, quosdam,

XII. *Lem.* diouis *edd.* : diiouis *et sic semper infra PV, recc.* || uediouis : *recc.* : uediiouis *PV, recc. et sic infra* || **1** antiquis : antiquissimis *R* || precationibus *Preller* : spectacionibus *PRV, recc.* || inesse : esse *V*¹ || **2** aedes : caedes *P* || **3** eorum : quorum *P* || **5** elisis *Longolius* : in elisis *PRV* || et *ante* saturnus *om. PV, locum omnem om. R* || et *ante* Ianuspater *V*² : *om. PV*¹ || **6** iouis *Hertz* : diiouis *PRV* || **7** cn *edd.* : C. N. *PRV* || **8** eum *Hertz* : eumque *PRV* || quosdam *alterum* : quos *R* || uediouem : uel iouem *V*.

pour qu'ils fussent utiles, mais ils en apaisaient certains autres pour qu'ils ne fussent pas nuisibles — *Vediouis*, la faculté d'aider lui ayant été enlevée et retirée. **9.** En effet la particule *ue*, qui ayant des formes diverses suivant les mots, s'écrit tantôt à l'aide de ces deux lettres, tantôt en ajoutant un *a* entre les deux[1], prend une signification double et qui plus est contradictoire. **10.** Car elle a valeur augmentative et diminutive, comme un grand nombre d'autres particules ; aussi arrive-t-il que certains mots dans lesquels cette particule entre comme préfixe, soient ambigus et se disent dans les deux sens, comme *uescus*, *uemens* et *uegrande*[2], dont j'ai fait mention en un autre endroit, en y consacrant un développement plus abondant ; mais *uesani* et *uecordes* ne se disent qu'en un seul sens qui est privatif, ce que les Grecs appellent κατὰ στέρησιν.

11. La statue du dieu Vediouis[3] donc, qui se trouve dans le temple dont j'ai parlé plus haut, tient des flèches qui lui sont évidemment données pour nuire. **12.** C'est pourquoi on a dit souvent que ce dieu était Apollon ; on immole suivant le rite des hommes[4] une chèvre et une représentation de cet animal se tient près de la statue.

13. Aussi dit-on que Virgile, homme profondément instruit de l'antiquité qui échappe totalement au reproche d'ostentation, écarte lui aussi par des prières dans les *Géorgiques* les divinités malignes[5], donnant à entendre que les dieux de cette sorte ont un certain pouvoir plus capable de faire du mal que de secourir. Voici les vers de Virgile[6] : « Le sujet du travail est mince, or mince

1. *Ve* ne comporte pas de diphtongue ; le signe *ae* a pu servir dans certains cas à noter la longue. Le sens de la particule était à la fois privatif et péjoratif. D'où l'ambiguïté dans le sens, bien mise en lumière par Festus, p. 512, l. 6 : Vegrande *significare alii aiunt male grande, ut uecors, uesanus, mali cordis maleque sanus. Alii paruom, minutum, ut cum dicimus uegrande frumentum.* C'est ainsi que *uescus*, maigre a été employé au moins par Lucrèce au sens de vorace (Lucr. 1, 326), influencé peut-être par *uesco*·

ut ne obessent, placabant — ‘ Vediouem ’ appellauerunt, dempta atque detracta iuuandi facultate. **9**. ‘ Ve ’ enim particula, quae in aliis atque aliis uocabulis uaria, tum per has duas litteras, tum ‘ a ’ littera media inmissa dicitur, duplicem significatum eundemque inter sese diuersum capit. **10**. Nam et augendae rei et minuendae ualet, sicuti aliae particulae plurimae ; propter quod accidit ut quaedam uocabula quibus particula ista praeponitur ambigua sint et utroqueuersum dicantur, ueluti ‘ uescum ’, ‘ uemens ’ et ‘ uegrande ’, de quibus alio in loco, uberiore tractatu facto, admonuimus ; ‘ uesani ’ autem et ‘ uecordes ’ ex una tantum parte dicti, quae priuatiua est, quam Graeci κατὰ στέρησιν dicunt.

11. Simulacrum igitur dei Vediouis, quod est in aede de qua supra dixi, sagittas tenet, quae sunt uidelicet partae ad nocendum. **12**. Quapropter eum deum plerumque Apollinem esse dixerunt ; immolaturque ritu humano capra eiusque animalis figmentum iuxta simulacrum stat.

13. Propterea Vergilium quoque aiunt, multae antiquitatis hominem sine ostentationis odio peritum, numina laeua in ‘ Georgicis ’ deprecari, significantem uim quandam esse huiuscemodi deorum in laedendo magis quam in iuuando potentem. Versus Vergilii sunt :

In tenui labor ; a*t* tenuis non gloria, si quem

10 utroque uersum *edd.* : utroqueuersu *PRV* || uemens *edd.* : uehemens *PRV* || **11** in *ante* aede *om. R* || partae *PRV* : paratae *recc.* || **13** odio : studio *Cornelissen* || at tenuis *Verg.* : ac tenuis *P* actenus *RV*.

n'en sera pas le bruit, si les dieux malins le veulent si Apollon répond à mon appel.

14. Parmi les dieux qu'il faut apaiser pour écarter de nous et de nos cultures une fois nées, les maladies, on place Auruncus et Robigus[1].

XIII

Sur la hiérarchie et l'ordre des devoirs observés dans les usages du peuple romain.

1. Il y eut entre des hommes assez âgés, connus à Rome, et remarquables par leur science et connaissance des usages et règles de vie anciens, un débat[2] sur la hiérarchie et l'ordre des devoirs ; j'y assistais et écoutais ; on cherchait à qui il fallait les rendre par priorité[3] et de préférence s'il était nécessaire de faire passer certaines personnes avant d'autres en portant aide ou en donnant des marques de prévenance. **2.** Or on convenait facilement et il paraissait établi que d'après les usages du peuple romain, devaient tenir le premier rang après les parents, les pupilles confiés à notre bonne foi et à notre tutelle ; qu'après eux tenaient la place la plus proche les clients qui s'en étaient remis de même à notre bonne foi et à notre protection ; puis en troisième lieu il y avait les hôtes ; ensuite les parents par consanguinité ou par alliance.

3. Sur cette habitude et cette règle, il y a maints témoignages et documents transcrits dans les recueils d'antiquités, dont nous donnerons seulement pour le

1. *Robigus* est le *numen* de la rouille du blé ; *Auruncus* de *auerruncus* d'après Varron, *L.L.* 7, 102, celui qui la détourne (*auerrunco* signifie détourner). Aux *Robigalia* le 25 avril le *flamen Quirinalis* offrait un chien et un mouton et priait dans un bois sacré au 5e mille sur la via Claudia... Cf. Ps. Seru., *Georg.* 1, 151.

2. Voici encore une discussion de casuistique. Elle porte cette fois sur le droit romain. Cf. 1, 2, 8 et la note.

Numina laeua sinunt auditque uocatus Apollo.

14. In istis autem diis quos placari oportet, uti mala a nobis uel a frugibus natis amoliantur, Auruncus quoque habetur et Robigus.

XIII

De officiorum gradu atque ordine moribus populi Romani obseruato.

1. Seniorum hominum et Romae nobilium atque in morum disciplinarumque ueterum doctrina memoriaque praestantium disceptatio quaedam fuit, praesente et audiente me, de gradu atque ordine officiorum, cum[que] quaereretur quibus nos ea prioribus potioribusque facere oporteret, si necesse esset in opera danda faciendoque officio alios aliis anteferre. **2.** Conueniebat autem fac*il*e constabatque ex moribus populi Romani primum iuxta parentes locum tenere pupillos debere, fidei tutelaeque nostrae creditos; secundum eos proximum locum clientes habere, qui sese itidem in fidem patrociniumque nostrum dediderunt; tum in tertio loco esse hospites; postea esse cognatos adfinesque.

3. Huius moris obseruationisque multa sunt testimonia atque documenta in antiquitatibus perscripta, ex quibus unum hoc interim de clien-

14 auruncus *Thysius* : aurungus *PR*² augrungus *R*¹ arungus *V*.
XIII. **1** que *post* cum *del. Gron.* || nos ea *recc.* : nosse a *PRV* || anteferre *Gron.* : ant- non constituebat *PV* ant- non confatuebat *R* ant- non constabat *edd.* ant- non consentiebatur *Hosius* ant- non constituebatur *Gudeman* || **2** facile *edd.* : facere *PRV* || tum *edd.* : tunc *PRV*.

moment celui-ci sur les clients et les parents par le sang, car je l'ai à portée de la main. **4.** Dans le discours qu'il prononça devant les censeurs *Contre Lentulus*, Marcus Caton a écrit ainsi[1] : « Nos ancêtres ont considéré comme plus sacré de défendre les pupilles que de ne pas décevoir un client. On témoigne contre des parents par le sang pour un client, on ne porte pas témoignage contre un client. Le père avait pour eux le premier rang, le *patronus* le titre le plus proche de lui. »

5. Mais Masurius Sabinus dans le troisième livre *du Droit Civil*[2] fait passer l'hôte avant le client. Voici la citation de ce livre : « Pour les devoirs la règle était la suivante chez les anciens, d'abord le pupille, ensuite l'hôte, puis le client, le parent par le sang, enfin le parent par alliance. Toutes choses égales d'ailleurs les femmes étaient préférées aux hommes et le devoir de tutelle à l'égard d'un pupille primait celui qui concernait une femme. Même ceux qui avaient plaidé contre quelqu'un, s'ils avaient été nommés tuteurs de ses fils, assuraient dans la même cause la défense de leur pupille.

6. L'autorité de César, grand pontife, nous fournit un témoignage solide et illustre à ce sujet ; dans le discours qu'il prononça *Pour les Bithyniens*[3], il usa de ce préambule : « Que ce soit en raison de mes liens d'hospitalité avec le roi Nicomède, ou de mon amitié pour ceux dont la cause est en question, je n'aurais pas pu, Marcus Juncus, me refuser à la présente charge. Car, le souvenir des hommes ne doit pas être détruit par la mort au point de ne pas être conservé par leurs proches, et nous ne pouvons pas abandonner sans un déshonneur extrême nos clients[4] auxquels notre usage est de porter secours même aux dépens de nos parents. »

1. Frag. 200 Malcovati[2]. On ne peut pas être assuré de l'identité de Cornelius Lentulus car il y en eut plusieurs à l'époque, ni bien entendu, du sujet de la controverse. Peut-être s'agit-il de P. Cornelius Lentulus Caudinus qui fut préteur de Sardaigne en 203 (d'où il ravitailla Scipion dans sa campagne d'Afrique) et légat en Macédoine en 196 avec T. Quinctius Flamininus (cf. Münzer, *R.E.*, Bd. IV, 1, p. 1379 s., n° 214).

2. Frag. 6 Huschke.

tibus cognatisque, quod prae manibus est, ponemus. 4. M. Cato, in oratione quam dixit apud censores ‘in Lentulum’, ita scripsit : « Quod maiores sanctius habuere, defendi pupillos quam clientem non fallere. Aduersus cognatos pro cliente testatur, testimonium aduersus clientem nemo dicit. Patrem primum, postea patronum proximum nomen habuere. »

5. Masurius autem Sabinus in libro ‘Iuris Ciuilis’ tertio antiquiorem locum hospiti tribuit quam clienti. Verba ex eo libro haec sunt : « In officiis apud maiores ita obseruatum est, primum tutelae, deinde hospiti, deinde clienti, tum cognato, postea adfini. Aequa causa feminae uiris potiores habitae pupillarisque tutela mulie*b*ri praelata. Etiam aduersus quem adfuissent, eius filiis tutores relicti, in eadem causa pupillo aderant. »

6. Firmum atque clarum isti rei testimonium perhibet auctoritas C. Caesaris pontificis maximi, qui in oratione quam ‘Pro Bithynis’ dixit hoc principio usus est : « Vel pro hospitio regis Nicomedis uel pro horum necessitate quorum ⟨de⟩ re agitur, refugere hoc munus, M. *I*unce, non potui. Nam neque hominum morte memoria deleri debet quin a proximis retineatur, neque clientes sine summa infamia deseri possunt, quibus etiam a propinquis nostris opem ferre instituimus. »

4 testatur *PRV* : -mur *Gron.* -ri cum *Mommsen* || habuere *Maiansius* : habere *PRV* || 5 ciuilis : ciuili *V* || clienti tum *recc.* : -entium *PRV* || aequa *Boot* : de qua *PRV* || uiris *om.* *P* || muliebri *Carrio* : mulieri *RV* mulieris *P* || praelata : lata *P* || 6 de re *Hertz* : re *PRV* res *recc.* || refugere *recc.* : reffugere *V* efugere *PR* defugere *Carrio* || iunce *Nipperdey* : uince *PRV*

XIV

Qu'Apion, homme plein de science, qui a été appelé Plistonices, a écrit qu'il avait vu à Rome se reconnaître mutuellement un homme et un lion qui s'étaient connus longtemps avant.

1. Apion qui fut appelé Plistonices[1], homme riche de nombreuses lectures, eut une science très grande et diverse de l'histoire grecque. **2.** On répand de lui des livres très lus dans lesquels il embrasse et relate presque tous les faits merveilleux que l'on voit[2] et entend en Égypte. **3.** Dans ce qu'il dit avoir entendu ou lu, il se peut qu'il soit un peu bavard par un goût vicieux de se faire valoir — il est vraiment fanfaron quand il vante son savoir — **4.** mais ce qu'il a écrit au livre cinquième de ses *Egyptiaca*[3], il affirme ne l'avoir ni entendu, ni lu, l'avoir vu lui-même de ses propres yeux dans la ville de Rome.

5. « On offrait[4] au peuple dans le Grand Cirque, dit-il, un combat contre des bêtes sauvages en grand nombre. **6.** Comme je me trouvais à Rome, j'assistai à ce spectacle, dit-il. **7.** Il y avait là beaucoup d'animaux féroces, des bêtes d'une taille peu commune ; toutes étaient extraordinaires par leur aspect ou par leur férocité. **8.** Mais plus que tout le reste les lions monstrueux étonnaient, et l'un d'eux plus que tous les autres. **9.** Ce lion à lui seul avait tourné vers lui l'attention et les yeux de tous par l'élan et la grande taille de son corps, son rugissement retentissant et terrifiant, ses muscles et sa crinière flottante. **10.** Avait été introduit

1. Apion s'était donné lui-même ce surnom, ce qui témoigne de sa fatuité.

2. On pourrait aussi rapporter *historia* à *audiuntur*, l'ensemble s'opposant à *uisuntur*, « ce qu'on voit et ce dont on entend la relation ». Mais l'ordre des mots n'y invite guère.

3. *Frag. Hist. Graec.* 5 Jacoby. L'ensemble du chapitre est repris dans le *Policrate* de Jean de Salisbury (5, 17). Pour le jugement sur Apion et les *mirabilia*, cf. ce qui est dit de Pline en 9, 4, 13. L'idée était répandue comme l'atteste Isid. 1, 41, 1 : *quae enim uidentur sine mendacio proferntur**u**.*

XIV

Quod Apion, doctus homo, qui Plistonices appellatus est, uidisse se Romanae scripsit recognitionem inter sese mutuam ex uetere notitia hominis et leonis.

1. Apion, qui Plistonices appellatus est, litteris homo multis praeditus rerumque Graecarum plurima atque uaria scientia fuit. **2.** Eius libri non incelebres feruntur, quibus omni*a* ferme quae mirifica in Aegypto uisuntur audiunturque historia comprehendit. **3.** Sed in his quae uel audisse uel legisse sese dicit, fortassean uitio studioque ostentationis sit loquacior — est enim sane quam in praedicandis doctrinis sui uenditator — **4.** hoc autem, quod in libro ‘ Aegyptiacorum ’ quinto scripsit, neque audisse neque legisse, sed ipsum sese in urbe Roma uidisse oculis suis confirmat.

5. « In Circo Maximo, inquit, uenationis amplissimae pugna populo dabatur. **6.** Eius rei, Romae cum forte essem, spectator, inquit, fui. **7.** Multae ibi saeuientes ferae, magnitudines bestiarum excellentes omniumque inuisitata aut forma erat aut ferocia. **8.** Sed praeter alia omnia leonum, inquit, immanitas admirationi fuit praeterque omnis ceteros unus. **9.** Is unus leo corporis impetu et uastitudine terrificoque fremitu et sonoro, toris comisque ceruicum fluctuantibus, animos oculosque omnium in sese conuerterat. **10.** Introductus erat inter

XIV. **2** omnia *ego* : omnibus *PRV* omnium *ed. Ascens.* 1517 || comprehendit : *P*(?)*RV* : comprehenditur *Carrio* || **3** sui *Eussner* : suis *PRV* || **5** inquit *om. P* || **6** inquit *om. P* || **7** inuisitata : inusitata *P*[2] || **8** immanitas : humanitas *R*[1] || unus : unius *Ald.*

au milieu de plusieurs autres, offert à la bataille contre les bêtes, l'esclave d'un personnage consulaire ; cet esclave se nommait Androclus. **11.** Dès que le lion le vit de loin, aussitôt, dit-il, il s'arrêta comme étonné, puis doucement et paisiblement comme pour le reconnaître, il s'approche de l'homme. **12.** Alors il remue la queue gentiment et affectueusement selon la manière et l'habitude des chiens quand ils flattent, il s'approche du corps de l'homme, et caresse de la langue, avec douceur, les jambes et les mains de l'homme déjà presque mort de peur.

13. L'homme, Androclus, sous les caresses d'une bête aussi épouvantable, reprend ses esprits perdus, peu à peu il ramène ses yeux vers le lion et le regarde. **14.** Alors comme s'ils s'étaient reconnus mutuellement, on eût pu voir, dit-il, l'homme et le lion faire des grâces joyeusement. »

15. Apion dit que ce phénomène si étonnant souleva les plus grandes clameurs du public, qu'Androclus fut appelé par César et qu'on lui demanda pour quelle raison ce lion si épouvantable l'avait épargné lui seul. **16.** Alors Androclus raconte une histoire merveilleuse et étonnante. **17.** « Comme mon maître tenait, dit-il, le pouvoir proconsulaire sur la province d'Afrique, je fus contraint à prendre la fuite par ses corrections quotidiennes injustes, et, pour trouver des cachettes plus sûres contre mon maître qui était gouverneur de la province, je me retirai dans les plaines sableuses et désertes avec l'idée, au cas où la nourriture me manquerait, de chercher la mort de quelque manière. **18.** Alors ayant trouvé à midi, sous un soleil de feu[1] dévorant, une grotte écartée et secrète, j'y pénètre et m'y cache.

1. *Tum* excepté, cette phrase est citée par Priscien, *Gramm. Lat.* 2, 259, 23 repris dans *Anecd. Helu.*, *Ibid.*, 8, 102, 25.

compluris ceteros ad pugnam bestiarum datus seruus uiri consularis ; ei seruo Androclus nomen fuit. **11.** Hunc ille leo ubi uidit procul, repente, inquit, quasi admirans stetit ac deinde sensim atque placide, tamquam noscitabundus, ad hominem accedit. **12.** Tum caudam more atque ritu adulantium canum clementer et blande mouet hominisque se corpori adiungit cruraque eius et manus, prope iam exanimati metu, lingua leniter demulcet. **13.** Homo Androclus inter illa tam atrocis ferae blandimenta amissum animum recuperat, paulatim oculos ad contuendum leonem refert. **14.** Tum quasi mutua recognitione facta laetos, inquit, et gratulabundos uideres hominem et leonem. »

15. Ea re prorsus tam admirabili maximos populi clamores excitatos dicit, accersitumque a Caesare Androclum quaesitamque causam cur illi atrocissimus leo uni parsisset. **16.** Ibi Androclus rem mirificam narrat atque admirandam. **17.** « Cum prouinciam, inquit, Africam proconsulari imperio meus dominus obtineret, ego ibi iniquis eius et cotidianis uerberibus ad fugam sum coactus et, ut mihi a domino, terrae illius praeside, tutiores latebrae forent, in camporum et arenarum solitudines concessi ac, si defuisset cibus, consilium fuit mortem aliquo pacto quaerere. **18.** Tum sole medio, inquit, rapido et flagranti specum quandam nanctus remotam latebrosamque, in eam me

10 datus : datos *Hertz* || **11** inquit *om. P* || noscitabundus *P* V^{2} : -bundu *R* bundii V^{1} || **12** lingua : linga *V* || leniter *Sarisb.* : leuiter *PRV* || **13** illa tam : illata *P* || **15** caesare : c. caes- *L. Müller* || illi *Sarisb.* : ille *PRV* || **17** tutiores *P* : tuciore *RV* || **18** rapido *PRV* : rabido *L. Müller, at uide Verg. Georg.* 1, 92 ; 1, 424 ; 4, 425 || quandam *om. P* || nanctus *V* : nactus *PR*.

19. Peu de temps après, ce lion vient à la même grotte, une patte impotente et sanglante, poussant des gémissements et des rugissements de plainte sur la douleur et souffrance de sa blessure. » **20.** Et il dit que là, à peine aperçut-il le lion arrivant, il fut terrifié et abattu de peur. **21.** « Mais quand le lion, entré dans ce qui était son repaire, comme les faits le prouvaient, me voit de loin en train de me cacher, il s'approcha doux et apprivoisé, souleva sa patte, et parut me la montrer et me la tendre comme pour demander secours. **22.** Alors, dit-il, j'arrachai une immense racine fixée à la plante de sa patte, je fis sortir le pus qui s'était formé à l'intérieur de la blessure et avec bien du soin, sans grande crainte dès lors, je séchai à fond et essuyai le sang. **23.** Soulagé par mon aide et par mes soins, sa patte dans mes mains, il se reposa et sa calma, **24.** et à partir de ce jour nous avons pendant trois années entières, moi et le lion, vécu dans la même grotte et aussi de la même nourriture. **25.** Car les bêtes qu'il chassait, il m'en présentait à la grotte les morceaux les plus charnus : n'ayant pas de feu à ma disposition, je les faisais griller au soleil de midi pour les manger. **26.** Lorsque je fus las de cette vie d'animal sauvage, je quittai la grotte alors que le lion était parti à la chasse, et, après avoir parcouru une route d'environ trois jours, je rencontrai des soldats qui m'arrêtèrent ; et je fus ramené d'Afrique à Rome chez mon maître. **27.** Celui-ci s'occupa aussitôt de me faire condamner à mort et livrer aux bêtes. **28.** Or je comprends, dit-il, que ce lion, qui fut pris, lui aussi, après mon départ, me récompense maintenant de mon bienfait et de mes soins. »

penetro et recondo. **19.** Neque multo post ad eandem specum uenit hic leo, debili uno et cruento pede, gemitus edens et murmura, dolorem cruciatumque uulneris commiserantia. » **20.** Atque illic primo quidem conspectu aduenientis leonis territum sibi et pauefactum animum dixit. **21.** « Sed postquam introgressus, inquit, leo, uti re ipsa apparuit, in habitaculum illud suum, uidet me procul delitescentem, mitis et mansues accessit et sublatum pedem ostendere mihi et porgere quasi opis petendae gratia uisus est. **22.** Ibi, inquit, ego stirpem ingentem, uestigio pedis eius haerentem, reuelli conceptamque saniem uulnere intimo expressi accuratiusque sine magna iam formidine siccaui penitus atque detersi cruorem. **23.** Illa tunc mea opera et medella leuatus, pede in manibus meis posito, recubuit et quieuit **24.** atque ex eo die triennium totum ego et leo in eadem specu eodemque et uictu uiximus. **25.** Nam, quas uenabatur feras, membra opimiora ad specum mihi suggerebat, quae ego, ignis copiam non habens, meridiano sole torrens edebam. **26.** Sed ubi me, inquit, uitae illius ferinae iam pertaesum est, leone in uenatum profecto, reliqui specum et uiam ferme tridui permensus a militibus uisus adprehensusque sum et ad dominum ex Africa Romam deductus. **27.** Is me statim rei capitalis damnandum dandumque ad bestias curauit. **28.** Intellego autem, inquit, hunc quoque leonem me tunc separato captum, gratiam mihi nunc beneficii et medicinae referre. »

20 illic : illuc *P* || **21** delitiscentem : delitescentem *R* || porgere *I. Gron.* : pergere *P* porrigere *RV* || **23** medella *P* : -la *RV* || **24** et *ante* uictu *om. R.*

29. Telles furent les paroles d'Androclus, à ce qu'Apion rapporte, et tout le récit fut écrit sur un panneau qu'on promena pour le signifier au public ; aussi Androclus fut-il, à la demande générale, libéré, exempté de tout châtiment et gratifié du lion par un vote du peuple. **30.** « Par la suite, dit-il, on pouvait voir Androclus avec le lion attaché par une laisse légère, aller par toute la ville à travers les tavernes, Androclus recevoir des pièces de monnaie, le lion être couvert de fleurs et tous partout dire en les rencontrant : « Voici le lion qui fut l'hôte de l'homme, voici l'homme qui fut le médecin du lion. »

XV

La voix est-elle un corps ou un incorporel ? Que les avis des philosophes sont variés sur ce point.

1. C'est une vieille et éternelle question qui a été discutée[1] entre les plus connus des philosophes, si la voix est un corps ou un incorporel *(incorporeum)* ? **2.** Certains ont en effet forgé ce mot sur le modèle du mot grec ἀσώρατον (incorporel). **3.** Or un corps est ou agissant ou subissant ; il est défini en grec τὸ ἤτοι ποιοῦν ἢ πάσχον « ce qui fait ou ce qui subit ». **4.** Voulant indiquer cette définition, le poète Lucrèce a écrit[2] : « Car toucher, être touché, rien ne le peut, sinon un corps. » **5.** D'une autre manière encore les Grecs disent qu'un corps est « ce qui a trois dimensions ». **6.** Mais les Stoïciens affirment que la voix est un corps et ils disent

1. Sur cette discussion Plut., *Placit. philos.* 4, 19, s., Εἰ ἀσώματος ἡ φωνή*;* Eustath. 301 p. 261 ; Galen. 19, p. 310 K.
Sur ἀσώματος cf. *C.G.L.* 4, 482, 48. Sur *incorporeum*, cf. nos *Mots nouveaux...*, p. 135 s.

2. Lucr. 1, 304.

29. Haec Apion dixisse Androclum tradit, eaque omnia scripta circumlataque tabula populo declarat*a*, atque ideo cunctis petentibus dimissum Androclum et poena solutum leonemque ei suffragiis populi donatum. **30**. « Postea, inquit, uidebamus Androclum et leonem, loro tenui reuinctum, urbe tota circum tabernas ire, donari aere Androclum, floribus spargi leonem, omnes ubique obuios dicere : « Hic est leo hospes hominis, hic est homo medicus leonis. »

XV

Corpusne sit uox an ἀσώματον uarias esse philosophorum sententias.

1. Vetus atque perpetua quaestio inter nobilissimos philosophorum agitata est, corpusne sit uox an incorporeum. **2**. Hoc enim uocabulum quidam finxerunt proinde quod Graece dicitur ἀσώματον. **3**. Corpus autem est quod aut efficiens est aut patiens ; id Graece definitur τὸ ἤτοι ποιοῦν ἢ πάσχον. **4**. Quam definitionem significare uolens, Lucretius poeta ita scripsit :

> Tangere enim aut tangi, nisi corpus, nulla potest res.

5. Alio quoque modo corpus esse Graeci dicunt τὸ τριχῇ διάστατον. **6**. Sed uocem Stoici corpus esse contendunt eamque esse dicunt ictum aera.

29 declarata *Gron.* : declarat *PRV* || **30** uidebamus : -deamus *R* || tenui reuinctum : tenui ire uinctum *P*.
XV. *Lem.* esse V^1, *recc.* : sese PV^2 || **4** aut : et *Lucr.*

que c'est de l'air frappé[1] ; **7.** quant à Platon, il ne pense pas que la voix soit un corps : « Ce n'est pas de l'air frappé, dit-il, c'est le coup lui-même et le choc qui est la voix[2]. » **8.** Démocrite et ensuite Épicure[3] disent que la voix est formée de corps insécables, et ils l'appellent, pour me servir de leurs mots eux-mêmes, ῥεῦμα ἀτόμων, (un courant d'atomes). **9.** Comme nous entendions ou lisions ces théories et d'autres semblables, aiguillons d'une paresse subtile et agréable sans voir dans ces vétilles ni aucun gain solide concernant la conduite de la vie ni aucune fin à la recherche, nous approuvions le Néoptolème d'Ennius qui parle ainsi[4] : « Philosophons un moment, car toute la vie, point ne faut. »

XVI

Sur la fonction des yeux et les théories de la vision.

1. Nous remarquons que les opinions des philosophes sur la théorie de la vision et la nature de la perception visuelle sont opposées. **2.** Les Stoïciens disent que la cause de la vision est l'émission de rayons à partir des yeux sur les objets qu'ils peuvent voir, et en même temps une tension de l'air. **3.** Épicure pense[5] qu'émane de tous les corps en flux constant, certains simulacres de ces corps eux-mêmes, qu'ils se portent dans les yeux et que la sensation visuelle se produit ainsi[6]. **4.** Platon estime qu'une sorte de feu ou de lumière sort des yeux et que celle-ci, jointe sans interruption avec le jour solaire ou la lumière d'un autre feu, forte de sa puissance

1. Diog. Laert. 7, 55 ; Sen., *Nat. Quaest.* 2, 6, 3 : *Quid enim est uox nisi intentio aeris ut audiatur, linguae formata percussu* ; *G.L.K.* 1, 420, 9 etc. ; Isid. 1, 14. Sur les théories stoïciennes, cf. J. Arnim, *Stoicorum ueterum fragmenta*, t. 2, p. 43 s., n° 889. Cf. *G.L.K.* 2, 51 ; *Philosophi definiunt uocem esse aerem tenuissimum ictum...*

7. Plato autem non esse uocem corpus putat : « Non enim percussus, inquit, aer, sed plaga ipsa atque percussio, id uox est. » 8. Democritus ac deinde Epicurus ex indiuiduis corporibus uocem constare dicunt eamque, ut ipsis eorum uerbis utar, ῥεῦμα ἀτόμων appellant. 9. Hos aliosque talis argutae delectabilisque desidiae aculeos cum audiremus uel lectitaremus neque in his scrupulis aut emolumentum aliquod solidum ad rationem uitae pertinens aut finem ullum quaerendi uideremus, Ennianum Neoptolemum probabamus, qui profecto ita ait :

> Philosophandum est paucis ; nam omnino haud
> placet.

XVI

De ui oculorum deque uidendi rationibus.

1. De uidendi ratione deque cernendi natura diuersas esse opiniones philosophorum animaduertimus. 2. Stoici causas esse uidendi dicunt radiorum ex oculis in ea quae uideri queunt emissionem aerisque simul intentionem. 3. Epicurus afluere semper ex omnibus corporibus simulacra quaedam corporum ipsorum eaque sese in oculos inferre atque ita fieri sensum uidendi putat. 4. Plato existimat, genus quoddam ignis lucisque de oculis exire idque, coniunctum continuatumque uel cum luce solis uel cum alterius ignis lumine, sua ui et

9 ennianum *P* : ennianum autem *RV* || est : est sed *Bothius*.
XVI. 2 intentionem : -sionem *V* || 3 afluere *PR* : affluere *V*.

et de celle de la lumière extérieure, fait que nous percevons[1] tout ce qu'elle a rencontré et illuminé. **5.** Mais sur ce point non plus il ne faut pas ruminer trop longtemps et user du conseil du même Néoptolème d'Ennius, dont nous avons écrit plus haut, qui pense qu'il faut goûter à la philosophie et non s'y engouffrer.

XVII

Pour quelle raison les premiers jours après les Calendes, les Nones, les Ides sont tenus pour jours noirs ; et pourquoi beaucoup de gens évitent aussi le quatrième jour avant les Calendes, les Nones ou les Ides comme entaché d'une interdiction religieuse.

1. Verrius Flaccus, dans le livre IV de son ouvrage *Sur le sens des mots* écrit que les lendemains de calendes, de nones, d'ides, que la foule appelle sottement néfastes, sont dits et classés *jours noirs* pour la raison suivante[2]. **2.** « La Ville ayant été reprise aux Gaulois Sénons, dit-il[3], Lucius Atilius déclara au sénat que le tribun militaire Quintus Suplicius, sur le point de combattre à l'Allia contre les Gaulois, avait fait le sacrifice pour la bataille le lendemain des ides ; alors l'armée du peuple Romain avait été frappée d'anéantissement et le surlendemain de ce jour, la ville avait été prise à l'exception du Capitole ; plusieurs autres sénateurs dirent se souvenir que, chaque fois qu'un sacrifice pour le succès d'une guerre avait été fait le lendemain des calendes, des nones, des ides, par un magistrat du peuple Romain, la république avait été mal servie dans le combat qui avait suivi. Le sénat renvoya alors la question

1. *Tim.* 45 b.

externa nixum efficere ut quaecumque offenderit inlustraueritque cernamus. **5.** Sed hic *ae*que non diutius muginandum, eiusdemque illius Enniani Neoptolemi, de quo supra scripsimus, consilio utendum est, qui degustandum ex philosophia censet, non in eam ingurgitandum.

XVII

Quam ob causam dies primi post Kalendas, Nonas, Idus atri habeantur; et cur diem quoque quartum ante Kalendas uel Nonas uel Idus quasi religiosum plerique uitent.

1. Verrius Flaccus, in quarto ' De uerborum significatu ' , dies qui sunt postridie Kalendas, Nonas, Idus, quos uulgus imperite nefastos dicit, propter hanc causam dictos habitosque ' atros ' esse scribit. **2.** « Vrbe, inquit, a Gallis Senonibus recuperata, L. Atilius in senatu uerba fecit, Q. Sulpicium tribunum militum, ad Alliam aduersus Gallos pugnaturum, rem diuinam dimicandi gratia postridie Idus fecisse ; tum exercitum populi Romani occidione occisum et post diem tertium eius diei urbem praeter Capitolium captam esse : compluresque alii senatores recordari sese dixerunt, quotiens belli gerendi gratia res diuina postridie Kalendas, Nonas, Idus a magistratu populi Romani facta esset, eius belli proximo deinceps proelio rem publicam male gestam esse. Tum senatus eam rem

5 aeque *Petschenig* : eaque *PRV* || neoptolemi *R* : -lomi *PV* || XVII. *Lem.* uitent *Lion* : uitant *PV* || **2** atilius *PR*[2] : attilius *V* tilius *R*[1] aquinius *Macr.* aquilius *F. Lachmann* || q. : q *RV* que *P* || exercitum : exercitu *V* || diei : die *R* || idus : idem *V* || gestam esse : gestam *P*.

aux pontifes, leur demandant de décider comme il leur semblerait bon. Les pontifes décrétèrent qu'aucun sacrifice fait ces jours-là, n'aurait valeur. »

3. Beaucoup de gens[1] évitent aussi le quatrième jour avant les calendes, les nones ou les ides comme un jour de mauvaise augure. **4.** Cette prescription repose-t-elle, sur une règle religieuse qui nous ait été transmise ? C'est la question qu'on se pose ordinairement. **5.** Quant à nous, nous n'avons rien trouvé sur le sujet sinon que d'après Quintus Claudius au livre V de ses *Annales*[2], le désastre si monstrueux de la bataille de Cannes eut lieu le quatrième jour avant les nones de juillet.

XVIII

S'il y a une distinction et de quelle portée entre *histoire* et *annales* ; et sur le sujet citation du livre I des *Récits* de Sempronius Asellio.

1. Certains pensent qu'une *histoire (historia)* diffère d'*annales* en ceci : alors qu'elles sont l'une et les autres le récit d'événements, l'*histoire* l'est proprement d'événements auxquels participa l'auteur de la narration ; **2.** c'est l'opinion de certaines gens, Verrius Flaccus le rapporte au livre IV de son ouvrage *Sur le sens des mots*[3]. Quant à lui, il est dans le doute à ce sujet, dit-il, mais il pense qu'on peut trouver quelque chose de rationnel dans cette opinion parce que ἱστορία signifie en grec connaissance des événements présents. **3.** Maiss nous, nous avons entendu dire ordinairement que le *annales* sont toutes des *histoires* ; **4.** mais les *histoires* ne sont pas toutes des *annales* : **5.** de même que ce

1. Le § 3 est reproduit par Macrobe en 1, 16, 26. Sur *inominalis*, cf. nos *Mots nouveaux...*, p. 137.
2. Frag. 53 Peter. Les Nones de juillet tombaient le 7 ; la bataille eut donc lieu le 4 d'après Aulu-Gelle.

ad pontifices reiecit, ut ipsi quod uideretur statuerent. Pontifices decreuerunt nullum his diebus sacrificium recte futurum. »

3. Ante diem quoque quartum Kalendas uel Nonas uel Idus tamquam inominalem diem plerique uitant. **4**. Eius obseruationis an religio ulla sit tradita, quaeri solet. **5**. Nihil nos super ea re scriptum inuenimus, nisi quod Q. Claudius annalium quinto cladem illam pugnae Cannensis uastissimam factam dicit ante diem quartum Nonas Sextiles.

XVIII

An quid et quantum differat ‘ historia ’ ab ‘ annalibus ’; superque ea re uerba posita ex libro Rerum Gestarum Sempronii Asellionis primo.

1. ‘Historiam’ ab ‘annalibus’ quidam differre eo putant, quod, cum utrumque sit rerum gestarum narratio, earum tamen proprie rerum sit ‘ historia ’, quibus rebus gerendis interfuerit is qui narret; **2**. eamque esse opinionem quorundam, Verrius Flaccus refert in libro ‘ De significatu uerborum ’ quarto. Ac se quidem dubitare super ea re dicit, posse autem uideri putat nonnihil esse rationis in ea opinione, quod ἱστορία Graece significet rerum cognitionem praesentium. **3**. Sed nos audire soliti sumus ‘ annales ’ omnino id esse quod ‘ historia ’ sint ; **4**. ‘ historias ’ non omnino esse id quod ‘ annales ’ sint : **5**. sicuti, quod est homo, id

3 inominalem : nominalem *P* ominalem *Salmas.*
XVIII. *Lem.* an quid *Marshall* : inquit *PV* || **1** historiam : -ria *P*.

qui est homme est nécessairement un animal ; ce qui est animal n'est pas nécessairement un homme.

6. Ainsi ils appellent bien *histoires* ou l'exposé d'événements, ou leur mise en lumière, ou de quelque autre manière qu'il faille le dire ; mais ce sont des *annales*, quand les événements d'un certain nombre d'années, sont mis en ordre bien plus tard, en respectant la suite des années. **7**. Quand les événements sont transcrits non par années, mais jour par jour, cette histoire est appelée d'un mot grec, éphéméride, dont l'équivalent latin se trouve dans le livre premier de Sempronius Asellio, livre dont nous avons extrait un texte étendu[1], afin de montrer en même temps quelle différence il a vu entre *res gestae* (histoire) et *annales*.

8. « Mais entre ceux qui ont voulu, dit-il, laisser des *annales* et ceux qui ont essayé d'écrire l'*histoire* du peuple romain, il y avait la différence générale suivante. Les livres d'*annales* montraient seulement ce qui avait été fait chaque année, à la manière de ceux qui écrivent un journal *(diarium)*, ce que les Grecs appellent ἐφημερίς. Pour nous, je constate qu'il ne nous suffit pas seulement d'énoncer ce qui a été fait, mais nous voulons montrer encore avec quelle intention et en vertu de quel raisonnement cela a été fait. » **9**. Peu après le même Asellio dit dans le même livre[2] : « Les livres d'annales ne peuvent en rien rendre plus ardent à défendre la république, ni plus lent à faire le mal. Écrire sous quel consul une guerre a pris naissance, sous lequel elle a pris fin, qui y a remporté le triomphe, sans indiquer dans le

1. Frag. 1 Peter. Sur Sempronius Asellio, cf. 1, 13, 10 et la n. 2 vol. I p. 50. Dans le passage Asellio appelle *res gestas* l'histoire et *annales* une énumération des événements année par année. Il ne s'agit plus de l'opposition entre *historia* et *annales*, mais entre annales et un récit plus élaboré qui explique et donne les causes.

2. Frag. 2 Peter. On voit là se dessiner la préoccupation morale qui a été primordiale chez les historiens romains.

necessario animal esse ; quod est animal, non id necesse est hominem esse.

6. Ita ' historias ' quidem esse aiunt rerum gestarum uel expositionem uel demonstrationem uel quo alio nomine id dicendum est ; ' annales ' uero esse, cum res gestae plurium annorum, obseruato cuiusque anni ordine, deinceps componuntur. **7.** Cum uero non per annos, sed per dies singulos res gestae scribuntur, ea historia Graeco uocabulo ἐφημερὶς dicitur, cuius Latinum interpretamentum scriptum est in libro Semproni Asellionis primo, ex quo libro plura uerba ascripsimus, ut simul ibidem quid ipse inter ' res gestas ' et ' annales ' esse dixerit ostenderemus.

8. « Verum inter eos, inquit, qui ' annales ' relinquere uoluissent, et eos qui ' res gestas ' a Romanis perscribere conati essent, omnium rerum hoc interfuit. ' Annales ' libri tantummodo quod factum quoque anno gestum sit, ea demonstrabant, id est quasi qui diarium scribunt, quam Graeci ἐφημερίδα uocant. Nobis non modo satis esse uideo, quod factum esset, id pronuntiare, sed etiam quo consilio quaque ratione gesta essent demonstrare. » **9.** Paulo post idem Asellio in eodem libro : « Nam neque alacriores, inquit, ad rempublicam defendundam, neque segniores ad rem perperam faciundam ' annales ' libri commouere quicquam possunt. Scribere autem bellum initum quo consule et quo confectum sit et quis trium-

5 animal esse : animal est *ed. Ven* 1472 || necesse est : necesse esse *Hertz* || **7** ascripsimus : asscr- *P* || **8** tantummodo : tantum *P* || quod... sit : quid esset *Nipperdey* || nobis *R* : uobis *V*. obis *P* || **9** faciundam : -dum *V* || ex eo et eo *Hertz* : ex eo *PRV* et eo *Hertz alias, alii aliud.*

livre ce qui a été fait au cours de la guerre, les décrets pris par le sénat pendant cette période ou les lois et propositions de lois votées et reprendre les desseins dans lesquels cela fut fait, c'est raconter des fables aux enfants et non pas écrire l'histoire. »

XIX

Ce qu'est l'adoption, ce qu'est de même l'*adrogatio*, et combien elles diffèrent entre elles ; et quelles sont les paroles que prononce celui qui, adoptant des enfants par *adrogatio*, interroge (*rogat*) le peuple sur cette affaire, et de quelle nature elles sont.

1. Lorsqu'on prend dans une famille qui n'est pas la leur et en place d'enfants des étrangers, cela se passe ou devant le préteur ou devant le peuple. **2.** Ce qui se fait devant le préteur s'appelle *adoptatio* (adoption), devant le peuple *adrogatio*. **3.** Or il y a adoption quand les enfants sont cédés par le père sous la puissance de qui ils se trouvent par une triple *mancipatio* en justice et qu'ils sont revendiqués par l'adoptant devant le juge devant qui l'action a été entreprise ; **4.** sont l'objet d'une *adrogatio* ceux qui, ne dépendant de personne, se mettent sous la puissance d'autrui et prennent eux-mêmes la responsabilité de l'affaire. **5.** Mais les *adrogationes* ne se font pas à la légère et sans enquête ; **6.** on convoque les comices appelés curiates sur décision des pontifes, et on prend en considération l'âge de celui qui veut faire l'*adrogatio*, s'il n'est pas propre à engendrer plutôt des enfants, s'il ne s'agit pas d'une manœuvre pour s'emparer des biens de celui qui est l'objet de l'*adrogatio*, puis on prononce le serment rédigé par le

phans introierit ex eo, ⟨et eo⟩ libro quae in bello gesta sint non praedicare aut interea quid senatus decreuerit aut quae lex rogatioue lata sit neque quibus consiliis ea gesta sint iterare : id fabulas pueris est narrare, non historias scribere. »

XIX

Quid sit adoptatio, quid item sit adrogatio, quantumque haec inter se differant; uerbaque eius quae qualiaque sint, qui in liberis adrogandis super ea re populum rogat.

1. Cum in alienam familiam inque liberorum locum extranei sumuntur, aut per praetorem fit aut per populum. **2**. Quod per praetorem fit, adoptatio dicitur, quod per populum, adrogatio. **3**. Adoptantur autem, cum a parente in cuius potestate sunt tertia mancipatione in iure ceduntur atque ab eo qui adoptat apud eum apud quem legis actio est uindicantur; **4**. adrogantur hi qui, cum sui iuris sunt, in alienam sese potestatem tradunt eiusque rei ipsi auctores fiunt. **5**. Sed adrogationes non temere nec inexplorate committuntur ; **6**. nam comitia arbitris pontificibus praebentur, quae curiata appellantur, aetasque eius qui adrogare uult, an liberis potius gignundis idonea sit, bonaque eius qui adrogatur ne insidiose adpetita sint consideratur, iusque iurandum a Q. Mucio pontifice maximo conceptum dicitur, quod in adrogando

iterare id fabulas *ante* non praedicare *add. PRV*, cf. *infra ubi* gesta sint *iterum inuenitur* || aut interea : autem int- *recc.*

XIX. *Lem.* qualiaque : qualia P^1 || qui : quid V^1 || **3** a parente : apparente *V* || **6** adrogatur *P* : -gantur *V* -getur *R* || pontifice : -cem *P*.

grand pontife, Quintus Mucius, pour être prononcé lors de l'*adrogatio*[1]. **7.** Mais on ne peut être l'objet d'une *adrogatio* si l'on n'est pas pubère *(uesticeps)*. **8.** Quant au nom d'*adrogatio*, il vient de ce que ce mode de changement de famille se fait par une proposition *(rogatio)* au peuple[2].

9. Voici les termes de cette proposition : « Veuillez et ordonnez que Lucius Valerius soit pour Lucius Titius un fils suivant le droit et la loi tout autant que s'il était né de lui comme père et de la mère de sa famille ; et qu'il ait sur lui puissance de vie et de mort comme un père l'a sur son fils. C'est dans les termes que je viens d'énoncer que je vous fais cette proposition, Quirites. »

10. Mais ni un pupille, ni une femme qui ne se trouve pas sous la puissance de son père ne peuvent être l'objet d'une *adrogatio* ; car il y a incompatibilité entre une femme et les comices et, d'autre part, il est sacrilège que l'autorité et la puissance des tuteurs sur leurs pupilles soit assez grandes pour soumettre à l'arbitraire d'autrui une tête libre remise à leur bonne foi. **11.** Masurius Sabinus[3] a écrit que des affranchis pouvaient bien selon le droit être adoptés par des hommes libres ; **12.** mais il n'est pas permis, à ce qu'il dit, et il ne faut jamais permettre, à son avis, que des hommes du rang d'affranchis envahissent par l'adoption la condition juridique des hommes libres : **13.** « Autrement, dit-il, si cet ancien droit était maintenu, même un esclave pourrait être donné en adoption par son maître devant le préteur. » **14.** Et il ajoute que beaucoup d'auteurs du droit ancien ont écrit que cela pouvait se faire.

15. Nous remarquons dans le discours que Publius Scipion[4] tint comme censeur devant le peuple *Sur les mœurs*, que, parmi ce qu'il critiquait comme contraire aux usages des anciens, il dénonça notamment qu'un

iuraretur. **7**. Sed adrogari non potest nisi iam uesticeps. **8**. Adrogatio autem dicta, quia genus hoc in alienam familiam transitus per populi rogationem fit.

9. Eius rogationis uerba haec sunt : « Velitis, iubeatis, uti L. Valerius L. Titio tam iure legeque filius siet, quam si ex eo patre matreque familias eius natus esset, utique ei uitae necisque in eum potestas siet, uti patri endo filio est. Haec ita uti dixi, ita uos, Quirites, rogo. »

10. Neque pupillus autem neque mulier quae in parentis potestate non est adrogari possunt ; quoniam et cum feminis nulla comitiorum communio est et tutoribus in pupillos tantam esse auctoritatem potestatemque fas non est, ut caput liberum fidei suae commissum alienae dicioni subiciant. **11**. Libertinos uero ab ingenuis adoptari quidem iure posse, Masurius Sabinus scripsit ; **12**. sed id neque permitti dicit, neque permittendum esse umquam putat, ut homines libertini ordinis per adoptiones in iura ingenuorum inuadant. **13** « Alioquin, inquit, si iuris ista antiquitas seruetur, etiam seruus a domino per praetorem dari in adoptionem potest. » **14**. Idque ait plerosque iuris ueteris auctores posse fieri scripsisse.

15. Animaduertimus in oratione P. Scipionis, quam censor habuit ad populum ‘ De Moribus ’, inter ea quae reprehendebat, quod contra maiorum instituta fierent, id etiam eum culpauisse, quod

9 eius *P* : quis *V* huius *R* || siet *R* : fiet *V* sit *P* || siet *R* : fiet *V* sit *P* || **10** tutoribus *P*[2] : tucioribus *P*[1]*RV* || dicioni *recc.* : condicioni *RV* conditioni *P*.

fils adoptif fût compté au père adoptant pour les avantages de la paternité[1]. **16.** Voici le passage du discours : « Le père vote dans une tribu, le fils dans une autre et le fils adoptif donne autant d'avantages que si l'on avait un enfant né de soi ; on fait recenser les absents si bien qu'il n'est nécessaire à personne de venir au cens. »

XX

Quel mot latin a forgé Sinnius Capito pour solécisme ; comment les anciens Latins[2] ont appelé cette faute, et en quels termes le même Sinnius Capito a défini le solécisme.

1. Le solécisme appelé par Sinnius Capito[3] et d'autres de la même époque *imparilitas* était dit par les Latins plus anciens *stribiligo*, comme en somme quelque chose de tordu *(strobiligo)* parce que dans ses détours l'énoncé verse et dévie. **2.** Cette faute Sinnius Capito la définit en ces termes dans une lettre adressée à Clodius Tuscus[4] : « Le solécisme est, dit-il, une organisation boiteuse et inharmonieuse des parties du discours. »

3. Comme *solécisme* est un mot grec, on se demande si les Attiques[5] qui ont parlé avec le plus de raffinement en ont usé. **4.** Mais quant à nous, nous n'avons trouvé encore ni *solécisme,* ni *barbarisme* chez les écrivains grecs compétents ; **5.** car ils ont écrit σόλοικον de même que βάρβαρον. **6.** Chez nous aussi les anciens ont dit

1. Sur les avantages consentis aux pères de famille, cf. *supra* 2, 15, 3. Sous Auguste la *lex Pappia Poppaea* en particulier augmenta et codifia ces avantages.

2. Sur l'ensemble du chapitre, cf. *Gramm. Lat.* 5, 328, 8.

filius adoptiuos patri adoptatori inter praemia patrum prodesset. **16**. Verba ex ea oratione haec sunt : « In alia tribu patrem, in alia filium suffragium ferre, filium adoptiuum tam procedere quam si se natum habeat ; absentis censeri iubere, ut ad censum nemini necessu*s* sit uenire. »

XX

Quod uocabulum Latinum soloecismo fecerit Capito Sinnius, quid autem id ipsum appellauerint ueteres Latini ; quibusque uerbis soloecismum definierit idem Capito Sinnius.

1. ‘ Soloecismus ’, Latino uocabulo a Sinnio Capitone eiusdemque aetatis aliis imparilitas appellatus, uetustioribus Latinis stribiligo dicebatur, a uersura uidelicet et prauitate tortuosae orationis, tamquam strobiligo quaedam. **2**. Quod uitium Sinnius Capito in litteris, quas ad Clodium Tuscum dedit, hisce uerbis definit : « ‘ Soloecismus ’ est , inquit, impar atque inconueniens compositura partium orationis ».

3. Cum Graecum autem uocabulum sit ‘ soloecismus ’, an Attici homines qui elegantius locuti sunt usi eo sint quaeri solet. **4**. Sed nos neque ‘ soloecismum ’ neque ‘ barbarismum ’ apud Graecorum idoneos adhuc inuenimus ; **5**. nam sicut βάρβαρον, ita σόλοικον dixerunt. **6**. Nostri quoque

16 necessus *Hertz* : necessu P^1RV necessum *P man. rec.*
XX. *Lem.* fecerit *ed. Rom.* : fuerit *PV* || **5** βάρβαρον *edd.* : barbaron *PRV* || σόλοικον *edd.* : soloecon *V* soloeon *R* solecon *P*.

couramment *soloecum*[1], et je ne sais s'ils ont jamais dit *soloecismum*. **7**. S'il en est ainsi, ni en grec, ni en latin, *soloecismus* n'est d'un emploi correct.

XXI

Que dire *pluria*, *compluria* et *compluriens* c'est parler latin, sans barbarisme.

1. Quelqu'un dit par hasard *pluria* dans la conversation, un homme extrêmement savant, mon ami, sans, ma foi, chercher à se mettre en avant par désir de se faire valoir, ni dans l'idée qu'il ne fallait pas dire *plura*. **2**. C'est en effet un homme d'une science sérieuse et tournée vers les devoirs de la vie, sans se mettre nullement en peine des mots[2]. **3**. Mais, je pense, en raison d'un maniement assidu des auteurs anciens, un mot qu'il avait souvent rencontré dans les livres s'était implanté dans son langage.

4. Était présent, lorsqu'il prononça le mot, un impertinent censeur langagier qui avait très peu lu et seulement ce qui est rebattu dans la foule, qui possédait quelques rudiments appris par ouï-dire de la science grammaticale, les uns grossiers et ébauchés, les autres faux, et les jetait comme de la poudre aux yeux de tous ceux qu'il avait entrepris. **5**. Ainsi il dit alors à notre ami : « *Pluria* que tu viens de dire, est une forme barbare qui n'a ni justification rationnelle ni répondants. » **6**. Alors cet ami répondit en riant : « Je t'en prie, homme excellent, puisque les affaires plus sérieuses m'en laissent à présent le loisir, je voudrais que tu nous enseignes pourquoi *pluria* ou *compluria*, cela revient au même,

1. Cicéron en effet avait employé le pluriel neutre : « *Barbara quaedam et soloeca* ». *Soloecismus* figure chez Quintilien, 1, 5, 16, mais se lit déjà dans la *Rhétor. à Herennius*. En grec σόλοικον se lit chez Xénophon, *Cyr.*, 8, 3, 24 ; σολοικισμόν n'apparaît que dans la prose d'Aristote, *Soph. El.*, 14.

antiquiores ‘ soloecum ’ facile, ‘ soloecismum ’ haud scio an umquam, dixerunt. **7**. Quod si ita est, neque in Graeca neque in Latina lingua ‘ soloecismus ’ probe dicitur.

XXI

‘ Pluria ’ qui dicat et ‘ compluria ’ et ‘ compluriens ’ non barbare dicere, sed Latine.

1. ‘ Pluria ’ forte quis dixit sermocinans uir adprime doctus, meus amicus, non hercle studio ⟨se⟩ ferens ostentandi neque quo ‘ plura ’ non dicendum putaret. **2**. Est enim doctrina homo seria et ad uitae officia deuincta ac nihil de uerbis laborante. **3**. Sed, opinor, assidua ueterum scriptorum tractatione inoleuerat linguae illius uox quam in libris saepe offenderat.

4. Aderat, cum ille hoc dicit, reprehensor audaculus uerborum, qui perpauca eademque a uolgo protrita legerat habebatque nonnullas disciplinae grammaticae inauditiunculas, partim rudes inchoatasque, partim non probas, easque quasi puluerem ob oculos, cum adortus quemque fuerat, adspergebat. **5**. Sicut tunc amico nostro : « Barbare, inquit, dixisti ‘ pluria ’ ; nam neque rationem uerbum hoc neque auctoritates habet. » **6**. Ibi ille amicus ridens : « Amabo te, inquit, uir bone, quia nunc mihi a magis seriis rebus otium est, uelim doceas nos cur ‘ pluria ’ siue ‘ compluria ’, nihil

6 dixerunt : dixerint *V*.

XXI. **1** se ferens *Hertz* : ferens *PRV*, *del. Carrio* || **4** eademque : eaque *R* || a *om. R* || **6** magis *recc.* : magnis *PRV*.

n'est pas latin, est barbare[1], alors que Marcus Caton[2], Quintus Claudius[3], Valerius Antias[4], Lucius Aelius[5], Publius Nigidius[6], Marcus Varron l'ont employé et sont pour nous témoins et garants de cette forme, outre une grande abondance de poètes et d'orateurs anciens. » **7.** Et l'autre avec un excès d'arrogance : « Garde pour toi, dit-il, ces autorités ramenées de l'époque des Faunes et des Aborigènes, et réponds à cette argumentation rationnelle[7] : **8.** aucun mot au comparatif pluriel neutre, au cas direct, n'a la lettre *i* avant le *a* final, par exemple *meliora* (meilleurs), *maiora* (plus grands), *grauiora* (plus lourds). C'est pourquoi il faut dire *plura* et non *pluria* pour ne pas aller, contre la forme constante du comparatif[8], mettre la lettre *i* devant le *a* final. »

9. Alors notre ami, ne jugeant pas son outrecuidant interlocuteur digne d'un plus long discours : « Il y a, dit-il, un grand nombre de lettres de Sinnius Capito[9], un très grand savant, qui sont réunies en un seul livre et déposées dans le temple de la Paix[10], je crois. **10.** La première lettre est écrite à Pacuvius Labéo[11], elle est intitulée : ' Qu'il faut dire *pluria* et non *plura.* ' **11.** Dans cette lettre, Capito a consigné les arguments grammaticaux rationnels par lesquels il montre que *pluria* est latin, *plura* barbare. **12.** Nous te renvoyons donc à Capito. **13.** Tu apprendras en même temps de lui, si tu peux seulement suivre ce qui est décrit dans cette lettre, que *pluria* ou *plura* est positif et simple, et non pas comme tu le crois comparatif. »

14. Cette théorie de Sinnius est encore confirmée par le fait que, quand nous disons *complures*, nous ne le prenons pas dans un sens comparatif. **15.** Et du mot *compluria* a été fait l'adverbe *compluriens*, bien souvent.

enim differt, non Latine sed barbare dixerint M. Cato, Q. Claudius, Valerius Antias, L. *A*elius, P. Nigidius, M. Varro, quos subscriptores approbatoresque huius uerbi habemus praeter poetarum oratorumque ueterum multam copiam. » **7**. Atque ille nimis arroganter : « Tibi, inquit, habeas auctoritates istas, ex Faunorum et Aboriginum saeculo repetitas, atque huic rationi respondeas. **8**. Nullum enim uocabulum neutrum comparatiuum numero pluratiuo, recto casu, ante extremum ‘ a ’ habet ‘ i ’ litteram, sicuti ‘ meliora ’, ‘ maiora ’, ‘ grauiora ’. Proinde igitur ‘ plura ’, non ‘ pluria ’, dici conuenit, ne contra formam perpetuam in comparatiuo ‘ i ’ littera sit ante extremum ‘ a ’. »

9. Tum ille amicus noster, cum hominem confidentem pluribus uerbis non dignum existimaret : « Sinni, inquit, Capitonis, doctissimi uiri, epistulae sunt uno in libro multae positae, opinor, in templo Pacis. **10**. Prima epistula scripta est ad Pacuuium Labeonem, cui titulus praescriptus est ‘ Pluria, non plura dici debere ’. **11**. In ea epistula rationes grammaticas posuit per quas docet ‘ pluria ’ Latinum esse, ‘ plura ’ barbarum. **12**. Ad Capitonem igitur te dimittimus. **13**. Ex eo id quoque simul disces, si modo assequi poteris quod in ea epistula scriptum est, ‘ pluria ’ siue ‘ plura ’ absolutum esse et simplex, non, ut tibi uidetur, comparatiuum. »

14. Huius opinionis Sinnianae id quoque adiumentum est, quod ‘ complures ’ cum dicimus, non comparatiue dicimus. **15**. Ab eo autem quod est ‘ compluria ’ aduerbium est factum ‘ complu-

aelius *Carrio* : lelius *PRV*. || **7** atque : adque *P* || **8** ne *V* : nec *PR* || **11** in ea : ne *P* || **14** huius : cuius *P*.

16. Comme il est assez peu usité, j'ai transcrit un vers de Plaute tiré de la comédie qui a pour titre *Persa*[1] : « Et que crains-tu ? — Je crains, ma foi ; j'en ai tâté bien souvent *(compluriens)*. » **17.** De même Marcus Caton au livre IV de ses *Origines*[2] a usé du mot trois fois dans le même passage : « Bien souvent *(compluriens)* leurs soldats mercenaires se tuent les uns les autres en grand nombre, bien souvent *(compluriens)* ils passent à l'ennemi en grand nombre à la fois, bien souvent *(compluriens)* ils attaquent leur général[3]. »

1. V. 534.
2. Frag. 79 Peter.
3. A partir du § 15 les citations sont reprises par Nonius p. 124, l. 3 qui ajoute une autre citation de Caton : *Conpluries frequenter Cato suasione in Legem Popili* (74) « *Quod conpluries usu uenit omni tempore anteuentum esse rempublicam credimus* ». Cf. P. Fest. p. 52, l. 15.

riens '. **16.** Id quoniam minus usitatum est, uersum Plauti subscripsi ex comoedia quae ' Persa ' inscribitur :

Quid metuis ? — Metuo hercle uero ; sensi ego compluriens.

17. Item M. Cato in IV. ' Originum ' eodem in loco ter hoc uerbum posuit : « Compluriens eorum milites mercennarii inter se multi alteri alteros occidere, compluriens multi simul ad hostis transfugere, compluriens in imperatorem impetum facere. »

16 id quoniam : ad quem *P* || ego : ego iam *Plaut.* || occidere : in castris occ- *Nonius* || impetum *R* : in imp- *PV*.

LIVRE VI

LIVRE VI

I

Histoires extraordinaires tirées des Annales sur Scipion le premier Africain[1].

1. Ce qui a été écrit[2] dans l'histoire grecque sur Olympias, femme du roi Philippe, mère d'Alexandre, a été également transmis à la mémoire des hommes sur la mère de Scipion qui fut appelé le premier Africain. **2.** En effet et Gaius Oppius[3] et Julius Hyginus[4] ainsi que d'autres auteurs qui ont écrit sur la vie et l'histoire de l'Africain, rapportent qu'on a longtemps cru sa mère stérile, et que Publius Scipion, qu'elle avait épousé, avait lui aussi perdu l'espoir d'avoir des enfants. **3.** Puis comme en l'absence de son mari, la femme s'était couchée et endormie seule dans son lit, dans sa chambre, on avait vu soudain couché près d'elle un immense serpent qui aux cris de terreur de ceux qui l'avaient vu, s'était échappé et n'avait pu être retrouvé. Publius Scipion rapporta cela lui-même aux haruspices, eux après avoir fait un sacrifice, répondirent que des enfants allaient naître ; **4.** et peu de jours après qu'on eut vu le serpent dans le lit, la femme se mit à présenter les symptômes et à sentir les douleurs d'une grossesse ; à la suite, au dixième mois, elle avait accouché et était né ce Publius l'Africain qui vainquit Hannibal et les Carthaginois en Afrique dans la deuxième guerre punique. **5.** Mais

1. Sur les tendances d'Alexandre à se faire passer pour le fils de Jupiter, cf. en particulier *infra* 13, 4, 1 ss. Les grands chefs d' État ou d'armée occidentaux ont toujours été hantés par les monarchies orientales de forme théocratique. Alexandre, face à la Perse, voulut donner à son pouvoir royal les mêmes fondements divins ; ses successeurs en Syrie et en Égypte donnèrent perfection et stabilité au système. A Rome où le régime municipal était dépassé et où s'avérait la nécessité de fonder un État sur d'autres bases, les grands chefs militaires regardaient du même côté. Les vélléités de Scipion furent reprises par Sylla et César, par Auguste aussi (cf. Sueton., *Aug.* 94) quoiqu'avec beaucoup plus de prudence. Mais la monarchie théocratique resta une tentation des empereurs.

LIBER SEXTVS

I

Admiranda quaedam ex annalibus sumpta de P. Africano superiore.

1. Quod de Olympiade, Philippi regis uxore, Alexandri matre, in historia Graeca scriptum est, id de P. quoque Scipionis matre qui prior Africanus appellatus est memoriae datum est. **2.** Nam et C. Oppius et Iulius Hyginus, aliique qui de uita et rebus Africani scripserunt, matrem eius diu sterilem existimatam tradunt, P. quoque Scipionem, cum quo nupta erat, liberos desperauisse. **3.** Postea in cubiculo atque in lecto mulieris, cum absente marito cubans sola condormisset, uisum repente esse iuxta eam cubare ingentem anguem eumque, his qui uiderant territis et clamantibus, elapsum inueniri non quisse. Id ipsum P. Scipionem ad haruspices retulisse ; **4.** eos, sacrificio facto, respondisse fore ut liberi gignerentur, neque multis diebus postquam ille anguis in lecto uisus est, mulierem c*o*episse concepti fetus signa atque sensum pati ; exinde mense decimo peperisse natumque esse hunc P. Africanum qui Hannibalem et Carthaginienses in Africa bello Poenico secundo uicit. **5.** Sed et eum inpendio magis ex rebus gestis

I. *Lem.* quaedam *om. P* || **1** datum : mandatum *Wölfflin* || **3** condormisset : cum dormisset *PRV* || **4** coepisse *Lambecius* : cepisse *PRV*.

si on a cru qu'il était un homme d'une vertu divine, c'est aussi et bien plus en raison de ses actions que de ce prodige.

6. Il ne me déplaît pas d'ajouter encore ce que les mêmes auteurs que j'ai nommés plus haut, ont livré à la littérature, que ce Scipion l'Africain avait l'habitude de venir au Capitole à la fin de la nuit avant le petit jour, de faire ouvrir le sanctuaire de Jupiter, là de s'attarder longtemps seul, comme s'il délibérait sur l'État avec Jupiter, et les gardiens du temple s'étaient étonnés souvent que, quand il arrivait seul au Capitole à ce moment-là, les chiens[1] qui se déchaînaient toujours contre les autres n'aboyaient pas contre lui et ne l'attaquaient pas.

7. Scipion semblait par ses paroles et par ses actions pour la plupart étonnantes renforcer et rendre plausibles[2] ces idées de la foule. Parmi elles il est en une que voici à peu près. **8.** Il assiégeait et encerclait en Espagne une place forte[3] solidement défendue par sa situation, ses remparts, ses défenseurs, en outre abondamment fournie en vivres, et il n'y avait aucun espoir de s'en emparer ; or un jour il rendait la justice siégeant dans le camp, et de ce lieu on voyait la place au loin. **9.** Alors un des soldats qui comparaissaient devant lui, demanda suivant l'habitude quel jour et en quel endroit il lui demandait de s'engager à se présenter ; **10.** et Scipion tendant la main vers la citadelle même de la place assiégée : « Après demain, dit-il, qu'on comparaisse là-bas. » **11.** Et ainsi fut fait ; le surlendemain, jour auquel il avait fixé l'assignation, la ville fut prise, et le même jour il tint son tribunal dans la citadelle de la ville.

1 Sur les chiens du Capitole, cf. Cic., *Sex. Rosc.* 56.

quam ex illo ostento uirum esse uirtutis diuinae creditum est.

6. Id etiam dicere haud piget, quod idem illi quos supra nominaui litteris mandauerint, Scipionem hunc Africanum solitauisse noctis extremo, priusquam dilucularet, in Capitolium uentitare ac iubere aperiri cellam Iouis atque ibi solum diu demorari, quasi consultantem de republica cum Ioue, aeditumosque eius templi saepe esse demiratos, quod solum id temporis in Capitolium ingredientem canes semper in alios saeuientes neque latrarent eum neque incurrerent.

7. Has uolgi de Scipione opiniones confirmare atque approbare uidebantur dicta factaque eius pleraque admiranda. Ex quibus est unum huiuscemodi : **8.** Assidebat oppugnabatque oppidum in Hispania, situ, moenibus, defensoribus, ualidum et munitum, re etiam cibaria copiosum, nullaque eius potiundi spes erat, et quodam die ius in castris sedens dicebat atque ex eo loco id oppidum procul uisebatur. **9.** Tum e militibus, qui in iure apud eum stabant, interrogauit quispiam ex more in quem diem locumque uadimonium promitti iuberet ; **10.** et Scipio, manum ad ipsam oppidi quod obsidebatur arcem protendens, « Perendie, inquit, sese sistant illo in loco. » **11.** Atque ita factum ; die tertio, in quem uadari iusserat, oppidum captum est eodemque die in arce eius oppidi ius dixit.

8 in *om. R* || situ *recc.* : situm *PRV* || quodam :quadam *R* || **11** tertio : -tia *R* || eodemque *V* : eodemque eo *P* eoque *R*.

II

Sur une erreur honteuse de Caesellius Vindex que nous avons trouvée dans ses livres intitulés *Lectures anciennes*.

1. Nous avons trouvé une bévue grossière dans les célèbres cahiers de *Lectures anciennes* de Caesellius Vindex[1], homme qui au demeurant, ma foi, pèche rarement par négligence. **2.** Cette bévue a échappé à beaucoup, bien qu'ils guettassent souvent l'occasion de faire des reproches à Caesellius, même à tort. **3.** Or Caesellius a écrit qu'Ennius au livre XIII des *Annales* a employé *cor* (le cœur) au genre masculin.

4. J'ai joint le texte de Caesellius : « Ennius l'a employé au masculin comme beaucoup d'autres mots. Au livre XIII des *Annales*, il a dit *quem cor* (quel cœur). » **5.** Sont ensuite cités deux vers d'Ennius[2] : « Tandis qu'Hannibal[3], l'esprit audacieux, m'exhortait à ne point faire la guerre lui que mon cœur *(quem cor...)* a cru... » **6.** C'est Antioche qui a prononcé ces paroles, le roi d'Asie. Il s'étonne et il est bouleversé de voir Hannibal le Carthaginois le détourner de son intention de faire la guerre au peuple romain. **7.** Or Caesellius comprend ces vers comme si Antiochus parlait de cette façon : « Hannibal me détourne de faire la guerre ; quand il agit ainsi, quel cœur ai-je selon lui ? et combien me croit-il stupide quand il veut me persuader[4] ? »

8. Telle est l'interprétation de Caesellius certes,

1. L. Caesellius Vindex (et non Caecilius comme on l'a appelé parfois par erreur), grammairien latin du temps d'Hadrien (Keil, *Gramm. Lat.* 2, 210, 7 ; 2, 230, 11), auteur d'un *Stromateus* de *Comm. lect. antiqu.* que mentionne Aulu-Gelle et qui pourraient n'être qu'un seul et même ouvrage et de deux fragments sur l'orthographe (*ibid.* 7, 202, 18). Il a consulté Varron et Cornutus, il a servi à Caper, source de Priscien. Sur l'attitude d'Aulu-Gelle à l'égard de Caesellius Vindex, cf. vol. I, p. 104 n. Les critiques malins du § 2 ne désignent peut-être que le seul grammairien Scaurus avec lequel Sulpicius Apollinaris n'était pas d'accord sur Caesellius.

II

De Caeselli Vindicis pudendo errore, quem offendimus in libris eius quos inscripsit ' Lectionum Antiquarum '.

1. Turpe erratu*m* offendimus in illis celebratissimis commentariis ' Lectionum Antiquarum ' Caeselli Vindicis, hominis hercle pleraque haud indiligentis. 2. Quod erratum multos fugit, quamquam multa in Caesellio reprehendendo etiam per calumnias rimarentur. 3. Scripsit autem Caesellius Q. Ennium in XIII. Annali ' cor ' dixisse genere masculino.

4. Verba Caeselli subiecta sunt : « Masculino genere, ut multa alia, enuntiauit Ennius. Nam in XIII. Annali ' quem cor ' dixit. » 5. Ascripsit deinde uersus Ennii duo :

Hannibal audaci *d*um pectore de ⟨me⟩ hortatur
Ne bellum faciam, quem credidit esse meum cor ?

6. Antiochus est qui hoc dixit, Asiae rex. Is admiratur et permouetur, quod Hannibal Carthaginiensis bellum se facere populo Romano uolentem dehortetur. 7. Hos autem uersus Caesellius sic accipit, tamquam si Antiochus sic dicat : « Hannibal me ne bellum geram dehortatur ; quod cum facit ec*q*uale putat cor habere me e*t* quam stultum esse me credit, cum id mihi persuadere uult ? »

8. Hoc Caesellius quidem, sed aliud longe Ennius.

II. *Lem.* de caeselli uindicis *recc.* : betesellinun dicis *P* letesellium dicis *V* || **3** in *om. R* || **5** dum *edd. ex* § 9 : cum *PRV* || de me hortatur *edd. ex* § 9, *Non.* : dehortatur *PRV* horitatur *Bergk* || **7** ecquale *Sciopp.* : equale *PRV* || et *Sciopp.* : ei *PRV*.

mais Ennius dit tout autre chose. **9**. Car il y a trois vers et non deux qui appartiennent à cette phrase d'Ennius, Caesellius n'a pas pris le troisième en considération : « Tandis qu'Hannibal, l'esprit audacieux, m'exhortait à ne point faire la guerre, lui que mon cœur a cru suprême conseiller, ardent de valeur guerrière. » **10**. Le sens et l'ordre des vers est le suivant, à mon avis : « Hannibal, cet homme si audacieux et si valeureux que j'ai cru — c'est ce que veut dire que ' mon cœur a cru ', comme s'il disait ' que j'ai cru dans ma sottise ' — devoir être celui qui me persuaderait plus que tout autre de combattre, il me détourne et me dissuade de faire la guerre. » **11**. Or il s'est trouvé que Caesellius trompé dans sa nonchalance par ce rapprochement de mots crut qu'il était écrit *quem cor* et lut *quem* avec l'accent aigu[1] comme s'il se rapportait à *cor* et non à *Hannibalem*. **12**. Mais il ne m'échappe pas, si on supposait chez quelqu'un pareille confusion mentale, qu'on peut alors défendre le *cor* masculin de Caesellius de façon que le troisième vers paraisse devoir se lire séparément et seul, comme si, avec une coupure et une interruption de la phrase, Antioche s'écriait « *suasorem summum* (suprême conseiller) » ! Mais il ne vaut pas la peine de répondre à des gens qui pourraient argumenter ainsi.

1. Caesellius fait de *quem* l'attribut de *cor* alors que, si on prend la phrase entière avec le troisième vers, on s'aperçoit que *quem* est le régime de *credidit* et *cor* le sujet. La bévue est de taille et Aulu-Gelle a raison de traiter par le mépris l'interprétation proposée au § 12. Il eût même pu faire l'économie de cette note finale.

9. Nam tres uersus sunt, non duo, ad hanc Ennii sententiam pertinentes, ex quibus tertium uersum Caesellius non respexit :

Hannibal audaci dum pectore de me hortatur
Ne bellum faciam, quem credidit esse meum cor
Suasorem summum et studiosum robore belli.

10. Horum uersuum sensus atque ordo sic, opinor, est : « Hannibal ille audentissimus atque fortissimus, quem ego credidi — hoc est enim : « cor meum credidit », proinde atque diceret « quem ego stultus homo credidi » — summum fore suasorem ad bellandum, is me dehortatur dissuadetque ne bellum faciam. » **11.** Caesellius autem forte ῥαθυμότερον iunctura ista uerborum captus ‘ quem cor ’ dictum putauit et ‘ quem ’ accentu acuto legit, quasi ad ‘ cor ’ referretur, non ad ‘ Hannibalem ’. **12.** Sed non fugit me, si aliquis sit tam inconditus, sic posse defendi ‘ cor ’ Caeselli masculinum, ut uideatur tertius uersus separatim atque diuise legendus, proinde quasi praecisis interruptisque, uerbis exclamet Antiochus : « suasorem summum ! » Sed non dignum est eis qui hoc dixerint responderi.

9 hanc ennii *RV* : hanc cennii *P* hancce ennii *I. Gron.* || **10** diceret *V man. rec.*, *recc.* : deceret *PR*V^{1} || is : his V^{1} || **12** inconditus : increditus *P* || legendus *recc.* : legendo *PRV* || praecisis *edd.* : de precisis *PRV* decisis *Hertz* || est V^{3}, *recc.* : et *PRV*.

III

Ce que Tullius Tiro, affranchi de Cicéron, a critiqué dans un discours de Marcus Caton que celui-ci prononça au sénat pour les Rhodiens ; et ce que nous avons répondu à ces critiques.

1. La cité de Rhodes a été célébrée pour son heureuse situation insulaire, pour ses illustres travaux d'art ainsi que pour l'habileté de ses marins et ses victoires navales. **2.** Alors que cette cité était amie et alliée du peuple romain, elle jouit cependant de l'amitié de Persée, fils de Philippe, roi de Macédoine, avec qui le peuple Romain était en guerre[1], et les Rhodiens, envoyant souvent des ambassades à Rome, s'efforcèrent de mettre fin à la guerre qui les opposait. **3.** Quand cette action de paix eut échoué, la plupart des orateurs rhodiens dans leurs discours au peuple demandèrent que Rhodes aidât le roi contre le peuple Romain, si la paix n'intervenait pas. **4.** Mais aucune décision officielle ne fut prise sur cette question. **5.** Cependant quand Persée fut vaincu et fait prisonnier, les Rhodiens tremblèrent à cause de ce qui avait été fait et dit bien des fois dans les réunions du peuple, et ils envoyèrent des ambassadeurs à Rome pour prier qu'on excusât la légèreté de certains de leurs concitoyens et pour dégager de critiques la loyauté de leur État et sa politique officielle. **6.** Quand les ambassadeurs furent venus à Rome et introduits au sénat, et qu'après avoir prononcé des paroles de suppliant pour leur cause ils furent sortis de la curie, on se mit à demander les avis ; **7.** et comme une partie des sénateurs se plaignaient des

III

Quid Tiro Tullius, Ciceronis libertus, reprehenderit in M. Catonis oratione quam pro Rhodiensibus in senatu dixit; et quid ad ea quae reprehenderat, responderimus.

1. Ciuitas Rhodiensis et insulae opportunitate et operum nobilitatibus et nauigandi sollertia naualibusque uictoriis celebrata est. **2.** Ea ciuitas, cum amica atque socia populi Romani foret, Persa tamen, Philippi filio, Macedonum rege, cum quo bellum populo Romano fuit, amico usa est, conixique sunt Rhodienses legationibus Romam saepe missis id bellum inter eos componere. **3.** Sed, ubi ista pacificatio perpetrari nequiuit, uerba a plerisque Rhodiensibus in contionibus eorum ad populum facta sunt, ut, si pax non fieret, Rhodienses regem aduersus populum Romanum adiutarent. **4.** Sed nullum super ea re publicum decretum factum est. **5.** At ubi Perses uictus captusque est, Rhodienses pertimuere ob ea quae conpluriens in coetibus populi acta dictaque erant, legatosque Romam miserunt, qui temeritatem quorundam popularium suorum deprecarentur et fidem consiliumque publicum expurgarent. **6.** Legati postquam Romam uenerunt et in senatum intromissi sunt, uerbisque suppliciter pro causa sua factis e curi*a* excesserunt, sententiae rogari coeptae ; **7.** cumque partim senatorum de Rhodiensibus

III. *Lem.* quid *edd.* : quod *PV* || **3** aduersus : -sum *V* || **6** factis e curia *Carrio* : facti securi *PVR*[2] habitis facti securi *R*[1].

Rhodiens, disant qu'ils avaient été mal intentionnés, et exprimaient l'avis qu'il fallait leur faire la guerre, alors Caton se lève et entreprend de défendre et de sauver les meilleurs et les plus fidèles des alliés, contre lesquels un bon nombre des hommes les plus hauts étaient sévères et hostiles afin de les piller et de s'emparer de leurs richesses, et il prononce un discours illustre qui est publié séparément avec le titre de *Pour les Rhodiens*, et qui figure d'autre part dans le cinquième livre des *Origines*[1].

8. Quant à Tiro Tullius, affranchi de Cicéron, ce fut, il est vrai un homme d'un talent raffiné, très au courant de l'histoire et de la littérature anciennes et instruit dans les belles lettres dès son jeune âge, il fut pour Cicéron un aide et pour ainsi dire un collaborateur dans les études littéraires. **9**. Mais il a poussé l'audace assurément trop loin pour qu'on puisse le supporter et lui pardonner : **10**. il a écrit à Quintus Axius[2], un ami de son patron, avec une assurance et une chaleur excessives, une lettre où il a cru quant à lui avoir examiné ce discours *Pour les Rhodiens* avec un jugement pénétrant et fin. **11**. Le hasard a fait que l'envie nous a pris de traiter quelques-uns des reproches inclus dans cette lettre, et on nous pardonnera plus facilement de critiquer Tiron puisque celui-ci a critiqué Caton.

12. Or il a d'abord blâmé Caton pour s'être servi en ignorant et stupidement, à ce qu'il dit quant à lui, d'un préambule trop arrogant et trop violent dans ses reproches quand il déclare craindre que les sénateurs, ayant perdu la maîtrise de leur esprit dans la joie et l'allégresse de la victoire, manquent de sagesse et ne

1. Cf. T. Liu. 45, 25, 2 : *Plurimum causam eorum adiuuit M. Porcius Cato qui, asper ingenio, tum lenem mitemque senatorem egit. Non inseram simulacrum uiri copiosi quae dixerit referendo : ipsius oratio scripta exstat* Originum *quinto libro inclusa.*

2. Tiron Frag. 6 Funaioli. Sur Q. Axius à qui Cicéron écrivit deux livres de lettres, cf. Klebs, *R.E.* Bd. II, 2, p. 2633, n° 4.

quererentur maleque animatos eos fuisse dicerent bellumque illis faciendum censerent, tum M. Cato exsurgit et optimos fidissimosque socios, quorum opibus diripiendis possidendisque non pauci ex summatibus uiris intenti infensique erant, defensum conseruatumque pergit orationemque inclutam dicit, quae et seorsum fertur inscriptaque est ‘ Pro Rhodiensibus ’ et in quintae ‘ Originis ’ libro scripta est.

8. Tiro autem Tullius, M. Ciceronis libertus, sane quidem fuit ingenio homo eleganti haudquaquam rerum litterarumque ueterum indoctus, eoque ab ineunte aetate liberaliter instituto adminiculatore et quasi administro in studiis litterarum Cicero usus est. **9.** Sed profecto plus ausus est quam ut tolerari ignoscique possit. **10.** Namque epistulam conscripsit ad Q. Axium, familiarem patroni sui, confidenter nimis et calide, in qua sibimet uisus est orationem istam ‘ Pro Rhodiensibus ’ acri subtilique iudicio percensuisse. **11.** Ex ea epistula lubitum forte nobis est reprehensiones eius quasdam attingere, maiore scilicet uenia reprehensuri Tironem, cum ille reprehenderit Catonem.

12. Culpauit autem primum hoc, quod Cato « inerudite et ἀναγώγως, », ut ipse ait, principio nimis insolenti nimisque acri et obiurgatorio usus sit, cum uereri sese ostendit ne patres, gaudio atque laetitia rerum prospere gestarum de statu mentis suae deturbati, non satis consiperent neque

7 infensique *PR* : infessique *V* infestique *Carrio* incensique *Sciopp.* || quintae : quinto *recc.* || **10** axium *Iunt.* 1513 : anxium *PRV* || calide *Carrio* : callide *PRV* || acri *edd.* : sacri *PRV* || **11** lubitum : lib- *P* || cum : quam *recc.* || **12** ἀναγώγως *edd.* : anagogos *PRV*.

soient plus capables de bien juger et de bien décider. **13.** « Or dans les exordes, dit-il, les avocats qui parlent pour des accusés doivent se concilier et apaiser les juges, adoucir leurs esprits, tendus et raides dans l'attente de la cause, en leur rendant honneur et respect par leurs paroles, et non pas les heurter par des injures et d'impérieuses menaces. » **14.** Il a ensuite donné l'exorde lui-même dont les termes sont les suivants[1] : « Je sais que le succès, le bonheur et la réussite exaltent l'esprit de la plupart des hommes, et ainsi leur orgueil et leur fierté augmentent et croissent. Aussi est-ce pour moi un grand souci que cette affaire ait abouti si heureusement ; j'ai peur que de notre délibération ne sorte quelque malheur qui renverse notre succès, et que cette joie ne tourne en excessif débordement[2]. Les malheurs domptent et enseignent ce qu'il faut faire, la joie du succès fait sortir du droit chemin et empêche de bien délibérer et de bien comprendre. C'est pourquoi je dis et je propose avec d'autant plus de cœur que cette affaire soit retardée de quelques jours jusqu'à ce qu'après une si grande joie nous revenions en possession de nous-mêmes.

15. « Ce que Caton dit ensuite, ajoute-t-il, constitue un aveu, non une défense, et ne consiste pas à repousser ou transférer l'accusation, mais à la partager avec un certain nombre d'autres gens, ce qui n'a aucune valeur de justification. Et même, dit-il, il reconnaît en outre

1. Frag. 163 Malcovati². Cf. *infra* 13, 25, 13 où Aulu-Gelle souligne l'effet pathétique de l'entassement des synonymes dans cette phrase.

2. Cf. T. Liu. 2, 21, 6 : *luxuriosa laetitia* ; 23, 12, 12 : *Vereor ne haec quoque laetitia luxuriet.*

ad recte intelligendum consulendumque essent idonei. **13.** « In principiis autem, inquit, patroni, qui pro reis dicunt, conciliare sibi et complacare iudices debent sensusque eorum expectatione causae suspensos rigentesque honorificis uerecundisque sententiis commulcere, non iniuriis atque imperiosis minationibus confutare. » **14.** Ipsum deinde principium apposuit, cuius uerba haec sunt : « Scio solere plerisque hominibus rebus secundis atque prolixis atque prosperis animum excellere atque superbiam atque ferociam augescere atque crescere. Quo mihi nunc magnae curae est, quod haec res tam secunde processit, ne quid in consulendo aduorsi eueniat, quod nostras secundas res confutet, neue haec laetitia nimis luxuriose eueniat. Aduorsae res edomant et docent quid opus siet facto, secundae res laetitia transuorsum trudere solent a recte consulendo atque intelligendo. Quo maiore opere dico suadeoque uti haec res aliquot dies proferatur, *d*um ex tanto gaudio in potestatem nostram redeamus. »

15. « Quae deinde Cato iuxta dicit, ea, inquit, confessionem faciunt, non defensionem, neque propulsationem translationemue criminis habent, sed cum pluribus aliis communicationem, quod scilicet nihil ad purgandum est. Atque etiam,

13 reis *PR*^{2}*V*^{2} : regibus *R*^{1} regis *V*^{1} || imperiosis : in imp- *P* || minationibus *V*, *recc.* : municionibus *PR* || **14** rebus : in rebus *Gell.* 13, 25, 14 || atque prosperis : prosp- *P* || quo *ed. Torn.* 1592 : quod *PRV* || quod haec : quom haec *Haupt* || aduorsi : -uersi *P* || aduorsae *V* : -uerse *PR* || edomant *Pricaeus* : se domant *PRV*^{2} se donant *V*^{1} || siet *RV* : sit *P* || transuorsum : -uersum *P* || recte *recc.* : recto *PRV* || dum *edd.* : cum *PRV*, *recc.* || **15** dicit *PRV*^{1} : dixit *V*^{2}, *recc.* || translationem *om.* *P* || -ue criminis : uectiminis *V* || nihil : nihili *in app. proposuit Hosius* || purgandum *recc. p.* : pugnandum *PRV*.

que les Rhodiens qui étaient accusés d'avoir désiré le succès du roi contre le peuple romain et de s'en être faits les fauteurs, ont eu ce désir et cette faveur dans leur propre intérêt, pour que les Romains, après avoir vaincu le roi Persée aussi, ne s'enflent pas d'insolence, d'orgueil et de fierté jusqu'à un degré immodéré. » **16.** Et Tiron donne les mots même de Caton[1], transcrits ci-après : « Et quant à moi je pense que les Rhodiens n'auraient pas voulu que nous missions l'adversaire hors de combat, comme nous l'avons fait, ni que le roi Persée fût vaincu. Mais il n'y eut pas que les Rhodiens à ne pas vouloir cela, beaucoup de peuples et beaucoup de nations ne l'ont pas voulu non plus, à ce que je pense ; et je me demande s'il n'y a pas eu une partie d'entre eux à ne pas avoir voulu cette issue, sans idée de nous humilier, mais de fait ils ont craint que si nous n'avions plus personne à craindre, nous n'agissions suivant notre bon plaisir. Je pense qu'ils ont été de ce sentiment dans l'intérêt de leur liberté, pour ne pas tomber sous notre seul pouvoir dans une servitude imposée par nous. Cependant les Rhodiens n'ont jamais aidé Persée officiellement. Considérez combien dans nos relations privées, nous agissons avec plus de prudence. Car chacun de nous, s'il pense que quelqu'un fait quelque chose contre son intérêt, s'efforce à l'encontre, de tout son pouvoir, pour que rien ne se fasse contre cet intérêt ; eux cependant ils l'ont supporté. »

17. Quant à la critique de l'exorde, Tiron aurait dû savoir que les Rhodiens ont été défendus par Caton, mais en tant que sénateur, personnage consulaire, et ancien censeur, cherchant à persuader ce qu'il estimait le meilleur pour l'État[2], et non comme par un avocat

1. Frag. 164 Malcovati².
2. Cf. le plaidoyer en faveur de Metellus Numidicus (*supra* 1, 6, 4 ss.) et notre *Critique littéraire*, p. 278 s.

inquit, insuper profitetur Rhodienses, qui accusabantur quod aduersus populum Romanum regi magis cupierint fauerintque, id eos cupisse atque fauisse utilitatis suae gratia, ne Romani Perse quoque rege uicto ad superbiam ferociamque et inmodicum modum insolescerent. » **16.** Eaque ipsa uerba ponit, ita ut infra scriptum : « Atque ego quidem arbitror Rhodienses noluisse nos ita depugnare, uti depugnatum est, neque regem Persen ui*n*ci. Se*d* non Rhodienses modo id noluere, sed multos populos atque multas nationes idem noluisse arbitror atque haud scio an partim fuerint, qui non nostrae contumeliae causa id noluerint euenire ; sed enim id metuere, ⟨ne⟩ si nemo esset homo quem uereremur, quidquid luberet faceremus. Ne sub solo imperio nostro in seruitute nostra essent, libertatis suae causa in ea sententia fuisse arbitror. Atque Rhodienses tamen Persen publice numquam adiuuere. Cogitate quanto nos inter nos priuatim cautius facimus. Nam unusquisque nostrum, si quis aduorsus rem suam quid fieri arbitrantur, summa ui contra nititur, ne aduorsus eam fiat ; quod illi tamen perpessi. »

17. Sed, quod ad principium reprehensum attinet, scire oportuit Tironem, defensos esse Rhodienses a Catone, sed ut a senatore et consulari et censorio uiro, qui*d*qui*d* optimum esse publicum existimabat suadente, non ut a patrono

16 uinci. sed *Madvig* : uicisse *PRV* || metuere ne si *A. Schaefer* : metuere si *RV* metueres *P* || nostra essent *V man. rec., recc.* : nostre sent *RV*[1] nostre sunt *P* || atque : atqui *Sciopp.* || persen *recc.* : per se *PRV*[1] persem *V man. rec.* || adiuuere *recc.* : -uare *PRV* || arbitrantur *PRV* : -tratur *recc.* || eam *ed. Ald.* 1515 : ea *PRV* || **17** quidquid *Hertz* : qui quod *PRV* || esse *P* : esset *RV*.

plaidant pour des accusés. **18.** Car autres sont les exordes qui conviennent à qui défend des accusés devant des juges et cherche la clémence et la pitié de tous les côtés, autres ceux d'un homme à l'autorité prestigieuse, en présence du sénat délibérant sur le gouvernement de la République, bouleversé par les avis si iniques de certains, s'indignant et se plaignant à la fois avec force et liberté en faveur de l'intérêt national et du salut d'alliés. **19.** En effet on prescrit justement et utilement dans l'enseignement des rhéteurs, quand il s'agit de juges qui ont à connaître de la tête d'autrui et d'une cause qui ne les concerne pas personnellement, d'où, mis à part leur devoir de juge, rien ne doit leur revenir, ni danger, ni gain, de les concilier et les rendre favorables de façon apaisante et douce, à la réputation et au salut de celui qui est accusé devant eux. **20.** Mais quand il s'agit de la dignité, de la loyauté et de l'intérêt commun de tous, et qu'en considération de cela, il faut persuader ou bien de faire quelque chose, ou bien de le différer, cela ayant déjà commencé de se faire, alors celui qui se prend dans des exordes de cette sorte pour se rendre les auditeurs bien disposés et bienveillants, dépense une peine oiseuse dans des paroles sans nécessité. **21.** Car depuis longtemps par eux-mêmes les soucis, les risques des affaires qui sont le lot commun les gagnent à une prise de décision, et c'est eux-mêmes plutôt qui réclament la bienveillance du conseiller. **22.** Quant à l'affirmation de Tiron selon laquelle Caton a reconnu que les Rhodiens n'auraient pas voulu que l'ennemi fût mis hors de combat comme il a été mis hors de combat, ni que le roi Persée fût vaincu par le peuple romain, et a ajouté que non seulement les Rhodiens mais beaucoup d'autres nations ne l'ont pas voulu, ce qui n'a aucune valeur ni pour repousser l'accusation ni pour l'affaiblir, déjà sur ce premier point Tiron ment malhonnêtement. **23.** Il

causam pro reis dicente. **18**. Alia namque principia conducunt reos apud iudices defendenti et clementiam misericordiamque undique indaganti, alia, cum senatus de republica consulitur, uiro auctoritate praestanti, sententiis quorundam iniquissimis permoto et pro utilitatibus publicis ac pro salute sociorum grauiter ac libere indignanti simul a*c* dolenti. **19**. Quippe recte et utiliter in disciplinis rhetorum praecipitur, iudices de capite alieno deque causa ad sese non pertinenti cognituros, ex qua praeter officium iudicandi nihil ad eos uel periculi uel emolumenti redundaturum est, conciliandos esse ac propitiandos placabiliter et leniter existimationi salutique eius qui apud eos accusatus est. **20**. A*t* cum dignitas et fides et utilitas omnium communis agitur, ob eamque rem aut suadendum quid ut fiat, aut, fieri iam coepto, di*f*ferendum est, tum qui se in eiusmodi principiis occupat, ut beniuolos benignosque sibi auditores paret, otiosam operam in non necessariis uerbis sumit. **21**. Iamdudum enim negotia, pericula ipsa rerum communia consiliis eos capiendis conciliant et ipsi potius sibi exposcunt consultoris beniuolentiam. **22**. Sed quod ait confessum Catonem noluisse Rhodiensis ita depugnari, ut depugnatum est, neque regem Persem a populo Romano uinci, atque id eum dixisse non Rhodienses modo, sed multas quoque alias nationes noluisse, sed id nihil ad purgandum extenuandumue crimen ualere, iam hoc primum Tiro inprobe mentitur. **23**. Verba

18 ac dolenti *edd.* : adolenti *PV* adolescenti *R* || **19** ad eos uel *Gron.* : adeo si uel *PRV* || **20** at cum *edd.* : ac cum *PRV* || differendum *recc.* : deferendum *PRV* deterrendum *Gron.* || **21** rerum : reipublicae *Damsté* || et : ex *P* || **22** noluisse *bis* : uoluisse *recc.*

cite les paroles de Caton et cependant il les altère pour l'accuser calomnieusement. **24.** Caton n'avoue pas en effet que les Rhodiens n'ont pas voulu la victoire du peuple romain, mais il a dit qu'il pensait qu'ils ne l'avaient pas voulu, ce qui était sans aucun doute proclamation de sa propre opinion et non pas aveu de la faute des Rhodiens. **25.** En cela, à mes yeux du moins, non seulement il n'a pas fait de faute, mais il est même digne d'éloge et d'admiration quand d'une part il a visiblement dit avec franchise et scrupule contre les Rhodiens ce qu'il pensait, et d'autre part, s'étant acquis la confiance en sa sincérité, il a infléchi et transporté cela même qui avait l'air d'être contraire à sa cause, de telle manière qu'il était de stricte justice que les Rhodiens devinssent plus agréables et plus chers au peuple romain puisque, alors que le succès du roi était de leur intérêt et qu'ils le voulaient, ils n'ont cependant rien fait pour y contribuer.

26. Ensuite il cite ces mots du même discours[1] : « Allons-nous donc abandonner soudain ces bienfaits si grands de part et d'autre, une si grande amitié ? Ce que nous disons qu'ils ont voulu faire, allons-nous prendre nous-mêmes les devants et le faire les premiers ? » **27.** Cet enthymème, dit Tiron, ne vaut rien, il est vicieux. On aurait pu répondre : « Oui, nous prendrons les devants ; car si nous ne les prenons pas, nous serons écrasés et il nous faudra tomber dans des pièges auxquels nous n'aurons pas pris garde à temps. **28.** C'est à bon droit, ajoute-t-il, que Lucilius[2] considère comme une faute du poète Euripide que, le roi Polyphonte disant

1. Frag. 165 Malcovati².
2. V. 1169 Marx.

ponit Catonis et aliis tamen eum uerbis calumniatur. **24**. Non enim Cato confitetur noluisse Rhodienses uictoriam esse populi Romani, sed sese arbitrari dixit id eos noluisse, quod erat procul dubio opinionis suae professio, non Rhodiensium culpae confessio. **25**. In qua re, ut meum quidem iudicium est, non culpa tantum uacat, sed dignus quoque laude admirationeque est, cum et ingenue ac religiose dicere uisus est contra Rhodienses quod sentiebat et, parta sibi ueritatis fide, ipsum illud tamen, quod contrarium putabatur, flexit et transtulit, ut eos idcirco uel maxime aequum esset acceptiores carioresque fieri populo Romano, quod cum et utile *eis* esset et uellent regi esse factum, nihil tamen adiuuandi eius gratia fecerunt.

26. Postea uerba haec ex eadem oratione ponit : « Ea nunc derepente tanta beneficia ultro citroque, tantam amicitiam relinquemus ? quod illos dicimus uoluisse facere, id nos priores facere occupabimus ? » **27**. « Hoc, inquit, enthymema nequam et uitiosum est. Responderi enim potuit : « Occupabimus certe ; nam, si non occupauerimus, opprimemur incidendumque erit in insidias a quibus ante non cauerimus. ' **28**. Recteque, inquit, hoc uitio dat Lucilius poetae Euripidae, quod, cum Polyphontes rex propterea se interfecisse fratrem diceret, quod

23 et : et ex *Hertz* || **25** uacat : uaccat *V* || uisus *PRV*, *recc.* : nisus *Hertz* || utile eis esset *Hertz* : utiles essent *PRV*, *recc.* || **26** ea : ei *R* eo *Iordan* || occupabimus *recc.* : -uimus *PRV* || **27** inquit *recc.* : inquam *PRV* || opprimemur : -mimur *P* || incidendumque : uidendumque *P* || **28** recteque : recte *P*.

avoir tué son frère, parce que celui-ci avait lui-même auparavant fait le projet de l'assassiner, Mérope, femme de ce frère, soit allée jusqu'à se jouer de lui en ces termes[1] : « Et puisque mon époux voulait t'assassiner il te fallait vouloir, toi de même et attendre que le temps passât. » **29.** Or c'est vraiment plein d'absurdité, dit-il, de vouloir faire quelque chose avec l'intention et le propos de ne jamais faire ce que l'on veut faire. » **30.** Mais évidemment Tiron ne remarque pas que les choses dont il faut se méfier ne sont pas toutes dans le même cas, et que dans la vie humaine les affaires, les actions et les devoirs, qu'il s'agisse, soit de devancer, soit de différer, soit même de tirer vengeance ou être sur ses gardes ne sont pas comparables au combat de gladiateurs. **31.** Car à un gladiateur préparé à combattre, le sort qu'il a en perspective au combat est, ou de tuer s'il a pris les devants ou de périr s'il a tardé. **32.** Mais la vie des hommes n'est pas enfermée dans des impératifs si défavorables et si indomptables que l'on doive faire le premier un tort que l'on pourrait subir si on ne le faisait pas. **33.** C'était si loin de la mansuétude du peuple romain qu'il a négligé souvent de venger des torts qui lui avaient déjà été faits.

34. Tiron dit ensuite que Caton s'est servi dans le même discours d'arguments peu honorables, et trop osés, indignes de l'homme qu'il fut d'ailleurs, d'arguments fourbes et fallacieux, et pour ainsi dire des habiletés des sophistes grecs. **35.** « Car alors qu'on reprochait, dit-il, aux Rhodiens d'avoir voulu faire la guerre au peuple

1. Frag. 459 Nauck[3]. Polyphontes avait assassiné le roi légitime de Messène Cresphontes et épousé de force sa femme Mérope. Euripide avait intensifié le drame en faisant de Polyphontes le frère de Cresphontes.

ipse ante de nece eius consilium cepisset, Meropa fratris uxor hisce ad*eo* eum uerbis eluserit :

> Εἰ γάρ σ' ἔμελλεν, ὡς σὺ φῄς, κτείνειν πόσις,
> Χρῆ<ν> καὶ σὲ μέλλειν, ὡς χρόνος παρήλυθεν.

29. At hoc enim, inquit, plane stultitiae plenum est, eo consilio atque ea fini facere uelle aliquid, uti numquam id facias quod velis ». **30.** Sed uidelicet Tiro animum non aduertit non esse in omnibus rebus cauendis eandem causam, neque humanae uitae negotia et actiones et officia uel occupandi uel differendi uel etiam ulciscendi uel cauendi similia esse pugnae gladiatoriae. **31.** Nam gladiatori composito ad pugnandum pugnae haec proposita sors est, aut occidere, si occupauerit, aut occumbere, si cessaverit. **32.** Hominum autem uita non tam iniquis neque tam indomitis necessitatibus conscripta est, ut idcirco prior iniuriam facere debeas, quam nisi feceris pati possis. **33.** Quod tantum aberat a populi Romani mansuetudine, ut saepe iam in sese factas iniurias ulcisci neglexerit.

34. Post deinde usum esse Catonem dicit in eadem oratione argumentis parum honestis et nimis audacibus ac non uiri eius qui alio*qui* fuit, sed uafris ac fallaciosis et quasi Graecorum sophistarum sollertiis. **35.** « Nam cum obiceretur, inquit, Rhodiensibus quod bellum populo Romano facere

ante de nece : antecederet V^1 || adeo *Hertz* : ad *PRV*, *del. edd.* || χρῆν *Casaubon.* : χρη *V* || **30** differendi *edd.* : deferendi *PRV*, *recc.* defendendi *Madvig* || etiam *om. P* || gladiatoriae *recc.* : et glad- *PRV* ei glad- *Mommsen* || **32** conscripta *PVR*, *recc.* : circonscripta *edd.* || quam : quod *uel* quia *Gron.* quia eam *Eussner* || **34** eius qui alioqui fuit *Hertz*, *ed. Lips.* : eius qui alio fuit *PRV* et ut qui alius fidi *I. Gron.* aequi alioqui *Madvig* iusti alioqui *Hertz ed. mai.*

romain, il affirma qu'ils ne méritaient pas d'être châtiés parce qu'ils ne l'avaient pas faite même s'ils en avaient eu la volonté la plus grande », et Tiron déclare que Caton a fait une induction que les dialecticiens appellent ἐπαγωγή[1], ce qui est tout à fait insidieux et sophistique, inventé non pas tant pour établir la vérité que pour en donner l'illusion, puisque il s'est efforcé par des exemples trompeurs de conclure et d'affirmer qu'il n'est pas juste de frapper celui qui a voulu faire le mal s'il n'a pas de plus fait le mal qu'il a voulu faire. **36**. Or les termes du discours de Caton[2] sont les suivants : « Celui qui parle avec le plus de violence contre eux, dit qu'ils ont voulu devenir nos ennemis. Y-a-t-il enffn parmi les vôtres quelqu'un qui, en ce qui le concerne, trouve juste d'être puni pour ce qu'il est accusé d'avoir voulu faire de mal ? Personne je pense ; car pour moi en ce qui me concerne, je m'y refuserais. » **37**. Ensuite un peu plus bas[3] il dit : « Quoi donc ? Y a-t-il enfin une loi assez dure pour dire : « Pour celui qui voudra faire cela, que l'amende, limitée à la moitié de son patrimoine[4], soit de mille deniers ; celui qui voudra avoir plus de cinq cents arpents, que sa peine soit de tant ; celui qui voudra avoir un plus grand nombre de têtes de bétail, qu'il soit condamné à tant ? » Au contraire nous voulons toujours avoir plus et cela n'est pas puni. » **38** Il parle ensuite[5] ainsi : « Alors qu'il n'est pas juste de décerner des honneurs à qui dit avoir voulu faire quelque chose de bien et ne l'a pas fait, les Rhodiens pâtiront de ce qu'ils n'ont pas fait de mal, parce qu'on dit qu'ils ont voulu le faire ? » **39**. Tullius Tiro dit que par ces arguments Caton s'efforce de prouver et prouve que les Rhodiens non plus

1. L'ἐπαγωγή est une forme d'induction par passage du particulier à l'universel ; cf. Arist., *Top.* 1, 12.

2. Frag. 166 Malcovati².

3. Frag. 167 Malcovati². T. Liu. 45, 24, 2 reprend dans le discours des Rhodiens l'argumentation selon laquelle l'intention n'est pas punissable : *Neque moribus neque legibus ullis ciuitatis ita comparatum esse ut qui uelit inimicum perire si nihil fecerit quo id fiat, capitis damnetur.*

4. Cf. Front. p. 95, l. 22 Van den Hout :... *non ut antiquitus multas inrogari mos fuit, mille minus dimidio.*

uoluissent, negauit poen*a* esse dignos, quia id non fecissent, etsi maxime uoluissent », induxisseque eum dicit quam dialectici ἐπαγωγήν appellant, rem admodum insidiosam et sophisticam neque ad ueritates magis quam ad captiones repertam, cum conatus sit exemplis decipientibus conligere confirmareque, neminem qui male facere uoluit plecti aequum esse, nisi quod factum uoluit etiam fecerit. **36**. Verba autem ex ea oratione M. Catonis haec sunt : « Qui acerrime aduersus eos dicit, ita dicit ' hostes uoluisse fieri '. Ecquis est tandem, qui uestrorum, quod ad sese attineat, aequum censeat poenas dare ob eam rem, quod arguatur male facere uoluisse ? Nemo, opinor ; nam ego, quod ad me attinet, nolim. » **37**. Deinde paulo infra dicit : « Quid nunc ? E*c*qua tandem lex est tam acerba, quae dicat : « Si quis illud facere uoluerit, mille, minus dimidium familiae, multa esto ; si quis plus quingenta iugera habere uoluerit, tanta poena esto ; si quis maiorem pecuum numerum habere uoluerit, tantum damnas esto ? » Atqu*i* nos omnia plura habere uolumus et id nobis impune est. » **38**. Postea ita dicit : « Sed si honorem non aequum est haberi ob eam rem, quod bene facere uoluisse quis dicit neque fecit tamen, Rhodiensibus oberit, quod non male fecerunt, sed quia uoluisse dicuntur facere ? » **39**. His argumentis Tiro Tullius M. Catonem contendere et conficere dicit Rhodien-

|| **35** poena esse dignos *Madvig* : pene sed ignosci *PRV*, *recc.*, paene sed ignosci poposcit *edd.* || **36** ecquis *Gron.* : et quis *PRV* || **37** ecqua *Meyer* : et qua *PV* et quae *R*, *ut uidetur* || minus *PRV* : nummis *recc.* || damnas *cod. Fului Ursin.* : -na *PRV* -nis *recc.* || atqui *edd.* : atque *PRV* || **38** oberit *Gron.* : taberit *RV* aberit *P* uel oberit *Hertz* || quia : *del. Mommsen* || **39** conficere : confiteri *P*.

ne doivent pas être punis pour avoir voulu être en guerre contre le peuple romain, eux qui ne l'ont absolument pas été. **40.** Or on ne peut pas dissimuler que ce ne sont pas choses égales et semblables que de vouloir avoir plus de cinq cents arpents, ce qui a été interdit par le plébiscite Stolon[1], et de vouloir faire une guerre injuste et impie au peuple romain ; on ne peut pas nier non plus que le cas de la récompense soit différent de celui de la punition : **41.** « Car le bien promis, il faut l'attendre et ne pas le récompenser avant qu'il soit exécuté, mais les torts qui menacent, il est juste de s'en prémunir sans retard, **42.** car c'est la plus grande preuve de folie, dit-il, de ne pas aller au-devant des crimes préparés, de rester et d'attendre qu'ils soient commis et accomplis pour les punir enfin au moment où ce qui est fait est irréparable. »

43. Ces derniers propos de Tiro contre Caton ne sont pas tellement insipides ni vraiment vains ; **44.** mais en fait Caton ne présente pas cette ἐπαγωγή dépouillée, seule et sans protection, il l'étaie à l'avance de bien des manières, l'habille beaucoup d'autres arguments[2] et, parce qu'il ne délibérait pas tant sur les Rhodiens que sur l'État, il ne considéra pas que rien fût honteux à dire ou à faire dans cette action au point de ne pas s'efforcer de sauver des alliés par toute voie d'arguments. **45.** Et d'abord il rassembla non sans habileté tout ce qui est interdit non par le droit naturel ou le droit des gens[3] mais par le droit de lois établies pour remédier à un abus ou en raison des circonstances ; comme lorsqu'il s'agit de limiter le nombre de têtes de bétail et la mesure

1. Ce plébiscite ou *lex Licinia Sextia de modo agrorum*, proposé par C. Licinius Stilo et L. Sextius Lateranus en 367 av. J-C., interdisait de posséder plus de 500 jugères et définissait le droit d'usage de l'*ager publicus*, limitant les troupeaux à cent têtes de gros bétail ou cinq cents de petit. T. Liu. 6, 35. Cf. *infra* 20, 1, 23. Il est considéré comme apocryphe depuis la démonstration de Niese, *Die sogenannte Lik. Sext. Ackergesetz* in *Hermes*, 23, 1888, p. 410 s.

2. Hertz proposait de corriger *aliis* en *ualidis* s'appuyant sur Ammien Marcellin, 30, 4, 20 : *causarum infirmitatem rationibus conuelare ualidis*. Mais l'opposition se fait là avec *infirmitatem* et il n'est pas sûr qu'on ne doive pas lire plutôt *conuallare*. Finalement le rapport entre les deux textes n'est pas évident.

sibus quoque impune esse debere, quod hostes quidem esse populi Romani uoluissent, *u*t qui maxime non fuissent. **40**. Dissimulari autem non posse ait quin paria et consimilia non sint, plus quingenta iugera habere uelle, quod plebiscito *St*olonis prohibitum fuit, et bellum iniustum atque impium populo Romano facere uelle, neque item infitiari posse quin alia causa in praemio sit, alia in poenis. **41**. « Nam beneficia, inquit, promissa opperiri oportet neque ante remunerari quam facta sint, iniurias autem imminentis praecauisse iustum est quam expectauisse. **42**. Summa enim professio stultitiae, inquit, est, non ire obuiam sceleribus cogitatis, sed manere opperirique ut, cum admissa et perpetrata fuerint, tum denique, ubi quae facta sunt infecta fieri non possunt, poeniantur. »

43. Haec Tiro in Catonem non nimis frigide neque sane inaniter ; **44**. sed enim Cato non nudam nec solitariam nec inprotectam hanc ἐπαγωγήν facit, sed multis eam modis praefulcit multisque aliis argumentis conuelat et, quia non Rhodiensibus magis quam reipublicae consultabat, nihil sibi dictu factuque in ea re turpe duxit, quin omni sententiarum uia seruatum ire socios niteretur. **45**. Ac primum ea non incallide conquisiuit, quae non iure naturae aut iure gentium fieri prohibentur, sed iure legum rei alicuius medendae aut temporis causa iussarum ; sicut est de numero

ut qui *Hertz* : et qui *PRV* etsi *Carrio.* || **40** uelle *primum* : uellet *P* || stolonis *Benthley* : colonis *PRV* || **41** iustum : -tius *Madvig* || **42** opperirique *edd.* : ope- *PRV* || **43** nimis *om. P* || frigide : rig- *P* || **44** nudam : -da *P* || solitariam : solitaria nimis *P* || praefulcit : -lsit *V* || reipublicae : reis *P* || duxit quin : dixit qui in *P* || **45** non iure *edd.* : non iurie *PV* -riae *R*

du domaine. **46.** Dans ces cas ce qui n'est pas permis est bien interdit par des lois, cependant vouloir le faire au cas où ce serait permis n'est pas déshonorant. **47.** Et il a rapproché peu à peu et mélangé cela à ce qu'il est déshonorant en soi de faire et de vouloir ; puis alors, pour que l'inégalité de la comparaison ne soit pas évidente, il la défend de plusieurs positions, et il ne fait pas grand cas de ces critiques subtiles et abstraites des vouloirs portant sur des objets illicites, telles qu'elles se discutent dans le loisir des philosophes, mais il tend seulement de toutes ses forces à ce que la cause des Rhodiens dont l'intérêt de la République commandait de conserver l'amitié, fût jugée ou juste ou du moins digne de pardon. Et par moments il dit que les Rhodiens n'ont pas fait la guerre et n'ont pas voulu la faire, mais par moments que les actes seuls sont à examiner et à mettre en jugement, que les volontés nues et vaines ne sont soumises ni aux lois, ni aux châtiments ; parfois cependant, comme s'il concédait qu'ils ont commis une faute, il demande qu'on leur pardonne, il enseigne que le pardon est utile aux rapports humains et il fait naître la crainte de la révolution dans la République si on ne leur pardonne pas ; mais au contraire il montre que, si on leur pardonne, la grandeur du peuple romain sera sauvegardée.

48. L'accusation d'orgueil qui, au sénat, avait été alors opposée en premier lieu aux Rhodiens, il s'en est joué plus que de toute autre et l'a détruite en répondant par une figure merveilleuse et presque divine. **49.** Nous donnerons en plus les mots mêmes de Caton[1] puisque Tiron les a laissés de côté : **50.** « On dit que les Rhodiens sont orgueilleux, et on leur oppose ce que je ne voudrais pas qu'on me dise à moi et à mes enfants. Qu'ils soient donc orgueilleux, je le veux bien. En quoi cela nous regarde-t-il ? Est-ce que nous allons nous irriter contre

1. Frag. 169 Malcovati[2]. Ainsi Aulu-Gelle s'est reporté au texte de Caton. Plus bas § 53, il conseille à son lecteur de prendre en main le même texte avec celui de Tiron. C'est sur ce passage que se sont fondés tous ceux qui ont affirmé l'honnêteté foncière de l'auteur des *Nuits Attiques*.

pecoris et de *modo* agri praefinito. **46.** In quibus rebus quod prohibitum est fieri quidem per leges non licet ; uelle id tamen facere, si liceat, inhonestum non est. **47.** Atque eas res contulit sensim miscuitque cum eo quod neque facere neque uelle per sese honestum est ; tum deinde, ne disparilitas conlationis euidens fieret, pluribus id propugnaculis defensat, neque tenues istas et enucleatas uoluntatum in rebus illicitis reprehensiones, qualia in philosophorum otio disputantur, magni facit, sed id solum summa ope nititur, ut causa Rhodiensium, quorum amicitiam retineri ex republica fuit, aut aequa iudicaretur aut quidem certe ignoscenda. Atque interim neque fecisse Rhodienses bellum neque facere uoluisse dicit, interim autem facta sola censenda dicit atque in iudicium uocanda, sed uoluntates nudas inanesque neque legibus neque poenis fieri obnoxias ; interdum tamen, quasi deliquisse eos concedat, ignosci postulat et ignoscentias utiles esse rebus humanis docet ac, nisi ignoscant, metus in republica rerum nouarum mouet ; sed enim contra, si ignoscatur, conseruatum iri ostendit populi Romani magnitudinem.

48. Superbiae quoque crimen, quod tunc praeter cetera in senatu Rhodiensibus obiectum erat, mirifica et prope diuina responsionis figura elusit et eluit. **49.** Verba adeo ipsa ponemus Catonis, quoniam Tiro ea praetermisit : **50.** « Rhodiensis superbos esse aiunt, id obiectantes quod mihi et liberis meis minime dici uelim. Sint sane superbi. Quid id ad nos attinet ? Idne irascimini, si quis

modo *Carrio* : domo *PRV*. || **47** disparilitas : disperil- *V* || **48** obiectum : obiecit *P* || **49** ea *recc.* : eam *PV*, *non legitur R* || **50** et : e *P* || nos *bis* : uos *Wagener*.

tous ceux qui sont plus orgueilleux que nous ? » **51**. Rien ne peut être dit de plus fort ou de plus irréfutable que cette invective adressée aux hommes les plus orgueilleux, qui aimaient l'orgueil en eux-mêmes et le blâmaient chez les autres.

52. En outre on doit remarquer que dans l'ensemble de ce discours de Caton toutes les armes et toutes les ressources de l'enseignement rhétorique ont été mises en branle ; mais nous ne voyons pas que cela se passe comme dans des courses sportives ou dans des simulacres de combats donnés pour le plaisir. Le développement n'est pas mené en effet, dis-je, avec un excès de composition, d'ordre et de rythme, mais comme dans un combat douteux, quand la ligne de bataille est dispersée, on se bat en beaucoup d'endroits avec des fortunes diverses, de même dans cette affaire, alors que l'orgueil si décrié des Rhodiens enflammait bien des gens de haine et de jalousie, Caton a usé indistinctement de tous les moyens de les protéger et de les défendre, et tantôt il les recommande comme ayant eu les plus grands mérites, tantôt il les justifie dans l'idée qu'ils sont innocents, tantôt il détourne avec des reproches de convoiter leurs biens et leurs richesses, tantôt aussi il supplie qu'on pardonne à une erreur, tantôt il les montre nécessaires à la République, tantôt il rappelle la clémence, tantôt la mansuétude des anciens, tantôt l'intérêt de l'État. **53**. Tout cela aurait pu être dit peut-être avec plus de composition et de nombre, on ne voit pas que cela ait pu être dit avec plus de force et de vie. **54**. Tullius Tiro a donc agi avec injustice quand il a pris dans toutes les ressources d'un discours si riche, liées entre elles et formant un tout, un petit détail dépouillé pour le critiquer comme indigne de

superbior est quam nos ? » **51**. Nihil prorsus hac compellatione dici potest neque grauius neque munitius aduersus homines superbissimos facta, qui superbiam in sese amarent, in aliis reprehenderent.

52. Praeterea animaduertere est, in tota ista Catonis oratione omnia disciplinarum rhetoricarum arma atque subsidia mota esse ; sed non proinde ut in decursibus ludicris aut simulacris proeliorum uoluptariis fieri uidemus. Non enim, inquam, distincte nimis atque compte atque modulate res acta est, sed quasi in ancipiti certamine, cum sparsa acies est, multis locis Marte uario pugnatur, sic in ista tum causa Cato, cum superbia illa Rhodiensium famosissima multorum odio atque inuidia flagraret, omnibus promisce tuendi atque propugnandi modis usus est, et nunc ut optime meritos commendat, nunc tamquam si innocentes purgat, ⟨nunc⟩ ne bona diuitiaeque eorum expetantur obiurgat, nunc et quasi sit erratum deprecatur, nunc ut necessarios reipublicae ostentat, nunc clementiae, nunc mansuetudinis maiorum, nunc utilitatis publicae commonefacit. **53**. Eaque omnia distinctius numerosiusque fortassean dici potuerint, fortius atque uiuidius potuisse dici non uidentur. **54**. Inique igitur Tiro Tullius, quod ex omnibus facultatibus tam opulentae orationis, aptis inter sese et cohaerentibus, paruum quippiam nudumque sumpsit, quod obtrectaret tamquam non dignum

51 dici V : *om. P*, *om. sententiam R* deici *Hertz* obici *Sauppe* || **52** enim *om. PR* || quasi : quas *P* || modis : modi *V* || nunc *alter. recc.* : tunc *PRV* || si : sit *R* || expetantur : expectantur *P* || nunc ne *Hertz* : ne *PRV*, *recc.* || nunc et quasi *PRV*, *recc.* : nunc quasi *Hertz* || **53** dici : duci *P*.

Caton, l'avis exprimé que la volonté de commettre un délit sans qu'il y ait eu d'effet, ne doit pas être punie. **55.** Mais on aura une opinion et un jugement plus appropriés et plus justes sur ma réponse que voilà à Tullius Tiro, si on prend en main le discours même de Caton, tout entier, et si l'on s'occupe de rechercher et de lire la lettre de Tiron adressée à Axius. Ainsi en effet on pourra ou nous approuver ou nous reprendre de façon plus personnelle et plus éclairée.

IV

Quelle sorte d'esclaves on avait l'habitude de vendre coiffés du *pilleus*, selon les écrits de Caelius Sabinus, autorité du droit civil, et pourquoi; quels esclaves se vendaient *sous la couronne* dans la coutume de nos ancêtres; et ce qu'est cette expression elle-même, *sous la couronne*.

1. Caelius Sabinus, jurisconsulte[1], a laissé dans ses écrits que les esclaves sur la personne desquels le vendeur ne garantissait rien, se vendaient d'ordinaire couverts d'un bonnet *(pilleus)*[2]. **2.** La cause en était, dit-il, que des esclaves de cette sorte devaient être reconnaissables quand on les vendait, de façon que les acheteurs ne pussent se tromper et être pris, et qu'ils n'eussent pas à attendre le contrat de vente mais vissent déjà à l'avance de leurs yeux de quel genre d'esclaves il s'agissait. **3.** « De même, depuis l'antiquité, dit-il, les esclaves pris par le droit de la guerre étaient vendus la tête couronnée, et c'est pourquoi l'on disait qu'ils étaient vendus *sous la couronne.* Car de même que cette couronne était la marque des prisonniers de guerre à

1. Frag. 2 Huschke. Caelius Sabinus n'est cité qu'en 4, 2, 2. Cf. vol. I, p. 193, n. 2.

M. Catone fuerit, quod delictorum non perpetratorum uoluntates non censuerit poeniendas.

55. Commodius aut*em* rectiusque de his meis uerbis, quibus Tullio Tironi respondimus, existimabit iudiciumque faciet, qui et orationem ipsam totam Catonis acceperit in manus et epistulam Tironis ad Axium scriptam requirere et legere curauerit. Ita enim nos sincerius exploratiusque uel corrigere poterit uel probare.

IV

Cuiusmodi seruos et quam ob causam Caelius Sabinus, iuris ciuilis auctor, pilleatos uenundari solitos scripserit; et quae mancipia sub corona more maiorum uenierint; atque id ipsum ' sub corona ' quid sit.

1. Pilleatos seruos uenum solitos ire, quorum nomine uenditor nihil praestaret, Caelius Sabinus iurisperitus scriptum reliquit. **2.** Cuius rei causam esse ait, quod eiusmodi condicionis mancipia insignia esse in uendundo deberent, ut emptores errare et capi non possent, neque lex uendundi opperienda esset, sed oculis iam praeciperent quodnam esset mancipiorum genus. **3.** « Sicuti, inquit, antiquitus mancipia iure belli capta coronis induta ueniebant et idcirco dicebantur ' sub corona ' uenire. Namque ut ea corona signum erat

55 autem rectiusque *Miscell. obs.* (1734) 4, 3, 436 : aut erectiusque *PRV* || existimabit *recc.* : -auit *PRV*.

IV. *Lem.* cuiusmodi *recc.* : huiusmodi *PV* || sabinus *P* : -nius *V* || **1** sabinus : sabellius *R* || insignia : -gnita *Falster* || quodnam *V* : quidnam *P* quenam *R* || **3** ueniebant, *PRV*, *edd.* : *cf. Neue Wagener.* III, p. 319, *an* uenibant ? || inquit : in quid *P*.

vendre, de même le bonnet *(pilleus)* sur leur tête montrait qu'on vendait des esclaves sur la personne desquels le vendeur ne garantissait rien à l'acheteur. »

4. Mais il y a une autre opinion[1] sur la raison pour laquelle on a l'habitude de dire que les captifs étaient vendus *sous la couronne*, c'est que les soldats entouraient les troupes de prisonniers à vendre pour les garder, et ce cercle de soldats montant la garde s'est appelé couronne. **5.** Mais Caton[2] enseigne que ce que j'ai dit en premier lieu est plus vrai, dans le livre qu'il a écrit *Sur l'art militaire.* Voici les termes de Caton : « Afin que grâce à ses propres efforts le peuple aille faire des supplications la tête couronnée pour un succès plutôt que d'être vendu la tête couronnée après une défaite. »

V

Histoire mémorable de l'acteur Polus.

1. Il y avait sur la terre grecque un acteur d'une renommée illustre qui dépassait tous les autres par l'éclat et le charme de ses gestes et de sa voix ; **2.** son nom était Polus, dit-on ; il joua les tragédies de poètes célèbres avec finesse et avec intensité. **3.** Ce Polus perdit un fils extraordinairement aimé. **4.** Lorsqu'il jugea avoir assez pleuré sur ce deuil, il revint à la pratique de sa profession.

5. A ce moment-là, comme il devait jouer l'*Électre* de Sophocle à Athènes, il avait à porter une urne censée contenir les os d'Oreste. **6.** La marche de la pièce est ainsi organisée qu'Électre, croyant porter les restes de

1. Cf. Festus p. 400, l. 10 : *Sub corona uenire dicuntur quia captiui coronati solent uenire ut ait Cato in eo qui est de re militari...* Cf. P. Fest. p. 401.
2. Frag. 2 Jordan.

captiuorum uenalium, ita pilleus impositus demonstrabat eiusmodi seruos uenundari, quorum nomine emptori uenditor nihil praestaret. »

4. Est autem alia rationis opinio cur dici solitum sit captiuos ‘ sub corona ’ uenundari, quod milites custodiae causa captiuorum uenalium greges circumstarent eaque circumstatio militum ‘ corona ’ appellata sit. 5. Sed id magis uerum esse quod supra dixi, M. Cato in libro quem composuit ‘ De re militari ’ docet. Verba sunt haec Catonis : « Vt populus sua opera potius ob rem bene gestam coronatus supplicatum eat quam re male gesta coronatus ueneat. »

V

Historia de Polo histrione memoratu digna.

1. Histrio in terra Graecia fuit fama celebri, qui gestus et uocis claritudine et uenustate ceteris antistabat ; 2. nomen fuisse aiunt Polum ; tragoedias poetarum nobilium scite atque asseuerate actitauit. 3. Is Polus unice amatum filium morte amisit. 4. Eum luctum cum satis uisus ⟨est⟩ eluxisse, rediit ad quaestum artis.

5. In eo tempore Athenis ‘ Electram ’ Sophoclis acturus, gestare urnam quasi cum Oresti ossibus debebat. 6. Ita compositum fabulae argumentum est, ut ueluti fratris reliquias ferens Electra com-

5 re : rem *P* || ueneat *recc.* : ueniat *PRV*.
V. 1 et *ante* uenustate *om.* *V* || antistabat : ante- *P* || 4 cum (*id est* quom) *I. Gron.* : q̃m *RV* quem *P* || est *add.* *Gron.* : *om.* *PRV* || 5 electram : -ctam *PRV* || debebat : debeat *P*.

son frère pleure et se lamente sur sa mort supposée. **7.** Donc Polus, ayant revêtu l'habit de deuil d'Électre, alla chercher dans le tombeau l'urne et les os de son fils, et les ayant pris dans ses bras comme ceux d'Oreste, emplit tout, non de feintes et de simulations, mais d'un chagrin et de lamentations véritables et vivantes. **8.** Ainsi en paraissant jouer une pièce, c'est sa douleur qu'il joua[1].

VI

Ce qu'Aristote a écrit sur l'absence naturelle de certains sens.

1. De ces cinq sens[2] que la nature a attribué aux animaux, la vue, l'ouïe, le goût, le toucher, l'odorat, appelés en grec αἰσθήσεις, certains manquent à des animaux qui naissent ou aveugles par nature, ou sans odorat ou sans ouïe[3]. **2.** Mais Aristote dit qu'aucun animal ne vient au monde qui manque ou du sens du goût ou du toucher.

3. Voici ses paroles tirées du livre qu'il composa *Sur la Mémoire*[4] : « Tous les animaux ont le goût et le toucher, excepté les anormaux. »

VII

Si *adfatim* comme *admodum* est à prononcer avec l'accent aigu sur la première syllabe; et, de même, certaines questions traitées non sans minutie sur l'accent d'autres mots.

1. Le poète Annianus[5], outre l'agrément de son talent, était aussi vraiment un connaisseur en littéra-

ploret commisereaturque interitum eius existimatu*m*. **7.** Igitur Polus, lugubri habitu Electrae indutus, ossa atque urnam e sepulcro tulit filii et, quasi Oresti amplexus, oppleuit omnia non simulacris neque imitamentis, sed luctu atque lamentis ueris et spirantibus. **8.** Itaque cum agi fabula uideretur, dolor actus est.

VI

Quid de quorundam sensuum naturali defectione Aristoteles scripserit.

1. Ex quinque his sensibus quos animantibus natura tribuit, uisu, auditu, gustu, tactu, odoratu, quas Graeci αἰσθήσεις appellant, quaedam animalium alia alio carent et aut caeca natura gignuntur aut ino*do*ra inauritaue. **2.** Nullum autem ullum gigni animal Aristoteles dicit, quod aut gustus sensu careat, aut tactus.

3. Verba ex libro eius, quem Περὶ Μνήμης composuit, haec sunt : Τὴν δὲ ἁφὴν καὶ τὴν γεῦσιν πάντα ἔχει, πλὴν εἴ τι τῶν ζώων ἀτελές.

VII

An ' affatim ', quasi ' admodum ', prima acuta pronuntiandum sit; et quaedam itidem non incuriose tractata super aliarum uocum accentibus.

1. Annianus poeta praeter ingenii amoenitates litterarum quoque ueterum et rationum in litteris

6 existimatum *Gron.* : -tur *PRV* || 7 e *om. P.*
VI. 1 inodora *Non.* : inora *PRV* || 2 aut gustus : augustus *P* || 3 εἴ τι *Hertz* : επι *V, recc.*
VII. *Lem.* aliarum *P* : alarum *V.*

ture ancienne et en théories littéraires ; ses propos étaient empreints d'une finesse et d'un charme étonnants. **2.** Il prononçait *affatim* (abondamment) comme *admodum* (tout à fait) avec l'accent aigu sur la première syllabe[1], non sur celle du milieu et il était d'avis que les anciens avaient parlé ainsi. **3.** Par exemple le grammairien Probus, dit-il, avait lu devant lui ces vers[2] de la *Cistellaria* de Plaute[3] de la façon suivante : « Peux-tu, ami, faire un acte de vaillance ? — Il en est d'autres en foule *(affatim)* à le pouvoir ; quant à moi, je ne veux pas être appelé un brave. » **4.** La cause de cette accentuation était selon lui que dans *affatim* il n'y avait pas deux mots, mais que les deux s'étaient réunis en un seul, comme aussi, dans ce que nous appelons *exaduersum*, on devait à son avis marquer de l'accent aigu la deuxième syllabe puisqu'il y avait un seul mot et non pas deux ; et c'est ainsi qu'il fallait lire chez Térence dans ces vers[4] : « A l'école où elle étudiait, il y avait en face *(exaduersum)* une boutique de barbier. » **5.** Il ajoutait encore que le préverbe *ad* prenait l'accent aigu en général quand il indiquait l'ἐπίτασις, que nous nous appelons l'*intensité*[5], comme lorsque nous disons *adfabre*, très artistement, *admodum* (tout à fait) et *adprobe* (très bien).

6. Certes Annianus a parlé avec assez de convenance sur le reste : mais s'il a pensé que cette particule prenait toujours l'accent aigu quand elle indiquait l'intensité, cela ne paraît pas constant ; **7.** car quand nous disons

1. Les deux mots en question qui ont la forme ïambique ne peuvent être accentués sur l'avant-dernière (ou comme Annianus le dit, avoir l'avant-dernière frappée de l'accent aigu) que si on considère le préfixe comme une préposition extérieure au mot, et la syllabe en question comme une syllabe initiale. Mais la question ne se pose que dans le cas où cette avant-dernière syllabe n'est pas longue. Dans le cas contraire, elle porte obligatoirement l'accent : ainsi dans *adpotus* et *adprimus*. Il en va de même pour *exaduersum* qui ne peut être accentué sur l'initiale que si on abrège l'avant-dernière, c'est-à-dire si l'on réduit la prononciation du groupe *rs* à une seule consonne.

oppido quam peritus fuit et sermocinabatur mira quadam et scita suauitate. **2**. Is ‘ affatim ’, ut ‘ admodum ’, prima acuta, non media, pronuntiabat atque ita ueteres locutos censebat. **3**. Itaque se audiente Probum grammaticum hos uersus in Plauti Cistellaria legisse dicit :

Potine tu homo facinus facere strenuum ? — Aliorum affatim est
Qui faciant ; sane ego me nolo fortem perhiberi uirum,

causamque esse huic accentui dicebat, **4**. quod ‘ affatim ’ non essent duae partes orationis, sed utraque pars in unam uocem coaluisset, sicuti in eo quoque quod ‘ exaduersum ’ dicimus secundam syllabam debere acui existimabat, quoniam una, non duae essent partes orationis ; atque ita oportere apud Terentium legi dicebat in his uersibus :

In quo haec discebat ludo, exaduersum loco
Tostrina erat quaedam.

5. Addebat etiam quod ‘ ad ’ pr*ae*uerbium tum ferme acueretur, cum significaret ἐπίτασιν, quam ‘ intentionem ’ nos dicimus, sicut ‘ adfabre ’ et ‘ admodum ’ et ‘ adprobe ’ dicuntur.

6. Cetera quidem satis commode Annianus. Sed si hanc particulam semper, cum intentionem significaret, acui putauit, non id perpetuum uidetur ; **7**. nam et ‘ adpotus ’ cum dicimus et ‘ adprimus ’

1 quadam *V* : quaedam *P* || **2** ueteres : -re *R* || **3** dicit : dixit *F. Skutsch* || nolo : uolo *recc.* || **4** discebat *P* : dicebat *V*, *deficit R* || loco : ei loco et ilico *Ter.* || **5** praeuerbium *Carrio* : pro- *PV* || **6** cum intentionem : -ne *P* || uidetur V^2 : uideretur V^1 putauit *P*, *def. R* || **7** particula *V* : -lam *P*.

adpotus (qui a bien bu), *adprimus* (tout premier) et *adprime* (en tout premier), l'intensité est exprimée dans tous ces mots et cependant il n'est pas convenable de prononcer la particule *ad* avec l'accent aigu. **8.** Pour *adprobus*, il est vrai, qui signifie « tout à fait honnête », je ne nie pas que la première syllabe ne prenne l'accent aigu. **9.** Caecilius se sert de ce mot dans la comédie intitulée *le Triomphe*[1] : « Hiéroclès est mon hôte, jeune homme très honnête *(adprobus)*. »

10. Dans les mots où nous avons dit que le préverbe ne s'accentue pas, l'explication n'est-elle pas par hasard que la syllabe suivante longue par nature, ne supporte pas en règle générale[2] que la première porte l'accent dans les mots de plus de deux syllabes ? **11.** Lucius Livius emploie *adprimus* au sens de *premier de loin* dans ce vers de l'*Odyssée*[3] *:* « Et alors, Patrocle, héros sans égal, de loin le premier *(adprimus)*. »

12. Le même Livius dans l'*Odyssée*[4] dit *praemodum* au sens d'*admodum* (tout à fait) : « Cléments, dit-il, *praemodum* », ce qui signifie *au-dessus de la mesure* et est employé comme *praeter modum* (au-delà de la mesure) ; dans ce mot *(modum)* évidemment la première syllabe devra prendre l'accent.

VIII

Histoire incroyable sur l'amour d'un dauphin et d'un jeune garçon.

1. Que les dauphins soient susceptibles d'aimer et d'être aimés, les histoires anciennes, mais aussi des

1. v. 228 Ribbeck[2].
2. C'est en effet la règle.
3. 10 Morel.
4. 28 Morel.

et ' adprime ', intentio in his omnibus demonstratur, neque tamen ' ad ' particula satis commode accentu acuto pronuntiatur. **8.** ' Adprobus ' tamen, quod significat ' ualde probus ', non infitias eo quin prima syllaba acui debeat. **9.** Caecilius in comoedia quae inscribitur ' Triumphus ' uocabulo isto utitur :

Hierocles hospes est mihi adulescens adprobus.

10. Num igitur in istis uocibus quas non acui diximus, ea causa est, quod syllaba insequitur natura longior, quae non ferme patitur acui priorem in uocabulis syllabarum plurium quam duarum ? **11.** ' Adprimum ' autem ' longe primum ' L. Liuius in ' Odyssia ' dicit in hoc uersu :

Ibidemque uir summus adprimus Patroclus.

12. Idem Liuius in ' Odyssia ' ' praemodum ' dicit, quasi ' admodum ' ; « Parcentes, inquit, praemodum », quod significat ' supra modum ', dictumque est quasi ' praeter modum ' ; in quo scilicet prima syllaba acui debebit.

VIII

Res ultra fidem tradita super amatore delphino et puero amato.

1. Delphinos uenerios esse et amasios non modo historiae ueteres, sed recentes quoque memoriae

9 mihi *RV et ut uidetur P* : mi *Bothe* || **10** non acui *Sciopp.* : *PRV* nos non ac- *Gryph.* 1550 || plurium nos ac- *recc.* : plurimum *PRV* || **12** debebit *PV* : debet *R* debuisset *recc.*
VIII. *Lem.* amatore *recc.* : -tores *PV.*

souvenirs récents l'attestent. **2.** Car et sous les Césars dans la mer de Pouzzoles, comme Apion[1] en a laissé le témoignage dans ses écrits, et quelques siècles auparavant, près de Naupacte, comme Théophraste l'a transmis[2], on a reconnu et éprouvé parmi les dauphins des amants brûlant d'une passion extraordinaire. **3.** Et ceux-ci ne furent pas épris d'animaux de leur espèce, c'est pour de jeunes garçons d'une beauté distinguée, qu'ils avaient aperçus par hasard sur des embarcations ou dans les bas-fonds de la côte, qu'ils brûlèrent de passions étonnantes à la manière d'êtres humains.

4. J'ai transcrit les termes d'Apion, homme érudit, tirés du livre V des *Égyptiaques*[3] par lesquels il rapporte les habitudes, les jeux, les promenades et les courses, l'un portant, l'autre conduisant, du dauphin amoureux et du garçon auquel celui-ci ne répugnait pas ; il dit que tout cela, il l'a vu lui-même et que beaucoup d'autres l'ont vu : **5.** « J'ai vu moi-même près de Dicéarchia un dauphin frappé de passion pour un garçon nommé Hyacinthe. A sa voix il accourait en remuant la queue comme un chien, la passion lui donnait des ailes, et rentrant ses nageoires en évitant de blesser la peau aimée, il se faisait enfourcher comme un cheval puis emmenait l'enfant jusqu'à des distances de deux cents stades. Rome et toute l'Italie venaient en foule voir un poisson mené par les rênes d'Aphrodite. » **6.** A cela il ajoute un épisode non moins étonnant : « Ensuite, dit-il, ce même garçon aimé du dauphin, fut atteint d'une maladie et mourut. **7.** Le dauphin amoureux de son côté, quand il fut maintes fois venu à la nage au rivage habituel sans que l'enfant qui avait l'habitude de l'attendre dans les eaux du bord, apparût nulle part, se consuma de regret, perdit la vie, fut trouvé gisant sur le rivage et fut inhumé par les gens qui étaient au courant de l'histoire, dans le tombeau de son bien-aimé. »

declarant. **2**. Nam et sub Caesaribus in Puteolano mari, ut Apion scriptum reliquit, et aliquot saeculis ante apud Naupactum, ut Theophrastus tradidit, amatores flagrantissimi delphinorum cogniti compertique sunt. **3**. Neque hi amauerunt quod sunt ipsi genus, sed pueros forma liberali in nauiculis forte aut in uadis litorum conspectos miris et humanis modis arserunt.

4. Verba subscripsi Ἀπίωνος, eruditi viri, ex Aegyptiacorum libro quinto, quibus delphini amantis et pueri non abhorrentis consuetudines, lusus, gestationes, aurigationes refert eaque omnia sese ipsum multosque alios uidisse dicit : **5**. Αὐτὸς δ' αὖ εἶδον περὶ Δικαιαρχίας παιδός — Ὑάκινθος ἐκαλεῖτο—πόθοις ἐπτοημένον δελφῖνα. Προσσαίνει τὴν φωνὴν αὐτοῦ τὴν ψυχὴν πτερούμενος ἐντὸς τάς τε ἀκάνθας ὑποστέλλων, μή τι τοῦ ποθουμένου χρωτὸς ἀμύξῃ φειδόμενος, ἱππηδόν<τε> περιβεβηκότα μέχρι διακοσίων ἀνῆγε σταδίων. ἐξεχεῖτο ἡ Ῥώμη καὶ πᾶσα Ἰταλία τῆς Ἀφροδίτης ξυνορῶντες ἡνιοχούμενον ἰχθύν. **6**. Ad hoc adicit rem ⟨non⟩ minus mirandam. « Postea, inquit, idem ille puer δελφινερώμενος morbo adfectus obit suum diem. **7**. At ille amans, ubi saepe ad litus solitum adnauit et puer, qui in primo uado aduentum eius opperiri consueuerat, nusquam fuit, desiderio tabuit exanimatusque est et in litore iacens inuentus ab his qui rem cognouerant, in sui pueri sepulcro humatus est. »

2 cesaribus *RV* : -saris *P* caesaris augusti imperio *Hertz* caesare augusto *Hosius* || amatores *PV* : amatore *R* amores *Gron.* || **3** litorum : liberorum *R* || **4** eruditi *recc.* : -rudi *PRV* || aurigationes *recc.* : arrig- *PRV* || refert *ed. Ven.* 1472 : -ferre *PRV* || παιδὸς *Sciopp.* : *om. V, recc.* || αὐτοῦ : αυτοι *V* || ψυχὴν : τυχην *V* || τε *om. PRV, add. Hertz* || τῆς : ὑπ' *Damsté* || **6** adicit : dicit V^2 || rem non minus *recc.* : rem minus *PRV* rem nimis *Vat.* 1532.

IX

Que la plupart des anciens ont dit *peposci* (j'ai réclamé), *memordi* (j'ai mordu), *pepugi* (j'ai piqué), *spepondi* (j'ai promis), *cecurri* (j'ai couru), non pas comme il a été admis de dire ensuite avec la lettre *o* ou *u* mise en première syllabe, et qu'ils l'ont dit sur le modèle de la règle grecque; il est en outre remarqué que des hommes non sans savoir et sans réputation, ont dit, du verbe *descendo*, non pas *descendi* mais *descendidi*.

1. *Poposci, momordi, pupugi, cucurri* paraissent recueillir l'approbation[1] et aujourd'hui toutes les personnes instruites se servent ainsi de ces mots en règle générale. **2.** Mais Quintus Ennius dans ses *Satires*[2] a écrit *memorderit* avec la lettre *e*, non *momorderit* : « Ce n'est pas à moi, dit-il, dût le chien me mordre *(memorderit)*. » **3.** De même Laberius dans les *Galli*[3] : « J'ai mordu *(memordi)* cent mille sesterces dans tout mon patrimoine. » **4.** De même encore Laberius dans le *Colorator*[4] : « Et ainsi bien cuit sur une braise douce, dès que je vins sous les dents de la femme, elle mordit *(memordit)* deux, trois fois. » **5.** De même Publius Nigidius au livre II du traité *Des Animaux*[5] : « Comme quand un serpent a mordu *(memordit)*, on découpe une

1. Le redoublement indo-européen du parfait était normalement en *-e*, comme le grec l'atteste. Cependant la règle n'était pas absolue et *momordi* pouvait être la forme ancienne (P. Monteil, *op. laud.*, p. 306) ; A. Ernout, *Dict.*, *s.u.*, rapprochant la forme sanscrite considère que *tutudi* est ancien. Cf. également Meillet et Vendryes, *Traité...*, p. 276, § 396. Il est en effet possible que l'état grec de la question représente une généralisation de la voyelle *e* du redoublement. En principe, les formes qui présentent les caractéristiques du présent comme *poposci*, *spepondi* ou *tetendi* ne peuvent être que des innovations latines. Cf. F. Bader, *Vocalisme et redoublement au parfait radical en latin*, in *Bull. Soc. Ling.*, 63, 1, 1968, p. 160-196.
Le début du chapitre est repris par Non. p. 204 qui cite les mêmes verbes et les trois mêmes exemples d'Atta, Laberius et Ennius.

2. V. 63 Vahlen².

3. *Les Gaulois*, V. 49 Ribbeck².

IX

‘ Peposci ’ et ‘ memordi ’, ‘ pepugi ’ et ‘ spepondi ’ et ‘ cecur*r*i ’ plerosque ueterum dixisse, non, uti postea receptum est dicere, per o aut per u litteram in prima syllaba positam, atque id eos Graecae rationis exemplo dixisse ; praeterea notatum quod uiri non indocti neque ignobiles a uerbo ‘ descendo ’ non ‘ descendi ’, sed ‘ descendidi ’ dixerunt.

1. ‘ Poposci ’, ‘ momordi ’, ‘ pupugi ’, ‘ cucurri ’ probabiliter dici uidetur atque ita nunc omnes ferme doctiores hisce uerbis utuntur. 2. Sed Q. Ennius in ‘ Saturis ’ ‘ memorderit ’ dixit per e litteram, non ‘ momorderit ’ :

Meum (inquit) non est, ac si me canis memorderit.

3. Item Laberius in ‘ Gallis ’ :

De integro patrimonio meo centum milia nummum
Memordi.

4. Item idem Laberius in ‘ Coloratore ’ :

Itaque leni pruna percoctus simul sub dentes mulieris
Veni, bis, ter memordit.

5. Item P. Nigidius ‘ De Animalibus ’ libro II. : « Vt serpens si memordit, gallina diligitur et opponitur. »

IX *Lem.* cecurri *edd.* : cecuri *PV* || id eos *Hertz* : ideo *PV* adeo *edd.* || non *ante* indocti *om. V* || descendi *recc.* : discendi *V* discendis *P* || descendidi *recc.* : discendi *PV* || **1** probabiliter : probabiter *P* || hisce *recc.*, *Gron.* : huiusce *PRV*, *recc.* || **2** q. : que *P* q̃ *V* || saturis *V* : satyris *P* satiris suis *R* || momorderit : momordederit *P* || **5** diligitur *V* : deligitur *PR* dirigitur *Scaliger.*

poule et on l'applique sur la blessure. » **6**. De même Plaute dans l'*Aulularia*[1] : « Quand il se fut mis à mordre *(admemordit)* l'homme. » **7**. Mais le même Plaute dans les *Trigemini*[2] n'emploie ni *praememordisse*, ni *praemomordisse*, mais *praemorsisse*. Il dit : « Si je n'avais fui il m'aurait à moitié dévoré *(praemorsisset)*, je crois. » **8**. De même Atta dans l'*Entremetteuse*[3] : « Il prétend qu'un ours l'a mordu *(memorsisse)*. » **9**. Valerius Antias aussi a laissé *peposci*, non *poposci* écrit au livre XLV des *Annales*[4] : « Enfin le tribun de la plèbe Licinius l'accusa de haute trahison et réclama *(peposcit)* une date pour les comices au préteur Marcus Marcius. » **10**. Atta également a dit *pepugero* dans l'*Aedilicia*[5] : « Mais si je le pique *(pepugero)* il aura peur. » **11**. Probus a noté qu'Aelius Tubero[6] aussi a dit *occecurrit* dans le livre adressé à Gaius Oppius, et il a donné de lui les mots que voici : « Si l'apparence générale se présente *(occecurrerit)*. » **12**. Le même Probus a noté que Valerius Antias au livre XXII de ses *Histoires*[7] a écrit *speponderant* (ils avaient promis) et il en a donné les termes : « Tiberius qui avait été questeur de Caius Mancinus en Espagne et tous les autres qui avaient promis la paix *(speponderant)*. »

13. L'explication de ces formes peut paraître la sui-

1. Frag. 2 Lindsay.
2. *Les Triplés* Frag. 117 Lindsay. Le redoublement disparaissant dans les formes composées, la création d'une forme sigmatique a pu se trouver favorisée de ce fait. Pour le simple les glossaires mettent en garde contre la forme sigmatique : *momordit debemus dicere, non ' morsit '* (*C.G.L.* 5, 635, 64 ; cf. 5, 223, 19, etc.).
3. V. 6 Ribbeck².
4. Frag. 60 Peter. Les personnages n'ont pu être exactement identifiés. Leurs noms sont assez répandus pour que toute datation soit impossible. Notons que le tribunat de Licinius Macer en 73 avait été particulièrement remarqué. Sur Valerius Antias, cf. la note en 7, 8, 6.
5. V. 2 Ribbeck².
6. Frag. 2 Huschke. Valerius Probus, connu par un intermédiaire à l'ordinaire, semble donc à la source de ce chapitre. Sur Tubero, cf. *infra*, 7, 3, 1 n. 3.
7. Frag. 57 Peter.

6. Item Plautus in ‘ Aulularia ’ :

Vt admemordit hominem.

7. Sed idem Plautus in ‘ Trigeminis ’ neque ‘ praememordisse ’ ⟨neque ‘ praemomordisse ’⟩ dicit, sed ‘ praemorsisse ’ :

Nisi fugissem (inquit) medium, credo, praemorsisset.

8. Item Atta in ‘ Conciliatrice ’ :

Vrsum se memordisse autumat.

9. ‘ Peposci ’ quoque, non ‘ poposci ’, Valerius Antias libro ‘ Annalium ’ XLV scriptum reliquit : « Denique Licinius tribunus plebi perduellion*is* ei diem dixit et comitiis diem a M. Marcio praetore *pe*poscit. » **10**. ‘Pepugero’ aeque Atta in ‘Aedilicia’ dicit :

Sed si pepugero, metuet.

11. Aelium quoque Tuberonem libro ad C. Oppium scripto ‘ occecurrit ’ dixisse, Prob*us* adnotauit et haec eius uerba apposuit : « Si generalis species occecurrerit. » **12**. Idem Probu*s* Valerium Antiatem libro ‘ Historiarum ’ XXII ‘ speponderant ’ scripsisse annotauit uerbaque eius haec posuit : « Tiberius Gracchus, qui quaestor C. Mancino in Hispania fuerat, et ceteri qui pacem speponderant. »

13. Ratio autem istarum dictionum haec esse

7 neque praemomordisse *add. J. H. Müller, F. Skutsche* || inquit *PRV* : in *Winter* inquit in *F. Skutsche* || **8** atta : accius *Non.* || **9** plebi *om. V* || perduellionis *Carrio* : -onem *PRV* || peposcit *edd.* : poscit *PV* possicit *R* || **11** tuberonem *R* : tuberomnem *PV* || probus *edd.* : probet *PRV* || occecurrerit *recc.* : occurrerit *PR* occurrit *V* || **12** probus : probum *PRV* || mancino : -na *P.*

vante : puisque les Grecs dans une forme du passé qu'ils appellent παρακείμενον, *parfait* changent la plupart du temps en *e* la seconde lettre du verbe comme γράφω γέγραφα, ποιῶ πεποίηκα, λαλῶ λελάληκα, κρατῶ κεκράτηκα, λούω λέλουκα, **14**. de même donc *mordeo* fait *memordi, posco peposci, tendo tetendi, tango tetigi, pungo pepugi, curro cecurri, tollo tetuli, spondeo spepondi*. **15**. Ainsi Marcus Tullius[1] et Gaius Caesar[2] ont dit *mordeo memordi, pungo pepugi, spondeo spepondi*.

16. En outre j'ai trouvé dit, non pas *sciderat* mais *sciciderat*, formé d'une manière semblable du verbe *scindo*. Lucius Accius au livre I des *Sotadici*[3] dit *sciciderat*. Voici le texte : « Est-ce donc que l'aigle, comme le prétendent ces gens, lui avait brisé la poitrine ? *(sciciderat)* ? » **17**. Ennius aussi dans la *Menalippa*[4] : « Quand il aura brisé le roc *(sciciderit)*... » Valerius Antias dans le livre LXXV des *Histoires*[5] a écrit ceci : « Ensuite après avoir commandé l'enterrement, il descendit (*descendidit*) au forum. » **18**. Laberius également a écrit ainsi dans le *Catularius*[6] : « Je m'étonnais de même que mes seins fussent descendus... »

1. Frag. 14 p. 1060 Orelli².
2. Caes. 2 p. 158 Dinter.
3. V. 19 Morel. Il s'agit d'une œuvre écrite en vers sotadéens, peut-être les *Didascalica*, cf. vol. I, p. 2, n. 22.
4. Frag. 123 Jocelyn. La restitution est tirée de Priscien, *Gramm. Lat.* 2, 516, 14 : *scindo, scidi* ; *uetustissimi tamen etiam scicidi proferebant... Ennius in Menalippa: «Cum saxum sciciderit...»*
5. Frag. 62 Peter. *Descendidi* est analogique des composés de **dhe* ou de *do*.
6. V. 19 Ribbeck³.

uideri potest : quoniam Graeci in quadam specie praeteriti temporis, quod παρακείμενον appellant, secundam uerbi litteram in e plerumque uertunt, ut γράφω γέγραφα, ποιῶ πεποίηκα, λαλῶ λελάληκα, κρατῶ κεκράτηκα, λούω λέλουκα, **14**. sic igitur ' mordeo ' ' memordi ', ' posco ' ' peposci ', ' tendo ' ' tetendi ', ' tango ' ' tetigi ', pungo ' pepugi ', curro ' cecurri ', tollo ' tetuli ', spondeo ' spepondi ' facit. **15**. Sic M. Tullius et C. Caesar ' mordeo memordi ', ' pungo pepugi ', ' spondeo spepondi dixerunt.

16. Praeterea inueni, a uerbo ' scindo ' simili ratione non , sciderat ', sed ' sciciderat ', dictum esse. L. Accius in ' Sotadicorum ' libro I. ' sciciderat ' dicit. Verba haec sunt :

« Num ergo aquila ita, ut hi praedicant, sciciderat pectus ? »

17. Ennius quoque ⟨in ' Melanippa ' :
« cum saxum sciciderit. »⟩

* * * * *

Valerius Antias in libro Historiarum LXXV. uerba haec scripsit : « Deinde funere locato ad forum descendidit. » **18**. *La*b*erius* quoque in ' Catulario ' ita scripsit :

« ego mirabar, quomodo mammae mihi

⟨Descendiderant »⟩* * *

14 tetendi : tetudi *P* || tetuli : tetulli *V* || **16** sciciderat dicit : scididerat d- *P* || num *P* : non *RV* || ergo : ego *R* || ut ni *PRV* uti *Carrio* ut *Priscian.* || *cum uerbo* pectus *capitulum desinit in R* || **17** in... sciciderit *om. PV, ex Prisc.* 2, 517, 10 *add. I. Gron.* || ualerius antias... mammae mihi *bis afferunt PV* || laberius *edd.* : ualerius *PV primum, deinde* auerius *P* nauerius *V* || descendiderant *add. recc. ex Non.*

X

Que de même que l'on dit *ususcapio* en un seul mot au nominatif, on a dit également *pignoriscapio* en un seul mot au même cas[1].

1. De même que l'on dit cette *ususcapio* en un seul mot, avec la lettre *a* allongée[2], de même on disait *pignoriscapio* en un mot avec l'allongement. **2.** Il y a une phrase de Caton tirée du premier livre des *Questions épistolaires*[3] : « *Pignoriscapio*, relatif au paiement militaire que le soldat devait recevoir d'un *tribunus aerarius* (trésorier payeur public), forme un mot par lui-même. **3.** Par quoi il est assez clair que *capio* peut être dit au sens de *captio* (prise), soit dans le cas de la jouissance *(usus)*, soit dans ce cas du gage *(pignus)*. »

XI

Que ni *leuitas* ni *nequitia* n'ont le sens qu'on leur donne dans les propos de langue courante.

1. J'entends dire généralement de nos jours *leuitas* pour inconstance et facilité à changer[4], et *nequitia* pour habileté et astuce. **2.** Mais ceux des anciens qui ont parlé avec propriété et pureté ont appelé *leues* les gens que nous disons maintenant couramment vils et indignes de

1. Le mot *forma* s'appliquait particulièrement au ' cas ', ou plus exactement à l'ensemble cas et genre. Cf. Prob. *Cath.* in *Gramm. Lat.* 4, 32, 38 : « *Formae casus sunt sex* » et surtout Diom. in *Gramm. Lat.* 1, 367, 7 : « *Transuersorum ordinum partes appellantur casus, directorum genera utrisque inter se implicatis forma.* »

X

⟨Vt⟩ ‘ ususcapio ’ copulate recto uocabuli casu dicitur, ita ‘ pignoriscapio ’ coniuncte eadem uocabuli forma dictum esse.

1. Vt haec ‘ ususcapio ’ dicitur copulato uocabulo, a littera in eo tractim pronuntiata, ita ‚ pignoriscapio ’ iuncte et producte dicebatur. **2**. Verba Catonis sunt ex primo ‘ Epistolicarum Quaestionum ’ : « Pignoriscapio ob aes militare, quod aes a tribuno aerario miles accipere debebat, uocabulum seorsum fit. » **3**. Per quod satis dilucet, hanc ‘ capionem ’ posse dici, quasi hanc ‘ captionem ’, et in ‘ usu ’ et in ‘ pignore ’.

XI

Neque ‘ leuitatem ’ neque ‘ nequitiam ’ ea significatione esse qua in uulgi sermonibus dicuntur.

1. ‘ Leuitatem ’ plerumque nunc pro inconstantia et mutabilitate dici audio et ‘ nequitiam ’ pro sollertia astutiaque. **2**. Sed ueterum hominum qui proprie atque integre locuti sunt ‘ leues ’ dixerunt, quos uulgo nunc uiles et nullo honore dignos d*i*ci-

X. *Lem.* ut *add. Gron.* || ususcapio *edd.* cf. *infra* : usucapio *PV* || dicitur *V* : discitur *P* || **1** ut *R* et *PV* || ususcapio *P*¹*RV* : usucapio *P*² || iuncte *Hertz* : iuncte sunt *PRV* iuncte simul *Damsté* || **2** militare *P*² : -res *P*¹*RV* || fit *recc.* : sit *PRV*.

XI. *Lem.* uulgi *recc.* : -gis *PV* || **1** leuitatem : -tes *V* || mutabilitate *P man. recc.* : immutabilitate *P*¹*RV* || **2** dicimus *edd.* : ducimus *PV*, *def. R.*

tout témoignage d'estime, et ils se sont servi de *leuitatem* à peu près comme de *uilitatem* (vileté) et de *nequam*, pour un homme ne valant rien, sans aucun sérieux, du genre de ce que les Grecs appellent en général ἄσωτον (perdu) ou ἀκόλαστον (incorrigible).

3. Celui qui réclame des exemples de ces mots, les trouvera, pour ne pas aller chercher des ouvrages trop difficiles à se procurer, dans le deuxième discours de Cicéron contre Antoine[1]. **4.** Voulant désigner un genre de vie et de conduite très bas, celui d'Antoine, dire qu'il se cachait dans une taverne. qu'il buvait sans interruption jusqu'au soir, qu'il voyageait le visage enveloppé pour ne pas être reconnu, voulant dire cela et d'autres traits de même sorte : « Voyez, s'écria-t-il, la *leuitas* (vileté) de l'homme », dans l'idée que ces hontes étaient dénoncées totalement dans un être humain par ce mot insultant. **5.** Mais ensuite, après avoir jeté contre le même Antoine d'autres insultes et dérisions infamantes, il ajouta pour finir : « Le vaurien *(nequam)* ! je ne peux pas en effet user d'un mot plus approprié. »

6. Mais j'ai eu plaisir à citer un certain nombre de lignes de ce passage de Cicéron : « Mais voyez la vileté *(leuitas)* de l'homme ! Étant arrivé à la dixième heure du jour à peu près à Saxa Rubra[2], il se cacha dans un cabaret et là en secret il but sans interruption jusqu'au soir ; ensuite il se fit transporter rapidement à Rome dans un cabriolet[3], il arriva chez lui le visage enveloppé. Le portier demande : « Qui es-tu toi ? — Un messager de

1. *Phil.* 2, 77.

2. Les *Saxa Rubra* (Rochers rouges) se trouvent sur la via Flaminia au nord de Rome.

3. Cf. Non. p. 123 : Cissium : *uehiculi biroti genus.* Suit la citation de Cicéron.

mus, et ' leuitatem ' appellauerunt proinde quasi ' ui*li*tatem ' et ' nequam ' hominem nihili rei neque frugis bonae, quod genus Graeci fere ἄσωτον vel ἀκόλαστον dicunt.

3. Qui exempla horum uerborum requirit, ne in libris nimium remotis quaerat, inueniet ea in M. Tullii secunda ' Antonianarum '. **4.** Nam cum genus quoddam sordidissimum uitae atque uictus M. Antoni demonstraturus esset, quod in caupona delitisceret, quod ad uesperum p*erpo*-*t*aret, quod ore inuoluto iter faceret ne cognosceretur, haec aliaque eiusdemmodi cum in eum dicturus esset : « Videte, inquit, hominis leuitatem », tamquam prorsus ista dedecora hoc *con*uicio in homine notarentur. **5.** Ac postea, cum in eundem Antonium probra quaedam alia ludibriosa et turpia ingessisset, ad extremum hoc addidit : « O hominem nequam ! nihil enim magis proprie possum dicere. »

6. Sed ex eo loco M. Tullii uerba compluscula libuit ponere : « A*t* uidete leuitatem hominis ! Cum hora diei decima fere ad Saxa Rubra uenisset, delituit in quadam cauponula atque ibi se occultans perpotauit ad uesperum ; inde cisio celeriter ad urbem aduectus, domum uenit ore inuoluto. Ianitor rogat : ' Quis tu ' ? ' A Marco tabellarius '. Confestim ad eam cuius causa uenerat deducitur

uilitatem *Ranchinus* : leuitatem *PV* lenitatem *recc., def. R* lacuitatem *I. Gron.* || *lacunam post* nequam *indic. PV, Hertz, Marshall* || nihili : nulli *Carrio* || rei : neque rei *recc., del. Hertz* || neque frugis *edd.* : nequi fr- *PRV* || **3** tullii *R* : tulliis *P* -llus *V* || antonianarum : antonaniarum *P* || **4** perpotaret *edd.* : proparet *PRV* || **4** aliaque *recc.* : et aliaque *PRV* || conuicio *Gron.* : uicio *RV* uitio *P* || **6** at *Cic.* : ac *PRV* || occultans *recc.* : -lans *PRV* || ore : capite *Cic.* || rogat *om. Cic.* || causa *Cic.* : causam *PRV*.

Marcus. ' Il est conduit en hâte à celle[1] pour qui il était venu et lui remet une lettre. Comme elle pleurait en la lisant — il l'avait écrite en amoureux ; le sens général de la lettre était le suivant : il n'aurait plus rien à faire à l'avenir avec la joueuse de mime, il avait retiré de là tout amour et l'avait transporté sur elle — la femme pleurant plus abondamment, l'homme sensible ne put le supporter davantage : il se découvrit le visage, se jeta à son cou. O le vaurien *(nequam)* ! je ne peux pas user d'un mot plus approprié ; c'est donc pour que dévoilé inopinément à elle, toi le ganymède, tu te présentes aux yeux d'une femme qui ne t'attendait plus, c'est pour cela tu que as bouleversé Rome d'une terreur nocturne, l'Italie d'une peur qui dura bien des jours. »

7. De la même manière Quintus Claudius au premier livre des *Annales*[2] a appelé *nequitia* une vie d'excès prodigue et sans frein dans la phrase que voici : « Ils persuadent un jeune Lucanien, qui était d'une famille extrêmement noble mais qui avait consumé une grande fortune dans les excès et le dérèglement *(nequitia)*. » **8.** Marcus Varron dans ses livres *Sur la Langue Latine*[3] dit : « De même que *nolo* est fait de *non* et de *uolo*, ainsi *nequam* est composé de *ne* et de *quicquam* après suppression de la syllabe du milieu. » **9.** Publius Scipion l'Africain parlant au peuple, *Pour lui contre Asellus Tiberius,*[4] d'une amende, dit : « Tous les actes mauvais, honteux, déshonorants que commettent les hommes relèvent de deux principes, l'intention criminelle et le dérèglement *(nequitia)*. Duquel te défends-tu, de l'intention criminelle ou du dérèglement *(nequitia)*, ou des deux à la fois ? Si tu veux te défendre du dérèglement, je le veux bien ; s'il est vrai que tu as dépensé pour une seule courtisane plus d'argent que tu n'en as déclaré au censeur pour tout l'équipement de ton domaine de la Sabine, s'il en est bien ainsi, qui engage

1. Sa femme Fulvia. Fille de Fulvius Bambalio, elle avait été mariée d'abord avec Clodius, puis avec Caius Scribonius Curio. En 45, elle épousa Antoine pour qui elle éprouva une grande passion. Elle fut l'héroïne de la guerre de Pérouse qu'elle mena contre Octave avec Lucius Antonius ; après la défaite elle s'enfuit en Grèce où elle mourut en 40 av. J-.C.

eique epistulam tradit. Quam illa cum legere*t* flens — erat enim scripta amatorie, caput autem litterarum hoc erat : sibi cum illa mima posthac nihil futurum, omnem se amorem abiecisse illi*m* atque in hanc transfudisse — cum mulier fleret uberius, homo misericors ferre non potuit : caput aperuit, in collum inuasit. O hominem nequam! — nihil enim magis proprie possum dicere; ergo ut te catamitum nec opinato cum ostendisses, praeter spem mulier aspiceret, idcirco urbem terrore nocturno, Italiam multorum dierum metu perturbasti ? »

7. Consimiliter Q. quoque Claudius in primo ‘ Annalium ’ ‘ nequitiam ’ appellauit luxum uitae prodigum effusumque in hisce uerbis : « Persuadent i cuidam adulescenti Lucano, qui adprime summo genere gnatus erat, sed luxuria et nequitia pecuniam magnam consumpserat. » **8**. M. Varro in libris ‘ de Lingua Latina ’ : « Vt ex ‘ non ’ et ‘ uolo ’, inquit, ‘ nolo ’, sic ex ‘ ne ’ et ‘ quicquam ’, media syllaba extrita, compositum est ‘ nequam ’. » **9**. P. Africanus ‘ Pro se contra Tiberium As*e*llum ’ de multa ad populum : « Omnia mala, probra, flagitia, quae homines faciunt, in duabus rebus sunt, malitia atque nequitia. Vtrum defendi*s*, malitiam an nequitiam an utrumque simul ? Si nequitiam defendere uis, licet; si tu in uno scorto maiorem pecuniam absumpsisti quam quanti omne instrumentum fundi Sabini in censum dedica-

quam illa cum : cum illa *Cic.* || legeret *Cic.* : legere *PRV* || hoc erat *R* : hoc erant *PV*, *om. Cic.* || futurum *Cic.* : -rorum *PRV* || illim*Lambinus* : illi *PRV* illic et illinc *recc.*, *Cic.* || ostendisses : offendisses *V*. || **7** persuadent i *Hertz* : persuadenti *PRV* || **8** uolo *Varro* : ex uolo *PRV* || **9** asellum *Carrio* : -illium *PRV* || defendis *recc.* : -dit*P RV* || pecuniam absumpsisti *recc.* : p- abinsumpsisti *PRV* || atque absumpsisti *PV* : atque sumpsisti *R*.

sur ton innocence mille sesterces ? s'il est vrai que tu as perdu et consumé plus du tiers de la fortune de ton père dans les scandales, si cela est vrai, qui engage mille sesterces ? Tu refuses de plaider sur le dérèglement. Allons défends-toi au moins sur l'intention criminelle. S'il est vrai qu'en toute connaissance de cause tu as prêté serment solennellement à une conjuration, s'il en est ainsi, qui engage mille sesterces ? »

XII

Sur les tuniques *chirodytae*[1] (à manches longues) ; quels reproches à leur égard fit Scipion l'Africain à Sulpicius Galus.

1. Qu'un homme use de tuniques longues descendant au-delà des bras sur la naissance des mains presque jusqu'aux doigts, était déshonorant à Rome et dans tout le Latium. **2.** Ces tuniques nos compatriotes les appelèrent d'un mot grec *chirodytae* et ils jugèrent qu'un vêtement long et ample ne convenait qu'aux femmes pour protéger des regards leurs bras et leurs jambes. **3.** Quant aux hommes, primitivement du moins, à Rome, ils étaient vêtus seulement d'une toge sans tunique ; ensuite ils portaient des tuniques étroites et courtes, s'arrêtant avant l'épaule, du genre de ce que les Grecs appellent ἐξωμίδες (qui laissent les épaules nues). **4.** Vêtu suivant ces principes anciens, Publius Scipion l'Africain, fils de Paulus, homme doté de toutes les qualités et de toute sorte de vertus, parmi les nombreux reproches qu'il faisait à Publius Sulpicius Galus[2],

uisti ; si hoc ita est, qui spondet mille nummum ? si tu plus tertia parte pecuniae paternae perdidisti atque absumpsisti in flagitiis, si hoc ita est, qui spondet mille nummum ? Non uis nequitiam. Age malitiam saltem defende. Si tu uerbis conceptis coniurauisti sciens sciente animo tuo, si hoc ita est, qui spondet mille nummum ? »

XII

De tunicis chirodytis ; quod earum ⟨usum⟩ P. Africanus Sulpicio Galo obiecit.

1. Tunicis uti uirum prolixis ultra brachia et usque in primores manus ac prope in digitos, Romae atque in omni Latio indecorum fuit. **2.** Eas tunicas Graeco uocabulo nostri ‘ chirodytas ’ appellauerunt feminisque solis uestem longe lateque diffusam decere existimauerunt ad ulnas cruraque aduersus oculos protegenda. **3.** Viri autem Romani primo quidem sine tunicis toga sola amicti fuerunt ; postea substrictas et breues tunicas citra humerum desinentis habebant, quod genus Graeci dicunt ἐξωμίδας. **4.** Hac antiquitate indutus P. Africanus, Pauli filius, uir omnibus bonis artibus atque omni uirtute praeditus, P. Sulpicio Galo, homini delicato, inter pleraque alia, quae obiectabat, id

non uis... nummum *bis afferunt PRV* || defende *ed. Iunt.* 1513 : -des *PRV* || coniurauisti *PRV* : periurauisti *Meyer* iurauisti *Hertz.*

XII. *Lem.* chirodytis *Marx ad Lucil.* 71 : chyrodytis *P* chiroditis *V*, *recc.* chiridotis *Carrio* χειροδωτοῖς *recc.* || usum *add. edd.* : *om. PV* || galo *Münzer* : gallo *PV* || **1** et usque : eiusque *V* || **2** chirodytas *P* : chiroditis *V* chirodas *R* || decere *Gron.* : indecere *PV* incedere *R* non indecere *Hosius* || **4** indutus : inbutus *Hertz* || galo *Münzer* : gaulo *PRV* || quae obiectabat : quae eo obi- *P.*

un voluptueux, lui fit un grief aussi d'user de tuniques couvrant complètement les mains.

5. Voici les paroles de Scipion[1] : « Quand un homme se parfume tous les jours et fait sa toilette devant un miroir, quand on lui rase les sourcils, quand il se promène la barbe épilée et les cuisses épilées par-dessous, quand dans les banquets, comme un petit jeune homme avec son amant, il se place plus bas que lui[2] en tunique *chirodota*, quand il est porté non seulement sur le vin mais aussi sur les hommes, peut-on douter qu'il n'ait fait ce que font les mignons ? »

6. Virgile[3] aussi accuse les tuniques de cette sorte d'être efféminées, infamantes : « Et leurs tuniques ont des manches, leurs bonnets des rubans, dit-il. »

7. Ennius[4] lui non plus ne paraît pas avoir parlé sans intention infamante de « la jeunesse en tunique de Carthage ».

XIII

Qui Caton appelle *classicus* (appartenant à une classe) et qui *infra classem* (en dessous de la classe).

1. On appelait *classicus* (de la classe) non pas tous ceux qui figuraient dans les cinq classes[5], mais seulement les hommes de la première classe qui étaient recensés pour cent vingt-cinq mille as ou plus. **2.** Mais on disait *infra classem* (en dessous de la classe) les gens

1. Noter que le lien avec le chapitre précédent réside comme souvent dans la citation de Scipion Émilien (Frag. 17 Malcovati).

quoque probro dedit, quod tunicis uteretur manus totas operientibus.

5. Verba sunt haec Scipionis : « Nam qui cotidie unguentatus aduersum speculum ornetur, cuius supercilia rad*a*ntur, qui barba uulsa feminibusque subuulsis ambulet, qui in conuiuiis adulescentulus cum amatore cum chirodyta tunica inferior accubuerit, qui non modo uinosus, sed uirosus quoque sit, eumne quisquam dubitet, quin idem fecerit quod cinaedi facere solent ? »

6. Vergilius quoque tunicas huiuscemodi quasi femineas, probrosas criminatur :

Et tunicae, inquit, manicas et habent redimicula mitrae.

7. Q. quoque Ennius Carthaginiensium « tunicatam iuuentutem » non uidetur sine probro dixisse.

XIII

Quem ‘ classicum ’ dicat M. Cato, quem ‘ infra classem ’.

1. ‘ Classici ’ dicebantur non omnes qui in *quin*que classibus erant, sed primae tantum classis homines, qui centum et uiginti quinque milia aeris ampliusue censi erant. **2.** ‘ Infra classem ’ autem appellabantur secundae classis ceterarumque

5 aduersum : -sus *V* || radantur *Carrio* : raduntur *PRV* || chirodyta *P* : chirodita *V* chirodicta *R* || inferior *PRV* : interior *Lipsius* || **6** femineas *recc.* : -nas *PRV* -neas ac *edd.* || q. : que *V*.
XIII. **1** in quinque *Sciopp.* : inque P^1 *(ut uidetur)* *RV*, *recc.* in P^2 || **2** quam quod *F. Skutsch* : quod *PRV* : quam *recc.*

de la seconde classe et de toutes les autres classes qui étaient recensés pour une somme moindre que celle que je viens d'indiquer. **3**. J'ai noté cela brièvement parce que, dans le discours de Caton en faveur de la loi Voconia[1], on a coutume de se demander ce que veut dire *classicus* et *infra classem*.

XIV

Sur les trois styles ; et sur les trois philosophes qui ont été envoyés en ambassade au sénat romain par les Athéniens.

1. Aussi bien en prose qu'en poésie il y a trois styles à recommander[2] que les Grecs appellent χαρακτῆρας et ils les ont nommés ἁδρόν (abondant), ἰσχνόν (sobre), μέσον (moyen). **2**. Nous à notre tour nous avons appelé celui qui a été mis en premier *uber* (abondant), en second *gracilis* (sobre), en troisième *mediocris* (moyen).

3. Le style abondant possède la majesté et l'ampleur, le sobre le charme[3] et la précision, le moyen est entre les deux et participe de l'un et de l'autre.

4. A chacune de ces vertus du discours sont apparentés des vices en nombre égal, qui imitent faussement leur allure et leur aspect par une apparence mensongère. **5**. Ainsi bien souvent des auteurs soufflés et enflés se font prendre fallacieusement pour abondants, les négligés et maigres pour sobres, les incertains et ambigus pour moyens[4]. **6**. Or les vrais et propres exemples de ces styles en langue latine, ce sont, d'après Varron[5], Pacuvius pour l'abondant, Lucilius pour le sobre, Térence pour le moyen. **7**. Mais déjà depuis des temps

1. Frag. 160 Malcovati. Cette loi testamentaire proposée par le tribun Q. Voconius Saxa en 169 av. J.-C. limitait les legs faits à des femmes (100 000 sesterces selon Dio Cass., 100 000 as suivant Gaius 2, 274.). Pour une analyse détaillée, cf. *R.E.*, Bd. XII, 2, p. 2418, *s.u. Lex Voconia.*

2. Sur les trois genres d'éloquence, cf. en particulier Quintilien 12, 10, 58 et Fronton p. 49, l. 20 V. d. Hout.

3. La *uenustas* caractérise d'habitude le genre moyen.

omnium classium, qui minore summa aeris, ⟨quam⟩ quod supra dixi, censebantur. **3**. Hoc eo strictim notaui, quoniam in M. Catonis oratione, qua Voconiam legem suasit, quaeri solet quid sit ‘ classicus ’, quid ‘ infra classem ’.

XIV

De tribus dicendi generibus ; ac de tribus philosophis qui ab Atheniensibus ad senatum Romam legati sunt.

1. Et in carmine et in soluta oratione genera dicendi probabilia sunt tria, quae Graeci χαρακτῆρας uocant nominaque eis fecerunt ἁδρόν, ἰσχνόν, μέσον. **2**. Nos quoque quem primum posuimus ‘ uberem ’ uocamus, secundum ‘ gracilem ’, tertium ‘ mediocrem ’.

3. Vberi dignitas atque amplitudo est, gracili uenustas et subtilitas, medius in confinio est utriusque modi particeps.

4. His singulis orationis uirtutibus uitia agnata sunt pari numero, quae earum modum et habitum simulacris falsis ementiuntur. **5**. Sic plerumque sufflati atque tumidi fallunt pro uberibus, squalentes et ieiunidici pro gracilibus, incerti et ambigui pro mediocribus. **6**. Vera autem et propria huiuscemodi formarum exempla in Latina lingua M. Varro esse dicit ubertatis Pacuuium, gracilitatis Lucilium, mediocritatis Terentium. **7**. Sed ea

XIV. *Lem.* dicendi *P* : discendi *V* || romam *recc.* : romae *PV* || legati : legati missi *H. Stephanus* || **2** nos quoque *P* : nosque *V*, *non intellegitur R* || **5** ieiunidici *PRV* : ieiuni dicti *edd.* eiuncidi *Heraeus* || **6** in *om. V.*

très reculés Homère a présenté ces trois genres de style eux-mêmes dans trois personnages[1], le grand et abondant chez Ulysse, le précis et resserré chez Ménélas, le mélangé et tempéré chez Nestor.

8. La même diversité triple a été remarquée chez les trois philosophes que les Athéniens avaient envoyés en légation à Rome[2] au sénat pour obtenir remise de l'amende que celui-ci leur avait infligée à cause du sac d'Oropos[3]. Cette amende était d'environ cinq cents talents. **9.** Ces philosophes étaient Carnéade de l'Académie, Diogène le stoïcien, Critolaus le péripatéticien. Et à vrai dire une fois introduits au sénat, ils se servirent d'un interprète le sénateur Caius Acilius[4] ; mais auparavant ils avaient disserté eux-mêmes chacun séparément, devant un grand rassemblement de gens pour faire montre de leur talent. **10.** Rutilius[5] et Polybe[6] disent qu'on s'étonna alors de l'éloquence des trois philosophes chacun dans un genre différent : « Carnéade, disent-ils, parlait avec violence et emportement, Critolaus avec art et élégance, Diogène avec maîtrise de soi et sobriété. »

11. Mais chacun de ces genres, comme nous l'avons dit, quand il est orné avec réserve et modération, devient plus brillant, quand il se couvre de fard et d'enduit, devient jonglerie.

1. Même jugement sans qu'il y ait de rapport de forme chez Quintilien (12, 10, 64, cf. Cic., *Brut.* 50).

2. Cf. *infra* 17, 21, 48. Depuis le § 8 le chapitre est reproduit par Macrobe 1, 15, 14.

3. En 155 av. J.-C. les Athéniens avaient dévasté la ville béotienne d'Oropos. Ils furent condamnés par l'arbitrage de Rome.

4. Gaius Acilius est connu comme historien. Il écrivit en grec une histoire de l'Italie des premiers temps jusqu'en 184 (Den. Hal. 3, 67, 5) ; celle-ci parut en 142.

5. Rutilius Frag. 3 Peter.P. Rutilius Rufus, consul en 105, ami de Scipion Émilien, eut des talents militaires, juridiques et oratoires ; ses mémoires furent appréciés. Stoïcien convaincu, il passe pour avoir donné l'exemple d'une grande conscience morale.

6. 33, 2.

ipsa genera dicendi iam antiquitus tradita ab Homero sunt tria in tribus : magnificum in Vlixe et ubertum, subtile in Menelao et cohibitum, mixtum moderatumque in Nestore.

8. Animaduersa eadem tripertita uarietas est in tribus philosophis quos Athenienses Romam ad senatum legauerant, inpetratum uti multam remitteret, quam fecerat is propter Oropi uastationem. Ea multa fuerat talentum fere quingentum. **9**. Erant isti philosophi Carneades ex Academia, Diogenes Stoicus, Critolaus Peripateticus. Et in senatum quidem introducti interprete usi sunt C. Acilio senatore ; sed ante ipsi seorsum quisque ostentandi gratia magno conuentu hominum dissertauerunt. **10**. Tum admirationi fuisse aiunt Rutilius et Polybius philosophorum trium sui cuiusque generis facundiam. « Violenta, inquiunt, et rapida Carneades dicebat, scita et teretia Critolaus, modesta Diogenes et sobria. »

11. Vnumquodque autem genus, ut diximus, cum caste pudiceque ornatur, fit illustrius, cum fucatur atque praelinitur, fit praestigiosum.

7 ubertum : uber, tum *Stephanus* || **8** senatum *Macr.*, *Hertz* : senatum populi *PRV*, *recc.* senatum populi R *Hertz in adnot.* || remitteret *P*, *Macr.* : -rent *RV* || fecerat is *Gron.* : feceratis *P* fecerant *RV* || **9** c. acilio *Lipsius* : cacilio *P* cecilio *RV* caelio *Macr.* || **10** admirationi : -nis *P* || teretia : -ti *Macr.* || **11** fucatur *recc.* : fugatur *PRV*.

XV

Avec quelle sévérité les usages de nos ancêtres punissaient les voleurs ; et ce qu'a écrit Mucius Scaevola sur ce qui était donné en garde ou prêté.

1. Labéon a écrit dans le livre II de son ouvrage *Sur les Douze Tables*[1] que chez les anciens des jugements cruels et sévères étaient pris contre les voleurs ; et que Brutus avait coutume de dire[2] qu'avait été condamné aussi pour vol celui qui avait mené une bête de somme ailleurs qu'à l'endroit pour lequel il avait reçu le droit d'en user ; de même celui qui l'avait menée plus loin que l'endroit pour lequel il l'avait demandée. **2.** Et ainsi Quintus Scaevola dans le XVIe des livres qu'il a composés sur le droit civil[3] a inséré ces mots : « Si celui qui a reçu quelque chose à garder, s'en est servi, ou si ce qu'il a reçu pour s'en servir, il s'en est servi pour autre chose que ce pourquoi il l'a reçu, il s'est rendu passible d'une condamnation pour vol[4]. »

XVI

Passage tiré d'une satire de Varron qui est intitulée *Des mets* et qui traite de genres d'aliments étrangers ; et sont joints des vers d'Euripide dans lesquels le poète a confondu les débordements de gourmandise de gens raffinés.

1. Varron dans la satire qu'il a intitulée *Des Mets*[5], traite en des vers tournés très joliment et avec art, de recherches délicieuses en matière de repas et d'aliments[6]. **2.** Il a exposé en effet la plupart des mets de ce

1. Frag. 23 Huschke.
2. Frag. 6 Huschke.
3. Frag. 2 Huschke.

XV

Quam seuere moribus maiorum in fures uindicatum sit; et quid scripserit Mucius Scaeuola super eo quod seruandum datum commodatumue esset.

1. Labeo in libro ' De Duodecim Tabulis ' secundo acria et seuera iudicia de furtis habita esse apud ueteres scripsit, idque Brutum solitum dicere, *e*t furti damnatum esse qui iumentum aliorsum duxerat quam quo utendum acceperat, item qui longius produxerat quam in quem locum petierat. **2.** Itaque Q. Scaeuola, in librorum quos ' De iure ciuili ' composuit XVI., uerba haec posuit : « Quod cui seruandum datum est, si id usus est, siue quod utendum accepit, ad aliam rem atque accepit usus est, furti se obligauit. »

XVI

Locus exscriptus ex satura M. Varronis, quae Περὶ ἐδεσμάτων inscripta est, de peregrinis ciborum generibus ; et appositi uersus Euripidi, quibus delicatorum hominum luxuriantem gulam confutauit.

1. M. Varro, in satura quam Περὶ ἐδεσμάτων inscripsit, lepide admodum et scite factis uersibus cenarum, ciborum exquisitas delicias comprehendit. **2.** Nam pleraque id genus, quae helluones isti

XV. *Lem.* mucius *recc.* : marcus *P* marchus *V* || **1** labeo in *V* : labeon *PR* || dicere et *Hertz* : dicerent *PRV* || **2** q. *edd.* : que *PRV* || XVI *RV* : XIII *P*.

XVI. **1** ciborum : ciborumque *recc.* || **2** mari : -re V^1 || inclusit : exinclusit *P*.

genre, que les goinfres recherchent à travers terres et mers, et il a rédigé en vers sénaires.

3. Quant au texte lui-même, que celui qui en a le loisir le lise dans le livre que j'ai mentionné ; **4.** mais les espèces et les noms des mets ainsi que, explorés par une gloutonnerie sans fond, les endroits qui l'emportent sur tous les autres pour la qualité de ces aliments, ce que Varron a exposé et a dénoncé, le voici à peu près, autant que nous en avons souvenir : **5.** le paon de Samos[1], le francolin de Phrygie[2], les grues de Médie[3], le chevreau d'Ambracie[4], le jeune thon de Chalcédoine[5], la murène de Tartessos[6], les merlus de Pessinonte[7], les huîtres de Tarente, les pétoncles[8], le sterlet de Rhodes[9], les scares de Cicilie[10], les noix de Thasos, la datte d'Égypte, le gland d'Hibérie[11].

6. Mais cette activité de la gourmandise parcourant le monde à la recherche des saveurs et cette quête en tous sens de friandises, nous les jugerons dignes de plus grande malédiction, pourvu que nous nous rappelions les vers d'Euripide dont s'est servi bien des fois le philosophe Chrysippe dans l'idée que les douceurs de table ont été trouvées non pour un usage nécessaire à la vie, mais pour les excès d'une âme dédaignant ce qui est à sa portée et d'accès facile, par le dérèglement immodéré de la satiété.

7. J'ai pensé qu'il fallait joindre des vers d'Euripide[12] : « Car que faut-il aux mortels sinon deux choses, le blé de Déméter, l'eau jaillissante, disposés sous notre main, et faits pour nous nourrir. Non contents de leur abondance, nous poursuivons par désir de jouissance, l'instrument d'autres repas. »

1. Sur tous ces aliments, cf. en particulier J. André, *L'alimentation et la cuisine à Rome*, Paris, Klincksieck, 1961, *s.u.* On comparera les listes d'Ennius données par Apulée, *Ap.* 39. Le paon était un aliment de luxe comme l'atteste Horace, *Sat.* 2, 2, 24-30. Il était connu en Italie dès la fin du IIe siècle av. J.-C. Mais c'était l'oiseau consacré à Junon ; or Hera avait le plus célèbre de ses temples à Samos. L'indication de *Samo* n'a donc pas de valeur gastronomique.

terra et mari conquirunt, exposuit inclusitque in numeros senarios.

3. Et ipsos quidem uersus, cui otium erit in libro quo dixi positos legat; 4. genera autem nominaque edulium et domicilia ciborum omnibus aliis praestantia, quae profunda ingluuies uestigauit, quae Varro obprobrans exsecutus est, haec sunt ferme, quantum nobis memoriae est : 5. pauus e Samo, *Ph*rygia attagena, grues Melicae, haedus ex Ambracia, pelamys Chalcedonia, muraena Tar*t*esia, aselli Pessinuntii, ostrea Tarenti, pectunculus, helops Rhodius, scari Cilices, nuces Thasiae, palma Aegyptia, glans Hiberica.

6. Hanc autem peragrantis gulae et in sucos inquirentis industriam atque has undiqueuorsum indagines cuppediarum maiore detestatione dignas censebimus, si uersus Euripidi recordemur, quibus saepissime Chrysippus philosophus ⟨usus⟩, tamquam edendi *** repertas esse, non per usum uitae necessarium, sed per luxum animi parata atque facilia fastidientis per inprobam satietatis lasciuiam.

7. Versus Euripidi adscribendos putaui :

'Επεὶ τί δεῖ βροτοῖσι, πλὴν δυεῖν μόνον,
Δήμητρος ἀκτῆς, πώματός θ' ὑδρηχόου,
Ἅπερ πάρεστι καὶ πέφυχ' ἡμᾶς τρέφειν ;
Ὧν οὐκ ἀπαρκεῖ πλησμονή. τρυφῇ δέ τοι
Ἄλλων ἐδεστῶν μηχανὰς θηρώμεθα.

4 phrygia *edd.* : frygia *P* frigia *RV* || melicae *ed. Ascens.* 1532 : mellice *PRV* || tartesia *ed. Iunt.* 1513 : tarresia *RV* taresia *P* || pectunculus *PRV* : pect- chius *recc.* pect- siculus *Hertz* lesbius pect- *Bücheler* || 6 usus *post* philosophus *add. Hertz* || *post* edendi *lacunam indicauit Hertz* irritationes quasdam *suppl. edd.* || 7 euripidi *recc.* : euridi *PRV* || τοι *Teles ap. Stobée* 108, 82 : σοι *V u*[1].

XVII

Conversation tenue avec un grammairien plein d'arrogance et d'ignorance sur la signification du nom *obnoxius* et sur l'origine de ce mot.

1. Je demandais à Rome à un grammairien de la première réputation[1] dans son enseignement, non ma foi pour le mettre à l'épreuve ou l'examiner, mais plutôt par goût et désir d'apprendre, ce que signifiait *obnoxius* et quelle était l'origine et l'explication du mot. **2.** Et lui, il me regarde se moquant de l'insignifiance de ma question et de son absurdité : « Tu me questionnes en vérité, dit-il, sur un point obscur et qui mérite vraiment qu'on passe les nuits en recherches ! **3.** Qui est ignorant de la langue latine au point de ne pas savoir qu'on dit *obnoxius* celui à qui la personne à laquelle il est dit être *obnoxius* peut amener inconvénient et faire du mal[2], en tant qu'il a quelqu'un qui est au courant de sa *noxa*, c'est-à-dire de sa faute ? Pourquoi, dit-il, ne laisses-tu pas ces sottises et ne présentes-tu pas des points qui méritent la curiosité et vaillent un exposé ? »

4. Alors moi, bouleversé, je pensai qu'il fallait désormais agir par ruse, comme on fait avec un sot, et je dis : « Homme très savant, pour le reste, qui est plus difficile et plus important, si je dois l'apprendre et le savoir, je te le demanderai et je l'apprendrai quand j'en aurai besoin ; mais parce que j'ai dit souvent *obnoxius* et que je ne savais pas ce que je disais, je me suis instruit auprès de toi et je commence maintenant à savoir ce que je n'étais pas seul entre tous à ignorer, comme tu l'as

1. Sur le grammairien ridicule et la série de scènes qui sont consacrées à ce type de personnages, cf. *supra*, *Introd.*, p. XXIII.

2. Sur *obnoxius*, cf. Walde-Hofmann *s.u.* et A. Ernout, *Dict. étym.*, *s.u.* : le rapport avec *noxa* est secondaire et a infléchi l'évolution sémantique du mot. Cf. P. Fest. p. 207, 10. *Obnoxius poenae obligatus ob delictum.*

XVII

Sermo habitus cum grammatico insolentiarum et inperitiarum pleno de significatione uocabuli quod est ' obnoxius '; deque eius uocis origine.

1. Percontabar Romae quempiam grammaticum primae in docendo celebritatis, non hercle experiundi uel temptandi gratia, sed discendi magis studio et cupidine, quid significaret ' obnoxius ' quaeque eius uocabuli origo ac ratio esset. **2**. Atque ille aspicit me, inludens leuitatem quaestionis prauitatemque : « Obscuram, inquit, sane rem quaeris multaque prorsus uigilia indagandam ! **3**. Quis adeo tam linguae Latinae ignarus est, quin sciat eum dici ' obnoxium ' cui quid ab eo cui esse ' obnoxius ' dicitur incommodari et noceri potest, *ut* qui habeat aliquem noxae, id est culpae suae, conscium ? Quin potius, inquit, haec mittis nugalia et affers ea quae digna quaeri tractarique sint ? »

4. Tum uero ego permotus, agendum iam oblique, ut cum homine stulto, existimaui et : « Cetera, inquam, uir doctissime, remotiora grauioraque si discere et scire debuero, quando mihi usus uenerit, tum quaeram ex te atque discam ; sed enim quia dixi saepe ' obnoxius ' et quid dicerem nesciui, didici ex te et scire nunc coepi quod non ego omnium solus, ut tibi sum uisus, ignoraui, sed, ut res est, Plautus quoque, homo linguae atque

XVII. **3** ab eo : habeo *V* || ut qui *Hosius in apparatu* : ei qui *PRV* et qui *Acidalius* eo quia *recc.* || **4** cetera *P* : quae tera *R*[1] quae terra *V* quae cetera *R*[2] || peri *PRV* : perii *recc.*

cru, mais Plaute ne savait pas non plus, en réalité, lui qui est le premier pour la langue latine, l'élégance dans les mots, ce qu'était *obnoxius* ; car il y a dans son *Stichus* un vers[1] ainsi rédigé : « Maintenant je suis mort tout à fait *(plane)*, non *obnoxie* », ce qui ne concorde pas du tout avec le sens que tu m'as enseigné ; Plaute a mis en regard comme deux contraires *plane* (tout à fait) et *obnoxie*, ce qui se trouve très loin du sens que tu as indiqué. »

5. Et le grammairien, avec pas mal de ridicule, comme si *obnoxius* et *obnoxie* différaient non par la seule flexion, mais réellement et par le sens, dit : « Moi, j'ai indiqué ce qu'est *obnoxius* et non ce qu'est *obnoxie.* » **6.** Alors, à mon tour étonné par l'ignorance de l'arrogant, je repartis : « Laissons de côté, comme tu le désires, l'*obnoxie* de Plaute, si tu penses que cela est trop difficile, **7.** et passons aussi sur ce que Salluste écrit dans le *Catilina*[2] : **8.** « Il la menaçait même de son arme, si elle ne lui était pas soumise *(obnoxia)* », et explique-moi ce qui paraît plus récent et plus banal. Il y a des vers de Virgile[3] très célèbres : « On ne voit s'émousser la clarté des étoiles ni se lever la lune soumise aux rayons fraternels *(radiis obnoxia)* », ce que tu appelles « au courant de sa faute ». **9.** Ailleurs encore Virgile se sert de ce mot en contradiction avec ton explication ; voici les vers[4] : « Il est plaisant de voir des champs qui ne sont pas soumis *(non obnoxia)* aux râteaux ni à aucun soin des hommes » ; car les soins ont

1. V. 497. *Perii uero plane, nil obnoxie.* Le sens du mot est ici *avec culpabilité* et il n'y a aucune opposition avec *plane.* Cf. la traduction d'A. Ernout : « Je suis perdu, par Hercule, et perdu bel et bien, *sans qu'il y ait de ma faute.* »
2. 23, 3.
3. *Georg.* 1, 395 s.
4. *Georg.* 2, 438.

elegantiae in uerbis Latinae princeps, quid esset ‘ obnoxius ’ nesciuit ; uersus enim est in ‘ Sticho ’ illius ita scriptus :

Nunc ego hercle peri plane, non obnoxie,

quod minime congruit cum ista, quam me docuisti, significatione ; composuit enim Plautus tamquam duo inter se contraria ‘ plane ’ et ‘ obnoxie ’, quod a tua significatione longe abest. »

5. Atque ille grammaticus satis ridicule, quasi ‘ obnoxius ’ et ‘ obnoxie ’ non declinatione sola, sed re atque sententia differrent : « Ego, inquit, dixi quid esset ‘ obnoxius ’, non quid ‘ obnoxie ’. » **6**. At tunc ego admirans insolentis hominis inscitiam : « Mittamus, inquam, sicuti uis, quod Plautus ‘ obnoxie ’ dixit, si id nimis esse remotum putas, **7**. atque illud quoque praetermittamus, quod Sallustius in ‘ Catilina ’ scribit : **8**. ‘ Minari etiam ferro, ni sibi obnoxia foret ’, et quod uidetur no*uiu*s peruulgatiusque esse, id me doce. Versus enim Vergilii sunt notissimi :

Nam neque tunc astris acies obtunsa uideri,
Nec fratris radiis obnoxia surgere luna,

quod tu ais ‘ culpae suae conscium ’. **9**. Alio quoque loco Vergilius uerbo isto utitur a tua sententia diuerse in his uersibus :

iuuat arua uidere
Non rastris hominum, non ulli obnoxia curae ;

5 obnoxius non quid obnoxie *recc.* : obnoxie n- q- obnoxius *PRV* || **7** scribit : scripsit *V*[1] || **8** etiam : interdum *Sall.* || nouius *Hertz* : nobis*PRV* || nam *V* : iam *PR* || astris *recc.* : castris *PRV* stellis *Verg.* || uideri : -tur *Verg.* || **9** a *R* : ac *P* at *V* || curae *R* : -ra *PV*.

coutume de servir aux champs, non d'y nuire comme tu l'as laissé entendre d'*obnoxius*. **10.** Mais maintenant encore, de quelle manière cet exemple d'Ennius peut-il s'accorder avec ton explication : il écrit dans les vers suivants du *Phoenix*[1] : « Mais un homme doit vivre empli de vertu vraie, courageux, libre, faire face à l'adversaire, c'est la liberté de qui porte un cœur pur et solide, le reste, ce qui est dépendant *(obnoxiosae)*, se cache en la nuit noire.

11. Mais lui, bouche bée, et comme s'il divaguait reprit : « Maintenant je n'ai pas le temps. Quand j'en aurai le loisir tu reviendras me voir et tu apprendras ce que, et Virgile et Salluste et Plaute et Ennius, ont entendu dans ce mot. »

12. Ce vaurien quant à lui partit sur ces paroles ; mais si on veut examiner non seulement l'origine du mot, mais aussi sa signification dans sa variété, j'ai joint des vers de l'*Asinaria*[2] pour qu'on prenne en considération également ce passage de Plaute : « Et tous deux, lui et moi, nous procurerons la plus grande abondance toute pleine de joie, à ses maîtres, au fils autant qu'au père. Ainsi leur vie durant, tous les deux à nous deux, nous resteront soumis *(obnoxii)*, liés par notre bienfait. »

13. Quant à la définition donnée par le grammairien, elle paraît avoir noté dans un mot si divers un de ses emplois seulement, celui qui concorde avec le sens dont

1. *Scaen.* 254 Jocelyn. Cette édition donne un commentaire très approfondi du texte et explique *obnoxiosae res* comme l'abstrait exprimant la dépendance, 4, 9 ; 9, 12 et plus précisément Plaut., *Epid.* 695 ; *Trin.* 1038 ; ce qui contraint à donner à *innoxius* le sens opposé.

2. V. 282 ss. Ces vers sont cités à nouveau par Nonius p. 101 (le vers 284) et p. 212, l. 20 (le vers 282).

cura enim prodesse aruis solet, non nocere, quod tu de ‘ obnoxio ’ dixisti. **10.** Iam uero illud etiam Q. Enni quo pacto congruere tecum potest, quod scribit in ‘ Phoenice ’ in hisce uersibus :

> Sed uirum uera uirtute uiuere animatum ad*d*ec*e*t,
> Fortiterque innoxium u*a*care ad aduersarios.
> Ea libertas est, qui pectus purum et firmum gestitat,
> Aliae res obnoxiosae nocte in obscura latent ? »

11. At ille oscitans et alucinanti similis : « Nunc, inquit, mihi operae non est. Cum otium erit, reuises ad me atque disces quid in uerbo isto et Vergilius et Sallustius et Plautus et Ennius senserint. »

12. At nebulo quidem ille, ubi hoc dixit, digressus est ; si quis autem uolet non originem solam uerbi istius, sed significationem quoque eius uarietatemque recensere, ut hoc etiam Plautinum spectet, adscripsi uersus ex ‘ Asinaria ’ :

> Maximas opimitates gaudio effertissimas
> Suis eris ille *u*na mecum pariet gnatoque et patri ;
> Adeo ut aetatem ambo ambobus nobis sint obnoxii
> Nostro deuincti beneficio.

13. Qua uero ille grammaticus finitione usus est, ea uidetur in uerbo tam multiplici unam tantummodo usurpationem eius notasse, quae

10 congruere tecum *recc.* : congrueret equum *V* congrueret cum *PR* || addecet *Carrio* : adiecit *PRV* || uacare ad *Bothius* : uocare aduersum *PRV* stare aduersum *Bentley* || **12** at *om.* *V* || spectet *recc.* : -tat *PRV* || una mecum *Plaut.* : nam ecum *PRV* || patri adeo ut aetatem *Plaut.* : patria deuota etate *PRV* || **13** tam *recc.* : iam *PRV* || conductus *PV* : adductus *R.*

Caecilius a fait usage dans ces vers[1] du *Chrysium* : « Bien que je vienne ici mené par ton argent, ne crois pas que je sois pourtant à ta merci *(obnoxius)*. Je médirai de toi, si tu médis de moi. »

XVIII

Que la sainteté du serment a été respectée et préservée chez les Romains ; et au même chapitre sur les dix prisonniers qu'Hannibal envoya en ambassade à Rome après leur avoir fait prêter serment.

1. Le serment chez les Romains fut tenu et respecté comme inviolable et sacré. Cela se montre par un grand nombre de coutumes et de lois, mais aussi ce que nous allons raconter peut en être une preuve d'importance. **2.** Après la bataille de Cannes, Hannibal le général carthaginois, choisit dix de nos prisonniers qu'il envoya à Rome en les chargeant de mission et en stipulant que si le peuple Romain l'acceptait, on fît un échange de prisonniers et que, pour ceux qu'une des parties recevrait en plus, le prix fût d'une livre et demie d'argent. **3.** Avant leur départ il leur fit prêter serment qu'ils reviendraient dans le camp carthaginois si les Romains n'échangeaient pas les prisonniers.

4. Les dix prisonniers viennent à Rome. **5.** Ils exposent au sénat la proposition du général carthaginois. **6.** L'échange ne fut pas approuvé du sénat. **7.** Les parents, les familles et les alliés des prisonniers les embrassaient et disaient qu'ils étaient rentrés dans leur patrie par le droit de *postliminium*, que leur statut

1. V. 21 ss. Ribbeck[3].

quidem congruit cum significatu quo Caecilius usus est in ‘ Chrysio ’ in his uersibus :

Quamquam ego mercede huc conductus tua
Aduenio, ne tibi me esse ob eam rem obnoxium
Reare ; audibis male, si maledicis mihi.

XVIII

De obseruata custoditaque apud Romanos iurisiurandi sanctimonia ; atque inibi de decem captiuis, quos Romam Hannibal deiurio ab his accepto legauit.

1. Iusiurandum apud Romanos inuiolate sancteque habitum seruatumque est. Id et moribus legibusque multis ostenditur, et hoc, quod dicemus, ei rei non tenue argumentum esse potest. 2. ⟨Post⟩ proelium Cannense Hannibal, Carthaginiensium imperator, ex captiuis nostris electos decem Romam misit mandauitque eis pactusque est, ut, si populo Romano uideretur, permutatio fieret captiuorum et pro his quos alteri plures acciperent, darent argenti pondo libram et selibram. 3. Hoc, priusquam proficiscerentur, iusiurandum eos adegit, redituros esse in castra Poenica, si Romani captiuos non permutarent.

4. Veniunt Romam decem captiui. 5. Mandatum Poeni imperatoris in senatu exponunt. 6. Permutatio senatui non placita. 7. Parentes, cognati adfinesque captiuorum amplexi eos postliminio in patriam redisse dicebant statumque eorum integrum incolumemque esse, ac ne ad hostes

XVIII. 2 post *add. Hertz post Lambecium* : *om. PRV* || proelium *PRV* : -lio *recc.* || 3 hoc *PRV* : hos *recc.* || redituros : reddituros *V.*

était entier et intact, et les priaient de ne pas revenir chez les ennemis. **8.** A cela huit d'entre eux répondirent qu'ils n'avaient pas légitimement le droit de *postliminium*[1] puisqu'ils étaient liés par un serment, et ils repartirent aussitôt chez Hannibal comme ils l'avaient juré. **9.** Les deux autres restèrent à Rome et disaient qu'ils étaient affranchis et libérés de l'obligation du serment parce que, une fois sortis du camp ennemi, ils y étaient rentrés[2] dans une intention de ruse, prétextant un motif fortuit, et ayant ainsi satisfait l'engagement juré ils en étaient repartis sans prêter serment. **10.** Leur habileté dans la ruse fut jugée si honteuse qu'ils furent soumis au mépris et à la critique générale, par la suite les censeurs les frappèrent des amendes et des flétrissures de toutes les peines infamantes, parce qu'ils n'avaient pas fait ce qu'ils avaient juré de faire.

11. Cornelius Nepos quant à lui dans le livre V de ses *Faits exemplaires*[3] a également livré à la littérature que beaucoup des sénateurs avaient été d'avis de renvoyer sous escorte à Hannibal ceux qui n'avaient pas voulu retourner, mais cette proposition fut repoussée par le nombre plus important de ceux à qui elle ne paraissait pas bonne ; cependant les hommes qui n'étaient pas revenus chez Hannibal avaient été tenus en tel déshonneur et telle haine qu'ils avaient pris la vie en dégoût et s'étaient donné la mort.

1. Sur ce mot, cf. H. Kreller in *R.E.*, Bd. XXII, 1, p. 863, *s.u.* C'est le droit grâce auquel le captif retrouve sa situation juridique antérieure en rentrant à Rome. En effet, le prisonnier de guerre est un esclave pour le droit romain. Sous Sylla il fallut une *lex Cornelia* pour accorder à un prisonnier la validité d'un testament fait avant la captivité ; elle admettait par *fictio* qu'il était mort le jour de sa capture. Cf. Cicéron, *Top.* 8, 36 : *Scaeuola autem P. filius iunctum putat esse uerbum ut sit in eo et post et limen ; ut quae a nobis alienata, cum ad hostem peruenerint e suo tanquam limine exierint, hinc ea cum redierint post ad idem limen, postliminio redisse uideantur.* Le retour derrière le seuil c'est aussi l'explication que donne Justinien, *Hist.* 1, 12, 5. Cf. Julius Paulus (*R.E.*, Bd. X, p. 690 ss., n. 382) : *Ius amissae rei recipiendae ab extraneo et in statum pristinum restituendae.*

redire uellent orabant. **8**. Tum octo ex his postliminium iustum non esse sibi responderunt, quoniam deiurio uincti forent, statimque, uti iurati erant, ad Hannibalem profecti sunt. **9**. Duo reliqui Romae manserunt solutosque esse se ac liberatos religione dicebant, quoniam, cum egressi castra hostium fuissent, commenticio consilio regressi eodem, tamquam si ob aliquam fortuitam causam issent atque ita iureiurando satisfacto rursum iniurati abissent. **10**. Haec eorum fraudulenta calliditas tam esse turpis existimata est, ut contempti uulgo discerptique sint censoresque eos postea omnium notarum et damnis et ignominiis adfecerint, quoniam quod facturos deierauerant non fecissent.

11. Cornelius autem Nepos in libro ‘ Exemplorum ’ quinto id quoque litteris mandauit, multis in senatu placuisse ut hi qui redire nollent, datis custodibus, ad Hannibalem deducerentur, sed eam sententiam numero plurium quibus id non uideretur superatam ; eos tamen qui ad Hannibalem non redissent usque adeo intestabiles inuisosque fuisse, ut taedium uitae ceperint necemque sibi consciuerint.

9 aliquam : aliam *V* || **10** ut : uti *V* || contempti : contenti *V* || discerptique *PV* : discertique *R* dispretique *Lipsius.*

XIX

Histoire tirée des annales sur Tiberius Gracchus, le père des Gracches, tribun de la plèbe; et au même chapitre décrets des tribuns rapportés dans leurs termes mêmes.

1. Une belle, noble et grande action de Tiberius Sempronius Gracchus se trouve dans les *Faits exemplaires*[1]. **2.** Le fait exemplaire est à peu près celui-ci : Caius Minucius Augurinus, tribun de la plèbe[2], fit voter par le peuple une amende à Lucius Scipion Asiaticus, frère de Publius Scipion, le premier Africain, et en raison de cela lui réclamait des cautions. **3.** Scipion l'Africain, au nom de son frère, faisait appel au collège des tribuns et demandait qu'ils défendissent de la violence de leur collègue un ancien consul et un triomphateur. **4.** Les huit tribuns après avoir entendu la cause prirent un décret.

5. Les termes de ce décret, que j'ai insérés, sont tirés des documents des annales : « Étant donné que Publius Scipion l'Africain a demandé au nom de son frère Lucius Scipion l'Asiatique, que nous le protégions contre la violence de notre collègue alors que, contrairement aux lois et à la jurisprudence traditionnelle, le tribun de la plèbe après avoir rassemblé des hommes, par violence, sans que les auspices aient été pris, a prononcé une sentence sur lui et lui a infligé une amende en contradiction avec tous les précédents, le contraint à donner des cautions pour cela ou s'il ne les donne pas, le fait mettre en prison, et étant donné que, au contraire, notre collègue a demandé que nous n'intercédions pas contre lui pour l'empêcher de se servir de ses pouvoirs, notre avis unanime sur cette affaire est : Si Lucius Cornelius Scipion l'Asiatique donne des cautions selon

1. Cornelius Nepos Frag. 13 Malcovati. Bien que le nom de l'auteur ne soit pas mentionné ici, il semble qu'il s'agisse du même ouvrage de Cornelius Nepos dont il a été question au chapitre précédent, les deux chapitres étant liés, comme il arrive fréquemment, par l'identité de source.

XIX

Historia ex annalibus sumpta de Tiberio Graccho, Gracchorum patre, tribuno plebis; atque inibi tribunicia decreta cum ipsis uerbis relata.

1. Pulchrum atque liberale atque magnanimum factum Tiberii Sempronii Gracchi in ‘ Exemplis ’ repositum est. **2**. Id exemplum huiuscemodi est : L. Scipioni Asiatico, P. Scipionis Africani superioris fratri, C. Minucius Augurinus tribunus plebi multam irrogauit eumque ob eam causam praedes poscebat. **3**. Scipio Africanus fratris nomine ad collegium tribunorum prouocabat, petebatque ut uirum consularem triumphalemque a collegae ui defenderent. **4**. Octo tribuni cognita causa decreuerunt.

5. Eius decreti uerba, quae posui, ex annalium monumentis exscripta sunt : « Quod P. Scipio Africanus postulauit pro L. Scipione Asiatico fratre, cum contra leges contraque morem maiorum tribunus pl. hominibus accitis per uim inauspicato sententiam de eo tulerit multamque nullo exemplo irrogauerit praedesque eum ob eam rem dare cogat aut, si non det, in uincula duci iubeat, ut eum a collegae ui prohibeamus. Et quod contra collega postulauit ne sibi intercedamus quominus suapte potestate uti liceat, de ea re nostrum sententia omnium ea est : Si L. Cornelius Scipio Asiaticus collegae arbitratu praedes dabit, colle-

XIX. **1** magnanimum *R* : magni animum *PV* || repositum : nepotis positum *Thysius* || **3** fratris *recc.* : patris *PRV* || prouocabat P^2, *recc.* : -bant P^1RV || petebat- P^2, *recc.* : petebant- P^1RV || **5** tribunus *om. P* || de eo : deo *V* || ut *recc.* : et *PRV*.

le gré de notre collègue nous ferons intercession pour qu'il ne soit pas emprisonné ; s'il ne donne pas de cautions au gré du tribun, nous ne ferons pas intercession pour empêcher notre collègue de se servir de ses pouvoirs. »

6. Comme après ce décret le tribun Augurinus avait ordonné d'arrêter et de mettre au cachot Lucius Scipion qui ne donnait pas de cautions, alors le tribun de la plèbe Tiberius Sempronius Gracchus, le père de Tiberius et de Caius Gracchus, qui était un grand ennemi de Scipion l'Africain à cause de nombreux désaccords sur l'ensemble de la politique, jura publiquement qu'il n'était pas revenu en grâce et amitié avec l'Africain et lut sur une tablette un décret rédigé ainsi.

7. Voici les termes de ce décret : « Alors que Lucius Cornelius Scipion l'Asiatique a jeté les chefs des ennemis au cachot lors de ses triomphes, il paraît contraire à l'honneur de la république, de mettre un général du peuple romain à l'endroit où furent jetés par lui les chefs des ennemis ; c'est pourquoi je protège Lucius Cornelius Scipion l'Asiatique contre la violence de son collègue. »

8. Mais Valerius Antias, contrairement à ce témoignage des décrets et contre l'autorité des annales anciennes[1], a dit que cette intercession en faveur de Scipion Asiaticus avait été faite par Tiberius Gracchus après la mort de l'Africain[2], et qu'il ne s'agissait pas d'une amende votée contre Scipion, mais d'une condamnation pour malversation à cause de l'argent qu'Antioche lui avait versé, qu'on avait commencé de le conduire au cachot parce qu'il ne donnait pas de cautions et qu'il avait été libéré par cette intercession de Gracchus.

1. Frag. 45 Peter. Sur la sévérité d'Aulu-Gelle à l'égard de Valerius Antias, cf. notre *Critique...*, p. 235. La plupart des historiens modernes et surtout Mommsen déclarent Valerius Antias sujet à caution ; mais R. M. Hagwood, *Studies on Scipio Africanus* (The J. Hopkins University Studies in Hist. and Pol Science 51, 1 Baltimore 1933) a pris la défense de Valerius en se fondant notam-, ment sur l'étude du procès de Scipion. Cf. *R.E.*, VII, 2, p. 2325.

gae ne eum in uincula ducat intercedemus ; si eius arbitratu praedes non dabit, quominus collega sua potestate utatur non intercedemus. »

6. Post hoc decretum cum Augurinus tribunus L. Scipionem praedes non dantem prendi et in carcerem duci iussisset, tunc Tiberius Sempronius Gracchus tr. pl., pater Tiberi atque C. Gracchorum, cum P. Scipioni Africano inimicus grauis ob plerasque in republica dissensiones esset, iurauit palam in amicitiam inque gratiam se cum P. Africano non redisse, atque ita decretum ex tabula recitauit.

7. Eius decreti uerba haec sunt : « Cum L. Cornelius Scipio Asiaticus triumphans hostium duces in carcerem coniectarit, alienum uidetur esse dignitate reipublicae, in eum locum imperatorem populi Romani duci, in quem locum ab eo coniecti sunt duces hostium ; itaque L. Cornelium Scipionem Asiaticum a collegae ui prohibeo. »

8. Valerius autem Antias contra hanc decretorum memoriam contraque auctoritates ueterum annalium post Africani mortem intercessionem istam pro Scipione Asiatico factam esse a Tiberio Graccho dixit, neque multam irrogatam Scipioni, sed damnatum eum peculatus ob Antiochinam pecuniam, quia praedes non daret, in carcerem duci coeptum atque ita intercedente Graccho exemptum.

6 scipioni *recc.* : -ne *PRV* || esset *recc.* : esse *PV*, *om.* *R* || redisse : reddisse *V* || **7** duces : -cens *V* || **8** antiochinam P^2V : -chiam P^1R || quia *recc.* : qui *PRV*.

XX

Que Virgile supprima d'un de ses vers *Nola* et mit *ora* (rivage) parce que les habitants de Nola lui avaient refusé l'eau; et en même temps quelques indications sur d'heureux arrangements de sons.

1. J'ai trouvé écrit dans une note que ces vers avaient été d'abord lus[1] par Virgile et publiés de la façon suivante: « Tel est le sol labouré par la riche Capoue et par Nola, voisine des crêtes du Vésuve... » qu'ensuite Virgile demanda aux gens de Nola la permission de faire venir l'eau dans sa campagne voisine, que les gens de Nola refusèrent la facilité demandée, que le poète irrité effaça le nom de leur ville de son poème, comme de la mémoire des hommes, mit *ora* à la place de *Nola* et a laissé ses vers sous cette forme « ... Et la contrée voisine des crêtes du Vésuve. »

2. Cette histoire est-elle vraie ou fausse, je ne m'en soucie pas ; cependant il n'est pas douteux qu'*ora* soit meilleur et plus doux à l'oreille que *Nola.* **3.** Car entre la dernière voyelle du premier vers et la première du vers suivant qui est la même[2], le son est prolongé par un hiatus à la fois harmonieux et agréable. **4.** On peut trouver chez les poètes célèbres de nombreux exemples d'un pareil agrément, qui apparaît l'effet d'une recherche et non du hasard ; mais plus que partout ailleurs, c'est chez Homère qu'ils sont nombreux. **5.** Car celui-ci en un

1. *Georg.* 2, 224. Sur le sens de *commentarium,* cf. vol. I, p. 2, n. 2. Sur l'anecdote, cf. Ps. Seru., *Aen.* 7. 740.

2. Il y a en effet dans le deuxième cas un hiatus entre la voyelle finale du vers 225 et la voyelle initiale du vers suivant.

XX

Quod Vergilius a Nolanis ob aquam sibi non permissam sustulit e uersu suo ' Nolam ' et posuit ' oram '; atque ibi quaedam alia de iocunda consonantia litterarum.

1. Scriptum in quodam commentario repperi, uersus istos a Vergilio ita primum esse recitatos atque editos :

Talem diues arat Capua et uicina Veseuo
Nola iugo ;

postea Vergilium petisse a Nolanis, aquam uti duceret in propinquum rus, Nolanos beneficium petitum non fecisse, poetam offensum nomen urbis eorum, quasi ex hominum memoria, sic ex carmine suo derasisse, ' oram ' que pro ' Nola ' mutasse atque ita reliquisse ;

et uicina Veseuo
Ora iugo.

2. Ea res uerane an falsa sit, non laboro ; quin tamen melius suauiusque ad aures sit ' ora ' quam ' Nola ', dubium id non est. **3**. Nam uocalis in priore uersu extrema eademque in sequenti prima canoro simul atque iocundo hiatu tractim sonat. **4**. Est adeo inuenire apud nobiles poetas huiuscemodi suauitatis multa, quae appareat nauata esse, non fortuita ; sed praeter ceteros omnis apud Homerum plurima. **5**. Vno quippe

XX. 1 pro nola *recc.* : pro nolam *PV* pro nola iam *R.*

seul endroit produit de tels effets de son[1] avec des hiatus si intenses dans une série de plusieurs mots à la suite. « Ἡ δ' ἑτέρη θερεϊ προρέει εἰκυῖα χαλάζῃ, L'autre source en été jaillit tout comme grêle », « Ἢ χιόνι ψυχρῇ ἤ ἐξ ὕδατος κρυστάλλῳ, A neige froide ou à cristaux de glace. » « Et de même, à un autre endroit[2] Λᾶαν ἄνω ὤθεσκε ποτὶ λόφον. Il poussa la pierre haut vers le sommet. »

6. Catulle le plus raffiné des poètes, lui aussi[3], dans ces vers : « Garçon, toi qui sers le Falerne vieux, verse-moi des coupes plus capiteuses comme le veut la loi de Postumia, reine du festin, plus imbibée qu'un grain de raisin imbibé de son jus *(ebria acina)* », alors qu'il pouvait dire *ebrio* et employer *acinum* au neutre, ce qui était plus usité, épris du charme de ce hiatus homérique, a dit cependant *ebria* à cause de la consonance avec la voyelle qui suivait. Quant à ceux qui pensent que Catulle a dit *ebriosa* ou *ebrioso*[4] (cette leçon aventureuse se trouve aussi), ils sont tombés évidemment sur des livres établis à partir d'exemplaires fautifs.

1. *Il.* 22, 151.
2. *Od.* 11, 596.
3. 27, 1.
4. C'est précisément l'erreur que font les manuscrits d'Aulu-Gelle comme aussi bien les manuscrits de Catulle qui nous sont parvenus. Mais seule la leçon *ebria* rend compte du texte. Si l'on maintient *ebriosa* ou *ebrioso*, il y a élision et non hiatus.

in loco tales tamque hiante*s* sonitus in assiduis uocibus pluribus facit :

> Ἡ δ' ἑτέρη θέρεϊ προρέει εἰκυῖα χαλάζῃ
> Ἢ χιόνι ψυχρῇ ἢ ἐξ ὕδατος κρυστάλλῳ,

atque item alio loco :

> Λᾶαν ἄνω ὤθεσκε ποτὶ λόφον.

6. Catullus quoque elegantissimus poetarum in hisce uersibus :

> Minister uetuli puer Falerni,
> Inger mi calices amariores,
> Vt lex Postumiae iu*b*et magistrae
> Ebri*a* acin*a* ebriosioris,

cum dicere ‘ ebrio ’ posset et, quod erat usitatius, , acinum ’ in neutro genere appellare, amans tamen hiatus illius Homerici suauitatem, ‘ ebri*a* ’ dixit propter insequentis a litterae concentum. Qui ‘ ebriosa ’ autem Catullum dixisse putant aut ‘ ebrioso ’, nam id quoque temere scriptum inuenitur, in libros scilicet de corruptis exemplaribus factos inciderunt.

5 tales *P* : itales *RV* || hiantes *Lambecius* : hiant et *PRV* || pluribus : plures *Carrio* || ἢ *om. V u* || 6 *cum uocabulo* amariores *desinit R* || iubet *Cat.* : iuuet *PV* || ebria *Haupt* : ebriose *PV, recc.* || acina *Haupt* : ac in *V* ac me *P* acine *recc.* || ebrio *Haupt* : ebriosi *PV* || posset : possit *V*[1] || ebria *Serbat* : -iosam *PV* -am *Haupt* || ebriosa *Haupt* : ebrios *PV* || ebrioso *Haupt* : -briosos *PV*.

XXI

Pourquoi *quoad uiuet* et *quoad morietur*[1] indiquent précisément le moment de la mort, alors qu'ils sont faits de deux contraires.

1. Quand on dit *quoad uiuet*[1] et quand on dit *quoad morietur* (jusqu'à ce qu'il meure), il semble qu'on dise deux choses contraires ; mais les deux expressions indiquent un seul et même moment. **2.** De même quand on dit *quoad senatus habebitur* (tant que le sénat se tiendra) et *quoad senatus dimittetur* (jusqu'à ce que le sénat s'ajourne), bien que *haberi* se tenir, et *dimitti* s'ajourner, soient contraires, les deux expressions désignent un seul et même moment. **3.** En effet quand deux périodes sont opposées entre elles et si liées que la fin de l'une soit mêlée au commencement de l'autre, peu importe si l'on indique le moment limite par la fin du premier ou le commencement du second.

XXII

Que les censeurs avaient l'habitude d'enlever leur cheval aux chevaliers obèses ou très gras ; et qu'on se demande si c'était une sanction infamante ou si cela allait sans que l'honneur du chevalier soit atteint.

1. Les censeurs avaient coutume d'enlever son cheval à un homme trop gras et obèse ; c'est évidemment qu'ils pensaient qu'avec un tel poids il n'était pas capable d'assurer les fonctions d'un cavalier. **2.** Ce n'était pas

1. En réalité *quoad* a deux sens ; *aussi longtemps que* et *jusqu'à ce que*. Cf. A. Ernout, F. Thomas, *Syntaxe latine...*, p. 370.

XXI

‘ Quoad uiuet ’ ‘ quoa*d*que morietur ’ cur id ipsum temporis significent, cum ex duobus sint facta contrariis.

1. ‘ Quoad uiuet ’ ⟨cum dicitur,⟩ cum item dicitur ‘ quoad morietur ’, uidentur quidem duae res dici contrariae ; sed idem atque unum tempus utraque uerba demonstrant. **2**. Item cum dicitur ‘ quoad senatus habebitur ’ et ‘ quoad senatus dimittetur ’, tametsi ‘ haberi ’ atque ‘ dimitti ’ contraria sunt, unum atque id ipsum tamen utroque in uerbo ostenditur. **3**. Tempora enim duo cum inter sese opposita sunt atque ita cohaerentia ut alterius finis cum alterius initio misceatur, non refert utrum per extremitatem prioris an per initium sequentis locus ipse confinis demonstretur.

XXII

Quod censores equum adimere soliti sunt equitibus corpulentis et praepinguibus ; quaesitumque utrum ea res cum ignominia an incolumi dignitate equitum facta sit.

1. Nimis pingui homini et corpulento censores equum adimere solitos, scilicet minus idoneum ratos esse cum tanti corporis pondere ad faciendum equitis munus. **2**. Non enim poena id fuit,

XXI. *Lem.* quoadque *Hertz* : et quo atque *PV* || **1** cum dicitur *add. Hertz* : *om. PV*.

XXII. **1** homini *P* : -nis *V* || solitos *recc.* : -to *PV* || esse *del. F. Skutsch* || **2** poena *V* : plena *P*.

une peine, au jugement de certains, les fonctions étaient retirées sans qu'il y eût rien d'infamant. **3.** Cependant Caton[1] dans le discours qu'il a écrit *Sur le sacrifice entrepris* en fait grand grief, si bien que cela peut paraître plutôt s'être accompagné d'infamie. **4.** Si on l'admet, il faut assurément estimer que celui dont le corps s'était développé avec une luxuriance et une abondance si immodérées, n'était pas tout à fait exempt du reproche de paresse.

1. Frag. 78 Malcovati[2]. Le titre complet était *In L. Veturium de sacrificio commisso cum ei equum ademit* ; le discours a été prononcé pendant la censure. Sur cette *nota,* cf. 4, 20, 11 : cavalier trop gras, cheval trop mal soigné. C'est le souvenir plus ou moins artificiellement rénové du temps où la revue des chevaliers avait valeur militaire.

ut quidam existimant, sed munus sine ignominia remittebatur. **3**. Tamen Cato, in oratione quam ‘ De sacrificio commisso ’ scripsit, obicit hanc rem criminosius, uti magis uideri possit cum ignominia fuisse. **4**. Quod si ita accipias, id profecto existimandum est, non omnino inculpatum neque indesidem uisum esse, cuius corpus in tam inmodicum modum luxuriasset exuberassetque.

LIVRE VII

LIVRE VII

I

De quelle manière Chrysippe a répondu à ceux qui nièrent l'existence de la providence.

1. Ceux qui pensent[1] que le monde n'a pas été ordonné en fonction de dieu et des hommes et que les affaires humaines ne sont pas gouvernées par la providence, croient user d'un argument de poids quand ils disent : « S'il y avait une providence, il n'y aurait pas de mal. » Rien, selon eux, ne s'accorde moins avec l'idée d'une providence que le fait que dans ce monde créé par elle, dit-on, pour l'homme, il y ait une telle abondance de misères et de maux. **2.** Chrysippe, dissertant contre cette argumentation dans le livre IV du traité *Sur la Providence*[2], dit : « Rien n'est plus sot que ceux qui pensent qu'il aurait pu y avoir du bien s'il n'y avait pas en même temps du mal. **3.** Car puisque le bien est le contraire du mal il est nécessaire que l'un et l'autre existent, opposés l'un à l'autre, et, pour ainsi dire, soutenus mutuellement par leurs efforts adverses ; tant il est vrai qu'il n'y a pas de contraire sans autre chose qui est son contraire. **4.** De quelle manière pourrait-on avoir le sens de la justice s'il n'y avait pas d'injustice ? et qu'est-ce que la justice si ce n'est l'absence d'injustice ? Comment de même peut-on comprendre le courage si ce n'est par comparaison avec la lâcheté ? Comment la continence sinon par rapport

1. Le début du chapitre manque dans nos manuscrits. Mais Lactance l'avait reproduit (*Epit. Inst. Diu.* 24 (29), 5), cf. *Ir.* 13 ; *Inst.* 2, 8, 6. L'argumentation des adversaires de la providence est d'autant plus forte qu'elle vise la providence stoïcienne, c'est-à-dire une providence impersonnelle, immuable et prédéterminée ; tout a été réglé une fois pour toutes et la providence s'est manifestée d'un seul coup dans la prédétermination.

2. Frag. 1169 Arnim. Sur *insubidius*, cf. nos *Mots nouveaux...*, p. 122, p. 123 et p. 240.

LIBER SEPTIMVS

I

Quem in modum responderit Chrysippus aduersum eos qui prouidentiam consistere negauerunt.

1. ⟨Quibus non uidetur mundus dei et hominum causa institutus neque res humanae prouidentia gubernari, graui se argumento uti putant cum ita dicunt : « Si esset prouidentia, nulla essent mala. » Nihil enim minus aiunt prouidentiae congruere, quam in eo mundo quem propter⟩ homines fecisse dicatur tantam uim esse aerumnarum et malorum. **2.** Aduersus ea Chrysippus cum in libro Περὶ Προνοίας quarto dissereret, « Nihil est prorsus istis, inquit, insubidius, qui opinantur bona esse potuisse, si non essent ibidem mala. **3.** Nam cum bona malis contraria sint, utraque necessum est opposita inter sese et quasi mutuo aduersoque fulta nisu consistere ; nullum adeo contrarium est sine contrario altero. **4.** Quo enim pacto iustitiae sensus esse posset, nisi essent iniuriae ? aut quid aliud iustitia est quam iniustitiae priuatio ? Quid item fortitudo intellegi posset, nisi ex ignauiae adpositione ? Quid continentia, nisi ex intemperantiae ? Quo item modo prudentia esset, nisi foret contra

I. *Lem.* prouidentiam *P* : -tia *V* || **1** quibus... propter *om. PV, recc., supplenda ex Lactantio qui* §§ 1-6 *affert* (*Ep. Inst. Diu.* 24, 5) ; quem propter *Davis* : propter quem *mss. Lact.* || **2** aduersus : ad *Lact.* || istis *recc., Lact.* : istius *PV* || insubidius : insulsius *Lact.* || **3** inter : esse inter *Lact.* || aduerso quaeque : aduersoque *recc., Lact.* || **4** posset : potest *Lact.* || intemperantiae : -tia *Lact.*

avec l'intempérance ? De quelle manière serait la sagesse, s'il n'y avait pas en face l'ignorance ? **5.** Dans ces conditions pourquoi, dit-il, les insensés ne réclament-ils pas encore qu'il y ait la vérité sans le mensonge ? Et de fait se trouvent dans le même rapport bien et mal, bonheur et malheur[1], douleur et plaisir. **6.** Car, comme dit Platon[2], ils sont liés l'un à l'autre par leurs extrémités opposées ; si on supprimait l'un, on supprimerait les deux.

7. Le même Chrysippe dans le même livre traite, considère une question qu'il vaut la peine de se poser, pense-t-il, « si les maladies des hommes viennent selon la nature », c'est-à-dire si[3] la nature des choses elle-même ou la providence qui a fait la structure de ce monde et la race des hommes, a fait aussi les maladies, les infirmités et les souffrances physiques que les hommes endurent. **8.** Or il estime que ce n'a pas été un dessein premier de la nature de soumettre les hommes aux maladies, cela est en incompatibilité constante avec l'auteur de la nature, qui a engendré tout le bien. **9.** « Mais, ajoute-t-il, comme il créait et mettait au monde beaucoup de grandes choses très appropriées et très utiles, des inconvénients sont nés en même temps, inséparables de ce même qu'il faisait. » Et il dit que ces derniers ont été faits par la nature[4] mais en raison de connexions nécessaires qu'il appelle lui-même κατὰ παρακολούθησιν (par conséquence). **10.** « Par exemple, dit-il, quand la nature fabriquait le corps des hommes, une structure plus fine et l'intérêt même de l'œuvre ont réclamé qu'elle formât la tête d'osselets très minces et menus. **11.** Mais de cet intérêt de l'œuvre principale[5], un inconvénient extérieur est résulté :

1. Sur l'hapax *infortunitas*, cf. nos *Mots nouveaux...*, p. 166.
2. *Phaed.* 3, p. 60 b.
3. Cf. à partir d'ici notre article de la *Rev. Ét. Lat.*, 48, 1970, p. 354 ss. Il n'est pas nécessaire de restituer un *si* ou une particule interrogative après *id est*, la traduction pouvant commencer à partir du mot suivant.

inprudentia ? **5**. Proinde, inquit, homines stulti cur non hoc etiam desiderant, ut ueritas sit et non sit mendacium ? Namque itidem sunt bona et mala, felicitas et infortunitas, dolor et uoluptas. **6**. Alterum enim ex altero, sicuti Plato ait, uerticibus inter se contrariis deligatum est ; si tuleris unum, abstuleris utrumque. »

7. Idem Chrysippus in eodem libro tractat consideratque dignumque esse id quaeri putat, εἰ αἱ τῶν ἀνθρώπων νόσοι κατὰ φύσιν γίνονται, id est, natura ipsa rerum uel prouidentia, quae compagem hanc mundi et genus hominum fecit, morbos quoque et debilitates et aegritudines corporum, quas patiuntur homines, fecerit. **8**. Existimat autem non fuisse hoc principale naturae consilium, ut faceret homines morbis obnoxios, numquam enim hoc conuenisse naturae auctori parentique omnium rerum bonarum. **9**. « Sed cum multa, inquit, atque magna gigneret pareretque aptissima et utilissima, alia quoque simul adgnata sunt incommoda his ipsis quae faciebat cohaerentia » ; eaque per naturam, sed per sequellas quasdam necessarias facta dicit, quod ipse appellat κατὰ παρακολούθησιν. **10**. « Sicut, inquit, cum corpora hominum natura fingeret, ratio subtilior et utilitas ipsa operis postulauit ut tenuissimis minutisque ossiculis caput compingeret. **11**. Sed hanc utilitatem rei maioris alia quaedam incommoditas extrinsecus consecuta est, ut fieret

5 infortunitas : importunitas *Lact.* || **6** inter *P* : intra *V* || deligatum *recc., Lact.* : delicatum *PV* || **7** dignumque *V* : dignum *P* || si *uel* an *ante* natura *add. I. Gron., Otho, edd. omnes, deleui ego* || **9** gigneret *recc.* : -rent *PV* || eaque per *PV* : eaque ⟨non⟩ per *edd., deleui ego,* cf. *adn.* || sequellas *recc.* : sequerellas *PV* || **11**. maioris *PV, Hertz* : -rem *Eussner, Hosius.*

que la tête fût faiblement protégée et facile à briser sous des coups ou des attaques de faible importance. **12.** De même les maladies et les souffrances sont venues au monde en même temps que la santé. **13.** Tout comme, ma foi, dit-il, tandis que la vertu venait aux hommes selon le dessein de la nature, les vices leur sont nés par suite de l'affinité des contraires. »

II

De quelle manière Chrysippe a établi de même la force et la nécessité du destin tout en affirmant qu'il y avait chez nous liberté de notre décision et de notre jugement.

1. Le destin que les Grecs nomment εἱμαρμένη[1], Chrysippe, chef de la philosophie stoïcienne, l'a défini à peu près ainsi : « Le destin est une suite et un enchaînement éternel et immuable de faits se déroulant et se nouant lui-même par un ordre constant de successions dont il est formé et tressé. » **2.** Mais j'ai transcrit les mots mêmes[2] de Chrysippe autant que j'ai pu m'en souvenir, afin que si quelqu'un trouve à mon interprétation trop d'obscurité, il porte son attention aux mots du philosophe lui-même. **3.** Dans le livre IV du traité *De la Providence* il dit « que le destin est un ordre établi par la nature de la totalité des événements qui se suivent les uns les autres et se transmettent le mouvement depuis l'éternité, leur dépendance étant intransgressible ».

4. Mais des auteurs ayant d'autres doctrines et appartenant à d'autres écoles protestent contre cette définition : **5.** « Si Chrysippe, disent-ils, pense que tout est mis en mouvement et gouverné par le destin, et que,

caput tenuiter munitum et ictibus offensionibusque paruis fragile. **12.** Proinde morbi quoque et aegritudines partae sunt, dum salus paritur. **13.** Sicut hercle, inquit, dum uirtus hominibus per consilium naturae gignitur, uitia ibidem per adfinitatem contrariam nata sunt. »

II

Quo itidem modo et uim necessitatemque fati constituerit et esse tamen in nobis consilii iudiciique nostri arbitrium confirmauerit.

1. Fatum, quod εἱμαρμένην Graeci uocant, ad hanc ferme sententiam Chrysippus, Stoicae princeps philosophiae, definit : « Fatum est, inquit, sempiterna quaedam et indeclinabilis series rerum et catena, uoluens semetipsa sese et inplicans per aeternos consequentiae ordines, ex quibus apta nexaque est. » **2.** Ipsa autem uerba Chrysippi, quantum ualui memoria, ascripsi, ut, si cui meum istud interpretamentum uidebitur esse obscurius, ad ipsius uerba animaduertat. **3.** In libro enim Περὶ Προνοίας quarto εἱμαρμένην esse dicit φυσικήν τινα σύνταξιν τῶν ὅλων ἐξ ἀϊδίου τῶν ἑτέρων τοῖς ἑτέροις ἐπακολουθούντων καὶ μεταπολουμένων ἀπαραβάτου οὔσης τῆς τοιαύτης ἐπιπλοκῆς.

4. Aliarum autem opinionum disciplinarumque auctores huic definitioni ita obstrepunt : **5.** « Si Chrysippus, inquiunt, fato putat omnia moueri et regi nec declinari transcendique posse agmina fati

contrariam *PV* : -ria *F. Skutsch.*
II. **1** fatum *iterum* : factum *P* || sese *PV* : *del. Gron.* || nexaque : connexaque *recc.*

en ce qui concerne la marche du destin et ses détours, on ne peut ni en modifier le cours ni y échapper, il ne faut pas s'irriter des fautes et des manquements des hommes, et il ne faut pas l'attribuer à eux-mêmes ni à leur volonté, mais à une nécessité et à une pression qui procède du destin, qui est maître et arbitre de toutes choses, et par qui il est nécessaire que se fasse tout ce qui sera ; aussi est-ce injustement que les lois ont établi des peines pour les coupables si les hommes n'en viennent pas aux mauvaises actions d'eux-mêmes, mais y sont entraînés par le destin. »

6. Contre cela Chrysippe fait de nombreuses dissertations, avec subtilité et finesse ; mais le sens de tout ce qu'il a écrit sur cette question se ramène à peu près à ceci : **7.** « Quoique ce soit un fait, dit-il, qu'en raison d'une structure nécessaire et fondamentale tout soit déterminé et enchaîné par le destin, cependant la nature de nos esprits est soumise différemment au destin suivant leur qualité individuelle. **8.** Car s'ils ont été façonnés par la nature dès l'abord pour la santé et l'utilité, ils franchissent toute cette violence du destin qui les attaque de l'extérieur sans trop d'obstacles et de difficultés. Si au contraire ils sont rudes, maladroits et grossiers, et ne sont pas soutenus par l'appui d'une bonne éducation, même s'ils ne subissaient qu'un assaut faible ou nul de désagréments dus au destin, ils se ruent cependant dans des fautes et des erreurs continuelles d'un élan spontané, du fait de leur gaucherie. **9.** L'enchaînement naturel et nécessaire, qu'on appelle destin, fait aussi que cela se passe de cette manière. **10.** La définition même veut en effet pour ainsi dire qu'il soit fatal par enchaînement de causes que les mauvaises natures ne soient pas exemptes de fautes et d'erreurs. »

11. Il donne ensuite de ce dernier phénomène en général, un exemple, qui n'est, ma foi, pas trop lointain

et uolumina, peccata quoque hominum et delicta non suscensenda neque inducenda sunt ipsis uoluntatibusque eorum, sed necessitati cuidam et instantiae, quae oritur ex fato, omnium quae sit rerum domina et arbitra, per quam necesse sit fieri quicquid futurum est ; et propterea nocentium poenas legibus inique constitutas, si homines ad maleficia non sponte ueniunt, sed fato trahuntur. »

6. Contra ea Chrysippus tenuiter multa et argute disserit ; sed omnium fere quae super ea re scripsit huiuscemodi sententia est : **7**. « Quamquam ita sit, inquit, ut ratione quadam necessari*a* et principali coacta atque conexa sint fato omnia, ingenia tamen ipsa mentium nostrarum proinde sunt fato obnoxia, ut proprietas eorum est ipsa et qualitas. **8**. Nam si sunt per naturam primitus salubriter utiliterque ficta, omnem illam uim, quae de fato extrinsecus ingruit, inoffensius tractabiliusque transmittunt. Sin uero sunt aspera et inscita et rudia nullisque artium bonarum adminiculis fulta, etiamsi paruo siue nullo fatalis incommodi conflictu urgeantur, sua tamen scaeuitate et uoluntario impetu in assidua delicta et in error*es* se ruunt. **9**. Idque ipsum ut ea ratione fiat, naturalis illa et necessaria rerum consequentia efficit, quae ‘ fatum ’ uocatur. **10**. Est enim genere ipso quasi fatale et consequens, ut mala ingenia peccati*s* et erroribus non uacent. »

11. Huius deinde fer*e* *re*i exemplo non hercle nimis alieno neque inlepido utitur. « Sicut, inquit,

7 necessaria *Aldina* 1515 : -rio *PV* || **8** errores *Gron.* : -re *PV* || se ruunt : seruiunt *P* || **10** peccatis *edd.* : -ti *PV* || **11** fere rei *Hertz* : fieri *PV* || alieno *recc.* : aliene *PV*.

ni sans ingéniosité. « De même que si on jette, dit-il, une pierre cylindrique dans un terrain en pente et abrupt, on aura produit la cause et le début de sa chute, mais ensuite elle roule emportée non parce que tu agis désormais, mais parce que sa manière d'être et sa forme ronde le veulent[1] ainsi ; de même l'ordre, la structure rationnelle et la nécessité du destin mettent en mouvement les genres et les débuts des causes, mais la volonté propre de chacun et nos dispositions d'esprit naturelles règlent l'élan de nos décisions et de nos pensées ainsi que nos actions. » **12.** Il ajoute ensuite ces mots bien d'accord avec ce que j'ai dit : « C'est pourquoi il a été dit par les Pythagoriciens[2] aussi : ' Sache que les humains souffrent des maux qu'ils se sont attirés eux-mêmes ', car les torts qu'ils subissent naissent chaque fois en eux-mêmes, ils commettent les fautes par leurs impulsions et se font tort par leurs desseins et leurs raisonnements. » **13.** Aussi affirme-t-il qu'il ne faut pas supporter et pas écouter ni les vauriens ni les lâches, en même temps coupables et effrontés qui, convaincus de faute et mauvaise action, ont recours à la nécessité du destin comme à l'asile de quelque temple et disent que ce qu'ils ont fait de très mal, il faut l'attribuer non à leur imprudence mais au destin.

14. Cela le plus sage et le plus ancien des poètes l'a dit le premier dans ses vers[3] : « O hélas ! comme les mortels accusent les dieux ! Ils disent que le mal vient de nous ; mais eux-mêmes par leur folie se font des maux au-delà du destin. » **15.** Dans ces conditions

1. Il y a là une distinction entre les *causae principales* et les *causae adiuuantes* (*cf.* Cic., *De fato* 41) la cause principale liée à la structure du cylindre est aidée par un *impetus* initial : *Chrysippus cum et necessitatem improbaret et nihil uellet sine praepositis causis euenire, causarum genera distinguit ut et necessitatem effugiat et retineat fatum. Causarum, inquit, aliae sunt perfectae et principales, aliae adiuuantes et proximae.*

lapidem cylindrum si per spatia terrae prona atque derupta iacias, causam quidem ei et initium praecipitantiae feceris, mox tamen ille praeceps uoluitur, non quia tu id iam facis, sed quoniam ita sese modus eius et formae uolubilitas habet ; sic ordo et ratio et necessitas fati genera ipsa et principia causarum mouet, impetus uero consiliorum mentiumque nostrarum actionesque ipsas uoluntas cuiusque propria et animorum ingenia moderantur. » **12**. Infert deinde uerba haec, his quae dixi congruentia : Διὸ καὶ ὑπὸ τῶν Πυθαγορείων εἴρηται·

Γνώσει δ' ἀνθρώπους αὐθαίρετα πήματ' ἔχοντας,

ὡς τῶν βλαβῶν ἑκάστοις παρ' αὐτοῖς γινομένων καὶ καθ' ὁρμὴν αὐτῶν ἁμαρτανόντων τε καὶ βλαπτομένων καὶ κατὰ τὴν αὐτῶν διάνοιαν καὶ θέσιν. **13**. Propterea negat oportere ferri audirique homines aut nequam aut ignauos et nocentes et audaces, qui, cum in culpa et in maleficio reuicti sunt, perfugiunt ad fati necessitatem, tamquam in aliquod fani asylum et, quae pessime fecerunt, ea non suae temeritati, sed fato esse attribuenda dicunt.

14. Primus autem hoc sapientissimus ille et antiquissimus poetarum dixit hisce uersibus :

Ὢ πόποι, οἷον δή νυ θεοὺς βροτοὶ αἰτιόωνται.
Ἐξ ἡμέων γάρ φασι κάκ' ἔμμεναι· οἱ δὲ καὶ αὐτοί
Σφῇσιν ἀτασθαλίῃσιν ὑπὲρ μόρον ἄλγε' ἔχουσιν.

15. Itaque M. Cicero, in libro quem ' De Fato '

causam *recc., Hosius* : -sa *PV, Hertz* || feceris : fueris *Hertz* || iam : etiam *Hosius* || modus : motus *Hosius* || **12** εἴρηται : ευρηται *V* || **13** aut ignauos et : et ign- aut *Gercke* || reuicti *PV* : -uincti *recc.* || **14** φασι *Hom.* : φησι *V.*

Marcus Cicéron disant dans le livre qu'il a écrit *Sur le Destin*[1] que cette question était très obscure et très compliquée, affirme que le philosophe Chrysippe[2] non plus ne s'en est pas tiré : « Chrysippe, suant, en peine d'expliquer à la fois que tout est fait par le destin et que nous avons quelque pouvoir, s'embrouille. »

III

Histoire prise dans les livres de Tubéron sur un serpent d'une longueur inouïe.

1. Tubéron a laissé en écrit dans ses *Histoires*[3] que lors de la première guerre punique, le consul Atilius Regulus qui avait installé son camp près du fleuve Bagrada[4] en Afrique, livra un combat grand et violent contre un seul serpent, d'une taille inouïe, qui vivait là ; qu'il l'attaqua longtemps avec grands efforts de toute son armée à coups de balistes et de catapultes, et qu'après l'avoir tué il envoya[5] à Rome sa peau longue de cent vingt pieds.

IV

Quelle histoire extraordinaire le même Tubéron a transmise à la littérature sur Atilius Regulus, prisonnier des Carthaginois ; ce qu'écrit aussi Tuditanus sur le même Regulus.

1. Ce qui est bien connu sur Atilius Regulus, je l'ai lu récemment dans les livres de Tuditanus[6] : que Regulus prisonnier ajouta à ce qu'il dit au sénat à Rome pour

conscripsit, cum quaestionem istam diceret obscurissimam esse et inplicatissimam, Chrysippum quoque philosophum non expedisse se in ea ⟨ait⟩ his uerbis : « Chrysippus aestuans laboransque quonam hoc modo explicet, et fato omnia fieri et esse aliquid in nobis, intricatur. »

III

Historia sumpta ex libris Tuberonis de serpente inuisitatae longitudinis.

1. Tubero in 'Historiis' scriptum reliquit, bello primo Poenico Atilium Regulum consulem in Africa, castris apud Bagradam flumen positis, proelium grande atque acre fecisse aduersus unum serpentem in illis locis stabulantem inuisitatae inmanitatis, eumque magna totius exercitus conflictione balistis atque catapultis diu oppugnatum, eiusque interfecti corium longum pedes centum et uiginti Romam misisse.

IV

Quid idem Tubero nouae historiae de Atilio Regulo a Carthaginiensibus capto litteris mandauerit; quid etiam Tuditanus super eodem Regulo scripserit.

1. Quod satis celebre est de Atilio Regulo, id nuperrime legimus scriptum in Tuditani libris : Regulum captum ad ea quae in senatu Romae dixit,

15 ait *add. Lion* : *om. PV, recc.* || hoc modo *Hertz huc transtulit* : *post* intricatur *scripserunt PV, recc.* || explicet *recc.* : -cit *PV* -cat *recc.* || aliquid *recc.* : -quod *PV.*

III. **1** totius V^2, *recc.* : ocius PV^1 || misisse : missum esse *Lion.*

IV. **1** celebre : incelebre *Hosius dubitanter* || dixit : scripsit V^1.

le persuader de ne pas accepter l'échange de prisonniers contre des Carthaginois, que les Carthaginois lui avaient donné du poison à effet non immédiat, qui causât la mort à terme, dans l'intention qu'il vécût seulement le temps de faire l'échange, mais qu'il se consumât ensuite, le poison gagnant peu à peu.

2. Tubero dans ses *Histoires*[1] dit que le même Regulus revint à Carthage et qu'il fut torturé à mort par les Carthaginois avec des raffinements extraordinaires et sans exemple : **3.** « Ils l'enfermaient, dit-il, dans des ténèbres noires et profondes, et longtemps après, lorsque était apparu un soleil très brûlant, ils le faisaient sortir soudain, le tenaient exposé aux coups du soleil et le contraignaient de maintenir ses yeux vers le ciel. Et pour qu'il ne pût cligner des yeux ils lui cousaient aussi les paupières écartées en haut et en bas. » **4.** Tuditanus, quant à lui, rapporte qu'on l'empêcha longtemps de dormir, qu'il perdit la vie ainsi, et que lorsque cela fut connu à Rome le sénat livra les plus nobles des prisonniers carthaginois aux enfants de Regulus, qu'ils furent placés par ceux-ci dans un coffre garni de pointes et qu'ils périrent soumis à la même torture de l'insomnie.

V

Que le jurisconsulte Alfenus commit une erreur dans l'interprétation de mots anciens.

1. Le jurisconsulte Alfenus[2], disciple de Servius Sulpicius, non dépourvu d'intérêt pour les antiquités, dans les livres XXXIV des *Digesta* et II des *Coniectanea*[3] dit : « Dans le traité qui fut fait entre le peuple romain et les

1. Frag. 9 Peter.

suadens ne captiui cum Carthaginiensibus permutarentur, id quoque addidisse, uenenum sibi Carthaginienses dedisse, non praesentarium, sed eiusmodi quod mortem in diem proferret, eo consilio, ut uiueret quidem tantisper quoad fieret permutatio, post autem grassante sensim ueneno contabesceret.

2. Eundem Regulum Tubero in 'Historiis' redisse Carthaginem nouisque exemplorum modis excruciatum a Poenis dicit : **3.** « In atras, inquit, et profundas tenebras eum claudebant ac diu post, ubi erat uisus sol ardentissimus, repente educebant et aduersus ictus solis oppositum continebant atque intendere in caelum oculos cogebant. Palpebras quoque eius, ne coniuere posset, sursum ac deorsum diductas insuebant. » **4.** Tuditanus autem somno diu prohibitum atque ita uita priuatum refert, idque ubi Romae cognitum est, nobilissimos Poenorum captiuos liberis Reguli a senatu deditos et ab his in armario muricibus praefixo destitutos eademque insomnia cruciatos interisse.

V

Quod Alfenus iureconsultus in uerbis ueteribus interpretandis erravit.

1. Alfenus iureconsultus, Seruii Sulpicii discipulus rerumque antiquarum non incuriosus, in libro 'Digestorum' tricesimo et quarto, 'Coniectaneorum' autem secundo : « In foedere, inquit, quod inter

ueneno *V* : ueneni *P* || contabesceret *P* : cor tabesceret *V*.
3 diu : die *Markland* || *a uocabulis* ictus solis *desinit P* || **4** muricibus *recc.* : municibus *V* || praefixo *recc.* : -xos *V*.
V. *Lem.* iureconsultus *PV* : iuriscons- *recc.*

Carthaginois, on trouve écrit que les Carthaginois donneraient chaque année au peuple romain un poids déterminé d'argent *puri puti* (massif pur), et l'on s'est demandé ce que signifiait *purum putum.* J'ai répondu, ajoute-t-il, que *putum* était *ualde purum*, tout à fait pur, comme nous disons *nouicium*, ce qui est nouveau *(nouum)*, *propitium* ce qui nous est propre *(proprium)*, en voulant augmenter et rendre plus intense le sens de *nouum* et de *proprium.* »

2. Quand nous avons lu cela, nous étions étonnés qu'Alfenus ait vu la même parenté entre *purum* et *putum* qu'entre *nouicium* et *nouum* ; **3.** car si *puricium* existait, il pourrait paraître semblable à *nouicium.* **4.** Nous nous sommes étonnés encore qu'il ait estimé *nouicium* une formation intensive alors que *nouicium* n'est pas ce qui est plus nouveau, mais est formé par dérivation de *nouus*[1]. **5.** Nous sommes donc d'accord avec ceux qui pensent que *putum* est formé de *putare* et qui, en raison de cela, prononcent la première syllabe brève et non pas longue[2] comme Alfenus semble l'avoir cru quand il a écrit que le mot vient de *purum.* **6.** Or les Anciens ont entendu par *putare,* enlever et couper de chaque chose ce qui estv acant, sans nécessité ou même gênant et étranger, en laissant ce qui paraît utile et sans défaut. **7.** En effet, on dit ainsi que les arbres et les vignes sont « émondés *(putari)* » et les raisonnements de même. **8.** Le mot même *puto* (je pense), que nous employons pour annoncer notre opinion n'indique assurément pas autre chose que notre action de couper et d'élaguer les idées fausses dans une affaire douteuse et obscure, pour ne retenir que ce qui paraisse vrai, intact et sans corruption. **9.** L'argent est donc dit dans le traité

1. *Nouicius* dérivé de *nouus,* s'emploie en particulier pour désigner un esclave acheté récemment. Aulu-Gelle s'en sert à propos des modernistes, qu'il s'agisse de grammairiens analogistes (11, 1, 5) ou des élèves peu respectueux des philosophes aux mœurs trop modernes (1, 9, 11).

populum Romanum et Carthaginienses factum est, scriptum inuenitur ut Carthaginienses quotannis populo Romano darent certum pondus ‘ argenti puri puti ’, quaesitumque est quid esset ‘ purum putum ’. Respondi, inquit, ego ‘ putum ’ esse ‘ ualde purum ’, sicut nouum ‘ nouicium ’ dicimus et proprium ‘ propicium ’, augere atque intendere uolentes ‘ noui ’ et ‘ proprii ’ significationem. »

2. Hoc ubi legimus, mirabamur eandem adfinitatem uisam esse Alfeno ‘ puri ’ et ‘ puti ’, quae sit ‘ nouicii ’ et ‘ noui ’ ; **3**. nam, si esset ‘ puricium ’, tum sane uideretur dici quasi ‘ nouicium ’. **4**. Id etiam mirum fuit, quod ‘ nouicium ’ per augendi figuram dictum existimauit, cum sit ‘ nouicium ’ non quod magis nouum sit, sed quod a ‘ nouo ’ dictum sit inclinatumque. **5**. His igitur assentimus, qui ‘ putum ’ esse dicunt a ‘ putando ’ dictum et ob eam causam prima syllaba breui pronuntiant, non longa, ut existimasse Alfenus uidetur, qui a ‘ puro ’ id esse factum scripsit. **6**. ‘ Putare ’ autem ueteres dixerunt uacantia ex quaque re ac non necessaria aut etiam obstantia et aliena auferre et excidere, et quod esse utile ac sine uitio uideretur relinquere. **7**. Sic namque arbores et uites et sic rationes etiam ‘ putari ’ dictum. **8**. Verbum quoque ipsum ‘ puto ’, quod declarandae sententiae nostrae causa dicimus, non significat profecto aliud quam id agere nos in re dubia obscuraque, ut decisis amputatisque falsis opinionibus, quod uideatur esse uerum et integrum et incorruptum retineamus. **9**. Argentum ergo in Carthaginiensi foedere

1 factum est *recc.* : factum et *V* || certum *V*[2] : centum *V*[1] || **5** uidetur *recc.* : uideretur *V* || factum *recc.* : -tus *V* || **8** nos *recc.* : non *V*.

carthaginois *putum* comme émondé *(exputatum)* et purifié par cuisson, privé de toute matière étrangère et détaché et blanchi, tous ses défauts enlevés.

10. Or *purum putum* se lit non seulement dans le traité carthaginois, mais aussi, entre autres livres anciens, dans la tragédie de Quintus Ennius intitulée *Alexandre*[1], et dans la satire de Marcus Varron[2] intitulée *Les vieux hommes sont doublement enfants.*

VI

Que Julius Hyginus a adressé à Virgile un reproche inconsidéré et immérité parce qu'il a dit *praepetes* les ailes de Dédale; et au même chapitre ce que sont des oiseaux *praepetes* et ce que sont les oiseaux que Nigidius a appelés *inferae*.

1. « Dédale à ce qu'on dit, fuyant le roi Minos, osa se confier au ciel sur des ailes de bon augure *(praepetibus)*. » **2.** Dans ces vers[3] de Virgile, Julius Hyginus reprend[4] *pennis praepetibus* comme impropre et maladroit. **3.** « Car sont appelés *praepetes* par les augures, dit-il, les oiseaux qui, ou bien passent à propos ou bien prennent des positions convenables. » **4.** Il a donc jugé que le poète avait usé à tort d'un mot augural à propos du vol de Dédale qui n'avait rien à voir avec la science augurale.

5. Mais Hygin fut, ma foi, bien sot quand il crut qu'il savait ce qu'était *praepetes*, et que Virgile l'avait ignoré, ainsi que Cneius Matius, homme érudit qui,

1. *Scaen.* Frag. 65 Jocelyn.
2. Frag. 91 Bücheler.
3. *Aen.* 6, 14. Rien dans Virgile n'indique le sens de *praepes* qui peut aussi bien être traduit là par « qui vole haut ».
4. Frag. 6 Funaioli.

' putum ' dictum est quasi exputatum excoctumque omnique aliena materia carens omnibusque ex eo uitiis detractis emaculatum et candefactum.

10. Scriptum est autem ' purum putum ', non in Carthaginiensi solum foedere, sed cum in multis aliis ueterum libris, tum in Q. quoque Ennii trageodia quae inscribitur ' Alexander ', et in satira M. Varronis quae inscripta est Δὶς Παῖδες οἱ Γέροντες.

VI

Temere inepteque reprehensum esse a Iulio Hygino Vergilium, quod ' praepetes ' Daedali pennas dixit; atque inibi quid sint ' aues praepetes ' et quid illae sint aues quas Nigidius ' inferas ' appellauit.

1. Daedalus, ut fama est, fugiens Minoia regna,
Praepetibus pennis ausus se credere caelo.

2. In his Vergilii uersibus reprehendit Iulius Hyginus ' pennis praepetibus ' quasi inproprie et inscite dictum. **3**. « Nam ' praepetes ', inquit, aues ab auguribus appellantur, quae aut opportune praeuolant aut idoneas sedes capiunt. » **4**. Non apte igitur usum uerbo augurali existimauit in Daedali uolatu, nihil ad augurum disciplinam pertinente.

5. Sed Hyginus nimis hercle ineptus fuit, cum quid ' praepetes ' essent se scire ratus est, Vergilium autem et *Cn*. Matium, doctum uirum, ignorasse,

VI. *Lem*. inibi quid *recc*. : ibi inquid *P* ibi inquit *V* || **3** aues *recc*. : aues inquit *V* || **4** pertinente : -tes *V* || **5** essent *recc*. : esse *V* || cn. matium *Scal*. : trimacium *V*.

au deuxième livre de son *Iliade*[1] appela une victoire ailée *praepes* dans ce vers : « Quand la victoire ailée *(praepes)* donne la palme du vainqueur. » **6.** Mais pourquoi ne fait-il pas aussi des reproches à Quintus Ennius qui dans les *Annales*[2] ne parle pas des ailes de Dédale, mais tout à fait à l'opposé dit : « Brindes ceint d'un beau port et de bon augure *(praepete)*. » **7.** S'il avait plutôt considéré la nature et la force du mot et ne s'était pas contenté de voir que les augures s'en servaient, il aurait accordé grâce à des poètes qui usaient d'une analogie et d'une métaphore, non du sens propre du mot. **8.** Car puisqu'on appelle *praepetes* non seulement les oiseaux dont le passage est de bon augure mais aussi les endroits où ils se placent car ils sont convenables et de bon augure, Virgile a dit les ailes de Dédale *praepetes*, puisque celui-ci était venu de lieux où il craignait le danger dans des lieux où il était plus en sûreté. **9.** En outre les augures aussi appellent des lieux *praepetes* et Ennius a dit dans le livre I des *Annales*[3] : « Ils se placent dans des lieux beaux et de bon augure *(praepetes)*. » **10.** Mais les oiseaux opposés aux *praepetes* sont dits *inferae* (bas), suivant Nigidius Figulus[4] qui dit au livre premier de sa *Science augurale privée* : « Il y a opposition entre la droite et la gauche, entre *praepes* et *inferus*. » **11.** D'où on peut conjecturer qu'on a appelé *praepetes* les oiseaux dont le vol est élevé et haut dans les cieux puisque Nigidius a dit que *praepes* était contraire à *inferus*, bas.

1. Frag. 3 Morel. Le vers paraît correspondre à *Il.* 2, 232. Carrion corrigeait en *septimo* et rapprochait *Il.* 7, 281.

2. V. 478 Vahlen. Pour le sens de *felices*, cf. Seruius, *Aen.* 6, 15 ; 3, 246 ; 3, 361 ; 4, 462 ; Acro, *Hor.*, *Carm.* 3, 27, 11 ; Isid. 12, 7, 77. L'explication la plus détaillée est celle de Festus p. 224, l. 6 : *Præpetes aues quidam dici aiunt quia secundum auspicium faciant praeteruolantes ; alii quod aut ea quae praepetamus indicent, aut quod praeteruolent... ait ex Graeco tractum putant, quod ante conspectum uolent nostrum : inepte scilicet ex praepositione Latina componentes et Graeco uocabulo. Ceterum poetae omnes promiscue aues ita appellant.*

3. Frag. 94 Vahlen.

qui in secundo ‘ Iliadis ’ uictoriam uolucrem ‘ praepetem ’ appellauit in hoc uersu :

Dum dat uincendi praepes uictoria palmam.

6. Cur autem non Q. quoque Ennium reprehendit, qui in ‘ Annalibus ’ non pennas Daedali, sed longe diuersius :

Brundisium, *in*qui*t*, pulcro praecinctum praepete portu ?

7. Sed si uim potius naturamque uerbi considerasset neque id solum quod augures dicerent inspexisset, ueniam prorsus poetis daret similitudine ac translatione uerborum, non significatione propria utentibus. **8.** Nam quoniam non ipsae tantum aues quae prosperius praeuolant, sed etiam loci quos capiunt, quod idonei felicesque sunt, ‘ praepetes ’ appellantur, idcirco Daedali pennas ‘ praepetes ’ dixit, quoniam ex locis in quibus periculum metuebat in loca tutiora peruenerat. **9.** Locos porro ‘ praepetes ’ et augures appellant et Ennius in ‘ Annalium ’ primo dixit :

praepetibus sese pulcris*que* locis dant.

10. Auibus autem ‘ praepetibus ’ contrarias aues ‘ inferas ’ appellari, Nigidius Figulus in libro primo ‘ Augurii priuati ’ ita dicit : « Discrepat dextra sinistrae, praepes inferae. » **11.** Ex quo est coniectare ‘ praepetes ’ appellatas quae altius sublimiusque uolitent, cum differre a ‘ praepetibus ’ Nigidius ‘ inferas ’ dixerit.

6 inquit *Vahlen* : quid *V* || portu. sed *Sciopp.* : portus et *V* portu et *recc.* portust *Vahlen* || **7** inspexisset *V*[2] : -ssent *V*[1] || **9** pulcrisque *Cic. Diu.* 1, 108 : pulcris *V* || **10** praepes *ed. Iunt.* 1513 : praepetes *V.*

12. Jeune homme à Rome, quand je fréquentais encore les grammairiens, j'ai entendu Sulpicius Apollinaris que je suivais tout spécialement, dire à Erucius Clarus préfet de la ville, comme on discutait sur le droit augural et que mention avait été faite des oiseaux *praepetes*, que ce lui paraissait être les oiseaux qu'Homère a appelés τανυπτέρυγας, au vol tendu, puisque les augures regardaient de préférence les oiseaux à l'envergure immense qui passaient les ailes ouvertes et tendues. Et il cita alors ces vers d'Homère[1] : « Tu me dis d'obéir à des oiseaux au large vol pour qui je n'ai ni regard ni souci. »

VII

Sur Acca Larentia et Gaia Taracia ; et sur l'origine du sacerdoce des frères Arvales.

1. Les noms d'Acca Larentia et de Gaia Taracia, à moins que cette dernière ne soit nommée Fufetia, sont fréquents dans les annales anciennes. Elles ont reçu l'une et l'autre du peuple romain les plus grands honneurs, l'une après sa mort, mais Taracia de son vivant. **2.** Que Taracia, quant à elle, ait été une vestale[2], la loi Horatia l'atteste qui fut proposée au peuple à son sujet. En vertu de cette loi un grand nombre d'honneurs lui sont décernés, entre autres il lui est donné aussi le droit de porter témoignage et il lui est accordé d'être parmi toutes les femmes la seule *testabilis* (capable de témoignage). **3.** Le mot est celui de la loi Horatia elle-même ; le contraire se trouve écrit dans les douze Tables[3] : « Qu'il soit tenu pour malhonnête et privé du

1. Hom., *Il.* 12, 237 : Sur Erucius, préfet de la ville en 146, sa conversation avec Sulpicius Apollinaris ainsi que les indices chronologiques à en tirer, cf. *Introduction*, p. IX et X.

12. Adulescens ego Romae, cum etiamtum ad grammaticos itarem, audiui Apollinarem Sulpicium, quem imprimis sectabar, cum de iure augurio quaereretur et mentio ‘ praepetum auium ’ facta esset, E*r*ucio Claro praefecto urbi dicere, ‘ praepetes ’ sibi uideri esse alites, quas Homerus τανυπτέρυγας appellauerit, quoniam istas potissimum augures spectarent quae ingentibus alis patulae atque porrectae praeuolarent. Atque ibi hos Homeri uersus dixit :

Τύνη δ' οἰωνοῖσι τανυπτερύγεσσι κελεύεις
Πείθεσθαι, τῶν οὔ τι μετατρέπομ' οὐδ' ἀλεγίζω.

VII

De Acca Larentia et Gaia Taracia; deque origine sacerdotii fratrum arvalium.

1. Accae Larentiae et Gaiae Taraciae, siue illa Fufe*ti*a est, nomina in antiquis annalibus celebria sunt. Earum alterae post mortem, Taraciae autem uiuae, amplissimi honores a populo Romano habiti. **2.** Et Taraciam quidem uirginem Vestae fuisse lex Horatia testis est quae super ea ad populum lata. Qua lege ei plurimi honores fiunt, inter quos ius quoque testimonii dicendi tribuitur, ‘ testabilisque ’ una omnium feminarum ut sit datur. **3.** Id uerbum est legis ipsius Horatiae ; contrarium est in duodecim Tabulis scriptum : « Inprobus intestabilisque esto. » **4.** Praeterea si quadraginta

12 facta : factam V^1 || erucio *Lipsius* : elucio *V*, *recc.*
VII. **1** gaiae taraciae *Hertz* cf. *lemma* : gaia et arracie *V* || fufetia *Carrio* : affufecia *V* || honores *recc.* : -ris *V*.

droit de témoigner *(intestabilis)*. » **4**. En outre si à quarante ans elle voulait quitter la prêtrise et se marier, on lui accorda le droit et le pouvoir de redevenir profane et de se marier, en reconnaissance de sa munificence et de son bienfait : elle avait donné le Champ du Tibre ou de Mars au peuple Romain.

5. Mais Acca Larentia[1] livrait son corps au public et elle avait gagné à ce commerce de l'argent en grande quantité. **6**. Dans son testament elle institua héritier de ses biens le roi Romulus, à ce qui est écrit dans l'histoire de Valerius Antias[2], le peuple romain, à ce que certains autres ont transmis. **7**. Pour ce mérite un sacrifice lui est fait au nom de l'État par le flamine de Quirinus et un jour à son nom[3] fut ajouté aux fastes. **8**. Mais Masurius Sabinus dans le premier livre de ses *Memorialia*[4], suivant certains historiens, dit qu'Acca Larentia fut la nourrice de Romulus. « Cette femme, dit-il, avait douze fils mâles, elle en perdit un qui mourut. A sa place Romulus se donna pour fils à Acca Larentia et ils s'appelèrent, lui et les autres fils, frères Arvales.[5] Depuis ce temps le collège des frères Arvales resta au nombre de douze, l'insigne de cette prêtrise est la couronne d'épis et les bandelettes blanches.

VIII

Sont consignées certaines anecdotes qui méritent d'être retenues sur le roi Alexandre et sur Publius Scipion.

1. Apion[6], un Grec, qu'on appela Pleistoneikès, avait une éloquence facile et pétulante. **2**. Écrivant à la gloire du roi Alexandre, il dit[7] : « Il interdit d'amener en sa

annos nata sacerdotio abire ac nubere uoluisset, ius ei potestasque exaugurandi atque nubendi facta est munificentiae et beneficii gratia, quod campum Tiberinum siue Martium populo condonasset.

5. Sed Acca Larentia corpus in uulgus dabat pecuniamque emeruerat ex eo quaestu uberem. 6. Ea testamento, ut in Antiatis 'Historia' scriptum est, Romulum regem, ut quidam autem alii tradiderunt, populum Romanum bonis suis heredem fecit. 7. Ob id meritum a flamine Quirinali sacrificium ei publice fit et dies e nomine eius in fastos additus. 8. Sed Sabinus Masurius in primo 'Memorialium', secutus quosdam historiae scriptores, Accam Larentiam Romuli nutricem fuisse dicit. « Ea, inquit, mulier ex duodecim filiis maribus unum morte amisit. In illius locum Romulus Accae sese filium dedit seque et ceteros eius filios 'fratres Arvales' appellauit. Ex eo tempore collegium mansit fratrum Arualium numero duodecim, cuius sacerdotii insigne est spicea corona et albae infulae. »

VIII

Notata quaedam de rege Alexandro et de P. Scipione memoratu digna.

1. Ἀπίων, Graecus homo, qui Πλειστονείκης appellatus est, facili atque alacri facundia fuit. 2. Is cum de Alexandri regis laudibus scriberet :

6 alii V^2 : aliis V^1 || 8 accam larentiam : accalarentiam *V*.
VIII. 2 de alexandri : de dealex- *V*.

présence l'épouse de son ennemi vaincu, femme d'une beauté illustre, pour ne pas la toucher même des yeux. » **3.** On peut donc avoir une jolie discussion : s'il convient de considérer comme le plus vertueux, Publius le premier Africain qui, après avoir pris de force l'importante cité de Carthagène en Espagne, a rendu intacte[1] à son père une jeune fille à l'âge de l'amour, d'une beauté remarquable, fille d'un noble espagnol, qui avait été prise et lui avait été amenée, ou le roi Alexandre qui refusa de voir la femme du roi Darius, qui en était aussi la sœur, prise dans une grande bataille, qu'on lui disait d'une beauté extraordinaire, et il a interdit qu'on la lui amenât. »

4. Mais cette agréable déclamation contradictoire sur Alexandre et Scipion[2], que la pratiquent ceux qui ont en surabondance et talent et loisir et facilité verbale ; pour nous, il nous suffira de dire ce qui est historique : **5.** ce Scipion, à tort ou à raison on ne sait, eut cependant une réputation non sans tache quand il était jeune homme, et il a été à peu près établi que ces vers ont été écrits contre lui par le poète Cneius Naevius : « Même celui qui souvent de son bras accomplit de grandes choses glorieusement, dont les actions ont aujourd'hui vie et vigueur, qui seul a prestige auprès des nations, son père le ramena de chez son amie avec un seul manteau[3]. »

6. Je crois que ce sont ces vers qui ont amené Valerius Antias à porter sur la conduite de Scipion un jugement

1. Tite Live raconte avec beaucoup de grandeur cet acte qui figure parmi les premiers exploits de Scipion l'Africain : c'est à son fiancé qu'il rendit cette jeune et belle captive sans accepter de rançon et celui-ci lui fut si reconnaissant qu'il déclarait à ses compatriotes « *uenisse Dis simillimum iuuenem, uincentem omnia cum armis, tum benignitate ac beneficiis* » (26, 50, 13). Cf. Polyb. 10, 19 ; Val. Max. 4, 3, 1 ; Sil. 15, 268 ; Frontin. 2, 11, 5 ; Flor. 1, 22, 40 ; Dion Cass. Frag. 56, 47 M. ; Amm. 24, 4, 27, etc...

2. Aulu-Gelle se méfie donc d'une discussion oratoire sur des poncifs ; il s'intéresse à l'histoire et les renseignements médisants de Naeuius lui paraissent plus près de la vérité que l'idéalisation à la Tite Live.

3. V. 108 Ribbeck[2].

« Victi, inquit, hostis uxorem, facie incluta mulierem, uetuit in conspectum suum deduci, ut eam ne oculis quidem suis contingeret. » **3.** Lepide igitur agitari potest, utrum uideri continentiorem par sit, Publiumne Africanum superiorem, qui, Carthagine ampla ciuitate in Hispania expugnata, uirginem tempestiuam, forma egregia, nobilis uiri Hispani filiam captam perductamque ad se patri inuiolatam reddidit, an regem Alexandrum, qui Darii regis uxorem eandemque eiusdem sororem, proelio magno captam, quam esse audiebat exuperanti forma, uidere noluit perducique ad sese prohibuit.

4. Sed hanc utramque declamatiunculam super Alexandro et Scipione celebrauerint, quibus abunde et ingenii et otii et uerborum est ; **5.** nos satis habebimus, quod ex historia est, id dicere : Scipionem istum, uerone an falso incertum, fama tamen, cum esset adulescens, haud sincera fuisse et propemodum constitisse, hosce uersus a Cn. Naeuio poeta in eum scriptos esse :

Etiam qui res magnas manu saepe gessit gloriose,
Cuius facta uiua nunc uigent, qui apud gentes solus praestat,
Eum suus pater cum pallio uno ab amica abduxit.

6. His ego uersibus credo adductum Valerium Antiatem aduersus ceteros omnis scriptores de

3 lepide *Hertz* : -da *V* || **5** cn. : c. n. *V* || magnas manu : manu magnas *Fleckeisen* || nunc : nunci *V* || amica *recc.* : -co *V* || pallio uno : palliod unod *Bücheler*.

opposé[1] à celui de tous les autres auteurs, et à écrire que cette jeune prisonnière n'a pas été rendue à son père, contrairement à ce que nous avons dit plus haut, mais a été retenue par Scipion et prise par lui dans les plaisirs de l'amour.

IX

Passage tiré des *Annales* de Lucius Pison, dont le sujet et le style sont des plus jolis.

1. Comme ce qu'a fait Cneius Flavius[2], fils d'Annius, édile curule, que Lucius Pison a inséré au troisième livre de ses *Annales*[3], me paraissait digne de mémoire, et comme cela a été raconté avec une pureté et un charme très grands par Pison, j'ai transcrit ici le passage tout entier des *Annales* de Pison.

2. Cneius Flavius, dit-il, né d'un fils d'affranchi, exerçait la profession de scribe, et il assistait un édile curule au moment où les édiles étaient renouvelés par élection ; on annonça devant les tribus qu'il était édile curule. **3.** Mais celui qui présidait les comices déclare qu'il refuse et qu'il n'admet pas que soit fait édile un homme qui tenait les écritures. **4.** Cneius Flavius, fils d'Annius, déposa les tablettes, dit-on, se démit de sa charge de scribe et fut fait édile curule.

5. Le même Cneius Flavius vint voir un collègue malade, dit-on. Il entra dans la chambre, il y avait là assis un certain nombre de jeunes gens nobles. Pour lui marquer mépris, personne ne voulut se lever. **6.** L'édile

Scipionis moribus sensisse et eam puellam captiuam non redditam patri scripsisse, contra quam nos supra diximus, sed retentam a Scipione atque in deliciis amoribusque ab eo usurpatam.

IX

Locus exemptus ex 'Annalibus' L. Pisonis historiae et orationis lepidissimae.

1. Quod res uidebatur memoratu digna, quam fecisse Cn. Flauium, Anni filium, aedilem curulem, L. Piso in tertio 'Annali' scripsit, eaque res perquam pure et uenuste narrata a Pisone, locum istum totum huc ex Pisonis 'Annali' transposuimus.

2. « Cn., inquit, Flauius, patre libertino natus, scriptum faciebat, isque in eo tempore aedili curuli apparebat, quo tempore aediles subrogantur, eumque pro tribu aedilem curulem renuntiauerunt. **3.** A*t* il*le* qui comitia habebat negat accipere, neque sibi placere, qui scriptum faceret, eum aedilem fieri. **4.** Cn. Flavius, Anni filius, dicitur tabulas posuisse, scriptu sese abdicasse, isque aedilis curulis factus est.

5. Idem Cn. Flavius, Anni filius, dicitur ad collegam uenisse uisere aegrotum. Eo in conclaue postquam introiuit adulescen*te*s ibi complures nobiles sedebant. Hi contemnentes eum, assurgere

6 quam *recc.* : quem *V.*

IX. **1** cn. flauium *recc.* : c. n. plautum *V* || pure *recc.* : pura *V* || huc *recc.* : hunc *V* || **2** curuli *recc.* : curili *V* || curulem *V man. rec.* : curem *V*[1] || **3** at ille *Gruchius* : aedilis *V, recc.* aedilem *Hertz* || **5** aegrotum *recc.* : aec rocium *V* || adulescentes *edd.* : adulescens *V, recc.*

Cneius Flavius, fils d'Annius, en rit, il se fit apporter sa chaise curule et la plaça sur le seuil afin qu'aucun d'entre eux ne pût sortir et que tous ces gens le vissent malgré eux[1] assis sur la chaise curule.

X

Histoire sur Euclide le Socratique, dont Taurus avait coutume de se servir comme exemple pour exhorter ses jeunes disciples à s'attacher avec ardeur à la philosophie.

1. Le philosophe Taurus, homme dont l'enseignement en philosophie platonicienne était très fréquenté de notre temps, exhortait à se mettre à la philosophie[2] par maints exemples bons et salutaires, mais il s'efforçait d'éveiller l'âme des jeunes gens surtout en rappelant la conduite d'Euclide le Socratique[3]. **2.** Les Athéniens avaient prescrit, ce sont ses paroles, par un décret que tout citoyen de Mégare, s'il était pris à mettre le pied à Athènes, que l'affaire mît sa tête en jeu ; **3.** si grande était la haine dont brûlaient les Athéniens à l'égard de leurs voisins, les Mégariens. **4.** Alors Euclide qui était de cette même ville de Mégare et qui avant le décret avait l'habitude d'être à Athènes et d'écouter Socrate, après que le décret eut été pris, passait le soir, à la nuit tombante, vêtu d'une longue tunique de femme, enveloppé d'un manteau bigarré, la tête couverte d'une *rica*[4], de chez lui à Mégare auprès de Socrate à Athènes pour profiter au moins une partie de la nuit des conseils et des propos de celui-ci, et au contraire, au lever du jour, il revenait parcourant un peu plus de vingt mille pas

1. C'était pour un patricien chose intolérable que de voir un fils d'affranchi, scribe de surcroît, sur une chaise curule.

2. Taurus apparaît ici comme un défenseur de la profession face à la désinvolture des étudiants. Cf. 1, 9, 8 où il se fonde de même sur l'exemple des Pythagoriciens.

ei nemo uoluit. **6.** Cn. Flauius, Anni filius, aedilis, id arrisit, sellam curulem iussit sibi afferri, eam in limine apposuit, ne quis illorum exire posset utique hi omnes inuiti uiderent sese in sella curuli sedentem. »

X

Historia super Euclida Socratico, cuius exemplo Taurus philosophus hortari adulescentes suos solitus ad philosophiam nauiter sectandam.

1. Philosophus Taurus, uir memoria nostra in disciplina Platonica celebratus, cum aliis bonis multis salubribusque exemplis hortabatur ad philosophiam capessendam, tum uel maxime ista re iuuenum animos expergebat, Euclidem quam dicebat Socraticum factitauisse. **2.** « Decreto, inquit, suo Athenienses cauerant, ut qui Megaris ciuis esset, si intulisse Athenas pedem prensus esset, ut ea res ei homini capitalis esset ; **3** tanto Athenienses, inquit, odio flagrabant finitimorum hominum Megarensium. **4.** Tum Euclides, qui indidem Megaris erat quique ante id decrctum et esse Athenis et audire Socratem consueuerat, postquam id decretum sanxerunt, sub noctem, *cu*m aduesper*a*sceret, tunica longa muliebri indutus et pallio uersicolore amictus et caput rica uelatus, e domo sua Megaris Athenas ad Socratem commeabat, ut uel noctis aliquo tempore consiliorum sermonumque eius fieret particeps, rursusque sub lucem milia passuum paulo amplius uiginti eadem

X. *Lem.* euclida *Gron.* : euclidai *P* euclidadi *V* || **2** capitalis *V* : -tal *Carrio* || **4** cum *Carrio* : quam *V*, *recc.* priusquam *edd.* || adueperasceret *edd.* : -esceret *V*.

dans le même costume. **5.** Mais maintenant on peut voir, dit-il, les philosophes courir d'eux-mêmes aux portes des jeunes gens riches pour enseigner et s'asseoir là, attendre presque jusqu'à midi que leurs élèves finissent de cuver en dormant tout leur vin de la nuit. »

XI

Paroles tirées d'un discours de Quintus Metellus Numidicus qu'il nous a plu de rapporter car elles mènent au devoir de respectabilité et dignité.

1. Qu'il ne faut pas rivaliser d'invectives avec les hommes les plus bas, ni escarmoucher en mauvais propos contre des gens impudents et malhonnêtes parce qu'on se fait pour un temps semblable et égal à eux en échangeant avec eux des mots égaux et semblables, on peut l'apprendre non moins d'un discours de Quintus Metellus Numidicus, homme plein de sagesse que des livres et de l'enseignement des philosophes[1]. **2.** Voici les termes[2] de Metellus *Contre Caius Manlius tribun de la plèbe* par qui, devant le peuple, dans une assemblée, il avait été harcelé et attaqué par des paroles effrontées : **3.** « Maintenant, quant à ce qui le concerne, Quirites, puisqu'il se croit plus considérable s'il répète qu'il est mon ennemi, lui que je ne me reconnais pas comme ennemi plus que je ne l'accepte pour ami, je ne vais pas en dire plus contre lui. Car je juge que, s'il est tout à fait indigne de recevoir des éloges d'hommes de bien, il ne mérite même pas le blâme des gens honnêtes. En effet si on fait mention d'un personnage de cette sorte sans pouvoir le punir, il en reçoit plus d'honneur que d'outrage. »

1. Sur l'autorité morale d'hommes engagés dans la vie, sénateurs opposés aux rhéteurs, cf. 1, 6 et 6, 3, 17. Ici l'opposition est établie avec les philosophes, théoriciens de la sagesse et, partant, suspects de ne point pratiquer leurs propres théories (2, 2 ; 17, 19). Cf. *Introduction*, p. XXVI s. Sur le rôle de Metellus en la matière, cf. notre *Critique...*, p. 278 s.

ueste illa tectus redibat. **5**. At nunc, inquit, uidere est philosophos ultro currere, ut doceant, ad fores iuuenum diuitum eosque ibi sedere atque opperiri prope ad meridiem, donec discipuli nocturnum omne uinum edormiant. »

XI

Verba ex oratione Q. Metelli Numidici, quae libuit meminisse, ad officium grauitatis dignitatisque uitae ducentia.

1. Cum inquinatissimis hominibus non esse conuicio decertandum neque in maledictis aduersum inpudentes et inprobos uelitandum, quia tantisper similis et compar eorum fias, dum paria et consimilia dicas atque audias, non minus ex oratione Q. Metelli Numidici, sapientis uiri, cognosci potest quam ex libris et disciplinis philosophorum. **2**. Verba haec sunt Metelli aduersus C. Manlium, tribunum plebis, a quo apud populum in contione lacessitus iactatusque fuerat dictis petulantibus : **3** « Nunc quod ad illum attinet, Quirites, quoniam se ampliorem putat esse, si se mihi inimicum dictitarit, quem ego mihi neque amicum recipio neque inimicum respicio, in eum ego non sum plura dicturus. Nam cum indignissimum arbitror cui a uiris bonis benedicatur, tum ne idoneum quidem cui a probis maledicatur. Nam si in eo tempore huiusmodi homunculum nomines, in quo punire non possis, maiore honore quam contumelia adficias. »

XI. *Lem.* ex oratione *recc.* : exhortatione *PV* || **1** cum *recc.* : num *V* || audias *V* : audis *Hosius.*

XII

Que ni *testamentum* (testament), comme Servius Sulpicius l'a cru, ni *sacellum* (petit sanctuaire) comme Caius Trebatius, ne sont des mots composés, mais l'un est un dérivé de *testatio*, l'autre un diminutif de *sacer*.

1. Je ne comprends pas en vertu de quel raisonnement le jurisconsulte Servius Sulpicius[1], l'homme le plus savant de son temps, a écrit au livre II de son traité *Sur l'annulation des rites sacrés*, que *testamentum*[2] (testament) était un mot de deux parties. **2.** Il le dit composé de *mentis contestatio* (attestation en esprit). **3.** Et quoi donc ? *calciamentum* (chaussure), *paludamentum* (manteau), *pauimentum* (pavement), *uestimentum* (vêtement) et mille autres mots dérivés d'une forme analogue, dirons-nous encore que ce sont tous des composés ? **4.** Or ce qui paraît avoir trompé Servius, ou celui, quel qu'il soit, qui a dit cela le premier, c'est, pour ainsi dire, une certaine idée d'esprit *(mens)* dans ce mot, fausse, il est vrai, mais pas absurde ni sans ingéniosité, comme ma foi la même idée ingénieuse trompa Caius Trebatius aussi. **5.** Car dans le livre second *Sur les prescriptions religieuses*[3] il dit : « *Sacellum* (petit sanctuaire) est un lieu petit, consacré à une divinité et qui contient un autel. » Ensuite il ajoute ces mots : « *Sacellum* est à mon avis composé de deux mots *sacer* (sacré) et *cella* (chambre du dieu), signifiant *sacra cella* (chambre sacrée). » **6.** Tel est l'exposé de Trebatius ; mais qui ignore et que *sacellum* est un mot simple et qu'il n'est pas fait de la jonction de *sacer* et de *cella*, mais qu'il est un diminutif de *sacer* ?

1. Sur Servius Sulpicius Rufus, cf. 2, 10, 1 et la n. 2.

2. Frag. 3 Huschke. Cf. Ulpian. Fr. 20, 1 ; *Inst.* 2, 10 Pr. et *Dig.* 28, 1, 2 et J. Perrot, *Les dérivés latins en* -men *et* -mentum. Paris, 1961.

3. Frag. 4 Huschke. Cf. Donat., *Ter. Ad.* 576 : *Sacellum ut Varro ait sacra cella est.* Sur C. Trebatius, cf. *supra* 4, 2, 9 et la note.

XII

Quod neque ' testamentum' , sicuti Seruius Sulpicius existimauit, neque ' sacellum ' sicuti C. Trebatius, duplicia uerba sunt, sed a ' testatione ' productum alterum, ⟨alterum⟩ a ' sacro ' imminutum.

1. Seruius Sulpicius iureconsultus, uir aetatis suae doctissimus, in libro ' De sacris detestandis ' secundo, qua ratione adductus , testamentum ' uerbum esse duplex scripserit, non reperio. **2**. Nam compositum esse dixit a ' mentis contestatione '. **3**. Quid igitur ' calciamentum ', quid ' paludamentum ', quid ' pauimentum ', quid ' uestimentum ', quid alia mille per huiuscemodi formam producta, etiamne ista omnia composita dicemus ? **4**. Obrepsisse autem uidetur Seruio, uel si quis est qui id prior dixit, falsa quidem, sed non abhorrens neque inconcinna quasi mentis quaedam in hoc uocabulo significatio, sicut hercle C. quoque Trebatio eadem concinnitas obrepsit. **5**. Nam in libro ' De religionibus' secundo : « ' Sacellum ' est, inquit, locus paruus deo sacratus cum ara. » Deinde addit uerba haec : « ' Sacellum ' ex duobus uerbis arbitror compositum ' sacri ' et ' cellae ', quasi sacra cella. » **6**. Hoc quidem scripsit Trebatius ; sed quis ignorat, ' sacellum ' et simplex uerbum esse et non ex ' sacro ' et ' cella ' copulatum, sed ex ' sacro ' deminutum ?

XII. *Lem.* alterum alterum *Hertz post uett.* : alterum *PV*, *recc.* || **1** detestandis *recc.* : distñtandis *V* || **2** contestatione *V* : attestatione *recc.*

XIII

Des questions subtiles débattues à table chez le philosophe Taurus qu'on appelle *sympoticae* (d'après banquet[1]).

1. Voici la coutume qui était pratiquée et observée à Athènes par ceux qui étaient les intimes du philosophe Taurus ; **2.** quand il nous invitait chez lui, pour que nous ne venions pas, comme on dit, totalement sans cotisation[2] ni écot, nous apportions au repas non des friandises en aliments mais des finesses en question. **3.** Chacun de nous donc allait, ayant imaginé et préparé ce qu'il demanderait, et la fin du repas marquait le début des discours. **4.** Mais ce n'étaient pas des questions sur des points importants et à prendre au sérieux, mais de petits enthymèmes[3] jolis, minutieux et piquant au vif un esprit épanoui par le vin, à peu près comme ce que je vais donner et qui est d'une subtilité amusante. **5.** Il a été demandé quand un mourant mourait ? quand il était déjà dans la mort ou quand il était encore en vie ; et quand celui qui se lève se levait ? quand il était déjà debout ou quand il était encore assis ; et celui qui apprenait un art, quand devenait-il artiste ? quand il l'était ou quand il ne l'était pas encore. **6.** Quoi que l'on dise en face de ces alternatives, on fera une réponse contradictoire et ridicule, et il paraîtra encore plus contradictoire de dire que ce sont les deux à la fois ou ni l'un ni l'autre.

7. Mais comme certains disaient que tout cela n'était que pièges futiles et vains : « Ne le méprisez pas, dit Taurus, comme un jeu sur des balivernes. **8.** Les plus sérieux des philosophes ont discuté sur cette question[4] avec gravité ; pour les uns le mot de mort

1. D'après dîner au moment où on ne fait plus que boire, et où traditionnellement se développent les conversations.

2. Cf. Horace, *Carm.* 4, 12, 24 : *non ego te meis immunem meditor tinguere poculis.*

3. Il ne s'agit pas du véritable enthymène qui est un syllogisme fondé sur le probable, mais de raisonnements formels dont la forme heurte le contenu.

XIII

De quaestiunculis apud Taurum philosophum in conuiuio agitatis, quae ‘ sympoticae ’ uocantur.

1. Factitatum obseruatumque hoc Athenis est ab his qui erant philosopho Tauro iunctiores ; 2. cum domum suam nos uocaret, ne omnino, ut dicitur, immunes et asymboli ueniremus, coniectabamus ad cenulam non cuppedias ciborum, sed argutias quaestionum. 3. Vnusquisque igitur nostrum commentus paratusque ibat quod quaereret, eratque initium loquendi e*d*undi finis. 4. Quaerebantur autem non grauia nec reuerenda, sed ἐνθυμηματια quaedam lepida et minuta et florentem uino animum lacessentia, quale hoc ferme est subtilitatis ludicrae quod dicam.

5. Quaesitum est quando moriens moreretur ? cum iam in morte esset, an cum etiamtum in uita foret ; et quando surgens surgeret ? cum iam staret, an cum etiamtum sederet ; et qui artem disceret, quando artifex fieret ? cum iam esset, an cum etiamtum non esset. 6. Vtrum enim horum dices, absurde atque ridicule dixeris, multoque absurdius uidebitur, si aut utrumque esse dicas aut neutrum.

7. Sed ea omnia cum captiones esse quidam futtiles atque inanes dicerent : « Nolite, inquit Taurus, haec quasi nugarum aliquem ludum aspernari. 8. Grauissimi philosophorum super hac re serio quaesiuerunt ; et alii moriendi uerbum

XIII. 2 coniectabamus *V, recc.* : conuectabamus *Petschenig* || 3 edundi *edd.* : eundi *V* || 7 futtiles *V*[2] : subtiles *V*[1].

se disait et le moment de la mort survenait quand la vie demeurait encore ; d'autres ne laissèrent rien de la vie à cet instant et revendiquèrent pour la mort tout ce qu'on appelle mourir ; **9.** de même sur les autres problèmes analogues ils se séparèrent en optant pour des moments opposés et des avis contradictoires. **10.** Mais notre maître Platon, dit-il, n'a accordé ce moment ni à la vie ni à la mort, et il a fait de même dans l'ensemble de la discussion sur des problèmes analogues. **11.** Il a vu en effet que l'alternative était contradictoire, qu'il n'était pas possible que l'un des termes antinomiques demeurant, l'autre s'établît et que le problème venait de la jonction des deux domaines opposés entre eux de la vie et de la mort, et c'est pourquoi il a créé et désigné lui-même autre chose de nouveau à la limite, qu'il a appelé de termes qui lui sont personnels et originaux τὴν ἐξαίφνης φύσιν, la substance de l'instant, et cela, ajoutait-il, vous le trouverez écrit par lui comme je le dis, dans le livre intitulé le *Parménide*[1]. »

12. Tel était l'écot à la table de Taurus et telles étaient, comme il avait l'habitude de le dire lui-même, les friandises du dessert.

XIV

Que les philosophes ont donné trois raisons à la punition des fautes et pourquoi Platon en mentionne deux et non trois.

1. On a pensé qu'il devait y avoir trois causes à la punition des fautes. **2.** Il y a une cause que l'on appelle en grec κόλασις, correction, ou νουθεσία, réprimande, quand la peine est infligée pour châtier et corriger, afin

atque momentum manente adhuc uita dici atque fieri putauerunt, alii nihil in eo tempore uitae reliquerunt totumque illud, quod mori dicitur, morti uindicauerunt; **9**. item de ceteris similibus in diuersa tempora et in contrarias sententias discesserunt. **10**. Sed Plato, inquit, noster neque uitae id tempus neque morti dedit, idemque in omni consimilium rerum disceptatione fecit. **11**. Vidit quippe utrumque esse pugnans neque posse ex duobus contrariis, altero manente, alterum constitui quaestionemque fieri per diuersorum inter se finium mortis et uitae cohaerentiam, et idcirco peperit ipse expressitque aliud quoddam nouum in confinio tempus, quod uerbis propriis atque integris τὴν ἐξαίφνης φύσιν appellauit idque ipsum ita, uti dico, inquit, in libro, cui Parmenides titulus est, scriptum ab eo reperietis. »

12. Tales apud Taurum symbolae taliaque erant mensarum secundarum, ut ipse dicere solitus erat, τραγήματα.

XIV

Poeniendis peccatis tres esse rationes a philosophis attributas; et quamobrem Plato duarum ex his meminerit, non trium.

1. Poeniendis peccatis tres esse debere causas existimatum est. **2**. Vna est causa, quae Graece ⟨uel κόλασις⟩ uel νουθεσία dicitur, cum poena adhibetur castigandi atque emendandi gratia, ut

8 uita *recc.* : *om.* *V* || totumque illud *recc.* : totumque illum que illud *V*.

XIV. *Lem. post* trium *sequitur* uerbum *et lemma capituli* XVI. *sine interpunctione in PV* || 2 uel κόλασις *Hertz.* : *om.* *V*.

qu'un délinquant occasionnel devienne plus attentif et soit amendé. **3**. La deuxième, ceux qui ont distingué avec un peu de soin ces mots, l'appellent τιμωρία[1]. Cette cause de châtiment se trouve quand la dignité et l'autorité de celui à l'égard de qui on a commis une faute, sont à protéger, afin d'éviter que l'absence de punition n'engendre le mépris à son égard et ne diminue son honorabilité ; c'est pourquoi, estiment-ils, on a fait ce mot à partir de la sauvegarde de l'honneur. **4**. La troisième raison de sévir est celle que les Grecs appellent παράδειγμα (exemple) quand la punition est nécessaire à cause de l'exemple afin que les autres soient détournés de fautes semblables que l'intérêt de l'État commande d'écarter, par la crainte d'une peine qu'ils connaissent. C'est pourquoi les anciens chez nous aussi disaient *exempla* (exemples) pour les peines les plus grandes et les plus lourdes. Quand donc, ou bien l'espoir est grand que celui qui a commis la faute se corrige de lui-même sans punition, ou au contraire qu'il n'y a aucun espoir qu'il puisse être amendé et corrigé, ou qu'il n'est pas nécessaire de craindre une perte de dignité de celui à l'égard de qui la faute a été commise, ou que la faute n'est pas de celles dont l'exemple doive être interdit par une crainte nécessaire, alors, quelle que soit la faute ainsi commise, le soin d'infliger une peine ne paraît pas justifié.

5. Ces trois causes de sanction, des philosophes les ont exposées bien des fois par écrit, et en particulier notre cher Taurus dans le premier livre des *Commentaires* qu'il a composés pour le *Gorgias* de Platon. **6**. Quant à Platon lui-même, il dit ouvertement qu'il n'y a que deux causes à la punition : une que j'ai mise en premier lieu, pour corriger, la deuxième que nous avons mise en troisième position, pour effrayer par l'exemple. **7**. Voici les termes de Platon dans le *Gorgias*[2] : « Il convient que

is qui fortuito deliquit attentior fiat correctiorque. **3**. Altera est, quam hi qui uocabula ista curiosius diuiserunt, τιμωρίαν appellant. Ea causa animaduertendi est, cum dignitas auctoritasque eius in quem est peccatum tuenda est, ne praetermissa animaduersio contemptum eius pariat et honorem leuet ; idcircoque id ei uocabulum a conseruatione honoris factum putant. **4**. Tertia ratio uindicandi est quae παράδειγμα a Graecis nominatur cum poenitio propter exemplum necessaria est, ut ceteri a similibus peccatis, quae prohiberi publicitus interest, metu cognitae poenae deterreantur. Idcirco ueteres quoque nostri ' exempla ' pro maximis grauissimisque poenis dicebant. Quando igitur aut spes magna est ut is qui peccauit citra poenam ipse sese ultro corrigat, aut spes contra nulla est emendari eum posse et corrigi, aut iacturam dignitatis, in quem peccatum est, metui non necessum est, aut non id peccatum est cuius exemplum necessario metu sanciendum sit, tum, quicquid ita delictum est, non sane dignum esse imponendae poenae studium uisum est.

5. Has tris ulciscendi rationes et philosophi alii plurifariam et noster Taurus in primo ' Commentariorum ', quos in Gorgian Platonis composuit, scriptas reliquit. **6**. Plato autem ipse uerbis apertis duas solas esse poeniendi causas dicit : unam, quam primo in loco propter corrigendum, alteram, quam in tertio propter exempli metum posuimus. **7**. Verba haec sunt Platonis in ' Gorgia ' : Προσήκει δὲ παντὶ τῷ

is *recc.* : his *V* || deliquit *recc.* : -linquit *V* || **4** ceteri a *recc.* : cetera *V* || corrigat *recc.* : colligat *V* || studium *V* : studio *Madvig* || **7** τῷ ἐν *Plato* : τωμεν *u* τομεν *V*.

tout homme qui est sous le coup d'une punition τιμωρίᾳ, étant puni justement par un autre, devienne meilleur et en tire profit, ou bien serve d'exemple à d'autres pour que ces autres, qui le voient souffrir, s'effraient et deviennent meilleurs. » **8.** Dans ce passage on comprendra facilement que Platon a dit τιμωρία non comme j'ai écrit plus haut que certains le disaient, mais comme on le dit indistinctement pour toute espèce de punition. **9.** Or a-t-il omis comme sans importance et négligeable en soi la cause de châtiment qui vise à protéger l'autorité de la personne offensée, ou plutôt l'a-t-il laissée de côté comme inutile au sujet dont il parlait, puisqu'il traitait des peines à subir, non pas pendant la vie au milieu des hommes, mais après la fin de la vie, je ne tranche pas la question.

XV

Sur le verbe *quiesco*, si la lettre *e* doit être prononcée brève ou longue.

1. Un ami à nous, homme de grande érudition et très versé dans le travail des arts libéraux, prononçait ordinairement le verbe *quiesco* avec *e* bref. **2.** Un autre ami[1], homme qui cherchait à étonner par son savoir comme par des jongleries, trop dédaigneux et méprisant à l'égard des mots ordinaires, émit l'avis qu'il avait commis un barbarisme, puisqu'il aurait dû prononcer long et non bref. **3.** En effet il proclama qu'il fallait prononcer *quiesco* comme *calesco, nitesco, stupesco* et beaucoup d'autres verbes du même genre. **4.** Il ajoutait même que *quies* avait un *e* long et non bref. **5.** Mais

1. Sur les idées exprimées et l'opposition entre les deux « amis », cf. *supra* 6, 17 et *Introduction*, p. XXIII.

ἐν τιμωρίᾳ ὄντι ὑπ' ἄλλου ὀρθῶς τιμωρουμένῳ ἢ βελτίονι γίγνεσθαι καὶ ὀνίνασθαι, ἢ παραδείγματι ἄλλοις γίγνεσθαι, ἵνα ἄλλοι οἱ ὁρῶντες πάσχοντα φοβούμενοι βελτίους γίγνωνται. **8**. In hisce uerbis facile intellegas τιμωρίαν Platonem dixisse, non ut supra scripsi quosdam dicere, sed ita ut promisce dici solet pro omni punitione. **9**. Anne autem quasi omnino paruam et contemptu dignam praeterierit poenae sumendae causam propter tuendam laesi hominis auctoritatem, an magis quasi ei quam dicebat rei non necessariam praetermiserit, cum de poenis, non in uita neque inter homines, sed post uitae tempus capiendis scriberet, ego in medium relinquo.

XV

De verbo ' quiesco', an ' e ' littera corripi an produci debeat.

1. Amicus noster, homo multi studii atque in bonarum disciplinarum opere frequens, uerbum ' quiescit ' usitate ' e ' littera correpta dixit. **2**. Alter item amicus, homo in doctrinis, quasi in praestigiis, mirificus communiumque uocum respuens nimis et fastidiens, barbare eum dixisse opinatus est, quoniam producere debuisset, non corripere. **3**. Nam ' quiescit ' ita oportere dici praedicauit, ut ' calescit ', ' nitescit ', ' stupescit ' et alia huiuscemodi multa. **4**. Id etiam addebat, quod ' quies ' ' e ' producto, non breui diceretur. **5**. Noster autem,

παραδειγματι *Plato* : -τα *V, recc.* || ἀλλοῖς *V* : τοῖς αλ- *Plato* || ἀλλοὶ οἱ *V* : ἀλλοὶ *Plato.* || **8** uerbis V^2 : uersibus V^1 || **9** scriberet V^2 : scripserit V^1.

XV. *Lem.* de... debeat *recc.* : *om. PV* || **3** dici : -cit *V* || **4** producto *V* : -cta *recc.*

notre ami avec la retenue et le sens du juste milieu qu'il apportait en toutes choses, déclara que même si les Aelius[1], les Cincius et les Santra avaient été de cette opinion, il ne les aurait pas suivis contre l'usage continuel de la langue latine, et il ne parlerait pas de manière singulière au point de dire des formes monstrueuses et inouïes ; **6.** il a cependant écrit une lettre sur le sujet parmi certains exercices récréatifs et il a démontré que *quiesco* n'était pas semblable aux mots que j'ai cités plus haut et n'était pas formé à partir de *quies*, mais *quies* à partir de lui, que ce mot avait une forme et une origine tirées d'un mot grec[2], et par des raisonnements qui n'étaient pas sans intérêt, il enseigna qu'il ne convenait pas de prononcer *quiesco* avec un *e* long.

XVI

Que le verbe *deprecor* a été employé par le poète Catulle de façon inusitée, il est vrai, mais appropriée et juste; sur l'explication rationnelle de ce verbe et les exemples des écrivains anciens.

1. Un homme qui par des exercices improvisés et désordonnés de langue s'était destiné à une réputation d'éloquence et n'avait en aucune façon appris ni les usages ni les principes rationnels du parler latin, nous donna amusement et plaisir au Lycée un soir que nous nous y trouvions en promenade. **2.** Alors que le verbe *deprecor* est employé de façon un peu savante dans un

1. Il s'agit de L. Aelius Stilo le maître de Varron, cf. 1, 18 et Vol. I, p. 61, n. 1. L. Cincius a été distingué définitivement par Hertz de l'ancien historien (*De Luciis Cinciis*, Berlin, 1842) ; il est sûrement postérieur à Aelius mais peut-être pas à Varron, cf. Huschke, p. 24 ss. Santra est un nom étrusque ; il était un peu plus jeune que Varron et que Cincius. Il brilla après 54 av. J.-C., comme l'a établi Bücheler (*Rhein. Mus.*, 40, 1885, p. 148). Pour la théorie développée ici, cf. notre *Critique...*, p. 255 ss.

qua est rerum omnium uerecunda mediocritate, ne si Aelii quidem, *Ci*ncii et Santrae dicendum ita censuissent, obsecuturum se fuisse ait contra perpetuam Latinae linguae consuetudinem, neque se tam insignite locuturum, ut absona inauditaque diceret ; **6.** litteras tamen super hac re fecit inter exercitia quaedam ludicra et ‘ quiesco ’ non esse his simile quae supra posui, nec a ‘ quiete ’ dictum, sed ab eo ‘ quietem ’, Graecaeque uocis et modum et originem uerbum istud habere demonstrauit, rationibusque haud sane frigidis docuit ‘ quiesco ’ ‘ e ’ littera longa dici non conuenire.

XVI

Verbum ‘ deprecor ’ a poeta Catullo inusitate quidem, sed apte positum et proprie; deque ratione eius uerbi exemplisque ueterum scriptorum.

1. Eiusmodi quispiam qui tumultuariis et inconditis linguae exercitationibus ad famam sese facundiae promiserat neque orationis Latinae usurpationes ⟨rationes⟩ue ullas didicerat, cum in Lycio forte uespera ambularemus, ludo ibi et uoluptati fuit. **2.** Nam cum esset uerbum ‘ deprecor ’ doctiuscule positum in Catulli carmine, quia id ignorabat,

5 uerecunda *recc.* : -dia *V* || cincii *edd.* : ancii *V* || linguae *om. V* || tam V^2 : tamquam V^1.

XVI. *Lem.* catullo *recc.* : catulo *PV* || **1** promiserat *V*, *recc.* : promouerat *prop. Hosius* prompserat *Damsté* || rationesue ullas *Hertz* : ue ullas *V*, *recc.* ueras *Carrio* uenustas *Petschenig* || ambularemus *recc.* : amuolaremus *V*.

poème de Catulle[1]. il disait, par ignorance, qu'étaient tout à fait sans force les vers les plus charmants qui soient, au jugement de tous du moins ; les voici : « Lesbia dit toujours du mal de moi et ne cesse jamais sur moi. Que je meure si Lesbia ne m'aime. Pourquoi ? c'est même chose en moi ; je la maudis *(deprecor)* sans cesse mais que je meure, si je ne l'aime. » **3.** L'excellent homme croyait qu'en ce lieu *deprecor* est dit comme on le dit souvent dans le langage courant avec le sens de *prier fort, implorer* et *supplier*, le préverbe *de* y ayant force d'augmentation et d'intensité[2]. **4.** S'il en était ainsi les vers seraient certes sans force. **5.** En réalité c'est tout le contraire : le préverbe *de* parce qu'il est ambigu, prend dans un seul et même verbe une force double. Ainsi *deprecor* est dit par Catulle comme maudire, exécrer, ou repousser, écarter avec horreur ; **6.** il a la valeur contraire quand Cicéron dit dans le *Pro Sulla*[3] : « De combien de gens celui-ci a-t-il obtenu la vie par ses prières *(deprecatus)* à Sylla. » **7.** De même dans le discours contre la loi agraire[4] : « Si je commets quelque faute je n'ai pas d'images *(deprecentur)* d'ancêtres qui vous supplient pour moi. »

8. Mais Catulle n'est pas seul non plus à avoir usé ainsi de ce verbe. Les livres sont remplis d'exemples d'un tel sens donné à ce verbe ; j'en ai cité un ou deux

1. 92.
2. Cf. Seru., *Aen.* 1, 106 : Dehiscens *ualde hiscens* ' de ' *enim augentis est ut in Terentio, Heaut.* 825 : « *Deamo te, Syre.* » Cf. Donat, *Ter., Eun.* 331 ; Isid. 10, 76, qui reproduit Seruius. *De* marquait en effet l'achèvement : *deuinco* remporter une victoire qui met fin à la guerre. D'où un sens de superlatif qui se marque par exemple dans *depereo*, etc. Cf. A. Ernout, *Dict. Étym.*, p. 165.
3. 72.
4. 7.

frigidissimos uersus esse dicebat omnium quidem iudicio uenustissimos, quos subscripsi :

Lesbia mi dicit semper male nec tacet umquam
De me ; Lesbia me dispeream nisi amat.
Quo signo ? quia sun*t* totidem *m*ea ; deprecor illam
Assidue, uerum dispeream nisi amo.

3. ‘ Deprecor ’ hoc in loco uir bonus ita esse dictum putabat, ut plerumque a uulgo dicitur, quod significat ‘ ualde precor ’ et ‘ oro ’ et ‘ supplico ’, in quo ‘ de ’ praepositio ad augendum et cumulandum ualet. **4**. Quod si ita esset, frigidi sane uersus forent. **5**. Nunc enim contra omnino est ; nam ‘ de ’ praepositio, quoniam est anceps, in uno eodemque uerbo du*plicem* ⟨uim⟩ capit. Sic enim ‘ deprecor ’ a Catullo dictum est, quasi ‘ detestor ’ uel ‘ exsecror ’ uel ‘ depello ’ uel ‘ abominor ’ ; **6**. contra autem ualet, cum Cicero ‘ Pro P. Sulla ’ ita dicit : « Quam multorum hic uitamst a Sulla deprecatus. » **7**. Item in dissuasione legis agrariae : « Si quid deliquero, nullae sunt imagines, quae me a uobis deprecentur. »

8. Sed neque solus Catullus ita isto uerbo usus est. Pleni sunt adeo libri similis in hoc uerbo significationis, ex quibus unum et alterum, quae

2 dispeream *recc., Catul.* : dis spereat *V* || sunt *Catul.* : sin *V* || mea *Vossius ad Catul.* : ea *V*, *Catulli O* || **5** duplicem uim *Hosius* : dum *V* dum significatum *Hertz* diuersum *Dziatzko* || depello : -llor *V* || **6** uitamst *Hertz* : uitam sit *V* uitam est *Cic.* || **8** isto V^2 : ista V^1.

qui m'étaient venus à l'esprit. **9.** Quintus Ennius dans l'*Érechtée*[1] n'a pas parlé bien autrement que Catulle : « Moi qui par ces tribulations procure la liberté à ceux de qui par mon malheur j'écarte *(deprecor)* la servitude. » Par *deprecor* il veut signifier je *chasse* et j'*écarte*, soit en employant la prière, soit par un autre moyen. **10.** De même dans le *Cresphontes* Ennius[2] écrit : « En épargnant ma vie j'écarterais *(deprecer)* la mort de mon ennemi. »

11. Cicéron dans le sixième livre de la *République*[3] a écrit ce qui suit : « Cela fut plus important parce que, collègues dans le même cas, non seulement ils n'étaient pas l'objet de la même haine, mais l'affection pour Gracchus écartait *(deprecabatur)* la haine pour Claudius. » Ici non plus ce n'est pas *priait fortement* mais pour ainsi dire *repoussait la haine, écartait la haine*, ce que les Grecs disent d'une façon analogue παραιτεῖσθαι[4].

12. De même, dans le *Pro Aulo Caecina*[5], Cicéron use de ce mot de façon semblable. « Que vas-tu faire, dit-il, pour cet homme ? Ne concéderais-tu pas parfois que l'on écarte *(deprecetur)* par l'excuse de suprême stupidité l'aversion qui s'attache à la suprême malhonnêteté. » **13.** De même dans le premier livre de la deuxième action contre Verrès[6] : « Mais maintenant que peut faire Hortensius ? Écarterait-il les accusations de cupidité par les éloges dus à la frugalité ? Mais il défend l'homme le plus scandaleux, le plus débauché, et le plus vil ». Ainsi Catulle dit qu'il fait la même

1. *Scaen.* 141 Jocelyn. Cf. Non. p. 448 : Deprecor *amolior, depello, propulso,* et viennent ensuite les mêmes exemples de Cicéron et d'Ennius.
2. *Scaen.* 134 Jocelyn.
3. 6, 2, 2.
4. Παραιτεῖσθαι a un double sens comme *deprecor*.
5. 11, 30.
6. En réalité le 2e discours de la 2e action : *De praetura Siciliensi*, 2, 2, 78, 192.

subpetierant, apposui. **9**. Q. Ennius in ' Erectheo ' non longe secus dixit quam Catullus :

Qui nunc, inquit, aerumna mea libertatem paro,
Quibus seruitutem *m*ea miseria deprecor ;

significat ' abigo ' et ' amolior ', uel prece adhibita uel quo alio modo. **10**. Item Ennius in 'Cresphonte' :

Ego cum meae uitae parcam, letum inimico deprecer.

11. Cicero in libro sexto 'De Republica' ita scripsit : « Quod quidem eo fuit maius, quia, cum causa pari collegae essent, non modo inuidia pari non erant, sed etiam Claudi inuidiam Gracchi caritas deprecabatur » ; hic quoque item non est ' ualde precabatur ', sed quasi propulsabat inuidiam et defensabat inuidiam, quod Graeci propinqua significatione παραιτεῖσθαι dicunt.

12. Item ' Pro Aulo Caecina ' consimiliter Cicero uerbo isto utitur. « Qu*i*d, inquit, huic homini facias ? Nonne concedas interdum ut excusatione summae stultitiae summae improbitatis odium deprecetur ? » **13**. Item in Verrem actionis secundae primo : « Nunc uero quid faciat Hortensius ? Avaritiaene crimina frugalitatis laudibus deprecetur ? At hominem flagitiosissimum, libidinosissi-

9 qui *V recc.* : cui *Non.* || libertatem *V* : -te *Non.* || mea *alt. Vossius* : ea *V* meam *Non.* || miseria *V* : -riam *Non.* || significat *V* : signat *edd.* || cum meae *Bothe* : meae cum *V* || **11** quia *recc.* : qui *V* || collegae *recc. Non.* : -ga *V* || gracchi caritas *Non.* : grechi caristas *V* || **12** quid *Cic.* : quod *V* || **13** at *recc.* : ad *V*.

chose que Lesbie, à la fois en dire du mal ouvertement, et la rejeter, la chasser avec des imprécations incessantes et d'autre part cependant se consumer d'amour pour elle dans le fond de son cœur.

XVII

Qui le premier de tous a présenté des livres à la lecture publique; et quel fut à Athènes avant les désastres persiques le nombre des livres publics dans les bibliothèques.

1. On dit que le tyran Pisistrate fut à Athènes le premier qui installa des livres de disciplines libérales[1] pour les offrir à lire au public. Puis les Athéniens eux-mêmes augmentèrent la collection avec bien de l'ardeur et du soin ; mais ensuite Xerxès, qui s'était emparé d'Athènes[2], après l'incendie de la ville elle-même à l'exception de la citadelle, enleva et emporta en Perse toute cette quantité de livres. **2.** Ensuite bien des années plus tard, le roi Seleucus qui reçut le surnom de Nicanor[3], prit soin de les ramener tous à Athènes.

3. Un grand nombre de livres furent ensuite rassemblés ou copiés par les rois Ptolémée en Égypte, environ sept cent mille rouleaux ; mais, lors de la première guerre d'Alexandrie, au cours du pillage de la ville, ils furent incendiés tous, par hasard, sans intention ni volonté délibérée, par des soldats auxiliaires[4].

1. Sur la bibliothèque de Pisistrate, cf. Sueton. 102 R. et Isid. 6, 3, 3.

2. En 480 avant la bataille de Salamine qui délivra l'Attique et Athènes elle-même de l'invasion.

3. Il s'agit en réalité de Seleukos I Nikator (358-280), général macédonien qui, après la mort d'Alexandre, devint roi de Syrie, et non de Nikanor qui fut amiral d'Alexandre.

4. La bibliothèque d'Alexandrie brûla en septembre 48 lors de la guerre d'Alexandrie entre César qui occupait la ville et les troupes de Ptolémée commandées par le stratège Achillas. Mais elle ne fut pas détruite en totalité. Elle était le refuge des païens à la fin du IVe siècle. Les auteurs varient sur le nombre de volumes. Sénèque (*Tranq. an.* 9, 5) qui cite Tite Live, parle de 400 000.

mum nequissimumque defend*i*t. » Sic igitur Catullus eadem se facere dicit quae *Lesb*iam, quod et malediceret ei palam respueretque et recusaret detestareturque assidue et tamen eam penitus deperiret.

XVII

Quis omnium primus libros publice praebuerit legendos ; quantusque numerus fuerit Athenis ante clades Persicas librorum in bibliothecis publicorum.

1. Libros Athenis disciplinarum liberalium publice ad legendum praebendos primus posuisse dicitur Pisistratus tyrannus. Deinceps studiosius accuratiusque ipsi Athenienses auxerunt ; sed omnem illam postea librorum copiam Xerxes, Athenarum potitus, urbe ipsa praeter arcem incensa, abstulit asportauitque in Persas. **2**. Eos porro libros uniuersos multis post tempestatibus Seleucus rex, qui Nicanor appellatus est, referendos Athenas curauit.

3. Ingens postea numerus librorum in Aegypto ab Ptolemaeis regibus uel conquisitus uel confectus est ad milia ferme uoluminum septingenta ; sed ea omnia bello priore Alexandrino, dum diripitur ea ciuitas, non sponte neque opera consulta, sed a militibus forte auxiliaris incensa sunt.

defendit *Cic.* : -dat *V* || quae lesbiam *Gron.* : que res uiam *V* || quod *V* : qui *recc.*

XVII. **1** tyrannus : annus *V*[1] || arcem : -ce *V* || **2** nicanor *V* : nicator *Sciopp.* || referendos *recc.* : -ndas *V* || **3** ptolemaeis : ptolom- *V* || ferme : ferre *V*[1] || uoluminum *V*[2] : -na *V*[1] || septingenta *V*, cf. *Amm. Marc.* 22, 16, 13 : septuaginta *recc.*, cf. *Isid.* 6, 3, 5.

LIVRE VIII

LIVRE VIII

I

Si *hesterna noctu* (la nuit d'hier), est une expression correcte ou fautive et ce que les grammairiens nous ont transmis sur ces mots ; en outre que les décemvirs dans les Douze Tables ont dit *nox* pour *noctu*[1].

II

Les dix mots que Favorinus m'a cités comme usuels certes chez les Grecs, mais qui sont étrangers et barbares ; quels mots pareillement il a reçus de moi en même nombre qui, tirés de l'usage commun et ordinaire des gens parlant latin, ne sont pas latins du tout et ne se trouvent pas dans les livres des anciens.

1. Le chapitre est sans doute en partie transcrit par Macrobe (1, 4, 17) qui rappelle qu'Ennius a dit « *hac noctu* » et « *qua noctu* », Claudius Quadrigarius *noctu multa* et les décemvirs *nox* au lieu de *noctu,* XII *Tab.* 8, 12 : *Si nox furtum faxsit si im occisit, iure caesus esto.* Seru., *Aen.* 10, 244 : *Lucilius in tertio* : « *Hinc media remis Palinurum peruenio* 'nox' *pro* 'nocte' » Lucilius, V. 127 Marx.

LIBER OCTAVVS

I

‘ Hesterna noctu ’ rectene an cum uitio dicatur et quaenam super istis uerbis grammatica traditio sit ; item quod decemuiri in XII Tabulis ‘ nox ’ pro ‘ noctu ’ dixerunt.

II

Quae mihi decem uerba ediderit Fauorinus, quae usurpentur quidem a Graecis, sed s*i*nt adulterina et barbara ; quae item a me totidem acceperit, quae ex medio communique usu Latine loquentium minime Latina s*i*nt neque in ueterum libris reperiantur.

Liber octauus in omnibus libris deest. Capituli tamen in recentioribus libris inueniuntur inter quos hic adferuntur :

a *Laurentianus* 54, 28.
c *Laurentianus* 54, 11.
d *Laurentianus olim ecclesiae Flor.* 188.
f *Parisinus* olim *Germanensis* 643 Bibl. Nat. Lat. 13038.
n *Parisinus* olim *Germanensis* 1185 Bibl. Nat. Lat. 13039.
u passim adfertur.

I. hesterna *a f c* : externa *n* extrema *d* || -ne *om. d f* || traditio : -dita *f* || dixerunt *a d f n c u* : -erint *Hertz dubitanter.*

II. sint *ed. Ven.* 1517 : sunt *a c d f n* || a me *c* : ad me *a d f n* || acceperit *c f n* : accepit *a d* || sint *Carrio* : sunt *a c d f n* || ueterum : ueteris *n* || reperiantur : -riuntur *u.*

III

De quelle manière et avec quelle sévérité le philosophe Peregrinus a réprimandé devant moi un jeune Romain de famille équestre, qui se tenait debout près de lui, inattentif et bâillant constamment.

Et il le vit bâiller constamment, et vit même en vérité les molles rêveries de son esprit et de son corps[1].

IV

Qu'Hérodote, historien très célèbre, a fait erreur en disant que, seul et unique parmi les arbres, le pin une fois coupé, ne se multiplie jamais à nouveau à partir des mêmes racines[2]; et que de même, sur l'eau pluviale et la neige[3], il a donné pour assurée une chose qu'il n'avait pas assez examinée.

V

Qu'est-ce que Virgile a voulu dire par « *caelum stare puluere*[4], le ciel est soutenu par la poussière », et Lucilius par « *pectus sentibus stare*, la poitrine est soutenue par les épines ».

VI

Quand une réconciliation a lieu après des heurts légers, qu'il est absolument inutile de se faire des reproches mutuels et, sur la question, d'une part un exposé de Taurus et d'autre part une citation prise à un livre de Théophraste; ce que Marcus Cicéron lui aussi a pensé du sentiment d'amitié[5], ajouté en ses propres termes.

1. La phrase est citée par Nonius p. 175, l. 7 et elle a été mise ici par Mercerus.

III

Quem in modum et quam seuere increpuerit audientibus nobis Peregrinus philosophus adulescentem Romanum ex equestri familia, stantem segnem apud se et assidue oscitantem.

⟨Et adsiduo oscitantem uidit, atque illius quidem delicatissimas mentis et corporis halucinationes.⟩

IV

Quod Herodotus, scriptor historia memoratissimus, parum uere dixerit unam solamque pinum arborum omnium caesam numquam denuo ex isdem radicibus pullulare ; et quod item de aqua pluuiali et niue rem non satis exploratam pro comperta posuerit.

V

Quid illud sit, quod Vergilius ‘ caelum stare puluere ’, et quod Lucilius ‘ pectus sentibus stare ’ dixit.

VI

Cum post offensiunculas in gratiam redeatur, expostulationes fieri mutuas minime utile esse, superque ea re et sermo Tauri expositus et uerba ex Theophrasti libro sumpta ; et qu*i*d M. quoque Cicero de amore amicitiae senserit, cum ipsius uerbis additum.

III. increpuerit *a c d f*[2] : -puit *f*[1] *n* -pauit *u* || et adsiduo oscitantem... halucinationes *ex Nonio* p. 175, l. 7, *post* oscitantem, *scilicet ut ex hoc capitulo fragmentum, add. Mercerus.*

V. puluere *a d f* : -rem *c n.*

VI. esse *om. n* || quid *edd.* : quod *a c d f n u* || amicitiae : et amicitia *F. Skutsch* || additum *a d f*[2] : aditum *f*[1] *n.*

VII

Tirés du livre d'Aristote qui est intitulé *De la mémoire*, faits connus et reçus concernant la nature et le comportement de la mémoire[1]; et au même chapitre certains autres points lus ou entendus sur l'exubérance ou la disparition de cette faculté.

VIII

Ce qui m'est arrivé alors que je voulais traduire et reproduire en quelque sorte certains passages de Platon en latin.

IX

Que Théophraste, le philosophe le plus éloquent de toute son époque, au moment de prononcer quelques mots au peuple athénien, s'est tu, démonté par la timidité; et que la même chose arriva à Démosthène[2] prononçant un discours devant le roi Philippe.

X

De quelle sorte fut dans la ville d'Éleusis ma discussion avec un certain grammairien charlatan qui ignorait le temps des verbes et ce que les petits garçons étudient, mais faisait étalage de l'obscurité effrayante de questions difficiles, pour prendre au piège l'esprit des ignorants[3].

1. Cf. Non. p. 708, l. 17 qui rappelle la différence établie par Aristote entre *meminisse* μνημονεύειν, se souvenir, *et in memoriam reuocare* ἀναμεμνῆσθαι, le dernier seul appartenant à l'homme. Pline 7, 88 s. cite des cas de mémoire prodigieuse : Cyrus connaissant le nom de tous ses soldats, Scipion de tous ses concitoyens, Cineas, ambassadeur et ami de Pyrrhus, de tous les sénateurs et chevaliers romains au bout d'un jour seulement, Mithridate savait les vingt-deux langues de son royaume.

VII

Ex Aristotelis libro, qui ⟨Περὶ Μνήμης⟩ inscriptus est, cognita acceptaque de natura memoriae et habitu ; atque inibi alia quaedam de exuberantia aut interitu eius lecta auditaque.

VIII

Quid mihi usu uenerit, interpretari et quasi effingere uolenti locos quosdam Platonicos Latina oratione.

IX

Quod Theophrastus, philosophus omnis suae aetatis facundissimus, uerba pauca ad populum Atheniensem facturus, deturbatus uerecundia obticuerit ; quodque idem hoc Demostheni apud Philippum regem uerba facienti euenerit.

X

Qualis mihi fuerit in oppido Eleusino disceptatio cum grammatico quodam praestigioso, tempora uerborum et puerilia meditamenta ignorante, remotarum autem quaestionum nebulas et formidines capiendis imperitorum animis ostentante.

VII. περὶ μνήμης *add. Hertz post Ascens.* || est *om. f* || memoriae et habitu *a d f* : et habitu memoriae *n c u* || de *ante* alia *posuerunt a d f u, om. n, corr. ed. Ascens.* 1517 || quaedam *n u* : quadam *a c d f* || exuberantia *d f* : exuperantia *a c n u.*

VIII. interpretari : interpretarique *u* || effingere : fingere *f* || uolenti *a c d f* : uolent *n u* || locos : iocos *d.*

IX. atheniensem *a d f* : -sium *c n.*

X. capiendis *a c n* : -das *d f* || imperitorum : -ratorum *f* || ostentante *d f* : -antem *a c n u.*

XI

Réponse spirituelle de Socrate à sa femme Xanthippe lui demandant qu'ils dînassent à plus grands frais lors des Dionysies.

XII

Ce qui signifie l'expression *plerique omnes* qui se lit dans les livres des anciens[1]; et qu'elle paraît avoir été reçue des Grecs.

XIII

Que *Cupsones*, mot employé par les gens d'Afrique[2], n'est pas un vocable carthaginois mais grec.

XIV

Joli échange de répliques entre le philosophe Favorinus et un fâcheux dissertant sur le double sens des mots[3]; au même chapitre un passage du poète Naevius et un de Cneius Gellius qui ne sont pas cités souvent; et aussi les origines de mots découvertes par Publius Nigidius.

XV

De quelle manière le poète Laberius a été déshonoré et maltraité[4] par Caius César; et au même chapitre citation des vers du même Laberius sur la même question[5].

1. L'expression est attestée dans Plaute (*Trin.* 29) et Térence (*Andr.* 55 ; *Heaut.* 830).

XI

Quam festiue responderit Xanthippae uxori Socrates, petenti ut per Dionysia largiore sumptu cenitarent.

XII

Quid significet in ueterum libris scriptum ‘ plerique omnes ’ ; et quod ea uerba accepta a Graecis uidentur.

XIII

‘ Cupsones ’, quod homines Afri dicunt, non esse uerbum Poenicum, sed Graecum.

XIV

Lepidissima altercatio Favorini philosophi aduersus quendam intempestiuum de ambiguitate uerborum disserentem ; atque inibi uerba quaedam ex Naeuio poeta et Cn. Gellio non usitate collocata ; atque ibidem a P. Nigidio origines uocabulorum exploratae.

XV

Quibus modis ignominiatus tractatusque sit a C. Caesare Laberius poeta ; atque inibi appositi uersus super eadam re eiusdem Laberii.

XI. tibi *ante* responderit *add. d* || petenti : pot- *n.*
XIII. cupsones *c d n u* : eupsones *(ut uidetur) a f* (cf. *Marshall, Mnem.* 1962, 273).
XIV. lepidissima *a d f* : tepidissima *c n u* || et *om. n* || cn *d* : gneo *f c (diuise)* neo *n* || gellio *a c n u* : gallio *d f.*
XV. ignominiatus *edd.* : -natus *a c d f n u.*

LIVRE IX

LIVRE IX

I

Pourquoi Quintus Claudius Quadrigarius a écrit dans le dix-neuvième livre des *Annales* que les coups se font plus droits et plus assurés si on envoie un projectile vers le haut que vers le bas.

1. Quintus Claudius Quadrigarius dans le dix-neuvième[1] livre des *Annales*, exposant que le proconsul Metellus attaquait une place, qu'au contraire les habitants la défendaient du haut des murs, a écrit ainsi : « L'archer ainsi que le lanceur de fronde font voler des deux côtés les projectiles avec très grande ardeur et courage. Mais que l'on envoie une flèche et une pierre vers le bas ou vers le haut, il y a la différence que voici : ni l'une ni l'autre ne peuvent être envoyées droit vers le bas, mais très bien vers le haut, l'une et l'autre. C'est pourquoi les soldats de Metellus étaient beaucoup moins blessés, et, ce qui était surtout nécessaire, ils écartaient facilement les ennemis des créneaux. »

2. Je demandais quant à moi au rhéteur Antonius Julianus pourquoi se produisait ce que Quadrigarius avait dit, que les coups touchent plus et se font plus droits si on jette une pierre ou une flèche vers le haut que vers le bas alors que le jet est plus aisé et plus facile du haut vers le bas que du bas vers le haut. **3.** Alors Julianus après avoir approuvé le genre de la question répliqua : « Ce qu'il a dit de la flèche et de la pierre peut être dit à peu près de tout trait qu'on lance. **4.** Or le jet est plus

1. Les manuscrits sont unanimes à placer l'épisode au 19e livre des *Annales* de Quintus Quadrigarius (Frag. 85 Peter), mais dans le lemme ils indiquent le 18e livre ; seul *Q* a corrigé. Il est difficile de savoir de quel siège il s'agit ; d'autant plus que l'identité du proconsul Metellus n'est pas précisée. I. Gronove pensait à la guerre des Marses (Sénèque, *Ben.* 3, 23) et à l'attaque de Grumentum par C. Caecilius Metellus proconsul de Gaule. On songe généralement à Q. Caecilius Metellus Pius, consul en 80. Il s'agirait d'un épisode de la lutte contre Sertorius.

LIBER NONVS

I

Quamobrem Q. Claudius Quadrigarius, in undeuicesimo 'Annali', scripserit rectiores certioresque ictus fieri, si sursum quid mittas quam si deorsum.

1. Quintus Claudius in undeuicesimo 'Annali', cum oppidum a Metello proconsule oppugnari, contra ab oppidanis desuper e muris propugnari describeret, ita scripsit : « Sagittarius cum funditore utrimque summo studio spargunt fortissime. Sed sagittam atque lapidem deorsum an sursum mittas, hoc interest ; nam neutrum potest deorsum uersum recte mitti, sed sursum utrumque optime. Quare milites Metelli sauciabantur multo minus et, quod maxime opus erat, a *pinnis* hostis defendebant facillime. »

2. Percontabar ego Antonium Iulianum rhetorem, cur hoc ita usu ueniret quod Quadrigarius dixisset, ut contigui magis directioresque ictus fiant, si uel lapidem uel sagittam sursum uersus iacias quam deorsum, cum procliuior faciliorque iactus sit ex supernis in infima quam ex infimis in superna. **3.** Tum Iulianus, comprobato genere quaestionis : « Quod de sagitta, inquit, et lapide dixit, hoc de omni fere missili telo dici potest. **4.** Facilior autem iactus est, sicuti dixisti, si

I. *Lem.* q. *FΠNB* : quintus *QZ* || undeuicesimo *Q* : duodeuicesimo *FΠNBZ* || **1** quintus : q. *N* || mittas *FΠNB*[2]*Q* : amittas *B*[1]*Z* || pinnis *ed. Ven.* 1472 : pennis *FΠNBQZ* || facillime *FΠN* : fac- funditore *BQZ* || **2** ita : idem *N*[1] || si uel : siue *Π* || iacias *Q*[2] : iaciat *FΠNBQZ*.

facile, comme tu l'as dit, si on jette d'en haut, à condition qu'on veuille seulement jeter et non frapper. **5.** Mais quand la mesure et l'élan du jet doivent être réglés et dirigés, alors si on jette vers le bas, le contrôle et le calcul de celui qui envoie le trait sont corrompus[1] par la force de chute elle-même, de quelque nature qu'elle soit, et par le poids du trait qui tombe. **6.** Mais si on l'envoie vers le haut et si on vise de la main et des yeux pour frapper un objet en hauteur, le trait jeté ira où l'impulsion que tu auras donnée le portera. » **7.** Tel est à peu près le sens de l'entretien que Julianus eut avec nous sur ces mots de Quintus Claudius Quadrigarius.

8. Quant à ce que ce même Quintus Claudius Quadrigarius dit : « Ils écartaient *(defendebant)* facilement les ennemis des créneaux », il faut remarquer qu'il s'est servi du mot *defendebant* non pas suivant l'habitude commune, mais de façon tout à fait propre et latine[2]. **9.** *Defendere* et *offendere* sont opposés entre eux, l'un signifie ἐμποδὼν ἔχειν, c'est-à-dire courir sur quelque chose et s'abattre sur lui, l'autre ἐκποδὼν ποιεῖν, c'est-à-dire détourner et chasser, comme Quadrigarius le dit dans ce passage.

1. C'est la difficulté du tir « fichant » reconnue même pour les armes à feu par les manuels d'infanterie.

2. Ce sens de *defendo* est solidement attesté jusqu'à l'époque classique et généralement reconnu comme le sens primitif du verbe. Cf. en particulier Ernout. *Dict. s.u.* Non. p. 426 : Defendere, *depellere. Verg. in Buc.* : 7, 476 *solstitium pecori defendite. Enn. Achille : serua ciues, defende hostes cum...*

desuper iacias, si quid iacere tantum uelis, non ferire. **5**. Sed cum modus et impetus iactus temperandus dirigendusque est, tum, si in prona iacias, moderatio atque ratio mittentis praecipitantia *quali*cumque ipsa et pondere cadentis teli corrumpitur. **6**. At si in editiora mittas et ad percutiendum superne aliquid manum et oculos conlinies, quo mo*t*us a te datus tulerit, eo telum ibit quod ieceris. »
7. Ad hanc ferme sententiam Iulianus super istis Q. Claudii uerbis nobiscum sermocinatus est.

8. Quod ait idem Q. Claudius : « a p*i*nnis hostis defendebant facillime », animaduertendum est usum esse eum uerbo ‘ defendebant ’, non ex uulgari consuetudine, sed admodum proprie et Latine. **9**. Nam ‘ defendere ’ et ‘ offendere ’ inter sese aduersa sunt, quorum alterum significat ἐμποδὼν ἔχειν, id est incurrere in aliquid et incidere, alterum ἐκποδὼν ποιεῖν, id est auertere atque depellere, quod hoc in loco a Q. Claudio dicitur.

5 dirigendus $F^2\Pi BQZ$: der- F^1N || mittentis $F^2\Pi N$: mittentis que F^1BQZ || qualicumque *Dziatzko* : lucumque *BQZ, om.* *FΠN* || teli *FΠNQ* : telis *BZ* || **6** motus *Ascens.* 1532 : modus *FΠNBQZ* || **7** q. *om.* *BQZ* || **8** pinnis *edd.* : pennis *FΠNBQZ* || **9**. q. claudio *FΠN* : claudio *BQZ*.

II

Par quelle sorte de mots Herodes Atticus a flétri un homme qui ayant revêtu une tenue et un vêtement trompeurs avait pris faussement le nom et l'apparence du philosophe.

1. Herodes Atticus[1], personnage consulaire admiré d'une foule de gens pour son talent agréable et son éloquence en langue grecque, fut abordé en notre présence par un homme en manteau, aux cheveux longs, la barbe descendant presque jusqu'à l'aine, qui le pria de lui donner une pièce de monnaie pour du pain. **2.** Alors Herodes l'interroge : « Qui était-il ? » **3.** Et l'autre, le reproche sur le visage et dans la voix, dit qu'il est philosophe et ajoute qu'il est étonné qu'Herodes ait pensé qu'il lui fallait demander ce qu'il voyait bien. **4.** Je vois, dit Herodes une barbe et un manteau, le philosophe, je ne le vois pas encore. **5.** Je te demande d'avoir la bonté de nous dire de quelles preuves nous pouvons nous servir, à ton avis, pour reconnaître que tu es philosophe. » **6.** Sur ces entrefaites quelques-unes des personnes qui entouraient Herodes de dire que c'était un vagabond, un bon à rien[2], habitant de bouges dégoûtants et qui, s'il n'obtenait pas ce qu'il demandait, vous poursuivait d'injures honteuses ; alors Herodes dit : **7.** « Donnons-lui, quel qu'il soit[3], un peu de monnaie comme des hommes, mais non pas comme à un homme », et il lui fit donner le prix de trente jours de pain.

1. Ce chapitre est le plus nettement consacré au thème du philosophe dont la pratique dément la théorie. Cf. *Introduction*, p. XXVII, n. 5. Mais cette idée existe plus ou moins explicitement dans tous les développements ou anecdotes contre l'inutilité d'une science trop théorique (*ibid.*, p. XXIV-XXXI) et en particulier de la philosophie (10, 22, 24). Au demeurant on peut penser que le riche rhéteur qu'était Herodes méprisait pour des raisons corporatives les philosophes et pour des raisons sociales les philosophes mendiants. Sur le grand nombre de ces philosophes mendiants, portant la barbe, le pallium et la besace, cf. L. Friedlaender, *Sittengeschichte*, III, 268 ss. et surtout Lucien (*Piscator* 11 ; *Eunuchus* 8 ; *Bis accusatus* 6 ; *Icaromenippus*, 5 ; *Cynicus* passim, etc.) ; Apulée, *Flor.* 7, dont le développement est très voisin de ce chapitre.

II

Qualibus uerbis notarit Herodes Atticus falso quempiam cultu amictuque nomen habitumque philosophi ementientem.

1. Ad Herodem Atticum, consularem uirum ingenioque amoeno et Graeca facundia celebrem, adiit nobis praesentibus palliatus quispiam et crinitus barbaque prope ad pubem usque porrecta ac petit aes sibi dari εἰς ἄρτους. **2.** Tum Herodes interrogat quisnam esset. **3.** Atque ille, uultu sonituque uocis obiurgatorio, philosophum sese esse dicit et mirari quoque addit cur quaerendum putasset quod uideret. **4.** « Video, inquit Herodes, barbam et pallium, philosophum nondum uideo. **5.** Quaeso autem te, cum bona uenia dicas mihi quibus nos uti posse argumentis existimas, ut esse te philosophum noscitemus ? » **6.** Interibi aliquot ex his qui cum Herode erant erraticum esse hominem dicere et nulli rei incolamque esse sordentium ganearum, ac nisi accipiat quod petit conuicio turpi solitum incessere ; atque ibi Herodes : **7.** « Demus, inquit, huic aliquid aeris, cuicuimodi est, tamquam homines, non tamquam homini », et iussit dari pretium panis triginta dierum.

II. *Exstat in TY* || *Lem.* qualibus *FBQZ* : quibus *ΠN* || cultu amictuque : cultum amictumque *Q* || philosophi ementientem *Carrio* : philosophiae mentientem *FΠNBQZ* || **1** εις αρτους tum *FΠN* : ei capto ictum *BZ* ei capto hic tum *Q* tum *Y* tunc *T* || **4** nondum *FNBQZT* : non *ΠY* || **6** interibi *FΠNBZ* : interim *QY* interim ibi *T* || nulli *FΠNQ*[1]*ZTY* : nullius *BQ*[2] || ac nisi : nisi *Q* || **7** cuicui *FΠNBQZ* : cuiuscumque *TY* || modi : modo *T* || ei *ante* dari *add. TY*.

8. Alors nous regardant, nous, ses disciples, il dit : « Musonius[1] fit donner mille sesterces à quelqu'un de cette sorte qui mendiait et se vantait d'être philosophe, et comme plusieurs personnes lui disaient que c'était un vaurien, un homme méchant et malintentionné qui ne méritait rien de bon, alors Musonius souriant ajouta, dit-on : « Il mérite donc de l'argent. » **9.** Mais il y a ceci d'abord, dit-il, qui me cause douleur et chagrin, c'est que des animaux immondes et impurs[2] prennent possession d'un nom aussi sacré et se font appeler philosophes. **10.** Or mes ancêtres les Athéniens prescrivirent par un décret officiel que jamais il ne fût loisible de donner à des esclaves les noms des jeunes braves, Harmodius et Aristogiton qui, pour restaurer la liberté, avaient entrepris de tuer le tyran Hippias[3], car ils estimaient sacrilège que des noms sacrifiés à la liberté de la patrie fussent souillés par un contact servile. **11.** Pourquoi donc souffrons-nous, nous, que le nom si illustre de la philosophie soit sali en s'appliquant à des hommes très vils? Donnant un exemple semblable dans un sens opposé, les anciens Romains, à ce que j'entends dire, ont interdit par sénatus-consulte que les prénoms de patriciens qui s'étaient mal conduits envers la république, et qui pour cette raison avaient été condamnés à mort, fussent donnés à un patricien de la même famille[4], afin que les noms des coupables fussent frappés d'infamie et parussent mis à mort avec eux. »

1. Sur Caius Musonius Rufus, cf. *supra* 5, 1 et la n. 1.
2. Sur *probra*, cf. Probus (Keil, 4, 201, 27) et mes *Mots archaïques...* p. 258.
3. En 17, 21, 7 Aulu-Gelle nomme Hipparche plus conformément à la tradition.
4. Il s'agit surtout de M. Manlius (cf. 17, 21, 24) qui avait été condamné pour avoir voulu rétablir la royauté à son profit. Il fut interdit aux Manlii de prendre le prénom de Marcus (T. Liu. 6, 20, 14 ss.). Et cette interdiction servait dans le style oratoire de lieu commun. Cf. Cic., *Phil.* 1, 13, 32. Dans la gens Claudia le prénom Lucius avait été frappé d'un tabou analogue (Sueton., *Tib.* 1, 4). Tacite rapporte que parmi les peines proposées contre Pison, le meurtrier de Germanicus, il fut demandé que son fils changeât de prénom (*Ann.* 3, 17, 4).

8. Tum nos aspiciens qui eum sectabamur : « Musonius, inquit, aeruscanti cuipiam id genus et philosophum sese ostentanti dari iussit mille nummum, et cum plerique dicerent nebulonem esse hominem malum et malitiosum et nulla re bona dignum, tum Musonium subridentem dixisse aiunt : ἄξιος οὖν ἐστὶν ἀργυρίου. 9. Sed hoc potius, inquit, dolori mihi et aegritudini est, quod istiusmodi animalia spurca atque probra nomen usurpant sanctissimum et philosophi appellantur. 10. Maiores autem mei Athenienses nomina iuuenum fortissimorum Harmodii et Aristogitonis, qui libertatis recuperandae gratia Hippiam tyrannum interficere adorsi erant, ne umquam seruis indere liceret decreto publico sanxerunt, quoniam nefas ducerent nomina libertati patriae deuota seruili contagio pollui. 11. Cur ergo nos patimur nomen philosophiae inlustrissimum in hominibus deterrimis exsordescere ? Simili autem, inquit, exemplo ex contraria specie antiquos Romanorum audio praenomina patriciorum quorundam male de republica meritorum et ob eam causam capite damnatorum censuisse, ne cui eiusdem gentis patricio inderentur, ut uocabula quoque eorum defamata atque demortua cum ipsis uiderentur. »

8 sectabamur : -batur *Q* || mille *om. Q* || **10** *a* uerbo *Harmodii incipit X* || quoniam : quom *N ut semper* || libertati : -te *Π* || patriae : -ia *Π*.

III

Lettre du roi Philippe au philosophe Aristote sur la naissance récente d'Alexandre.

1. Philippe, fils d'Amyntas, roi du pays de Macédoine, avait doté par son courage et son activité, les Macédoniens d'un empire très riche et avait entrepris de s'emparer de maintes races et nations, et sa force et ses armes sont proclamées comme à craindre et à redouter pour la Grèce tout entière par ces illustres discours et harangues de Démosthène ; **2.** ce Philippe quoiqu'il fût employé et occupé presque à tout moment aux affaires de la guerre et aux victoires, ne s'est cependant jamais écarté de la Muse libérale et de l'étude des humanités au point de ne pas agir et parler avec charme et agrément. **3.** Il circule d'ailleurs des livres de lettres de lui, pleines de raffinement, de grâce et de sagesse, comme par exemple cette lettre[1] dans laquelle il annonça au philosophe Aristote la naissance d'Alexandre.

4. Cette lettre est une exhortation au soin et à la diligence dans l'instruction des enfants, il m'a paru bon de l'extraire pour attirer l'attention des parents. **5.** Il faut donc en donner le sens qui est à peu près celui-ci :

« Philippe adresse son salut à Aristote.

Sache qu'un fils m'est né. Quant à moi j'en rends grâce aux dieux, non tant de ce qu'il est né, que de ce

1. Cf. en 20, 5 un échange de lettres entre Aristote et Alexandre. Alexandre est né en 356 à Pella. Aristote fut son professeur à Mieza entre 343 et 340. Toutes ces lettres sont apocryphes. Cf. Iohannes Sarisburiensis, *Policr.* 4, 6.

III

Epistula Philippi regis ad Aristotelem philosophum super Alexandro recens nato.

1. Philippus, Amyntae filius, terrae Macedoniae rex, cuius uirtute industriaque Macetae locupletissimo imperio aucti gentium nationumque multarum potiri coeperant et cuius uim atque arma toti Graeciae cauenda metuendaque inclitae illae Demosthenis orationes contionesque uocificant — **2.** is Philippus, cum in omni fere tempore negotiis belli uictoriisque adfectus exercitusque esset, a liberali tamen Musa et a studiis humanitatis numquam afuit, quin lepide comiterque pleraque et faceret et diceret. **3.** Feruntur adeo libri epistularum eius, munditiae et uenustatis et prudentiae plenarum, uelut sunt illae litterae quibus Aristoteli philosopho natum esse sibi Alexandrum nuntiauit. **4.** Ea epistula, quoniam curae diligentiaeque in liberorum disciplinas hortamentum est, exscribenda uisa est ad commonendos parentum animos. **5.** Exponenda est igitur ad hanc ferme sententiam :

« Philippus Aristoteli salutem dicit.

Filium mihi genitum scito. Quod equidem dis habeo gratiam, non proinde quia natus est, quam

III. *Exstat in TY* || **1** cauenda metuendaque *QTY* : cauendam metuendamque *FXΠNZ* cauendam metuendaque *B* || **2** musa *F*[2] *in marg.* : mesa *F* mensa *XΠNBQZ om. TY* || **4** liberorum : librorum *Q* || exscribenda *FXΠNTY* : scribenda *BQZ* || commonendos : commouen- *Q*.

qu'il a eu le bonheur de naître de ton temps. J'espère qu'élevé et formé par toi il se montrera digne et de moi et de prendre en mains les affaires. »

6. Voici les termes mêmes de Philippe[1] :

« Philippe adresse son salut à Aristote.

Sache qu'un fils m'est né. Je rends donc grande grâce aux dieux, non pas tant pour la naissance du garçon que de ce qu'il est né de ton temps ; j'espère que, nourri et élevé par toi, il sera digne, et de nous et de me succéder à la tête des affaires. »

IV

Sur des merveilles prodigieuses chez des nations barbares ; sur des enchantements sauvages et mortels ; et au même chapitre sur des femmes soudain changées en mâles.

1. Comme nous rentrions de Grèce en Italie, que nous arrivions à Brindes et qu'ayant débarqué à terre nous nous promenions dans ce port illustre, que Quintus Ennius[2] a qualifié d'un mot, un peu obscur, mais tout à fait approprié *praepes* (de bon augure), nous vîmes exposés des paquets de livres à vendre. **2.** Et moi, aussitôt[3] avec avidité, je vais tout droit vers les livres. **3.** Or c'étaient tous des livres grecs, remplis de faits merveilleux et fabuleux, phénomènes inouïs, incroyables, auteurs anciens[4] de grande autorité : Aristeas de Proconnèse, Isigonus de Nicée, Ctésias, Onesicritus, Philo-

1. En grec dans le texte.
2. Ennius, *Ann.* 488 Vahlen[2]. Sur le sens et la valeur de *praepes* Aulu-Gelle a donné toutes explications en 7, 6.

pro eo, quod eum nasci contigit temporibus uitae tuae. Spero enim fore ut eductus eruditusque a te, dignus existat et nobis et rerum istarum susceptione. »

6. Ipsius autem Philippi uerba haec sunt :

Φίλιππος Ἀριστοτέλει χαίρειν.

Ἴσθι μοι γεγονότα υἱόν. πολλὴν οὖν τοῖς θεοῖς ἔχω χάριν, οὐχ οὕτως ἐπὶ τῇ γενέσει τοῦ παιδός, ὡς ἐπὶ τῷ κατὰ τὴν σὴν ἡλικίαν αὐτὸν γεγονέναι· ἐλπίζω γάρ αὐτὸν ὑπὸ σοῦ τραφέντα καὶ παιδευθέντα ἄξιον ἔσεσθαι καὶ ἡμῶν καὶ τῆς τῶν πραγμάτων διαδοχῆς.

IV

De barbararum gentium prodigiosis miraculis; deque diris et exitiosis effascinationibus; atque inibi de feminis repente uersis in mares.

1. Cum e Graecia in Italiam rediremus et Brundisium iremus egressique e naui in terram in portu illo inclito spatiaremur, quem Q. Ennius remotiore paulum, sed admodum scito uocabulo ‘ praepetem ’ appellauit, fasces librorum uenalium expositos uidimus. **2.** Atque ego auide statim pergo ad libros. **3.** Erant autem isti omnes libri Graeci miraculorum fabularumque pleni, res inauditae, incredulae, scriptores ueteres non paruae auctoritatis : Aristeas Proconnesius et Isigonus Nicaeensis et Ctesias et Onesicritus et P*hil*oste-

5 contigit *FXΠNBQZY*[2] : contingit *TY*[1] || eductus *F*[1]*XΠNBQZT*[1]*Y* : educatus *F*[2]*T*[2] || istarum *codd.* : nostrarum *F. Skutsch* ipsarum *Hosius* iusta *Damsté.*

IV. *Exstat in TY* || *Lem.* deque : que *Q* || **1** rediremus *FXΠNBQZ* : redirem *TY* || **3** philostephanus *Ionsius ex Plin. H.N.* 7, 207 : polist- *ΠBQZY* polyst- *FXNT.*

stephanus et Hegesias ; **4**. les livres eux-mêmes étaient sales d'avoir été longtemps négligés et ils avaient une allure et un aspect repoussants. **5**. Je m'approchai cependant et demandai le prix, puis, entraîné par sa modicité étonnante et inattendue, j'achète un grand nombre de livres pour quelques pièces de monnaie et je les parcours tous rapidement dans les deux nuits suivantes ; et alors en lisant j'ai extrait de là et j'ai noté certains faits extraordinaires à peu près laissés de côté par nos écrivains, je les ai parsemés dans ces essais pour que celui qui les lira ne soit pas totalement sans préparation et pris au dépourvu (ἀνήκοος) en entendant ce genre de récits.

6. Il y avait donc dans ces livres des écrits de cette sorte : les Scythes les plus reculés[1], qui vivent sous le septentrion même, se nourrissent de corps humains et maintiennent leur vie en absorbant cet aliment, on les appelle anthropophages ἀνθρωποφάγους ; et aussi il y a des hommes sous la même latitude qui ne portent qu'un seul œil au milieu du front, qu'on appelle Arimaspes[2], et qui ont l'apparence que les poètes prêtent aux Cyclopes ; et aussi il y a sous la même région du ciel des hommes d'une rapidité unique, qui ont les pieds dirigés vers l'arrière et non comme les autres, tournés vers l'avant[3] ; en outre il a été rapporté et rappelé que dans une terre extrême qu'on appelle Albanie, naissent des hommes dont les cheveux blanchissent dès l'enfance et dont les yeux voient plus pendant la nuit que de jour[4] ; et aussi il a été prouvé et admis que les Sauromates qui habitent loin au-delà du fleuve

1. Cf. Plin., 7, 9 : *Esse Scytharum genera... quae corporibus humanis uescerentur indicauimus...*

2. Cf. Plin., *ibid.* 10 : *Sed iuxta eos qui sunt ad septentrionem uersi... haud procul ab ipso aquilonis exortu specuque eius dicto... produntur Arimaspi quos diximus uno oculo in fronte insignes... multi sed maxime illustres Herodotus* (4, 27) *et Aristeas Proconnesius scribunt.*

3. *Plin.* 7, 11 : *in qua siluestres uiuunt homines auersis post crura plantis eximiae uelocitatis...*

4. Plin. 7, 12 : *idem* ⟨*Isigonus Nicaeensis*⟩ *in Albania gigni quosdam glauca oculorum acie, pueritia statim canos qui noctu plus quam interdiu cernant.*

phanus et Hegesias; **4.** ipsa autem uolumina ex diutino situ squalebant et habitu aspectuque taetro erant. **5.** Accessi tamen percontatusque pretium sum et, adductus mira atque insperata uilitate, libros plurimos aere pauco emo eosque omnis duabus proximis noctibus cursim transeo; atque in legendo carpsi exinde quaedam et notaui mirabilia et scriptoribus fere nostris intemptata eaque his commentariis aspersi, ut qui eos lectitabit is ne rudis omnino et ἀνήκοος inter istiusmodi rerum auditiones repriatur.

6. Erant igitur in illis libris scripta huiuscemodi : Scythas illos penitissimos, qui sub ipsis septentrionibus aetatem agunt, corporibus hominum uesci eiusque uictus alimento uitam ducere et ἀνθρωποφάγους nominari; item esse homines sub eadem regione caeli unum oculum in frontis medio habentes, qui appellantur Arimaspi, qua fuisse facie Cyclopas poetae ferunt; alios item esse homines apud eandem caeli plagam singulariae uelocitatis, uestigia pedum habentes retro porrecta, non, ut ceterorum hominum, prosum spectantia; praeterea traditum esse memoratumque in ultima quadam terra, quae 'Albania' dicitur, gigni homines, qui in pueritia canescant et plus cernant oculis per noctem quam interdiu; item esse compertum et creditum, Sauromatas, qui ultra Borysthe-

5 et *ante* adductus *om. TY* || lectitabit : -tarit *Hertz dubitanter* || is *ante* ne *om. BQZ* || et *ante* ἀνήκοος *om. Q* || inter *BQZTY* : in *FXΠN* || **6** penitissimos *FXΠNBQZ* : perit- *TY* || et *ante* ἀνθρωποφάγους *om. Q* || alios item esse : alios item *Z* || singulariae : -aris *Q* || retro *BQZ* : recto *FXΠNTY* || prosum spectantia *Hagen* : prospectantia *FXΠNTY* prosprofium petet antispectantia *BQZ* || pueritia *F*²*NQZTY* : puerta *F*¹*XΠB* || plus *BQZTY* : plures *FXΠN* || interdiu *Q* : inter diem *FXΠNBQZTY* || borysthenen *FN* :b oristhenen *XΠTY* per aboris tenent *BQZ*.

Borysthène, prennent leur nourriture constamment le premier et le troisième jour, s'en abstiennent le deuxième[1].

7. Nous avons trouvé encore dans les mêmes livres ce que j'ai lu également ensuite dans le livre VII de l'*Histoire Naturelle* de Plinius Secundus[2], qu'il y a sur la terre d'Afrique des familles d'hommes jetant des sorts par la voix et le langage : **8.** s'ils louent par hasard avec un peu de force de beaux arbres, des moissons un peu riches, des enfants un peu agréables, des chevaux remarquables, des troupeaux bien nourris et bien soignés, tout cela périt soudain, sans aucune autre cause. Il est écrit dans les mêmes livres que des enchantements mortels se font aussi par les yeux[3] et il y est rapporté qu'il y a parmi les Illyriens des gens qui tuent par le regard ceux qu'ils regardent quelque temps avec colère, et ceux, hommes ou femmes, qui ont le regard si nocif, ont deux pupilles dans chaque œil. **9.** Qu'il y a de même dans les montagnes de l'Inde des hommes aux têtes de chien qui aboient et qu'ils se nourrissent de la chasse des oiseaux et des bêtes sauvages ; et qu'il y a de même dans les terres extrêmes de l'orient d'autres merveilles, des hommes qu'on appelle *monocoli*[4], courant par sauts[5] sur une seule jambe avec une rapidité très vive ; certains[6] même n'ont pas de cou et portent les yeux dans les épaules. **10.** Mais ce qui suit dépasse toute mesure dans l'étonnant : ces mêmes écrivains disent qu'il y a une nation[7] aux extrêmes régions de l'Inde, aux corps hérissés se couvrant de plumes comme des oiseaux, ne se nourrissant d'aucun aliment et vivant de l'odeur des fleurs puisée par les narines ; **11.** qu'il y a

1. Plin., *ibid.* : *idem itinere dierum tredecim supra Borysthenen Sauromatas tertio die cibum capere semper.*

2. Plin. 7, 16 : *In eadem Africa familias quasdam effascinantium Isigonus et Nymphodorus tradunt, quorum laudatione intereant prata, arescant arbores, emoriantur infantes.*

3. *Ibid.* : *Esse eiusdem generis in Triballis et Illyris adiicit Isigonus, qui uisu quoque effascinent interimantque quos diutius intueantur, iratis praecipue oculis.*

nen fluuium longe colunt, cibum capere semper diebus tertiis, medio abstinere.

7. Id etiam in isdem libris scriptum offendimus, quod postea in libro quoque Plinii Secundi ‘ Naturalis Historiae ’ septimo legi, esse quasdam in terra Africa hominum familias uoce atque lingua effascinantium, **8.** qui si impensius forte laudauerint pulchras arbores, segetes laetiores, infantes amoeniores, egregios equos, pecudes pastu atque cultu opimas, emoriantur repente haec omnia, nulli aliae causae obnoxia. Oculis quoque exitialem fascinationem fieri in isdem libris scriptum est traditurque esse homines in Illyriis qui interimant uidendo quos diutius irati uiderint, eosque ipsos mares feminasque, qui uisu tam nocenti sunt, pupillas in singulis oculis binas habere. **9.** Item esse in montibus terrae Indiae homines caninis capitibus et latrantibus eosque uesci auium et ferarum uenatibus ; atque esse item alia apud ultimas orientis terras miracula, homines qui ‘ monocoli ’ appellentur, singulis cruribus saltuatim currentes, uiuacissimae pernicitatis ; quosdam etiam esse nullis ceruicibus, oculos in humeris habentes. **10.** Iam uero hoc egreditur omnem modum admirationis, quod idem illi scriptores gentem esse aiunt apud extrema Indiae, corporibus hirtis et auium ritu plumantibus, nullo cibatu uescentem, sed spiritu florum naribus hausto uictitantem ; **11.** Pygmaeos quoque haud longe

8 opimas *Gron* : optimas *FXΠNBZTY* obtimas *Q* || fascinationem : ne *Q* || uisu : -sus *T* || tam : ita *Q* || nocenti : -tis *T* || **9** latrantibus : latrat- *Π* || monocoli *FXN* : -culi *ΠBQZ* -calia *TY* || appellentur : appellantur *N* || saltuatim *FXΠNTY* : -tatim *BQZ* || **10** hirtis *FNBQZT* : hyrtis *Y* istis *XΠ*.

aussi les Pygmées qui ne naissent pas loin de ceux-ci, dont les plus longs n'ont pas plus de deux pieds et quart[1] de long.

12. Nous avons lu cela et d'autres faits du même genre en plus grand nombre ; mais au moment de le transcrire nous retint le dégoût d'un texte sans valeur qui ne vise en rien à embellir et à favoriser l'expérience de la vie. **13.** Il nous a plu cependant de noter encore ici en fait de merveilles ce que Plinius Secundus, homme qui durant sa vie fut doté d'une grande autorité en raison de son talent et de sa situation, écrivit, au livre VII de son *Histoire Naturelle*, non pas avoir entendu dire ou lu[2], mais savoir et avoir vu. **14.** Les mots cités plus bas sont de lui-même, pris dans ce livre[3] : ils font assurément que le chant bien connu des anciens poètes sur Caenis et Caeneus[4] ne soit ni à rejeter ni ridicule. **15.** « Il n'est pas fabuleux, dit-il, que des femmes soient changées en mâles. Nous avons trouvé dans les annales que, Quintus Licinius Crassus et Caius Cassius Longinus étant consuls[5], une fille changée en garçon chez ses parents à Casinum fut déportée dans une île déserte sur l'ordre des haruspices. Licinius Mucianus[6] a attesté qu'il a vu à Argos Arescons dont le nom avait été Arescusa, qu'elle s'était même mariée à un homme, puis que la barbe et la virilité lui étaient venues et qu'il avait pris femme ; il avait vu aussi à Smyrne un garçon qui avait eu le même sort. Moi-même en Afrique j'ai vu transformé en mâle le jour où on l'épousait, Lucius Cossitius, citoyen de Thysdrus, et il vit encore au moment où je relate cela. »

ab his nasci, quorum qui longissimi sint, non longiores esse quam pedes duo et quadrantem.

12. Haec atque alia istiusmodi plura legimus, sed cum ea scriberemus, tenuit nos non idoneae scripturae taedium, nihil ad ornandum iuuandumque usum uitae pertinentis. **13.** Libitum tamen est in loco hoc miraculorum notare id etiam, quod Plinius Secundus, uir in temporibus aetatis suae ingenii dignitatisque gratia auctoritate magna praeditus, non audisse neque legisse, sed scire sese atque uidisse in libro ‘ Naturalis Historiae ’ septimo scripsit. **14.** Verba igitur haec, quae infra posui, ipsius sunt, ex eo libro sumpta, quae profecto faciunt ut neque respuenda neque ridenda sit notissima illa ueterum poetarum de Caenide et Caeneo cantilena. **15.** « Ex feminis, inquit, mutari in mares, non est fabulosum. Inuenimus in annalibus, Q. Licinio Crasso, C. Cassio Longino consulibus, Casini puerum factum ex uirgine sub parentibus iussuque haruspicum deportatum in insulam desertam. Licinius Mucianus prodidit uisum esse a se Argis Arescontem, cui nomen Arescusae fuisset, nupsisse etiam, mox barbam et uirilitatem prouenisse uxoremque duxisse ; eiusdem sortis et Zmyrnae puerum a se uisum. Ipse in Africa uidi mutatum in marem die nuptiarum L. Cossitium ciuem Thysdritanum, uiuebatque cum proderem haec. »

11 sint *FXΠNBQT* : sunt *ZY* || duo *F*^{1}*ΠNBQ*^{2}*ZTY* : duos *F*^{2}*XQ*^{1} || **12** scriberemus : legeremus *Π* || **13** legisse : legisse se *Π* ||
12 scriberemus : legeremus *Π* || **13** legisse : legisse se *Π* ||
14 sit *FXNBZT* : sint *ΠQY* || cantilena *FB*^{1}*QY* : -nae *XΠNB*^{2}*Z* cantilina *T* || **15** est *FXΠNT*, *Plin.* : esse *BQZ* || q. *FXΠNBQ* : quae *ZT* c. *Plin.* p. *Pighius* || c. *om.* *BQZ* || arescusae *FXΠNTY*, *Plin.* : -sa *BQZ* || fuisset : fuisse *Plin.* || uidi : -dit *X* || l. : *om.* *BQZ*.

16. Le même Pline a écrit dans le même livre[1] les mots que voici : « Il naît des êtres humains dotés des deux sexes : nous les nommons *hermaphrodites*, appelés jadis *androgynes* et tenus pour des monstres, on les chérit maintenant comme des instruments de plaisir. »

V

Avis opposés de philosophes célèbres sur le genre et la nature du plaisir ; et les mots par lesquels le philosophe Hiéroclès a raillé les dogmes d'Épicure.

1. Sur le plaisir les philosophes anciens ont prononcé des avis opposés. **2.** Épicure[2] établit le plaisir comme le bien suprême, mais il le définit ainsi : « un état équilibré du corps ». **3.** Le socratique Antisthène[3] en fait le mal suprême : car ce mot est de lui : « Plutôt la folie que le plaisir. » **4.** Speusippe[4] et toute l'ancienne Académie disent que le plaisir et la douleur sont des maux opposés, mais que le bien est ce qu'il y a au milieu des deux. **5.** Zénon[5] a jugé que le plaisir est un indifférent, c'est-à-dire ni l'un ni l'autre, ni bien ni mal, ce qu'il appela quant à lui du mot grec ἀδιάφορον (indifférent). **6.** Le péripatéticien Critolaus[6] dit, et que le plaisir est un mal, et qu'il donne naissance à de nombreux autres maux, injustice, paresse, ingratitude[7], lâcheté. **7.** Platon[8] avant eux tous a disserté du plaisir sous des formes si variées et nombreuses que toutes les opinions que je viens de donner ci-dessus paraissent avoir découlé de la source de ses dialogues : il use de chacune, et comme la nature du plaisir lui-même le comporte, qui est

1. 7, 34.
2. Frag. 58 Usener.
3. *Frag. Hist. Graec.* 2, 286, 65 Mullach.
4. *Ibid.*. 3, 92, 196.
5. Frag. 195 Arnim.

16. Idem Plinius in eodem libro uerba haec scripsit : « Gignuntur homines utriusque sexus, quos ‘ hermaphroditos ’ uocamus, olim ‘ androgynos ’ uocatos et in prodigiis habitos, nunc uero in deliciis. »

V

Diuersae nobilium philosophorum sententiae de genere ac natura uoluptatis ; uerbaque Hieroclis philosophi quibus decreta Epicuri insectatus est.

1. De uoluptate ueteres philosophi diuersas sententias dixerunt. **2**. Epicurus uoluptatem summum bonum esse ponit, eam tamen ita definit : σαρκὸς εὐσταθὲς κατάστημα. **3**. Antisthenes Socraticus summum malum dicit ; eius namque hoc uerbum est : μανείην μᾶλλον ἢ ἡσθείην. **4**. Speusippus uetusque omnis Academia uoluptatem et dolorem duo mala esse dicunt opposita inter sese, bonum autem esse quod utriusque medium foret. **5**. Zeno censuit uoluptatem esse indifferens, id est neutrum, neque bonum neque malum, quod ipse Graeco uocabulo ἀδιάφορον appellauit. **6**. Critolaus Peripateticus et malum esse uoluptatem ait et multa alia mala parere ex sese, iniurias, desidias, obliuiones, ignauias. **7**. Plato ante hos omnes ita uarie et multiformiter de uoluptate disseruit, ut cunctae istae sententiae quas supra posui uideantur ex sermonum eius fontibus profluxisse ; nam proinde

16 uocamus : -atos *Q*.
V. **1** ueteres : -ris *Z* || **4** academia : -iae *N* || autem *FXΠN* em *BZ* tamen *Q* || **6** iniurias : incurias *Kronenberg* || **7** omnes : homines *Z* || supra posui *FXΠN* : se posui *BZ* exposui *Q* || sermonum *FXΠN* : -nibus *BQZ*.

multiple, et comme le réclame l'explication rationnelle des cas qu'il traite et des résultats qu'il veut atteindre. **8.** Quant à mon maître Taurus, toutes les fois qu'il était fait mention d'Épicure, il avait dans la bouche et sur la langue ce mot du stoïcien Hierocles[1], homme irréprochable et digne : « Le plaisir comme fin, c'est doctrine de putain; il n'y a pas de Providence, ce n'est même plus doctrine de putain. »

VI

Quelle est la quantité qu'il faut donner dans la prononciation à la première syllabe du verbe fréquentatif de *ago*.

1. Du verbe *ago*, *egi* on tire les formes verbales que les grammairiens appellent fréquentatives *actito*, *actitaui*. **2.** Ces mots j'entends des hommes qui ne sont pas dépourvus de savoir, les prononcer en abrégeant la première lettre, et la raison qu'ils donnent, c'est que dans le verbe primitif qui est *ago*, la première lettre se prononce brève[2]. **3.** Pourquoi donc faisons-nous longue la première lettre d'*esito* et *unctito* qui sont les fréquentatifs des verbes *edo* et *ungo* dans lesquels la première syllabe se prononce brève, et prononçons-nous brève au contraire l'initiale de *dictito* du verbe *dico* ? Est-ce donc que par hasard *actito* et *actitaui* sont plutôt à allonger ? car presque tous les fréquentatifs se prononcent à la première syllabe avec la longueur qui est celle de la même syllabe des participes passés des verbes d'où ils sont tirés ; ainsi *lego*, *lĕctus* fait *lĕctito ; ungo*, *ūnctus*

1. Hiéroclès (cf. H. von Arnim, *R.E.*, VIII, 2, p. 1479), philosophe stoïcien du IIe siècle de notre ère, auteur d'un traité de morale sur *les Devoirs,* surtout connu par le Florilège de Stobée, et un fragment conservé sur papyrus de Berlin no 9780, *Éléments d'Ethnique.* Il adhère aux doctrines de l'ancien stoïcisme. La critique stoïcienne de l'épicurisme s'est presque toujours nuancée de mépris à l'égard d'un non-conformisme.

unaquaque utitur, ut et ipsius uoluptatis natura fert, quae est multiplex, et causarum quas tractat, rerumque quas efficere uult ratio desiderat. **8**. Taurus autem noster, quotiens facta mentio Epicuri erat, in ore atque in lingua habebat uerba haec Hieroclis Stoici, uiri sancti et grauis, ἡδονὴ τέλος, πόρνης δόγμα· οὐκ ἔστιν πρόνοια, οὐδὲ πόρνης δόγμα.

VI

Verbum quod est ⟨ab⟩ ‘ ago ’ frequentatiuum, in syllaba prima quonam sit modulo pronuntiandum.

1. Ab eo quod est ‘ ago ’ et ‘ egi ’, uerba sunt quae appellant grammatici ‘ frequentatiua ’, ‘ actito ’ et ‘ actitaui ’. **2**. Haec quosdam non sane indoctos uiros audio ita pronuntiare, ut primam in his litteram corripiant, rationemque dicunt, quoniam in uerbo principali, quod est ‘ ago ’, prima littera breuiter pronuntiatur. **3**. Cur igitur ab eo quod est ‘ edo ’ et ‘ ungo ’, in quibus uerbis prima littera breuiter dicitur, , esito ’ et , unctito ’, quae sunt eorum frequentatiua, prima littera longa promimus et contra ‘ dictito ’, ab eo uerbo quod est ‘ dico ’, correpte dicimus ? Num ergo potius ‘ actito ’ et ‘ actitaui ’ producenda sunt ? quoniam frequentatiua ferme omnia eodem modo in prima syllaba dicuntur, quo participia praeteriti temporis ex his uerbis unde ea profecta sunt in eadem syllaba

uult *FXΠN* : uolet *BQZ* || **8** ἡδονὴ *H. Stephanus* : -νης *FXΠNBZ*.

VI. *Lem.* ab *add. Carrio* : *om. FΠNBQZ* || **1** et *ante* egi *om. Z* || **3** prima littera longa *FXN* : primam litteram longam *ΠBQZ* || correpte *FXΠN* : -rupte *BQZ* || ferme : fere *Z*.

ūnctito ; scribo, scrīptus scrīptito ; moueo, mōtus mōtito ; pendeo, pēnsus pēnsito ; edo, ēsus ēsito : mais *dīco* fait *dictus, dictito ; gero, gestus, gestito ; ueho, uectus, uectito ; rapio, raptus, raptito ; capio, captus, captito ; facio factus, factito*. Ainsi donc *actito* doit être prononcé long à la première syllabe puisqu'il vient du verbe *ago, āctus*.

VII

Que les feuilles de l'olivier se retournent les jours des solstices d'hiver et d'été ; et des lyres qui à ce moment-là résonnent avec d'autres cordes que celles qui sont frappées.

1. Il a été communément écrit et admis[1] que les feuilles de l'olivier se retournent les jours de solstice d'hiver et d'été et que leur face inférieure et cachée devient la face supérieure et s'expose aux yeux et au soleil[2]. **2.** Quand une fois ou deux nous avons voulu en faire nous aussi l'expérience, il nous a paru qu'il en était à peu près ainsi.

3. Mais sur les lyres il y a plus rare et plus étonnant à dire ; ce que beaucoup d'érudits et en particulier Suetonius Tranquillus, au premier livre de son *Histoire des jeux*[2], affirment être bien établi et susciter l'accord : au jour du solstice d'hiver quand on frappe des cordes[3] sur une lyre, c'en sont d'autres qui résonnent.

pronuntiantur, sicuti ‘ lego lectus ’ facit ‘ lectito ’ ; ‘ ungo unctus ’, ‘ unctito ’ ; ‘ scribo scriptus ’, ‘ scriptito ’ ; ‘ moueo motus ’, ‘ motito ’ ; ‘ pendeo pensus ’, ‘ pensito ’ ; ‘ edo esus ’, ‘ esito ’ ; ‘ dico ’ autem ‘ dictus ’ ‘ dictito ’ facit ; ‘ gero gestus ’, , gestito ’ ; ‘ ueho uectus ’, ‘ uectito ’ ; ‘ rapio raptus ’, ‘ raptito ’ ; ‘ capio captus ’, ‘ captito ’ ; ‘ facio factus ’, ‘ factito ’. Sic igitur ‘ actito ’ producte in prima syllaba pronuntiandum, quoniam ex eo fit quod est ‘ ago ’ et ‘ actus ’.

VII

De conuersione foliorum in arbore olea brumali et solstitiali die; deque fidibus id temporis ictu alieno sonantibus.

1. Vulgo et scriptum et creditum est, folia olearum arborum brumali et solstitiali die conuerti et quae pars eorum fuerit inferior atque occultior, eam supra fieri atque exponi ad oculos et ad solem. **2.** Quod nobis quoque semel atque iterum experiri uolentibus ita esse propemodum uisum est.

3. Sed de fidibus rarius dictu et mirabilius est ; quam rem et alii docti uiri et Suetonius etiam Tranquillus, in libro ‘Ludicrae Historiae’ primo, satis compertam esse satisque super ea constare adfirmat : neruias in fidibus brumali die alias digitis pelli, alias sonare.

sicuti lego lectus *FXΠNB²* : sicut ille collectus *B¹QZ* || facit : fecit *F* || actito *FXΠN* : factito *BQZ*.

VII. *Lem.* ictu : actu *Z* || **3** tranquillus *FX²ΠNQ²* : -llius *X¹BQ¹Z* || adfirmat neruias *FXΠN* : adfirmati nerui *BQZ*.

VIII

Qu'il faut nécessairement que, qui a bêaucoup de biens ait beaucoup de besoins ; et sur la question une phrase d'une élégante brièveté du philosophe Favorinus.

1. Il est assurément vrai, comme les sages l'ont dit après avoir observé l'expérience, qu'a beaucoup de besoins celui qui a beaucoup de biens et que le grand besoin vient, non d'un grand dénuement, mais d'une grande abondance ; on recherche en effet une quantité de choses pour maintenir la quantité qu'on a. **2.** Donc tout homme bien pourvu qui veut prendre garde et veiller à ne pas avoir de besoin et à ce que rien ne lui manque, doit perdre et non gagner, il faut avoir moins pour manquer de moins.

3. Je me souviens que le philosophe Favorinus, au milieu des immenses clameurs de tous, a façonné au tour cette pensée et l'a enfermée dans les mots si brefs que voici[1] : « Celui qui a besoin de quinze mille chlamydes, rien ne peut faire qu'il n'en ait pas besoin de plus ; si j'ai besoin de plus que je n'ai, je me contenterai de ce que j'ai, quand j'aurai rejeté une partie de ce que j'ai. »

IX

Quelle est la manière de traduire les termes d'une phrase grecque ; et des vers d'Homère que Virgile est jugé avoir traduits bien et heureusement ou au contraire sans succès.

1. Quand on a à traduire et à imiter des phrases remarquables de poèmes grecs, il ne faut pas toujours,

1. Frag. 104 Barwick. C'est-à-dire que si j'avais moins que je n'ai (de superflu bien entendu), je désirerais avoir plus, je désirerais avoir ce que j'ai maintenant ». Favorinus propose donc de réaliser en fait la chose et de pratiquer l'opération.

VIII

Necessum esse qui multa habeat multis indigere; deque ea re Fauorini philosophi cum breuitate eleganti sententia.

1. Verum est profecto quod obseruato rerum usu sapientes uiri dixere, multis egere qui multa habeat, magnamque indigentiam nasci non ex inopia magna, sed ex magna copia ; multa enim desiderari ad multa quae habeas tuenda. **2**. Quisquis igitur, multa habens, cauere atque prospicere uelit ne quid egeat neue quid desit, iactura opus esse, non quaestu, et minus habendum esse, ut minus desit.

3. Hanc sententiam memini a Fauorino inter ingentes omnium clamores detornatam inclusamque uerbis his paucissimis : Τὸν γὰρ μυρίων καὶ πεντακισχιλίων χλαμύδων δεόμενον οὐκ ἔστι μὴ πλειόνων δεῖσθαι· οἷς γὰρ ἔχω προσδεόμενος, ἀφελὼν ὧν ἔχω, ἀρκοῦμαι οἷς ἔχω.

IX

Quis modus sit uertendi uerba in Graec*is* sententi*is*; deque his Homeri uersibus quos Vergilius uertisse aut bene apteque aut inprospere existimatus est.

1. Quando ex poematis Graecis uertendae imitandaeque sunt insignes sententiae, non semper

VIII. *Exstat in TY. Lem.* sententia *Q* : sententiae *FΠNBZ* || **1** *cum uocabulo* indigentiam *desinit X* cf. 9, 12, 10. || magna sed : sed *Π* || habeas : habes *Y* || **3** detornatam : deornatam *B* || ὧν *om. Π.*

IX. *Lem.* graecis sententiis *Hertz* : graecas sententias *FΠNBQZ* || poematis F^1*ΠNQZ* : poematibus F^2*B*.

dit-on, s'efforcer de traduire totalement tous les mots[1] de la manière dont ils sont dits. **2.** Ils perdent en effet pour la plupart leur agrément quand ils sont transposés pour ainsi dire avec quelque violence malgré eux, sans leur consentement. **3.** Avec habileté et jugement donc Virgile, reproduisant des passages, ou d'Homère, ou d'Hésiode, ou d'Apollonios, ou de Parthenios, ou de Callimaque, ou de Théocrite, ou de certains autres, a laissé de côté certaines notations, en a rendu d'autres.

4. Ainsi récemment alors qu'on lisait à table simultanément les deux *Bucoliques* de Théocrite et de Virgile, nous remarquâmes que Virgile avait laissé de côté ce qui, quoiqu'extraordinairement délicieux en grec, ne devait ni ne pouvait être traduit. **5.** Mais ce qu'il a mis à la place de ce qu'il avait omis, ne manque pas d'être plus agréable et plus joli :

« Clearista lance des pommes au chevrier qui passe avec ses chèvres et sa moue invite au baiser délicieusement[2]. »

« **6.** « Galatée[3] m'attaque d'une pomme, fille joueuse, elle fuit vers les saules et désire être vue avant. »

7. Nous avons remarqué aussi en un autre endroit que le trait que voici, très agréable dans le poème grec, a été omis avec sagesse :

« Tityre, ô toi de nous si joliment aimé, pais mes chèvres, mène-les à la source, Tityre, et prends garde au bouc roux Libyen, et à son coup de corne[4]. »

8. De quelle manière en effet eût-il dit τὸ καλὸν πεφιλημένε, si joliment aimé, mots, ma foi, intraduisibles et d'un charme naturel. **9.** Il a donc laissé cela et a traduit le reste non sans agrément, si ce n'est qu'il a dit

aiunt enitendum ut omnia omnino uerba in eum in quem dicta sunt modum uertamus. **2**. Perdunt enim gratiam pleraque, si quasi inuita et recusantia uiolentius transferantur. **3**. Scite ergo et considerate Vergilius, cum aut Homeri aut Hesiodi aut Apollonii aut Parthenii aut Callimachi aut Theocriti aut quorundam aliorum locos effingeret, partem reliquit, alia expressit.

4 Sicuti nuperrime, apud mensam cum legerentur utraque simul 'Bucolica' Theocriti et Vergilii, animaduertimus reliquisse Vergilium quod Graecum quidem mire quam suaue est, uerti autem neque debuit neque potuit. **5**. Sed enim quod substituit pro eo, quod omiserat, non abest quin iucundius lepidiusque sit :

Βάλλει καὶ μάλοισι τὸν αἰπόλον ἁ Κλεαρίστα
Τὰς αἶγας παρελᾶντα καὶ ἁδύ τι ποππυλιάζει.

6. Malo me Galatea petit, lasciua puella,
Et fugit ad salices et se cupit ante uideri.

7. Illud quoque alio in loco animaduertimus caute omissum, quod est in Graeco uersu dulcissimum :

Τίτυρ', ἐμὶν τὸ καλὸν πεφιλημένε, βόσκε τὰς αἶγας
Καὶ ποτὶ τὰν κράναν ἄγε, Τίτυρε· καὶ τὸν ἐνόρχαν
Τὸν Λιβυκὸν κνάκωνα φυλάσσεο, μή τυ κορύψῃ.

8. Quo enim pacto diceret : τὸ καλὸν πεφιλημένε, uerba hercle non translaticia, sed cuiusdam natiuae dulcedinis ? **9**. Hoc igitur reliquit et cetera uertit non infestiuiter, nisi quod caprum dixit, quem

2 uiolentius : molestius *Π* || 7 κορυψῃ *Theocr. recc.* : κορυξῃ *FN*, *om. OXΠBQZ cett.*

caprum (bouc) ce que Théocrite a appelé ἐνόρχαν (bouc entier), **10.** car d'après Varron[1] on appelle en latin *caper* seulement l'animal châtré.

11. « Jusqu'à mon retour[2] — je ne vais pas loin — Tityre, fais paître les chèvres, quand elles auront mangé, mène-les boire, Tityre, et ce faisant, prends garde au bouc, il frappe de la corne. »

12. Et puisque je parle de traductions, je me souviens avoir entendu de ses élèves que Valerius Probus, homme savant et d'une belle habileté à lire et à peser avec précision les écrits anciens, avait coutume de dire que Virgile n'avait rien traduit si malheureusement d'Homère que les vers que voici, si agréables, composés par Homère[3] sur Nausicaa :

« Ainsi Artemis va par la montagne, la lance-flèches, ou par le Taygète énorme ou l'Érymanthe, heureuse des sangliers et des biches rapides. Avec elle des nymphes agrestes, filles de Zeus le porte-égide, jouent ; et le cœur de Leto se réjouit : elle les dépasse toutes de la tête et du front, facile à distinguer ; pourtant toutes sont belles. »

1. Varro, *De l.l.* 419 Funaioli. Cf. *G.G.L.* 5, p. 275, l. 17 *caper hircus castratum.*

2. Verg., 9, 20 ss. Sur Valerius Probus, cf. *supra* vol. I, p. 56. Seru., *Aen.* 1, 497 excuse la comparaison. La figure étymologique *gaudia gaudere* est déjà dans Ter., *And.* 964 ; Catul. 61, 117 ; Cic., *Fam.* 812, 1.

3. En grec dans le texte. *Od.* 6, 102.

Theocritus ἐνόρχαν appellauit — **10**. auctore enim M. Varrone is demum Latine ‘ caper ’ dicitur, qui excastratus est — :

11. Tityre, dum redeo, breuis est uia, pasce capellas
Et potum pastas age, Tityre, et inter agendum
Occursare capro, cornu ferit ille, caueto.

12. Et quoniam de transferendis sententiis loquor, memini audisse me ex Valerii Probi discipulis, docti hominis et in legendis pensitandisque ueteribus scriptis bene callidi, solitum eum dicere, nihil quicquam tam inprospere Vergilium ex Homero uertisse quam uersus hos amoenissimos, quos de Nausicaa Homerus fecit :

Οἵη δ' Ἄρτεμις εἶσι κατ' οὔρεος ἰοχέαιρα,
Ἢ κατὰ Τηΰγετον περιμήκετον ἢ Ἐρύμανθον
Τερπομένη κάπροισι καὶ ὠκείαις ἐλάφοισιν·
Τῇ δέ θ' ἅμα νύμφαι, κοῦραι Διὸς αἰγιόχοιο,
Ἀγρονόμοι παίζουσι· γέγηθε δέ τε φρένα Λητώ·
Πασάων δ' ὕπερ ἥ γε κάρη ἔχει ἠδὲ μέτωπα,
Ῥεῖα δ' ἀριγνώτη πέλεται, καλαὶ δέ τε πᾶσαι,—

10 m. *FΠN* : *om. BQZ* || **11** capellas : -lla *N* || occursare : occurrire *F* || **12** sententiis *om. BQZ* || in legendis : intelligendis *Π* || callidi *FΠN* : -dis *BQZ* || nausicaa *Iunter* : -icara *BZ* -ica *FΠNQ* || ωκειαις *FΠNBZ* : -ειης *Hom.*

13. « Telle que sur les rives de l'Eurotas[1] ou par les sommets du Cynthe Diane mène les danses ; la suivent mille Oréades se groupant autour d'elle. Mais elle, elle porte le carquois sur l'épaule et marche, plus grande que toutes les déesses. Les joies abordent le cœur silencieux de Latona. »

14. Avant tout, disaient-ils, Probus était d'avis que chez Homère, Nausicaa, jeune fille jouant avec ses jeunes compagnes dans des lieux solitaires, est comparée correctement et convenablement avec Diane chassant sur les sommets des montagnes parmi les déesses agrestes, et que Virgile au contraire n'a pas fait une comparaison soutenable puisque Didon s'avançant au milieu de la ville parmi les notables Tyriens dans une tenue et une marche pleines de sérieux, « pressant le travail pour le royaume à venir » comme il dit lui-même, ne peut recevoir aucune assimilation qui convienne aux jeux et aux chasses de Diane ; **15.** puis ensuite Homère indique ouvertement et noblement les goûts et les distractions de Diane à la chasse, alors que Virgile, sans avoir rien dit de la chasse de la déesse, lui fait porter seulement le carquois sur l'épaule comme si c'était un poids et un fardeau ; et voici ce qui étonna considérablement Probus chez Virgile, disaient-ils, c'est que la Leto homérique se réjouit d'une joie authentique et profonde, vivant dans le secret même de son cœur et de son âme, s'il est vrai que γέγηθε δέ τε φρένα Λητώ n'est pas autre chose, alors que Virgile voulant imiter cela, a fait des joies paresseuses, sans force et hésitantes, surnageant pour ainsi dire à la surface

1. Le texte latin commence ici. Verg., *Aen.* 1, 504.

13. Qualis in Eurotae ripis aut per iuga Cynthi
Exercet Diana choros, quam mille secutae
Hinc atque hinc glomerantur Oriades. Illa pharetram
Fert humero gradiensque deas supereminet omnis.
Latonae tacitum pertemptant gaudia pectus.

14. Primum omnium id uisum esse dicebant Probo, quod apud Homerum quidem uirgo Nausicaa, ludibunda inter familiares puellas in locis solis, recte atque commode confertur cum Diana uenante in iugis montium inter agrestes deas, nequaquam autem conueniens Vergilium fecisse, quoniam Dido in urbe media ingrediens inter Tyrios principes cultu atque incessu serio, « instans operi, sicut ipse ait, regnisque futuris », nihil eius similitudinis capere possit, quae lusibus atque uenatibus Dianae congruat ; **15** tum postea, quod Homerus studia atque oblectamenta in uenando Dianae honeste aperteque dicit, Vergilius autem, cum de uenatu deae nihil dixisset, pharetram tantum facit eam ferre in humero, tamquam sit onus et sarcina ; atque illud impense Probum esse demiratum in Vergilio dicebant, quod Homerica quidem Λητώ gaudium gaudeat genuinum et intimum atque in ipso penetrali cordis et animae uigens, siquidem non aliud est : γέγηθε δέ τε φρένα Λητώ, ipse autem, imitari hoc uolens, gaudia fecerit pigra et leuia et cunctantia et quasi in summo pectore supernantia :

13 qualis : -les *Π* || deas : dea *Q* || **14** id uisum *BQZ* : diuisum *FΠN* || Nausicaa *F*[1] *ut uidetur* : -ca *F*[2]*ΠNBQZ* || confertur : confert *Π* || congruat : -gruit *Π* || facit : fecit *Z* || sit *BQZ* si *F*[1]*ΠN om.* *F*[2] || sarcina *BQZ* : -nam *FΠN* || gaudeat *FΠN* : gaudebat *BQZ* || hoc *FΠN* : ea *BQZ* || supernantia *FΠN* : supereminentia *BQZ*.

de son cœur : **16.** il ignorait en effet quant à lui ce que signifiait d'autre *pertemptant* ; outre tout cela Virgile paraissait avoir laissé de côté la fleur du passage[1] lui-même tout entier, parce qu'il avait pauvrement repris ce vers d'Homère : « Elle se distingue aisément, pourtant toutes sont belles », **17.** puisqu'aucun éloge de la beauté ne peut être plus grand et plus multiplié que dire qu'elle brillait seule au milieu de déesses qui étaient toutes des beautés, que seule elle se reconnaissait facilement entre toutes les autres.

X

Qu'Annaeus Cornutus a souillé d'une critique sale et insupportable les vers dans lesquels Virgile a parlé avec pudeur et à mots couverts de l'étreinte de Vénus et de Vulcain.

1. Le poète Annianus[2] et la plupart des hommes qui avec lui se consacraient à la même muse, adressaient continuellement les plus grandes louanges aux vers dans lesquels Virgile, tout en montrant et peignant Vulcain et Vénus joints et mêlés suivant les droits du mariage, chose à cacher par loi naturelle, les a voilés grâce à une métaphore pleine de pudeur. **2.** En effet[3] il a écrit ainsi : « Sur ces mots il lui donna les étreintes désirées et, répandu dans le giron de son épouse, il trouva un sommeil paisible en ses membres *(membra)*. » **3.** Ils estimaient moins difficile, dans un récit de cette sorte, de

1. Dans l'ensemble le texte homérique est plus naturel et léger, celui de Virgile plus artistique, travaillé et compliqué, plus solennel.
2. Sur Annianus, cf. 6, 7, 1.
3. *Aen.* 8, 404. Cf. Seru. d'après lequel Probus lisait *infusum et.*

16. nescire enim sese, quid significaret aliud ‘ pertemptant ’ ; praeter ista omnia florem ipsius totius loci Vergilium uideri omisisse, quod hunc Homeri uersum exigue secutus sit :

Ῥεῖα δ' ἀριγνώτη πέλεται, καλαὶ δέ τε πᾶσαι,

17. quando nulla maior cumulatiorque pulchritudinis laus dici potuerit, quam quod una inter omnis pulchras excelleret, una facile et ex omnibus nosceretur.

X

Quod Annaeus Cornutus uersus Vergilii, quibus Veneris et Vulcani concubitum pudice operteque dixit, reprehensione spurca et odiosa inquinauit.

1. Annianus poeta, et plerique cum eo eiusdem Musae uiri, summis adsiduisque laudibus hos Vergilii uersus ferebant, quibus Vulcanum et Venerem iunctos mixtosque iure coniugii, rem lege naturae operiendam, uerecunda quadam translatione uerborum, cum ostenderet demonstraretque, protexit. **2**. Sic enim scripsit :

Ea uerba locutus
Optatos dedit amplexus placidumque petiuit
Coniugis infusus gremio per membra soporem.

3. Minus autem difficile esse arbitrabantur, in istius-

16 significaret *FΠN* : -are *BQZ* || **17** potuerit *FΠN* : poterit *BQZ* || et *QZ* : *om. FΠNB.*

X. *Lem.* operteque *F²NB* : oporteque *F¹ΠZ* oportuneque *Q* || **1** uiri : -ris *B* || **3** esse *om. Π* || in *BQZ* : *om. FΠN.*

se servir d'un ou deux mots l'indiquant brièvement et sobrement par allusion, comme Homère[1] a fait : « *la* ceinture virginale », « les droits de la couche » et « les travaux de l'amour »; **4.** mais personne n'avait jamais évoqué la confidence d'un lit pudique avec des mots si nombreux, si clairs, et cependant dépourvus d'obscénité, chastes et honnêtes.

5. Mais Annaeus Cornutus, homme sur d'autres points non dépourvu de science ou de sagesse il est vrai, dans le second des livres qu'il composa *Sur les figures de style*[2] viola cependant le mérite remarquable de cette totale pudeur par une exploration stupide et odieuse à l'excès. **6.** Ayant approuvé ce genre de figure et ayant dit que les vers étaient faits avec bien de l'attention, il ajouta : « Il a cependant parlé des *membres* avec un certain manque de précaution. »

XI

Sur Valerius Corvinus; et l'origine de Corvinus.

1. Sur Maximus Valerius qui a été appelé Corvinus pour avoir eu comme aide et défenseur un corbeau, il n'est pas un des écrivains célèbres qui ait varié. **2.** Cette affaire tout à fait étonnante est rappelée ainsi exactement dans les livres d'annales[3] : **3.** « Un jeune homme d'une telle famille est fait tribun militaire sous le consulat de Lucius Furius et Claudius Appius[4]. **4.** Et à ce moment des forces immenses de Gaulois s'étaient installées dans le territoire pontin et les consuls,

1. Ces expressions apparaissent dans l'*Odyssée* 11, 245 ; 23, 296 et 11, 246. Isid. 1, 34, 14 donne plusieurs interprétations plus ingénieuses que vraisemblables.
2. Sur Annaeus Cornutus et son injustice à l'égard de Virgile, cf. 2, 6 et la note 1 de la p. 87. La citation est le fr. 36 Mazz. Cornutus fait un faux sens sur *membra*.

modi re digerenda, uerbis uti uno atque altero breui tenuique eam signo demonstrantibus, sicut Homerus dixerit : παρθενίην ζώνην et λέκτροιο θεσμόν, et ἔργα φιλοτήσια, 4. tot uero et tam euidentibus ac tamen non praetextatis, sed puris honestisque uerbis uenerandum illud concubii pudici secretum neminem quemquam alium dixisse.

5. Sed Annaeus Cornutus, homo sane pleraque alia non indoctus neque inprudens, in secundo tamen librorum, quos de figuris sententiarum conposuit, egregiam totius istius uerecundiae laudem insulsa nimis et odiosa scrutatione uiolauit. 6. Nam cum genus hoc figurae probasset et satis circumspecte factos esse uersus dixisset : « Membra tamen, inquit, paulo incautius nominauit. »

XI

De Valerio Coruino; et unde Coruinus.

1. De Maximo Valerio, qui Coruinus appellatus est ob auxilium propugnationemque corui alitis, haud quisquam est nobilium scriptorum qui secus dixerit. 2. Ea res prorsus admiranda sic profecto est in libris annalibus memorata : 3. « Adulescens tali genere editus, L. Furio, Claudio Appio consulibus fit tribunus militaris. 4. Atque in eo tempore copiae Gallorum ingentes agrum Pomptinum insederant instruebaturque acies a

digerenda *Q* : digenda *FΠBZ* ticenda *N* dicenda *Carrio* || uti *FΠN* : ut *BQZ* || eam : ea *N* || ζώνην *BZ* : ζωνη *FΠN* || 4 puris *FΠNQ*² : plu- *BQ*¹*Z* || 6 probasset et *FΠN* : -ssent *BQZ*.
XI. *Exstat in TY* || 2 admiranda *FΠNTY* : miranda *BQZ* || 3 l. *om. BQZ* || fit *add. recc.* : *om. FΠNBQZTY* || instruebaturque *F. Skutsch* : -banturque *FΠNBQZTY*.

bien en peine devant la puissance et le nombre des ennemis, rangeaient l'armée romaine en bataille. **5.** Sur ces entrefaites, le chef des Gaulois, de grandeur et hauteur démesurées, les armes étincelantes d'or, s'avançait marchant à grands pas[1] et balançant du bras son javelot ; regardant tout autour de lui de haut avec mépris et orgueil, il demande que vienne à sa rencontre qui dans toute l'armée romaine oserait se battre avec lui. **6.** Alors, comme les autres étaient partagés entre la peur et la honte, le tribun Valerius, ayant obtenu d'abord des consuls qu'ils lui permissent de combattre contre un Gaulois si monstrueusement[2] arrogant, s'avance avec courage et discrétion ; ils marchent à la rencontre l'un de l'autre, ils s'arrêtent et ils étaient déjà aux prises. **7.** A ce moment-là se manifeste une puissance divine : soudain un corbeau, inopinément, arrive en vol, se pose sur le casque du tribun et de là se met à attaquer la bouche et les yeux de l'adversaire ; il sautait sur lui, l'assommait, lui lacérait la main de ses griffes, et de ses ailes l'empêchait de voir, puis, lorsqu'il s'était assez acharné, se retirait en volant sur le casque du tribun. **8.** Ainsi le tribun, sous les yeux des deux armées, aussi fort de sa valeur que défendu par l'aide de l'oiseau, vainquit le chef si farouche des ennemis et le tua ; pour cette raison il reçut le nom de Corvinus. **9.** Cela eut lieu quatre cent cinq ans après la fondation de Rome. »

10. Auguste le divin prit soin de dresser sur son forum une statue[3] à ce Corvinus. Sur la tête de cette statue est représenté un corbeau, souvenir de l'affaire et de la bataille dont nous avons parlé.

1. *Grandia ingrediens* est conçu sur le modèle de l'expression homérique μακρὰ βίβας. Ammien l'a reprise : *grandia incedens* (22, 14, 3).
2. *Immaniter* déjà employé en 1, 26, 8, mot formé par Aulu-Gelle. Cf. nos *Mots...*, p. 214. La leçon de *Q inaniter* est plus banale et moins expressive. Cf. Amm. 29, 11 et 29, 2, 9 *immaniter arrogans.*
3. Sur le Forum d'Auguste étaient disposées les statues des grands vainqueurs face à l'ennemi : *qui imperium populi Romani ex minimo maximum reddidissent,* Sueton., *Aug.* 31 ; Juv. 1, 129).

consulibus, de ui ac multitudine hostium satis agentibus. **5.** Dux interea Gallorum, uasta et ardua proceritate armisque auro praefulgentibus, grandia ingrediens et manu telum reciprocans incedebat perque contemptum et superbiam circumspiciens despiciensque omnia, uenire iubet et congredi, si quis pugnare secum ex omni Romano exercitu auderet. **6.** Tum Valerius tribunus, ceteris inter metum pudoremque ambiguis, impetrato prius a consulibus ut in Gallum tam immaniter adrogantem pugnare sese permitterent, progreditur intrepide modesteque obuiam ; et congrediuntur et consistunt et conserebantur iam manus. **7.** Atque ibi uis quaedam diuina fit : coruus repente inprouisus aduolat et super galeam tribuni insistit atque inde in aduersari os atque oculos pugnare incipit ; insilibat, obturbabat et unguibus manum laniabat et prospectum alis arcebat atque, ubi satis saeuierat, reuolabat in galeam tribuni. **8.** Sic tribunus, spectante utroque exercitu, et sua uirtute nixus et opera alitis propugnatus, ducem hostium ferocissimum uicit interfecitque atque ob hanc causam cognomen habuit Coruinus. **9.** Id factum est annis quadringentis quinque post Romam conditam.

10. Statuam Coruino isti diuus Augustus in foro suo statuendam curauit. In eius statuae capite corui simulacrum est, rei pugnaeque quam diximus monimentum.

6 immaniter : inaniter *Q* || **7** inde *om.* *N* || aduersari os *F*[1] *ut uidetur* : -rios *Q* -rii os *F*[2]*ΠNTY* -riis*BZ* || obturbabat : babatque *Π* || et unguibus *BQZTY* ; ung- *FΠN* || alis *BZTY* ; alias *FΠNQ*.

XII

Sur les mots qui s'emploient en deux acceptions avec des sens opposés et contraires.

1. De même que *formidulosus* peut se dire à la fois de qui a peur et de qui fait peur, *inuidiosus* de qui hait et de qui est haï, *suspiciosus* de qui soupçonne et de qui est soupçonné, *ambitiosus* de qui mène une intrigue et de qui est visé par elle, de même aussi que *gratiosus* se dit de qui rend grâces et de celui qui les reçoit, *laboriosus* de qui travaille et de qui donne du travail, de même que la plupart des mots de cette sorte[1] s'emploient dans les deux acceptions, de même *infestus* lui aussi a une double signification. **2.** On qualifie d'*infestus* d'une part celui qui porte le mal sur quelqu'un, et d'autre part celui que menace un mal venu d'autrui est dit lui aussi *infestus*.

3. Mais le sens que j'ai indiqué en premier lieu ne manque assurément pas d'exemples, tant de gens parlent en employant *infestum* comme ‘ hostile ’ et ‘ opposé ’, alors que le deuxième sens est plus ignoré et plus obscur. **4.** Qui en effet parmi les gens ordinaires dirait qu'est *infestus* celui à qui un autre[2] est hostile ? Mais beaucoup des anciens ont parlé ainsi et en particulier Cicéron, dans le discours qu'il a écrit *Pour Cnaeus Plancus*[3], s'est servi de ce mot de cette façon : **5.** « Je souffrirais, dit-il, juges, et je serais amer si le salut de cet homme était plus menacé *(infestior)* pour cette cause même qu'il a protégé mon salut et ma vie par son affection, sa défense et sa vigilance ». **6.** Nous

1. Sur les adjectifs en *-osus*, cf. 3, 12 et 4, 9 et en particulies vol. I, p. 170, n. 1. Ces adjectifs indiquent le rapport à un nom sanr bien évidemment que soit précisé un rapport subjectif ou objectif. Cf. nos *Mots...*, p. 173.

2. Cf. Non. p. 187, l. 13 : Infestum *cui aliud sit infestum...* Suit la citation de Cicéron. Cf. *C.G.L.* 6, p. 572.

3. 1, 1.

XII

De uerbis quae in utramque partem significatione aduersa et reciproca dicuntur.

1. Vt ' formidulosus ' dici potest et qui formidat et qui formidatur, ut ' inuidiosus ' et qui inuidet et cui inuidetur, ut ' suspiciosus ' et qui suspicatur et qui suspectus est, ut ' ambitiosus ' et qui ambit et qui ambitur, ut item ' gratiosus ' et qui adhibet gratias et qui admittit, ut ' laboriosus ' et qui laborat et qui labori est, ut pleraque alia huiuscemodi in utramque partem dicuntur, ita ' infestus ' quoque ancipiti significatione est. **2.** Nam et is ' infestus ' appellatur, qui malum infert cuipiam, et contra, cui aliunde impendet malum, is quoque ' infestus ' dicitur.

3. Sed quod prius posui profecto exemplis non indiget, sic adeo multi locuntur, ut ' infestum ' dicant inimicum atque aduersum ; alterum autem illud ignorabilius obscuriusque est. **4.** Quis enim e medio facile dixerit ' infestum ' esse, cui alter infestus est ? Sed et ueteres plerique ita dixerunt et M. Tullius, in oratione quam pro Cn. Plancio scripsit, uocabulo hoc sic usus est : **5.** « Dolebam, inquit, iudices, et acerbe ferebam, si huius salus ob eam ipsam causam esset infestior, quod is meam salutem atque uitam sua beniuolentia, praesidio custodiaque texisset. » **6.** Nos igitur de

XII. *Lem.* aduersa *FΠN* : auersa *BQZ* || **2** is *om. B* || **3** autem *om. B* || **4** et *om. Π* || m. *om. BQZ* || quam *ΠBQZ* : qua *FN*.

faisions donc des recherches sur l'origine et l'explication du mot et nous avons trouvé écrit ceci dans les œuvres de Nigidius[1] : « *Infestum* est fait à partir de *festinare* (se hâter), car celui qui presse quelqu'un, en se dépêchant le serre, s'efforce de l'écraser, et se hâte, ou au contraire celui dont on hâte le péril et la perte, sont dits l'un et l'autre *infestus* à cause du caractère pressant et imminent du tort qu'ils sont sur le point ou de faire ou de subir. »

7. Mais afin qu'on ne réclame pas un exemple des mots *suspiciosus* que nous avons cités plus haut et *formidulosus* dans l'acception qui est la moins usuelle, pour *suspiciosus* il est écrit chez Caton *sur l'affaire de Florius*[2] ceci : « Mais excepté à l'égard de celui qui avait publiquement offert son corps pour de l'argent ou s'était loué à un entremetteur, ils pensèrent que, même s'il était décrié et suspect *(suspiciosus)*, il n'était pas juste d'employer la force contre la personne d'un homme libre. » **8.** Caton en effet se sert en cet endroit de *suspiciosus* au sens de suspect et non de soupçonnant. **9.** Quant à *formidulosus* au sens de *qui est craint*, Salluste l'emploie ainsi dans le *Catilina*[3] : « Donc pour de tels hommes la peine n'était pas inhabituelle, aucun endroit n'était rude ou escarpé, ni l'ennemi en armes effrayant *(formidulosus)*. »

10. De même Gaius Calvus[4] dit dans ses poèmes *laboriosus*, non comme on le dit d'ordinaire, celui qui peine, mais ce à propos de quoi on peine :

« Tu fuis la terre, dure et laborieuse *(laboriosum)*. »

11. De la même manière Laberius dit aussi dans *Les Sœurs*[5] :

« Par les dieux, le vin porte-sommeil *(somniculosum)* ».

1. Frag. 47 Swoboda. Cf. Non. p. 73 : *Infesti proprietatem hanc esse Nigidius uoluit quasi nimium festinantis ad scelus uel ad fraudem.* Cf. C.G.L. 5, 650, 54. Le rapprochement avec *festinans* est loin d'être démontré. Mais Walde-Hofmann, I, p. 699 propose le rapport avec θάρσος.

origine et ratione uerbi quaerebamus, atque ita in Nigidianis scriptum inuenimus : « ‘ Infestum ’ a ‘ festinando ’ dictum ; nam qui instat, inquit, alicui eumque properans urget opprimereque eum studet festinatque, aut contra de cuius periculo et exitio festinatur, is uterque ‘ infestus ’ dicitur ab instantia atque imminentia fraudis, quam uel facturus cuipiam uel passurus est. »

7. Ne quis autem de ‘ suspicioso ’, quod supra posuimus, et de ‘ formiduloso ’ in eam partem quae minus usitata est, exemplum requirat, de ‘ suspicioso ’ apud M. Catonem ‘ De re floria ’ ita scriptum : « Sed nisi qui palam corpore pecuniam quaereret aut se lenoni locauisset, etsi famosus et suspiciosus fuisset, uim in corpus liberum non aequum censuere adferri. » **8**. ‘ Suspiciosum ’ enim Cato hoc in loco suspectum significat, non suspicantem. **9**. ‘ Formidulosum ’ autem, qui formidetur, Sallustius in ‘Catilina’ ita dicit : « Igitur talibus uiris non labor insolitus, non locus ullus asper aut arduus erat, non armatus hostis formidulosus. »

10. Item C. Caluus in poematis ‘ laboriosus ’ dicit, non, ut uulgo dicitur, qui laborat, sed in quo laboratur :

Durum, inquit, rus fugis et laboriosum.

11. Eadem ratione Laberius quoque in Sororibus :

Ecastor, inquit, mustum somniculosum,

|| **6** a *FΠNB* : est a *QZ* || aut *FBQZ* : at *ΠN* || cuius *Mercier* : alicuius *FΠNBQZ* || imminentia : eminentia *Z* || **7** requirat *BQZ* : requirat inueniet *FΠN* || m. *om. BQZ* || nisi : si *Non.* || famosus *Non.* : famulosus *FΠNBQZ* || **9** formidetur : -datur *Z* || **10** c. *om. BQZ* || *a uerbis* non ut uulgo *interum incipit X* || fugis et *ed. Paris* 1536 : fugi sed *FXΠN* fugi et *BQZ* fugite *Non.* || **11** soro. ribus *FXΠN* : soporibus *BQZ* || mustum *Mercier* : multum *FXΠNBQZ.*

12. et Cinna[1] dans ses poèmes :

« Comme le Psylle punique le serpent porte-sommeil *(somniculosum)*. »

13. *Metus* (crainte) aussi, *iniuria* (tort) et d'autres mots de cette sorte peuvent être dits ainsi dans l'un ou l'autre sens ; car on dit correctement *metus hostium* (la crainte des ennemis) aussi bien quand les ennemis craignent que qand ils sont craints. **14.** C'est pourquoi Salluste a dit, dans le premier livre de ses *Histoires*, *metum Pompei* (la crainte de Pompée), non pas que Pompée craignît, façon de parler plus usuelle, mais parce qu'il était craint. Voici les termes de Salluste[2] : « La crainte de Pompée victorieux rétablissant Hiempsal dans son royaume suscitait cette guerre. » **15.** De même en un autre endroit[3] : « Lorsqu'il fut loisible de se livrer à des dissensions, la crainte du Carthaginois étant écartée *(metu Punico)*. » **16.** Nous disons de même *iniuriae* (torts) aussi bien de ceux qui les subissent que de ceux qui les font, expressions dont il est facile de trouver des exemples.

17. Ce mot de Virgile[4] encore a le même type de sens partagé entre objet et sujet : « Ralenti par la blessure d'Ulysse », dit-il, alors qu'il parle d'une blessure non pas reçue par Ulysse mais donnée par lui. **18.** *Nescius* aussi se dit tant de celui qui est ignoré que de celui qui ignore. **19.** Mais l'usage de ce mot est fréquent de celui qui ignore, rare au contraire de qui est ignoré. **20.** *Ignarus* également se dit dans les deux sens, non

1. Frag. 10 Morel. Cf. Non. p. 205 : metus *noue et eleganter positum. Sall. « ... metus Pompei uictoris ». Hoc est quod de Pompeio metueretur.* Sur les Psylles et leur combat malheureux contre l'Aquilon, cf. *infra* 16, 11, 3.

2. *Frag.* 1, 53 Maurenbrecher.

3. Frag. 1, 12 Maurenbrecher. Cf. Seru., *Aen.* 11, 357 qui distingue entre *terror* qui serait actif et ' metus ' *quem habent timentes.* Mais il note aussitôt que Virgile a employé *timor* au lieu de *metus*.

4. *Aen.* 2, 436. Cf. la note du commentaire pseudo-servien : *V. Vlixi quod illi Vlixes inflixerat.*

12. et Cinna in poematis :

Somniculosam ut Poenus aspidem Psyllus.

13. ‘ Metus ’ quoque et ‘ iniuria ’ atque alia quaedam id genus sic utroqueuersum dici possunt ; nam ‘ metus hostium ’ recte dicitur et cum timent hostes et cum timentur. **14.** Itaque Sallustius in ‘ Historia ’ prima ‘ metum Pompei ’ dixit, non quo Pompeius metueret, quod est usitatius, sed quod metueretur. Verba haec Sallusti sunt : « Id bellum excitabat metus Pompei uictoris, Hiempsalem in regnum restituentis. » **15.** Item alio in loco : « Postquam remoto metu Punico simultates exercere uacuum fuit. » **16.** ‘ Iniurias ’ itidem dicimus tam illorum qui patiuntur, quam qui faciunt, quarum dictionum exempla sunt facilia inuentu.

17. Illud etiam dictum a Vergilio eandem habet formam communicatae ultro et citro significationis :

et uulnere (inquit) tardus Ulixi,

cum diceret ‘ uulnus ’, non quod accepisset Ulixes, sed quod dedisset. **18.** ‘ Nescius ’ quoque dicitur tam is qui nescitur, quam qui nescit. **19.** Sed super eo qui nescit, frequens huius uocabuli usus est, infrequens autem est de eo quod nescitur. **20.** ‘ Ignarus ’ aeque utroqueuersum dicitur, non

12 psyllus *FXΠN* : syllus *BQZ* || **14** in *om. Q.* || sed quod : sed quo *Hertz* || metueretur : -tuebatur *Eussner* || **16** quarum : quare *Z* || inuentu *FXNBQ* : in euentu *ΠZ* || **17** ultro : ultra *F* || et uulnere *FXΠNQ* : uulnere *BZ* || dedisset *FXΠNQ*[2] : ac ded- *BQ*[1]*Z* || **18** is *FXBQZ* : *om. ΠN* || **20** aeque : quoque *Π* || sed : sed et *recc.*

seulement de qui ne connaît pas mais aussi de qui n'est pas connu. **21.** Plaute dit dans le *Rudens*[1] : « Nous qui ne savons où nous sommes, qui ne savons qu'espérer *(nesciis nescia).* » **22.** Salluste[2] : « Selon le désir humain de voir des lieux inconnus *(ignara).* » Virgile[3] : « La terre des Laurentes retient Mimas qu'elle ne connaît pas *(ignarum)* ».

XIII

Passage tiré de l'histoire de Claudius Quadrigarius dans lequel il a dépeint le combat de Manlius Torquatus, jeune noble, et d'un ennemi gaulois qui lançait un défi.

1. Titus Manlius était de la plus haute naissance et de grande noblesse. **2.** On donna à ce Manlius le surnom de Torquatus. **3.** La cause de ce surnom, nous a-t-on dit, fut un collier d'or, dépouille qu'il prit pour se la mettre à l'ennemi qu'il avait tué. **4.** Mais quel ennemi ce fut, de quelle sorte, de quelle grandeur effrayante, avec quelle insolence il lança son défi et comment se déroula le combat, Quintus Claudius l'a décrit au premier livre de ses *Annales*[4] avec beaucoup de pureté, de netteté et le charme simple et sans apprêt du langage ancien. **5.** Lisant ce passage du livre le

1. V. 275. Cité par Nonius p. 211 : *Nescium pro incognito.* Pl...
2. *Hist.* Frag. 1, 103 Maurenbrecher.
3. *Aen.* 10, 706. Cité par Nonius p. 187, l. 17. Ignarum *quod nesciatur aut sit incognitum.*
4. Le texte cité de Claudius Quadrigarius est le frag. 106 de Peter. Le combat eut lieu en 361 av. J.-C. Il est relaté par de nombreux auteurs, cf. surtout T. Liu. 7, 9 s. (cf. 6, 42, 5). Sur les combats singuliers, cf. ch. 11 et la note 4.

tantum qui ignorat, sed qui ignoratur. **21**. Plautus in ‘ Rudente ’ :

Quae in locis nesciis nescia spe *su*mus.

22. Sallustius : More humanae cupidinis ignara uisendi. Vergilius :

ignarum Laurens habet ora Mimanta.

XIII

Verba ex historia Claudi Quadrigari, quibus Manli Torquati, nobilis adulescentis, et hostis Galli prouocatoris pugnam depinxit.

1. Titus Manlius summo loco natus adprimeque nobilis fuit. **2**. Ei Manlio cognomentum factum est Torquatus. **3**. Causam cognomenti fuisse accepimus torquis ex auro induuias, quam ex hoste quem occiderat detractam induit. **4**. Sed quis hostis et quid genus, quam formidandae uastitatis et quantum insolens prouocator et cuiusmodi fuerit pugna decertatum, Q. Claudius primo ‘ Annalium ’ purissime atque inlustrissime simplicique et incompta orationis antiquae suauitate descripsit. **5**. Quem locum ex eo libro philo-

21 rudente *FXΠNQ* : -tes *BZ* || in locis *FBQZ* : incolis *XΠN* || nescia spe sumus *Plautus* : nescias pessimus *FXΠNBQ et fere Z* || **22** more : morte *X* amore *Non.* || ora *XΠNB* : oram *F* horam *QZ* || mimanta *FXQZ* : minanta *ΠB* numanta *N*.

XIII. *Exstat in TY* || *Lem.* prouocatoris *FΠNB*[2] : -catioris *Z* -cantis *Q*[2] *in rasura, om. B*[1] || **2** ei *BQZTY* : et *FXΠN* || **3** torquis *FXΠNBQZ* : -quem *TY* || induuias *FXΠN* : -uies *BQZ, om. TY* || **4** quis hostis *FBQZTY* : quid h- *XΠN* || quam *FΠNQZ* : et quam *XBTY* || quantum : quam *F* || cuius modi *FXBQ*[2]*TY* : cuimodi : *NQ*[1]*Z* cuimodo *X* || incompta *FXΠNBQZ* : compta *TY* || **5** pulsibusque *FXNQZ* . pulsibus *ΠB*.

philosophe Favorinus disait que son cœur était secoué et atteint d'émotions et d'impulsions non moindres que s'il voyait les adversaires combattre sous ses yeux.

6. J'ai joint le texte dans lequel Quintus Claudius a dépeint cette bataille : **7.** « Sur ces entrefaites un Gaulois s'avança, nu, orné outre un bouclier et deux épées, d'un collier et de bracelets, qui par sa force, sa grande taille, sa jeunesse et en même temps son courage surpassait tous les autres. **8.** Comme le combat s'était engagé avec la plus haute intensité et que des deux côtés on se battait avec le plus grand acharnement, il se mit à faire signe de la main aux deux partis de s'arrêter. **9.** La bataille s'arrêta. **10.** Le silence s'était fait soudain : il crie de la voix la plus forte que s'avance celui qui voudrait en découdre avec lui. **11.** Personne n'osait à cause de la grandeur monstrueuse de sa stature[1]. **12.** Alors le Gaulois se mit à railler et à tirer la langue. **13.** Cela chagrina soudain un certain Titus Manlius, de la plus haute naissance, qu'une si grande honte arrivât à la cité, que d'une si grande armée personne ne s'avançât. **14.** Celui-ci, comme je le dis, se porta en avant et ne souffrit pas que le courage romain devînt honteusement le butin d'un Gaulois. Ceint d'un écu de fantassin et d'une épée d'Espagne[2], il prit position en face du Gaulois. **15.** La bataille se fit dans une grande angoisse, sur le pont même[3], sous les yeux des deux armées. **16.** Ils prirent position comme je viens de le dire : le Gaulois à sa manière, le bouclier en avant, chantant[4] ; Manlius, ayant

1. *Facies* : cf. ch. 14 *infra*. Pour le sens, cf. *infra* 13, 30, 2.,

2. C'est d'après Polybe une épée longue et solide qui permet de frapper d'estoc et de taille. Elle est devenue l'arme normale du Romain après le IIe siècle (av. J.-C.). Cf. P. Couissin, *Les armes romaines*, p. 227 ss. Le terme figure dans le récit de Tite Live, « *hispanico cingitur gladio ad propiorem habili pugnam* ».

3. Il s'agit d'un pont sur l'Anio.

sophus Fauorinus cum legeret, non minoribus quati adficique animum suum motibus pulsibusque dicebat, quam si ipse coram depugnantes eos spectaret.

6. Verba Q. Claudi, quibus pugna ista depicta est, adscripsi : **7**. « Cum interim Gallus quidam nudus praeter scutum et gladios duos torque atque armillis decoratus processit, qui et uiribus et magnitudine et adulescentia simulque uirtute ceteris antistabat. **8**. Is maxime proelio commoto atque utrisque summo studio pugnantibus, manu significare coepit utrisque, quiescerent. **9**. Pugnae facta pausa est. **10**. Extemplo silentio facto cum uoce maxima conclamat, si quis secum depugnare uellet, uti prodiret. **11**. Nemo audebat propter magnitudinem atque inmanitatem facies. **12**. Deinde Gallus inridere coepit atque linguam exertare. **13**. Id subito perdolitum est cuidam Tito Manlio, summo genere gnato, tantum flagitium ciuitati adcidere, e tanto exercitu neminem prodire. **14**. Is, ut dico, processit neque passus est uirtutem Romanam ab Gallo turpiter spoliari. Scuto pedestri et gladio Hispanico cinctus contra Gallum constitit. **15**. Metu magno ea congressio in ipso ponti, utroque exercitu inspectante, facta est. **16**. Ita, ut ante dixi, constiterunt : Gallus sua disciplina scuto proiecto cantabundus ; Manlius,

6 adscripsi : descripsi *Π* || **7** duos $F^2ΠQBTY$: duo F^1XNZ || antistabat FNB^1Z : antistibat *X* antistitabat *Q* antestabat $ΠB^2TY$ || **8** maxime : -mo *Sciopp.* || manu *FXΠNTY* : -nibus *BQZ* || **11** facies $FXΠNZT^1$: faciei BQT^2Y || **12** exertare *Q* : exerrare *FXΠNBZTY* || **13** e tanto *FXΠNTY* : et ante *QZ*, *om.* *B* || **14** ut dico : iudico X^1 ilico *Mommsen* || hispanico $XΠNQ^2TY$: spanico FBQ^1Z || ponti F^1BQ^1Z : ponte $XΠNQ^2TY$ || **16** cantabundus : cunctabundus *Π*.

plus de confiance dans le courage que dans l'habileté, frappa ce bouclier de son bouclier et ébranla l'équilibre du Gaulois. **17.** Tandis que le Gaulois cherche à retrouver sa station, Manlius frappe à nouveau le bouclier de son bouclier[1] et fit perdre de nouveau à l'homme sa position ; de cette façon il réussit à passer sous l'épée du Gaulois et plongea l'arme espagnole dans sa poitrine, puis aussitôt de la même secousse, il pénètre l'épaule droite et ne se retira pas avant d'avoir renversé le Gaulois afin que celui-ci ne pût prendre élan pour frapper[2]. **18.** Lorsqu'il l'eut renversé, il coupa la tête, enleva le collier et le met tout sanglant à son cou. **19.** A la suite de ce haut fait il reçut le surnom de Torquatus, lui et ses descendants. »

20. Ce Titus Manlius dont Quadrigarius décrivit le combat ci-dessus fit nommer les ordres durs et cruels *manliana*, parce que, dans la suite, lors de la guerre contre les Latins, comme il était consul, il tua d'un coup de hache son fils, qui, envoyé par lui en reconnaissance, avait abattu[3] en dépit de son interdiction un ennemi par lequel il avait été provoqué.

1. La tactique de Manlius est à rapprocher de celle que prône Servius, *Aen.* 11, 284 *summum genus esse dimicandi quoties calcato umbone aduersarii, se in hostilem clypeum erigit miles et ita contra stantis uulnerat terga.*

2. La fin de la phrase ne paraît pas ici à sa place. Logiquement elle devrait intervenir après *iterum deiecit* et être suivie aussitôt après de *neque recessit unquam...*

3. *Interdicto* peut être pris comme ablatif absolu, ce qui évite de supposer une lacune comme le voulait Hertz.

L'épisode exemplaire à tous égards est relaté par Tite Live, 8, 7, cf. Valère Maxime, 2, 7, 6 ; 9, 3, 4, etc. Il eut lieu en 340 av. J.-C. Aulu-Gelle a fait allusion à des ordres *Manliana* en 1, 13, 7, forme reprise ici seulement par les manuscrits de l'anthologie *TY*.

animo magis quam arte confisus, scuto scutum percussit atque statum Galli conturbauit. **17.** Dum se Gallus iterum eodem pacto constituere studet, Manlius iterum scuto scutum percutit atque de loco hominem iterum deiecit ; eo pacto ei sub Gallicum gladium successit atque Hispanico pectus hausit ; deinde continuo umerum dextrum eodem concussu incidit neque recessit usquam, donec subuertit, ne Gallus impetum icti haberet. **18.** Vbi eum euertit, caput praecidit, torquem detraxit eamque sanguinulentam sibi in collum inponit. **19.** Quo ex facto ipse posterique eius Torquati sunt cognominati. »

20. Ab hoc Tito Manlio, cuius hanc pugnam Quadrigarius descripsit, imperia et aspera et immitia ' Manliana ' dicta sunt, quoniam postea bello aduersum Latinos cum esset consul, filium suum securi percussit, qui speculatum ab eo missus interdicto hostem, a quo prouocatus fuerat, occiderat.

conturbauit *FNBQZ* : perturbauit *XΠ* || **17** concussu *recc.* : concessu *FXΠNTY* consensu *BQZ* successu *Damsté, alii aliud* || icti : in ictu *Q* || **19** cognominati : uocati *T*[1] || **20** manliana *TY* : manlia *FXΠNBQZ* || *lacunam ante* interdicto *statuerat Hertz* || occiderat : occidit *Π*.

XIV

Que le même Quadrigarius a parlé de façon correcte et latine en disant *huius facies* au génitif; et certains autres témoignages donnés sur des substantifs se déclinant de manière semblable.

1. Quant à ce qui est écrit plus haut[1] dans la citation de Quintus Claudius : « *Propter magnitudinem atque immanitatem facies* (à cause de la grandeur monstrueuse de sa stature) », nous avons fait des recherches et regardé quelques manuscrits anciens ; nous avons trouvé qu'il en était comme je l'ai écrit. **2.** En effet la plupart des anciens ont décliné de cette façon : *haec facies, huius facies,* ce qui se dit maintenant *faciei* à cause de l'analogie grammaticale. Mais j'ai trouvé certains livres corrompus dans lesquels il est écrit *faciei,* la forme écrite précédemment ayant été effacée.

3. Nous nous rappelons de plus qu'à la bibliothèque de Tibur[2] nous trouvions écrit dans le même livre de Claudius l'une et l'autre formes, *facies* et *facii.* Mais *facies* était écrit dans le texte, et *facii* avec un double *i,* en regard. **4.** Et nous avons jugé que cela n'était pas étranger à certaines habitudes des anciens : à partir de l'expression *hic dies* (ce jour), ils ont dit aussi bien *huius dies* que *huius dii,* et, à partir de l'expression *haec fames* (cette faim), ils ont dit aussi bien *huius famis* que *huius fami*[3].

1. *Supra,* 9, 13, 11. Le génitif en *-ies* est le génitif ancien (P. Monteil, *Éléments...,* p. 207).

2. La bibliothèque était dans le temple d'Hercule à Tibur, cf. *infra,* 19, 5, 4.

3. Sur le génitif en *-ii* cf. A. Ernout, *Morphologie...,* p. 69 et P. Monteil, *Éléments...,* p. 207.

XIV

Quod idem Quadrigarius ' huius facies ' patrio casu probe et Latine dixit; et quaedam alia adposita de similium uocabulorum declinationibus.

1. Quod autem supra scriptum est in Q. Claudi uerbis : « Propter magnitudinem atque immanitem facies », id nos aliquot ueteribus libris inspectis explorauimus atque ita esse, ut scriptum est, comperimus. **2.** Sic enim pleraque aetas ueterum declinauit : « haec facies, huius facies », quod nunc propter rationem grammaticam ' faciei ' dicitur. Corruptos autem quosdam libros repperi, in quibus ' faciei ' scriptum est, illo quod ante scriptum erat oblitterato.

3. Meminimus etiam in Tiburti blibliotheca inuenire nos in eodem Claudii libro scriptum utrumque ' facies ' et ' facii '. Sed ' facies ' in ordine scriptum fuit et contra per ' i ' geminum ' facii '. **4.** Neque id abesse a quadam consuetudine prisca existimauimus ; nam et ab eo quod est ' hic dies ', tam ' ⟨huius dies ', quam⟩ ' huius dii ', et ab eo quod est ' haec fames ', ⟨tam ' huius famis ',⟩ quam ' huius fami ' dixerunt.

XIV. *Lem.* patrio casu *ΠNZ* : patri occasu *BQ* patri occasus *F* || adposita : adposuit *Q* || de similium : dissimilium *Z* || **1** propter *om. Z* || id : ad *Q* || aliquot *XN* : aliquod *FΠBQZ* || ueteribus *FNBQZ* : deterius *XΠ* || **2** ueterum *om. Π* || *cum uerbis* grammaticam facie *incipit O* || faciei *F²XBQZ* : facie *F¹OΠN* || **3** etiam *FXNBZ* : et *OΠ*, *om. Q* || facies : et facies *Π* || et facii *edd.* : et faciei *FOXΠNBQZ* || ordine *FOXΠNZ* : -nem *BQ* || **4** huius dies quam *Hertz post Ascens.* : *om. FOXΠNBQZ* || tam huius famis *Hertz post Ascens.* : *om. FOXΠNBQZ.*

5. Quintus Ennius au livre XVI des *Annales*[1] a écrit *dies* au lieu de *diei* dans le vers suivant : « Le temps lointain du dernier jour *(dies)* aura consumé... » **6.** Caesellius[2] affirme que Cicéron également, dans le discours qu'il fit pour Sestius[3], a écrit *dies* pour *diei*, et, avec beaucoup de peine, après avoir fait des recherches dans de bien nombreux manuscrits anciens, j'ai trouvé qu'il en était comme Caesellius le dit. **7.** Voici les paroles de Cicéron : « Mais les chevaliers seront punis de cette journée *(illius dies)* » ; ce qui a fait, ma foi, que je crois facilement ceux qui ont dit avoir examiné un livre écrit de la main même de Virgile dans lequel ils ont trouvé[4] : « Quand la Balance aura fait égales les heures du jour *(dies)* et du sommeil » c'est-à-dire *libra diei somnique*.

8. Mais de même qu'en ce lieu Virgile semble avoir écrit *dies*, il n'y a pas de doute que dans le vers suivant[5] il ait écrit *dii* au lieu de *diei* : « Les présents et la joie du jour *(dii)* » ce que les gens peu au courant lisent *dei*, reculant devant cette forme insolite. **9.** Or les anciens déclinaient ainsi : *dies dii* comme *fames fami*, *pernicies pernicii*, *progenies progenii*, *luxuries luxurii*, *acies acii*. **10.** En effet Marcus Caton a écrit comme suit dans le discours[6] qu'il a composé *Sur la guerre punique* : « Les

1. V. 413 Vahlen.
2. Sur Caesellius Vindex, cf. vol. I, p. 104 n.
3. 28.
4. *Georg.* 1, 208. Les manuscrits de Virgile portent *die* et *diei*. Cf. Seruius, *ad loc* : *non est apocope pro* diei *sed regularis genitiuus* et les *Gramm. Lat.* (Keil) 1, 126, 32, etc.
5. *Aen.* 1, 636. Cf. Seru. *ad loc. Dii* est donné par le *Pal.* de Virgile et de Servius. Les autres manuscrits de Virgile ont *dei*.
6. Frag. 191 Malcovati[2].

5. Q. Ennius in XVI. Annali ‘ dies ’ scripsit pro ‘ diei ’ in hoc uersu :

Postremae longinqua dies confecerit aetas...

6. Ciceronem quoque adfirmat Caesellius in oratione, quam pro P. Sestio fecit, ‘ dies ’ scripsisse pro ‘ diei ’, quod ego inpensa opera conquisitis ueteribus libris plusculis ita, ut Caesellius ait, scriptum inueni. 7. Verba sunt haec M. Tullii : « Equites uero daturos illius dies poenas » ; quocirca factum hercle est, ut facile his credam, qui scripserunt, idiographum librum Vergilii se inspexisse, in quo ita scriptum est :

Libra dies somnique pares ubi fecerit horas,

id est « Libra diei somnique ».

8. Sed sicut hoc in loco ‘ dies ’ a Vergilio scriptum uidetur, ita in illo uersu non dubium est, quin ‘ dii ’ scripserit pro ‘ diei ’ :

Munera laetitiamque dii,

quod imperitiores ‘ dei ’ legunt, ab insolentia scilicet uocis istius abhorrentes. 9. Sic autem « dies dii » a ueteribus declinatum est, ut « fames fami », « pernicies pernicii », « progenies progenii », « luxuries luxurii », « acies acii ». 10. M. enim Cato in oratione, quam ‘ De bello Carthaginiensi ’ composuit, ita scrip-

5 in *om. B* || postremae *O*² : -ma *FO*¹*XΠNBQZ* || confecerit *FO*²*XΠN* : quod fecerit *BQZ* fecerit *O*¹ || **6** p. *om. BQZ* || **7** m *om. BQZ* || se *FONBQZ* : *om. XΠ* || fecerit : -rat *Z* || **8** laetitiamque *O*²*XΠNBQZ* : -tiam quae *FO*¹ || **9** dies dii : dies dies dii *Π*.

enfants et les femmes étaient poussés dehors à cause de la famine *(fami)*. » **11.** Lucilius dans le livre XII[1] : « Ridé et plein de faim *(fami)*. » **12.** Sisenna au livre VI de ses *Histoires*[2] : « Que les Romains étaient venus pour amener la destruction *(pernicii)*. » **13.** Pacuvius dans *Paulus*[3] : « Père suprême du père de notre race *(progenii)*. » **14.** Cneius Matius au chant XXI de son *Iliade*[4] : « Que l'autre partie de l'armée *(acii)* aurait échappé aux eaux de la rivière. » **15.** Le même Matius dans le chant XXIII[5] demande : « S'il reste un semblant de forme *(specii)* à ceux qui se taisent dans la mort. » **16.** Gaius Gracchus dans son discours[6] sur la promulgation des lois : « Cela fut institué, dit-on, à cause du luxe *(luxurii)* »; **17.** et dans le même ouvrage, plus bas, il est écrit : « Ce n'est pas luxe *(luxuries)* ce qu'on prépare pour les nécessités de la vie », **18.** par quoi il apparaît qu'il a dit *luxurii* au génitif du mot *luxuries*. **19.** Cicéron aussi dans le discours par lequel il défendit Sextus Roscius[7], a laissé écrit *pernicii*. Voici le passage : « Pour la destruction *(pernicii causa)* de qui nous estimons que rien n'a été fait par une volonté divine mais par la force même et la grandeur des choses. » **20.** Il faut donc penser que Quadrigarius a écrit ou *facies* au génitif ou *facii* ; quant à *facie* je ne l'ai trouvé écrit dans aucun livre ancien.

1. V. 430 Marx.
2. Frag. 128 Peter. Cf. cet exemple et le suivant dans Non. p. 786.
3. V. 1 Ribbeck².
4. Frag. 7 Morel. Cf. Hom., *Il.* 21, 3 s.
5. Frag. 8 Morel. Cf. Hom., *Il.* 23, 103 s.
6. Frag. 50 et 51 Malcovati².
7. 131. Cité par Non. p. 781, l. 26.

sit : « Pueri atque mulieres extrudebantur fami causa. » **11.** Lucilius in XII. :

Rugosum atque fami plenum.

12. Sisenna in ‘ Historiarum ’ libro VI. : Romanos inferendae pernicii causa uenisse. **13.** Pacuvius in Paulo :

Pater supreme nostrae progenii patris.

14. Cn. Matius in ‘ Iliadis ’ XXI. :

Altera pars acii uitassent fluminis undas.

15. Idem Matius in XXIII. :

An maneat specii simulacrum in morte silentum.

16. C. Gracchus ‘ De legibus ’ promulgatis : « Ea luxurii causa aiunt institui » ; **17.** et ibidem infra ita scriptum est : « Non est ea luxuries, quae necessario parentur uitae causa », **18** per quod apparet eum ab eo quod est ‘ luxuries ’ ‘ luxurii ’ patrio casu dixisse. **19.** M. quoque Tullius, in oratione qua Sextum Roscium defendit, ‘ pernicii ’ scriptum reliquit. Verba haec sunt : « Quorum nihil pernicii causa diuino consilio, sed ui ipsa et magnitudine rerum factum putamus. » **20.** Aut ‘ facies ’ ergo in casu patrio aut ‘ facii ’ Quadrigarium scripsisse existimandum est ; ‘ facie ’ autem in nullo ueteri libro scriptum repperi.

15 XXIII *Scaliger* : XIII *FOXΠNBQZ* || **16** c. *om. BQZ* || **18** casu *FOXΠNQ²* : casui *X¹* paac si *BZ, non legitur Q¹* || **19** m. *FOXΠN* : *om. BQZ* || **20** casu *FXΠNQ²* : casa *O* causa *BQ¹Z* || nullo *FO²XΠNB¹* : ullo *O¹B²QZ*.

21. Mais au datif ceux qui ont parlé avec le plus de pureté ont dit, non pas *faciei* comme on dit maintenant, mais *facie.* **22**. Lucilius dit dans les *Satires*[1] : « Ce qui pour la première fois s'ajoute à la beauté du visage et à la jeunesse. » **23**. Dans le livre VII[2] : « Qui te chérisse et se montre partisan pour ta jeunesse et ton visage *(facie)*, jurant qu'il sera ton ami. » **24**. Il y a cependant un grand nombre de gens pour lire *facii* dans l'un et l'autre passage.

25. Mais César[3] dans le livre II du *de Analogia*[4] pense qu'il faut dire *huius die* et *huius specie.* **26**. J'ai trouvé écrit moi aussi, dans le *Jugurtha* de Salluste[5] en un manuscrit de la plus grande fidélité et d'une ancienneté vénérable *die* au génitif. Le texte était ainsi : « *Vix decima parte die reliqua*, alors qu'il ne restait qu'à peine la dixième partie du jour ». Je ne pense pas en effet qu'il faille admettre l'argumentation spécieuse qui nous fasse prendre *die* comme l'équivalent de *ex die.*

XV

Du genre de débat qu'on appelle en grec ἄπορον (sans issue).

1. Voulant quitter la chaleur de Rome pendant les vacances d'été,[6] nous nous étions retirés à Naples avec le rhéteur Antonius Julianus. **2**. Et il y avait là alors

1. V. 1257 Marx.
2. V. 269 Marx.

21. In casu autem dandi qui purissime locuti sunt non ' faciei ', uti nunc dicitur, sed ' facie ' dixerunt. **22.** Lucilius in Saturis :

primum (inquit) facie quod honestae *e*t
An*n*is accedit.

23. Lucilius in libro septimo :

Qui te diligat, aetati facieque tuae se
Fautorem ostendat, fore amicum polliceatur ;

24. sunt tamen non pauci qui utrobique ' facii ' legant.

25. Sed C. Caesar in libro ' De analogia ' secundo ' huius die ' et ' huius specie ' dicendum putat. **26.** Ego quoque in ' Iugurtha ' Sallustii summae fidei et reuerendae uetustatis libro ' die ' casu patrio scriptum inueni. Verba haec ita erant : « Vix decima parte die reliqua. » Non enim puto argutiolam istam recipiendam, ut die dictum quasi ' ex die ' existimemus.

XV

De genere controuersiae quod Graece ἄπορον appellatur.

1. Cum Antonio Iuliano rhetore, per feriarum tempus aestiuarum decedere ex urbis aestu uolentes, Neapolim concesseramus. **2.** Atque ibi

22 et annis *Baehrens* : tantis *FOXΠNBQZ* et aetati *L. Mueller* || **23** aetati *recc.*, *Hosius* : -tatis *FOXΠNBQZ*, *Marshall* || fore *recc.* : se fore *FOXΠNBQZ* || **25** c. *FOXΠN* : *om.* *BQZ* || die *FOXΠNQ*[2] : diei *BQ*[1]*Z* || specie : speciei *B* || **26** die : diei *codd. Sall.*

XV. **1** concesseramus *ΠNQ* : consesseramus *X* conseseramu *FOBZ*.

un jeune homme de fort riche famille travaillant avec des maîtres des deux langues et exerçant son aptitude à l'éloquence latine pour plaider des causes à Rome ; or celui-ci demande à Julianus de l'écouter déclamer. **3.** Julianus va l'écouter et nous allons avec lui en même temps. **4.** Le jeune homme entre et fait un discours préliminaire[1] avec plus d'arrogance et de hauteur qu'il ne convenait à son âge, puis il demande qu'on donne le sujet des débats.

5. Il y avait là avec nous un disciple de Julianus, un homme jeune à la parole facile déjà avancé, et dès l'abord choqué de ce que l'autre avait l'audace de se risquer aux oreilles de Julianus et de tentei sa chance dans un discours improvisé. **6.** Il expose donc pour l'éprouver un sujet de débat d'une logique assez délicate, un genre que les Grecs appellent ἄπορον (sans issue), et qui peut être traduit en latin à peu près convenablement par *inexplicabile*[2], impossible à débrouiller. **7.** Ce sujet était de cette sorte : « Que sept juges aient à connaître de l'accusé et que soit valide la sentence prononcée par la majorité d'entre eux. Alors que sept juges en avaient connu, deux furent d'avis de condamner l'accusé à l'exil, deux autres à l'amende, les trois derniers de le punir de la peine capitale. **8.** On le réclame pour le supplice, suivant l'avis des trois juges, et il fait opposition. »

9. Ayant entendu ce sujet, sans y réfléchir, et sans attendre que d'autres lui soient proposés, il commence aussitôt avec une rapidité étonnante à prononcer je ne sais quels préambules pour ce débat et à répandre des tourbillons enveloppés de phrases et de mots, et des foules de paroles, tous les gens de la compagnie qui avaient coutume de l'écouter, montrant leur joie à grands

1. *Decet* se trouve construit avec le datif chez Plaut., *Amph.* 820 et 1007 ; le tour est repris par Front. p. 47, l. 9 et p. 126, l. 24 (van den Hout) puis reparaît plus fréquemment. Il s'agit donc d'un archaïsme plautien.

2. *Inexplicabile* est un mot courant et classique. Cf. *C.G.L.* 2, 21, 50 : *Inexplicabilia* ἀδιαλυτα, ἀπορα. Quant au problème, il n'est pas inextricable. Il aurait fallu interroger le jury en le faisant voter sur chacune des peines proposées successivement jusqu'à ce qu'une majorité soit dégagée.

erat adulescens tunc quispiam ex ditioribus cum utriusque linguae magistris meditans et exercens ad causas Romae orandas eloquentiae Latinae facultatem ; atque is rogat Iulianum, uti sese audiat declamantem. **3.** It auditum Iulianus imusque nos cum eo simul. **4.** Introit adulescens et praefatur arrogantius et elatius quam aetati eius decebat, ac deinde iubet exponi controuersias.

5. Aderat ibi nobiscum Iuliani sectator, iuuenis promptus et proficiens et offendens iam in eo, quod ille apud Iuliani aures in praecipiti stare et subitaria dictione periculum sui facere audebat. **6.** Exponit igitur temptamenti gratia controuersiam parum consistentem, quod genus Graeci ἄπορον uocant, Latine autem id non nimis incommode ' inexplicabile ' dici potest. **7.** Ea controuersia fuit huiusmodi : « De reo septem iudices cognoscant eaque sententia sit rata, quam plures ex eo numero dixerint. Cum septem iudices cognouissent, duo censuerunt reum exilio multandum, duo alii pecunia, tres reliqui capite puniendum. **8.** Petitur ad supplicium ex sententia trium iudicum et contradicit. »

9. Hac ille audita nec considerata neque aliis, ut proponerentur, expectatis, incipit statim mira celeritate in eandem hanc controuersiam principia nescio quae dicere et inuolucra sensuum uerborumque uolumina uocumque turbas fundere, ceteris omnibus ex cohorte eius, qui audire eum soliti erant, clamore magno exultantibus, Iuliano autem male

3 it *FO²NBQZ* : id *O¹XΠ* || **4** introit *FOXNB* : -iit *ΠQZ* || aetati *FOXΠNBZ* : aetatem *Q* || eius : ei *X* || **6** inexplicabile : -bili *N* || **7** ea *NBQZ* : ex *FOXΠ* || **9** hac *N* : haec *FOXΠBQZ* || inuolucra : inuolucre *Q*.

cris, tandis que Julianus malheureux et pitoyable rougissait et transpirait. **10.** Mais lorsque après avoir débité bien des milliers de lignes il eut enfin terminé et que nous fûmes sortis, ses amis et ses intimes, ayant accompagné Julianus, lui demandèrent ce qu'il en pensait. **11.** Et alors Julianus dit avec beaucoup d'esprit : « Ne cherchez pas quel est mon avis : sans débat[1] ce jeune homme est éloquent. »

XVI

Que Plinius Secundus, homme qui n'était pas dépourvu de science, a laissé échapper et n'a pas vu un défaut de l'argument que les Grecs appellent ἀντιστρέφον (réversible).

1. Plinius Secundus a été jugé le plus savant de son époque. **2.** Il a laissé des livres intitulés « Pour qui étudie[2] », qui, ma foi, ne sauraient être méprisés en aucune manière. **3.** Dans ces livres il met bien des renseignements divers pour charmer les oreilles des hommes instruits. **4.** Il rapporte aussi de nombreux traits qu'il estime joliment et ingénieusement dits lors de débats d'école. **5.** Comme encore ce trait qu'il donne tiré d'un débat de cette sorte : « Que l'homme de courage soit gratifié de la récompense qu'il aura souhaitée. Un homme qui avait fait un acte de courage demanda la femme d'un autre en mariage et l'obtint. Ensuite celui dont elle avait été l'épouse, fit un acte de courage. Il la redemande ; on s'y oppose ». **6.** De la part du deuxième homme de courage réclamant que sa femme lui fût rendue il fut dit avec élégance et plausiblement : « Si la loi est agréée, rends-la, si elle ne l'est pas, rends-la. » **7.** Mais il a échappé à Pline que ce petit trait qu'il a

1. Le mot *controuersia* dans la langue rhétorique désigne le débat contradictoire offert aux élèves et aux déclamateurs en général pour leur entraînement. Le mot de Julianus réside dans le jeu entre ce sens technique déjà employé en 6, 7, et 9 et le sens ordinaire de contradiction, controverse.

ac misere rubente et sudante. **10.** Sed ubi deblateratis uersuum multis milibus finem aliquando fecit egressique inde sumus, amici familiaresque eius Iulianum prosecuti, quidnam existimaret, percontati sunt. **11.** Atque ibi Iulianus festiuissime : « Nolite quaerere, inquit, quid sentiam ; adulescens hic sine controuersia disertus est. »

XVI

Quod Plinium Secundum, non hominem indoctum, fugerit latueritque uitium argumenti quod ἀντιστρέφον **Graeci dicunt.**

1. Plinius Secundus existimatus est esse aetatis suae doctissimus. **2.** Is libros reliquit quos ‘ Studiosorum ’ inscripsit, non medius fidius usquequaque aspernandos. **3.** In his libris multa uarie ad oblectandas eruditorum hominum aures ponit. **4.** Refert etiam plerasque sententias quas in declamandis controuersiis lepide arguteque dictas putat. **5.** Sicuti hanc quoque sententiam ponit ex huiuscemodi controuersia : « Vir fortis praemio quod optauerit donetur. Qui fortiter fecerat, petit alterius uxorem in matrimonium et accepit. Is deinde cuia uxor fuit fortiter fecit. Repetit eandem ; contradicitur. » **6.** Eleganter, inquit, et probabiliter ex parte posterioris uiri fortis, uxorem sibi reddi postulantis, hoc dictum est : « Si placet lex, redde ; si non placet, redde. » **7.** Fugit autem Plinium,

11 quid sentiam *FOXΠN* : sententiam *BQZ*.
XVI. *Lem.* latueritque : et latuerit *Q* || **2** inscripsit *FOXΠN* : scripsit *BQZ* || **3** eruditorum *FOXΠNQ*[2] : -tiorum *BQ*[1]*Z* || **5** is *om. BQZ*.

pensé très ingénieux ne manque pas du défaut que l'on appelle en grec ἀντιστρέφον (réversible). Et c'est un défaut insidieux et caché sous une fausse apparence de mérite ; car le raisonnement peut tout aussi bien se renverser lui-même au contraire contre celui qui s'en sert, et le premier homme de courage peut dire : « Si la loi est agréée, je ne rends pas la femme, si elle ne l'est pas, je ne la rends pas[1] non plus. »

1. Aulu-Gelle a déjà mentionné des conflits de ce type en 5, 10 et 5, 11. L'absurdité du conflit vient de ce qu'une *lex* comme celle qui est donnée là peut ne tenir aucun compte du droit préexistant ; ainsi le débat porte non sur les faits mais sur la valeur de la loi. Il est bien évident que le renversement fait par Aulu-Gelle n'est pas satisfaisant : dans le cas où la *lex* ne serait pas admise le mariage seul aurait valeur.

sententiolam istam, quam putauit esse argutissimam, uitio non carere quod Graece ἀντιστρέφον dicitur. Et est uitium insidiosum et sub falsa laudis specie latens ; nihil enim minus conuerti ex contrario id ipsum aduersus eundem potest, atque ita a priore illo uiro forte dici : « Si placet lex, non reddo ; si non placet, non reddo. »

7 forte : -ti Q^2.

LIVRE X

LIVRE X

I

S'il faut dire *tertium* consul ou *tertio* (pour la troisième fois) ; et de quelle manière Cnaeus Pompée inscrivant ses magistratures sur le théâtre dont il allait célébrer la dédicace, évita le problème douteux sur ce mot en suivant le conseil de Cicéron.

1. J'envoyai d'Athènes à Rome une lettre à un mien ami. **2.** Il y était inscrit que je lui écrivais alors pour la troisième fois *(tertium)*. **3.** Il me répondit et me demanda de lui donner la raison pour laquelle j'avais écrit *tertium* et non pas *tertio*. Il m'écrivit en outre de lui apprendre en même temps quel était mon avis sur la question suivante aussi, s'il fallait dire *tertium* consul et *quartum* ou *tertio* et *quarto*, car il avait entendu à Rome un érudit dire *tertio* consul et *quarto*, non pas *tertium* et *quartum* ; que Coelius avait écrit cette forme au début de son livre[1] et que Quintus Claudius avait dit au livre XIX[2] que Marius avait été fait consul pour la septième fois : *septimo*.

4. A cela je n'ai rien retourné de plus qu'un texte de Marcus Varron, homme, je pense, plus savant que ne le fut Claudius avec Coelius, texte de nature à trancher l'une et l'autre des questions dont il m'avait écrit : **5.** car, et Varron a assez clairement exposé ce qu'il

1. Frag. 59 Peter.
2. Frag. 82 Peter.

LIBER DECIMVS

I

‘ Tertium ’ ne consul an ‘ tertio ’ dici oporteat ; et quonam modo Cn. Pompeius, cum in theatro, quod erat dedicaturus, honores suos inscriberet, quaestionem ancipitem istius uerbi de consilio Ciceronis uitauerit.

1. Familiari meo cuipiam litteras Athenis Romam misi. **2.** In his scriptum fuit me illi iam ‘ tertium ’ scripsisse. **3.** Is ad me rescripsit petiuitque ut rationem dicerem cur ‘ tertium ’ ac non ‘ tertio ’ scripsissem. Id etiam adscripsit, ut eadem, quid super illo quoque mihi uideretur, facerem se certiorem, ‘ tertium ’ne consul et ‘ quartum ’ an ‘ tertio ’ et ‘ quarto ’ dicendum esset, quoniam Romae doctum uirum dicere audisset « ‘ tertio ’ et ‘ quarto ’ consul », non ‘ tertium quartum ’que ; idque in principio libri *** Coelium scripsisse et Quintum Claudium in libro undeuicesimo C. Marium creatum ‘ septimo ’ consulem dixisse.

4. Ad haec ego rescripsi nihil amplius quam uerba M. Varronis, hominis, opinor, quam fuit Claudius cum Coelio doctioris, quibus uerbis utrumque de quo ad me scripserat decideretur ; **5.** nam et Varro satis aperte quid dici oporteret

I. *Disticha duo* Aureli Romani Cecropias noctes (*de quibus uide* Introduction *uol.* I p. XLVII) *post* « incipit liber X » *habent FOΠ, post* « explicit » liber IX *Z, nihil praebent NBQ.* || *Lem.* cn. *om. BQZ* || honores : -re *Z* || suos *om. O* || inscriberet *FOXΠN* : scriberet *BQZ* || **1** misi : -sit *F* || **2** me illi : mei illum *B* || **3** *post* libri *lacunam coni. I. Gron.* : III. *Meltzer* || et *om. Q* || c. *FOXΠN* : *om. BQZ* || **4** quam *om. Z* || m. *FOXΠNB* : *om. QZ* || decideretur *FOΠNBQ* : desideretur *Z* deiceretur *X.*

fallait dire, et moi je n'ai pas voulu entrer en conflit de loin contre celui qui avait une réputation de savoir.

6. Voici les mots de Marcus Varron tirés du livre cinquième des *Disciplines*[1] : « C'est autre chose d'être fait préteur *quarto* et *quartum*, parce que *quarto* indique la place et qu'il y en a eu trois de faits avant, *quartum* indique le temps et qu'on a été fait préteur trois fois auparavant. Ennius donc a eu raison d'écrire[2] : ' Quintus le père est fait consul pour la quatrième fois *(quartum)* ', et Pompée fut timide quand, pour ne pas écrire *consul tertium* ni *tertio*, il s'abstint d'inscrire les dernières lettres. »

7. Ce que Varron a dit de Pompée brièvement et avec quelque obscurité, Tullius Tiro, affranchi de Cicéron, l'a écrit plus explicitement dans une lettre à peu près ainsi : « Comme Pompée, dit-il, était sur le point de dédier le temple de la Victoire dont les marches servissent de théâtre[3], et qu'on écrivait son nom et ses magistratures, on se mit à chercher s'il fallait inscrire consul *tertio* ou *tertium*. Pompée renvoya alors la question à chercher[4] aux plus savants de la cité, et comme on n'était pas d'accord, et que les uns prétendaient qu'il fallait écrire *tertio*, d'autres *tertium*, Pompée demanda à Cicéron, dit-il, de faire écrire ce qui lui paraissait le plus correct. » Alors Cicéron avait eu peur de porter un jugement sur des savants et de paraître désapprouver les personnes dont il n'approuverait pas l'opinion. « Il persuada donc à Pompée de n'écrire ni *tertium* ni *tertio*, mais qu'on fît les lettres jusqu'au

1. Frag. 218 Funaioli ; cité par Non. p. 700, l. 21.
2. *Ann.* v. 295 Vahlen².
3. Tiro. Frag. 7 Funaioli. C'est afin de ne pas heurter les habitudes et les conceptions romaines que Pompée fit des gradins du théâtre les marches du temple de Venus Victrix dédié en 55 av. J.-C. Signalons la bévue de Scioppius, qui corrigeait Victoriae en Mineruae parce que Pline (7, 97) écrit : « *Hos ergo honores urbi tribuit in delubro Mineruae quod ex manubiis dicabat.* »
4. *Exquisitum* correction de Boot donne un sens et un texte très clair, la leçon des manuscrits *exquisitissime* n'étant satisfaisante à aucun point de vue. Il n'est pas nécessaire de suivre Damsté dans ses scrupules pour rendre compte de la faute et d'écrire avec lui *exquisitum timidissime rettulit.*

edocuit et ego aduersus eum qui doctus esse dicebatur litem meam facere absens nolui.

6. Verba M. Varronis ex libro 'Disciplinarum' quinto haec sunt : « Aliud est ' quarto ' praetorem fieri et ' quartum ' ; quod ' quarto ' locum adsignificat ac tres ante factos, ' quartum ' tempus adsignificat et ter ante factum. Igitur Ennius recte, quod scripsit :

Quintus pater quartum fit consul,

et Pompeius timide, quod in theatro, ne adscriberet ' consul tertium ' aut ' tertio ', extremas litteras non scripsit. »

7. Quod de Pompeio Varro breuiter et subobscure dixit, Tiro Tullius, Ciceronis libertus, in epistula quadam enarratius scripsit ad hunc ferme modum : « Cum Pompeius, inquit, aedem Victoriae dedicaturus foret, cuius gradus uicem theatri essent, nomenque eius et honores scriberentur, quaeri coeptum est, utrum ' consul tertio ' inscribendum esset an ' tertium '. Eam rem Pompeius exquisit*um* rettulit ad doctissimos ciuitatis, cumque dissentiretur et pars ' tertio ', alii ' tertium ' scribendum contenderent, rogauit, inquit, Ciceronem Pompeius, ut quod ei rectius uideretur scribi iuberet. » Tum Ciceronem iudicare de uiris doctis ueritum esse, ne, quorum opinionem inprobasset, ipsos uideretur inprobasse. « Persuasit igitur Pompeio, ut neque ' tertium ' neque ' tertio ' scriberetur, sed ad secundum usque t fierent litterae, ut uerbo non per-

6 nolui : uolui *B* || uerba m. *FOXΠN* : uerbum *BQZ* || tempus *FXNBQZ* : templum *OΠ* || **7** scriberentur *O*[1]*BQZ* : inscriberentur *FO*[2]*XΠN* || exquisitum *Boot* : exquisitissime *FOXΠNBQZ* || t *F*[1]*OX*[1]*ΠN* : tertium *F*[2]*BQZ*, *om.* *X*[2].

second *t* de façon que, le mot n'étant pas écrit jusqu'au bout, le sens fût certes exprimé, mais que cependant la forme du mot, incertaine, restât dans l'ombre.

8. Mais ce qu'ont dit Varron et Tiron n'est pas écrit ainsi dans le même théâtre aujourd'hui. **9.** Car lorsque bien des années après, le mur de scène qui s'était écroulé fut refait, le nombre du troisième consulat ne fut pas indiqué comme à l'origine par les premières lettres, mais seulement par trois barres gravées.

10. Mais au quatrième livre des *Origines* de Marcus Caton[1] il est écrit : « Les Carthaginois violèrent le traité pour la sixième fois *(sextum)*. » Le mot indique qu'ils ont agi auparavant cinq fois contre le traité et alors pour la sixième fois. **11.** Les Grecs aussi pour indiquer des nombres de cette sorte disent τρίτον καὶ τέταρτον, ce qui correspond aux mots latins *tertium quartumque* (troisième et quatrième).

II

Ce qu'Aristote a livré à la postérité sur le nombre des enfants dans un accouchement.

1. Le philosophe Aristote[2] a livré à la postérité qu'une femme mit au monde en Égypte cinq garçons en un seul accouchement et il a dit que c'était la limite de l'accouchement multiple dans l'espèce humaine, qu'il n'avait pas été établi que jamais un plus grand nombre d'enfants aient été mis au monde en même temps, mais que ce

1. Frag. 84 Peter.
2. Aristote., *Hist. Anim.* 7, 4, 584 b ; cf. Pline 7, 33 : sur les accouchements multiples il n'est pas la source d'Aulu-Gelle. Strabon, 15, 1, 22 attribue au Nil la fécondité des Égyptiennes et déclare qu'Aristote parle de sept enfants lors d'un accouchement. Cf. Solin. 1, 51 ; Lydus, *Mens.* 89 (57).

scripto res quidem demonstraretur, sed dictio tamen ambigua uerbi lateret. »

8. Id autem, quod et Varro et Tiro dixerunt, in eodem nunc theatro non est ita scriptum. **9**. Nam cum multis annis postea scaena, quae prociderat, refecta esset, numerus tertii consulatus non uti initio primoribus litteris, sed tribus tantum liniolis incisis significatus est.

10. In M. autem Catonis quarta ‘Origine’ ita perscriptum est : « Carthaginienses sextum de foedere decessere. » Id uerbum significat quinquiens ante eos fecisse contra foedus et tum sextum. **11**. Graeci quoque in significandis huiuscemodi rerum numeris τρίτον καὶ τέταρτον dicunt, quod congruit cum eo quod Latine dicitur : « tertium quartumque ».

II

Quid Aristoteles de numero puerperii memoriae mandauerit.

1. Aristoteles philosophus memoriae tradidit, mulierem in Aegypto uno partu quinque pueros enixam, eumque esse finem dixit multiiugae hominum partionis neque plures umquam simul genitos compertum, hunc autem numerum ait

9 cum *om. X* || **10** perscriptum *FNBQZ* : scriptum *OXΠ* || **11** και *FOXN* : et *ΠBZ*, *om. Q*.

II. *Exstat in TY* || **1** eumque : eamque *X* || partionis *FOΠNQZ* : partitionis *BTY* portationis *X* || autem numerum ait esse *edd.* : autem esse numerum ait *FOXΠNTY* numerum ait esse autem *BZ* autem in numerum ait esse *Q*.

nombre même était très rare. **2.** Sous le règne d'Auguste le dieu aussi, d'après ceux qui ont écrit l'histoire de son époque, une des servantes de l'empereur accoucha dans le pays Laurente de cinq garçons et ils vécurent quelques jours ; la mère mourut également peu de temps après l'accouchement, un monument lui fut fait sur l'ordre d'Auguste sur la via Laurentina et il y fut inscrit le nombre des enfants qu'elle avait mis au monde lors de l'accouchement dont nous avons parlé.

III

Comparaison et confrontation de passages remarquables tirés des discours de Gaius Gracchus, de Cicéron et de Caton.

1. Gaius Gracchus, estime-t-on, est un orateur énergique et impétueux[1]. Personne n'affirme le contraire. Mais qu'il paraisse à certains plus fort, plus pénétrant et plus ample que Cicéron, comment pourrait-on le supporter ? **2.** En particulier nous lisions récemment un discours de Gracchus *Sur la promulgation des lois*, dans lequel il se lamente sur Marcus Marius et certains notables des municipes d'Italie, battus de verges illégalement par des magistrats du peuple romain, de la façon la plus odieuse qu'il est possible. **3.** Voici les mots qu'il a prononcés[2] sur la question : « Récemment un consul est venu à Teanum Sidicinum[3]. Sa femme

1. Sur l'éloquence de Gaius Gracchus cf. Cicéron, *Brutus* 33, 125 s. : *Noli enim putare quemquam, Brute, pleniorem aut uberiorem ad dicendum fuisse... Grandis est uerbis, sapiens sententiis, genere toto grauis.* Il ne manque donc pas des vertus du grand style.

2. Frag. 48 Malcovati. Le discours doit porter sur la loi agraire de Tiberius que Gaius remettait en vigueur, les événements relatés datent de 123. Cf. *R.E. s.u.* 21.

3. Teanum Sidicinum ville de Campanie ; Calès en est voisine ; Ferentinum est en Étrurie sur la *via Libicana.*

esse rarissimum. **2.** Sed et diuo Augusto imperante qui temporum eius historiam scripserunt ancillam Caesaris Augusti in agro Laurente peperisse quinque pueros dicunt eosque pauculos dies uixisse ; matrem quoque eorum, non multo postquam peperit, mortuam monumentumque ei factum iussu Augusti in uia Laurentina inque eo scriptum esse numerum puerperii eius, de quo diximus.

III

Locorum quorundam inlustrium conlatio contentioque facta ex orationibus C. Gracchi et M. Ciceronis et M. Catonis.

1. Fortis ac uehemens orator existimatur esse C. Gracchus. Nemo id negat. Sed quod nonnullis uidetur seuerior, acrior ampliorque esse M. Tullio, ferri id qui potest ? **2.** Legebamus adeo nuper orationem Gracchi ‘ De Legibus Promulgatis ’, in qua M. Marium et quosdam ex municipiis Italicis honestos uiros uirgis per iniuriam caesos a magistratibus populi Romani quanta maxima inuidia potest conqueritur. **3.** Verba haec sunt quae super ea re fecit : « Nuper Teanum Sidicinum consul uenit. Vxor eius dixit se in balneis uirilibus

2 diuo : duo *Π* || dies *om. Q* || peperit : pepererit *Hertz* || monumentumque *FOX*²*ΠNBQTY* : -tum *Z* -taque *X*¹ || quo : qua *X*².

III. *Lem.* c. *FOΠN* : *om. BQZ* || **1** c. *FOXΠN* : *om. BQZ* || nonnullis *FONBQZ* : nullis *XΠ* || m. *deleuit Q*² || **2** m. *FOXΠN* : in *Z*, *om. BQ* || italicis *FOXΠN* : alicis *QZ*, *om. B* || maxima inuidia potest : potest maxima inuidia *Π* || **3** re fecit : reficit *Z* || uxor eius d- *FNBQZ* : uxore d- *O*¹ uxor ed- *O*²*XΠ* || dixit se *FONQ*² : -ixisse *BQ*¹*Z* -ixit *XΠ* || uirilibus : uiribus *Π*.

déclara vouloir se baigner dans les bains réservés aux hommes. Charge fut donnée au questeur[1] de Sidicinum, Marcus Marius, de faire sortir ceux qui se baignaient dans l'établissement. La femme rend compte à son mari que les bains lui ont été livrés avec retard et n'étaient pas suffisamment propres. En conséquence un poteau fut dressé sur le forum et on y amena Marcus Marius l'homme le plus connu de sa cité. Ses vêtements lui furent enlevés, il fut battu de verges. Les gens de Calès quand ils apprirent cela décrétèrent que personne n'ait l'intention de se servir des bains quand un magistrat romain serait dans la ville. A Ferentinum pour la même raison notre préteur fit appréhender les questeurs ; l'un se jeta à bas du mur, l'autre fut pris et battu de verges. »

4. Dans une affaire si affreuse et une si lamentable et triste attestation d'une violence faite au nom de l'État, qu'y a-t-il qu'il ait dit ou avec grandeur et relief, ou en provoquant les larmes et la pitié, ou dans une révolte large et abondante et une plainte énergique et pénétrante ? Il y a une brièveté certes, un charme et une netteté du style comme on le trouve en général dans l'enjouement des comédies[2].

5. De même dans un autre passage Gracchus parle ainsi : « Quel est le dérèglement et le manque de retenue de jeunes hommes, je vous en montrerai un seul exemple. Ces dernières années fut envoyé de la province d'Asie[3] quelqu'un qui en ce temps-là n'avait pas encore exercé de magistrature, un jeune homme faisant fonction de légat. Il était transporté en litière. Un bouvier, un plébéien de Venouse le rencontre et, ignorant qui on

1. Il s'agit ici d'un magistrat municipal chargé de l'administration financière. Ce devait être un *honos*, ailleurs ce fut aussi un *munus*.

2. Depuis la Nouvelle Comédie Attique les comédies fournissaient l'exemple normal du style simple.

3. Frag. 49 Malcovati. *Ex Asia* a paru insolite et peu clair. Juste Lipse voulait lire *in Asiam*, Jordan *Venusiam*. Mais l'histoire est plus probante si l'*adulescens* n'a pas une mission dans le pays, plus encore s'il n'est pas envoyé par Rome, mais bien par le magistrat qu'il accompagne, d'Asie à Rome.

lauari uelle. Quaestori Sidicino M. Mario datum est negotium, uti balneis exigerentur qui lauabantur. Vxor renuntiat uiro parum cito sibi balneas traditas esse et parum lautas fuisse. Idcirco palus destitutus est in foro eoque adductus suae ciuitatis nobilissimus homo M. Marius. Vestimenta detracta sunt, uirgis caesus est. Caleni, *u*bi id audierunt, edixerunt ne quis in balneis lauisse uellet, cum magistratus Romanus ibi esset. Ferentini ob eandem causam praetor noster quaestores arripi iussit ; alter se de muro deiecit, alter prensus et uirgis caesus est. »

4. In tam atroci re ac tam misera atque maesta iniuriae publicae contestatione, ecquid est quod aut ampliter insigniterque aut lacrimose atque miseranter aut multa copiosaque inuidia grauique et penetrabili querimonia dixerit ? Breuitas sane et uenustas et mundities orationis est, qualis haberi ferme in comoediarum festiuitatibus solet.

5. Item Gracchus alio in loco ita dicit : « Quanta libido quantaque intemperantia sit hominum adulescentium, unum exemplum uobis ostendam. His annis paucis ex Asia missus est qui per id tempus magistratum non ceperat, homo adulescens pro legato. Is in lectica ferebatur. Ei obuiam bubulcus de plebe Venusina aduenit et per iocum,

sidicino m. *Mommsen* : sidicino a. m. *FXΠN* : sidicioni a. m. *O* sidiciomi a. m. *X* sidicinam *BQZ* || exigerentur : exirent Q^2 || qui : que *Z* || uxor renuntiat : uxore nuntiat *Z* || palus *OXΠN* : paulus *FBQZ* || adductus : deductus *Π* || m. marius *OXΠN* : me marius *BQZ* m. maurius *F* || *post* caesus est *uerba* caleni... caesus est *desunt in BQZ* || ubi *edd.* : libi *FOXΠ* ibi *N* || prensus : pensus *X*. || 4 ac tam *FOXΠNBQ* : acta *Z*, *om. Π* || ecquid $O^2ΠZ$: etquid O^1XNB eoquid *FQ* || grauique *FOΠNB* : grauiterque *Q* grauitque *Z* grauioque *X* || 5 ceperat *FΠBQZ* : coeperat *OXN*.

portait, demanda par plaisanterie s'ils portaient un mort. Lorsque l'autre entendit, il fit poser la litière et avec les courroies auxquelles elle était fixée, il fit frapper l'homme jusqu'à ce qu'il ait expiré. »

6. Ce discours sur un tel acte de violence et de cruauté ne diffère absolument en rien du ton de la conversation quotidienne. **7.** Mais chez Cicéron quand dans une affaire semblable des citoyens romains, hommes irréprochables, sont battus de verges ou sont mis à mort dans les derniers supplices contrairement au droit et contrairement aux lois, quel est alors là l'apitoiement ! quelle est la plainte ! comme toute l'affaire est mise sous les yeux[1] ! quel remous de haine et d'amertume bouillonne et avec quelle intensité ! **8.** Mon âme en vérité, quand je lis ces paroles de Cicéron est comme enveloppée par l'image et le bruit des coups, des cris, et des gémissements ; **9.** ainsi par exemple ce qu'il dit sur Caius Verres, passage que nous avons transcrit[2] comme nous l'avons pu dans l'instant, autant que le souvenir en était à notre disposition : « Lui-même il vient sur la place enflammé de crime et de folie. Ses yeux brûlaient, la cruauté se manifestait sur tout son visage. Tous attendaient jusqu'où il avancerait finalement et ce qu'il ferait, quand soudain il donne l'ordre de saisir un homme, de le mettre nu au milieu de la place et de l'attacher, de préparer les verges. » **10.** Déjà ces seuls mots, mon dieu : « Il donne l'ordre de le mettre nu et l'attacher, de préparer les verges », comportent une telle émotion et une telle horreur qu'on n'assiste pas au récit de ce qui s'est passé, mais qu'on voit tout simplement la chose se passer.

1. La *rei sub oculis paene subiectio* qui peut paraître l'idéal à un art classique se fixant pour fin la représentation du réel, est aussi classée comme un procédé de rhétorique. Cf. Quintilien, 9, 2, 40 à qui est pris le jugement et Cicéron, *De or.* 3, 202, ainsi que notre *Critique...*, p. 294.
2. *In Verr.* 5, 161.

cum ignoraret qui ferretur, rogauit num mortuum ferrent. Vbi id audiuit, lecticam iussit deponi, stru*ppis, quibus lectica deligata erat, usque adeo uerberari iussit, dum animam efflauit. »

6. Haec quidem oratio super tam uiolento atque crudeli facinore nihil profecto abest a cotidianis sermonibus. **7.** At cum in simili causa apud M. Tullium ciues Romani, innocentes uiri, contra ius contraque leges uirgis caeduntur aut supplicio extremo necantur, quae ibi tunc miseratio ! quae comploratio ! quae totius rei sub oculos subiectio ! quod et quale inuidiae atque acerbitatis fretum efferuescit ! **8.** Animum hercle meum, cum illa M. Ciceronis lego, imago quaedam et sonus uerbe*rum et uocum et eiulationum circomplectitur ; **9.** uelut sunt ista quae de C. Verre dicit, quae nos, ut in praesens potuimus, quantum memoria subpeditabat, adscripsimus : « Ipse inflammatus scelere et furore in forum uenit. Ardebant oculi, toto ex ore crudelitas eminebat. Expectabant omnes quo tandem progressurus aut quidnam acturus esset, cum repente hominem proripi atque in foro medio nudari ac deligari et uirgas expediri iubet. » **10.** Iam haec medius fidius sola uerba : « Nudari ac deligari et uirgas expediri iubet », tanti motus horrorisque sunt, ut non narrari quae gesta sunt, sed rem geri prosus uideas.

num *FOX*^{2}*ΠNQ*^{2} : non *X*^{1}*Q*^{1} dum *BZ* || struppis *Sciopp.* : stuppis *FOXΠNQZ* suppis *B* || **7** m. *om. BQZ* || rei : rei p. *Π* || oculos *FOXNBQ*^{1}*Z* : -lis *ΠQ*^{2} || fretum *FOXΠN* : cretum *BQZ* || **8** uerberum *I. Gron.* : uerborum *FOXΠNBQZ* || circumplectitur *FOXΠN* : circum flectitur *BQZ* || **9** dicit *om. BQZ* || praesens : praesenti *Π* || inflammatus *FOXΠN* : inflammatur *BQZ* || crudelitas *FOXΠNQ* : crudelitatis *BZ* || aut *O*^{2}*XΠNBQZ* : ut *FO*^{1} || proripi *FOXΠNQ*^{2} : proripiat *BQ*^{1}*Z* || uirgas *FOXΠN* : uirgis *BQ* uirges *Z* || uirgas *FOXΠN* : uirgis *Q* uirga *BZ*.

11. Gracchus au contraire ne prend pas le parti de plaindre ou d'implorer, il énonce les faits : « Le poteau, dit-il, fut installé sur le forum, les vêtements lui furent enlevés, il a été battu de verges. » **12.** Mais Cicéron remarquablement, avec l'indication de la durée, dit, non pas « *caesus est*, il a été battu », mais : « *caedebatur* on battait de verges en plein forum à Messine un citoyen romain sans entendre aucun gémissement, aucun cri de ce malheureux au milieu de la douleur et du claquement des coups, que ceci : « Je suis citoyen romain. » En rappelant ainsi son droit de cité il croyait qu'il repousserait tous les coups et rejetterait la douleur de son corps. » **13.** Cicéron fait ensuite une lamentation sur un traitement aussi cruel et fait naître la haine et la malédiction contre Verrès dans le cœur des citoyens romains, avec ardeur, violence et feu, quand il dit ceci : « O doux nom de liberté ! ô extraordinaire droit de cité romaine ! ô loi Porcia[1] et lois Semproniennes ! ô puissance tribunicienne péniblement regrettée et un jour enfin rendue à la plèbe[2] romaine ! Est-ce finalement à cela que tous ces efforts ont abouti, qu'un citoyen romain, dans une province du peuple romain, dans une ville d'alliés, soit attaché et battu de verges sur le forum par celui qui tenait les faisceaux et les haches de la bienveillance du peuple romain ? Quoi ? quand les feux, les lames ardentes et les autres tortures étaient appliquées, si l'imploration insoutenable du supplicié et sa voix pitoyable ne t'adou-

1. La *lex Porcia de tergo ciuium* (195 av. J.-C.) et la *lex Sempronia* (123 av. J.-C.) étendaient les effets de la *lex Valeria*, qui interdisait de battre de verges un citoyen romain, à tout le territoire conquis.

2. Les lois de Sylla avaient supprimé le droit des tribuns de répondre à l'appel d'un citoyen. La *lex Pompeia Licinia* rétablit ce droit en 70.

11. Gracchus autem non querentis neque implorantis, sed nuntiantis uicem : « Palus, inquit, in foro destitutus est, uestimenta detracta sunt, uirgis caesus est. » **12.** Sed enim M. Cicero praeclare cum diutina repraesentatione, non ‘ caesus est ’, sed « caedebatur , inquit, uirgis in medio foro Messanae ciuis Romanus, cum interea nullus gemitus, nulla uox illius miseri inter dolorem crepitumque plagarum audiebatur, nisi haec : « Ciuis Romanus sum ! » Hac commemoratione ciuitatis omnia uerbera depulsurum cruciatumque a corpore deiecturum arbitrabatur. » **13.** Complorationem deinde tam acerbae rei et odium in Verrem detestationemque apud ciuis Romanos incense atque acriter atque inflammanter facit, cum haec dicit : « O nomen dulce libertatis ! O ius eximium nostrae ciuitatis ! O lex Porcia legesque Semproniae ! O grauiter desiderata et aliquando reddita plebi Romanae tribunicia potestas ! Hucine tandem haec omnia reciderunt, ut ciuis Romanus in prouincia populi Romani, in oppido foederatorum, ab eo qui beneficio populi Romani fasces ac securis haberet, deligatus in foro uirgis caederetur ? Quid ? cum ignes ardentesque laminae ceterique cruciatus admouebantur, si te illius acerba imploratio et uox miserabilis non

11 implorantis *om. F* || palus *OXΠN* : paulus *FBQZ* || **12** uox : uox alia *Cic.* || crepitumque *FOXΠN Cic.* : strepitumque *BQZ. Martian. Capella*, 5, 517 || hac *FOXΠN* : a *BQZ* hac se *Cic.* || deiecturum *F* : deiecturus *X* diiecturum *OΠNZ* duecturum *B* uecturum *Q* || **13** incense *FOXΠN* : inpense *BQZ* || hucine *Cic.* : huicine *FOXΠN B* huic in e- *Z* huccine *Q* || haec *om. Cic. codd.* || romanus *FOXΠN* : *om. BQZ* || fasces : falces *Q* || ac : et *Cic.* || securis *FOXNBZ* -res *ΠQ* || haberet *FOXΠN* : habere *BQZ* || admouebantur *FOXΠN*B^1 et mouebantur *QZ* et admouebantur B^2.

cissaient pas, n'étais-tu pas ému même par les pleurs et l'immense gémissement des citoyens romains alors présents ? »

14. Ces plaintes Cicéron les a formulées de façon horrible, puissante, appropriée et abondante. **15.** Mais qui a une oreille si paysanne et si grossière et n'est pas charmé par cette lumière et agrément du style, cette mélodie des mots, mais aime le premier discours parce qu'il est sans apprêt, bref, sans travail, d'un charme naturel et parce qu'il y a en lui, pour ainsi dire, l'ombre et la couleur d'une épaisse antiquité[1], celui-là, s'il a quelque jugement, qu'il considère, dans une cause de même importance le discours de Marcus Caton orateur plus ancien encore, à la force et à l'abondance duquel Gracchus n'aspira même pas. **16.** Il comprendra, je pense, que Caton ne s'est pas contenté de l'éloquence de son temps et a déjà voulu faire ce que Cicéron porta ensuite à la perfection. **17.** Dans le livre intitulé *Des fausses batailles*, il s'est plaint en ces termes[2] de Quintus Thermus : « Il a dit que les décemvirs s'étaient mal occupés de son ravitaillement. Il donna l'ordre de leur retirer les vêtements et de les battre au fouet. Les Bruttiens fouettèrent les décemvirs, bien des gens l'ont vu. Qui peut supporter cet outrage, un pouvoir absolu de cette sorte, cette servitude ? Personne, fût-il roi, n'a osé agir ainsi. Faire cela à des hommes de bien, nés de bonne famille soucieux du bien ? où est l'alliance ? où le respect de la parole de nos ancêtres. Toi avoir osé infliger des injustices insignes, des coups, les fouets, les meurtrissures, ces douleurs et ces tortures dans le déshonneur et l'outrage le plus grands, à la vue de compatriotes des victimes et d'une multitude de gens ? Mais quel deuil,

1. Markland a proposé de corriger *opacae* en *opicae*. ce qui en fait une épithète de nature banale et peu conforme aux idées d'Aulu-Gelle. En réalité il ne s'agit pas d'une opacité du style, mais d'une couche épaisse de peinture.

2. Frag. 58 Malcovati[2].

leniebat, ne ciuium quidem Romanorum, quitum aderant, fletu gemituque maximo commouebare ? »

14. Haec M. Tullius atrociter grauiter apte copioseque miseratus est. **15**. Sed si quis est tam agresti aure ac tam hispida, quem lux ista et amoenitas orationis uerborumque modificatio parum delectat, amat autem priora idcirco quod incompta et breuia et non operosa, sed natiua quadam suauitate sunt quodque in his umbra et color quasi opacae uetustatis est, is, si quid iudicii habet, consideret in causa pari M. Catonis, antiquioris hominis, orationem, ad cuius uim et copiam Gracchus nec adspirauit. **16**. Intelleget, opinor, Catonem contentum eloquentia aetatis suae non fuisse et id iam tum facere uoluisse quod Cicero postea perfecit. **17**. In eo namque libro qui ‘ De falsis pugnis ’ inscriptus est ita de Q. Thermo conquestus est : « Dixit a decemuiris parum bene sibi cibaria curata esse. Iussit uestimenta detrahi atque flagro caedi. Decemuiros Bruttiani uerberauere, uidere multi mortales. Quis hanc contumeliam, quis hoc imperium, quis hanc seruitutem ferre potest ? Nemo hoc rex ausus est facere ; eane fieri bonis, bono genere gnatis, boni consultis ? Vbi societas ? ubi fides maiorum ? Insignitas iniurias, plagas, uerbera, uibices, eos dolores atque carnificinas per dedecus atque maximam contumeliam, inspectantibus popularibus suis atque multis mortalibus, te facere ausum esse ? Sed

leniebat : inhibebat *Cic.* || **14** haec : nec *Q* || grauiter : grauiterque *X* || **15** ac *om. B* || color : calor *Z* || **16** intelleget *OXN* : -liget *ΠBQZ* -legit *F* || suae *om. Q* || **17** q. thermo *FON* : q. termo *Π* quetermo *B* quaeternio *Q* quaternio *Z* || bene sibi *FNBQZ* sibi bene *OXΠ* || consultis : consulitis *recc.* consuetis *Mommsen* || maiorum : malorum *F* || eos : eis *Non.*

quel gémissement, combien de larmes, quels pleurs furent causés, je l'ai appris. Les esclaves supportent très mal les injustices : quels sentiments pensez-vous qu'aient éprouvés et qu'éprouveront leur vie durant ces hommes, nés de bonne famille et dotés d'un grand courage ? »

18. Caton a dit : « Les Bruttiens fouettèrent » ; pour qu'on ne s'interroge pas sur les Bruttiens, en voici l'explication : alors que le Carthaginois Hannibal était avec son armée en Italie et que le peuple romain avait livré quelques batailles malheureuses, les Bruttiens, les premiers de toute l'Italie, passèrent à Hannibal. Les Romains s'en offensèrent et, quand Hannibal eut quitté l'Italie et que les Carthaginois furent vaincus, pour les humilier ils n'inscrivaient pas les Bruttiens comme soldats et ne les tenaient pas pour des alliés mais ils leur firent obéir aux magistrats qui allaient dans leur province[1] et les servir comme des esclaves. C'est pourquoi ceux-ci suivaient les magistrats à la manière des *lorarii* (préposés aux étrivières)[2] des pièces de théâtre, et ils enchaînaient ou frappaient suivant les ordres qu'ils avaient reçus ; mais parce qu'ils étaient du Bruttium, on les appela Bruttiens.

IV

Que Publius Nigidius a enseigné avec beaucoup de pénétration que les noms n'étaient pas établis par convention mais naturels.

1. Publius Nigidius dans les *Notes grammaticales*[3] enseigne que les noms et les verbes n'ont pas été établis par une convention arbitraire, mais en vertu d'une force et raison naturelles, sujet souvent débattu en vérité dans les discussions[4] des philosophes. **2.** On a en effet coutume

1. Explication confirmée par Strabon, 5, 4, 13, p. 251 ; et Appian., *Hannib.* 61 ; cf. *C.G.L.* 6, 153.

2. Le mot ne reparaît que dans le *C.G.L.* 6, 655 : Lorarius : *tortor.*

quantum luctum, quantum gemitum, quid lacrimarum, quantum fletum factum audiui ! Serui iniurias nimis aegre ferunt ; quid illos, bono genere natos, magna uirtute praeditos, opinamini animi habuisse atque habituros, dum uiuent ? »

18. Quod Cato dixit : ‘ Bruttiani uerberauere ’, ne qui fortasse de ‘ Bruttianis ’ requirat, id significat : **19.** Cum Hannibal Poenus cum exercitu in Italia esset et aliquot pugnas populus Romanus aduersas pugnauisset, primi totius Italiae Bruttii ad Hannibalem desciuerunt. Id Romani aegre passi, postquam Hannibal Italia decessit superatique Poeni sunt, Bruttios ignominiae causa non milites scribebant nec pro sociis habebant, sed magistratibus in prouincias euntibus parere et praeministrare seruorum uicem iusserunt. Itaque hi sequebantur magistratus, tamquam in scaenicis fabulis qui dicebantur ‘ lorarii ’, et quos erant iussi uinciebant aut uerberabant ; quod autem ex Bruttiis erant, appellati sunt ‘ Bruttiani ’.

IV

Quod P. Nigidius argutissime docuit nomina non positiua esse, sed naturalia.

1. Nomina uerbaque non positu fortuito, sed quadam ui et ratione naturae facta esse, P. Nigidius in ‘ Grammaticis commentariis ’ docet, rem sane in philosophiae disce*p*tationibus celebrem. **2.** Quaeri

18 ne qui *FOXN* neque *BQZ* ne quis *Π* || fortasse : forte *Π* || **19** praeministrare : -ri *F* || lorarii *FOXΠN* : lolarii *BQZ*.

IV. **1** disceptationibus *Hertz* : discertationibus *FO*[1]*ΠNBQ* discretationibus *Z* diserationibus *X* dissertationibus *O*[2].

de rechercher chez les philosophes si les noms existent *par nature* ou *par convention*. **3.** Nigidius à ce sujet donne de nombreux arguments pour expliquer que les mots peuvent paraître œuvre de la nature plutôt que de la volonté. **4.** De ces démonstrations celle-ci[1] nous a paru jolie et ingénieuse : « Quand nous disons *uos* (vous) nous faisons un mouvement de la bouche en accord avec ce que le mot veut montrer, nous mettons en mouvement insensiblement le bout des lèvres et nous dirigeons le souffle et l'haleine en avant et vers ceux avec qui nous conversons. Mais au contraire quand nous disons *nos* (nous), nous le prononçons sans laisser s'écouler et sans diriger le souffle de la voix ni porter les lèvres en avant, mais nous retenons à la fois notre haleine et nos lèvres pour aussi dire en nous-mêmes. Il se passe la même chose ainsi pour les mots *tu* (toi) et *ego* (moi) ainsi que *tibi* (à toi) et *mihi* (à moi). Car de même que, quand nous approuvons ou désapprouvons d'un signe, cette sorte de mouvement de la tête ou des yeux n'est pas sans rapport avec la nature de ce qu'il indique, de même dans ces mots il y a pour ainsi dire un geste naturel de la bouche et du souffle. La même explication rationnelle que nous avons observée dans les nôtres existe aussi dans les mots grecs.

1. Frag. 41 Swoboda ; 23 Funaioli.

enim solitum apud philosophos, φύσει τὰ ὀνόματα sint ἢ θέσει. **3.** In eam rem multa argumenta dicit, cur uideri possint uerba esse naturalia magis quam arbitraria. **4.** Ex quibus hoc uisum est lepidum et festiuum : « ‘ Vos ’, inquit, cum dicimus, motu quodam oris conueniente cum ipsius uerbi demonstratione utimur et labeas sensim primores emouemus ac spiritum atque animam porro uersum et ad eos quibuscum sermocinamur intendimus. At contra cum dicimus ‘ nos ’, neque profuso intentoque flatu uocis neque proiectis labris pronuntiamus, sed et spiritum et labeas quasi intra nosmet ipsos coercemus. Hoc idem fit et in eo, quod dicimus ‘ tu ’, ‘ ego ’ et ‘ tibi ’ et ‘ mihi ’. Nam sicuti cum adnuimus et abnuimus, motus quidam ille uel capitis uel oculorum a natura rei quam significat non abhorret, ita in his uocibus quasi gestus quidam oris et spiritus naturalis est. Eadem ratio est in Graecis quoque uocibus, quam esse in nostris animaduertimus. »

3 dicit cur *FOXΠN* : dicitur *BQZ* || possint : possunt *X* || naturalia *FOXΠN* : natura alia *BQ²Z* natu alia *Q¹* || **4** inquit : enim *Π* || labeas *B²Q²Z* : labas *FOXΠN* labias *B¹Q¹* || quibuscum : quibus *X* || labris *FOXΠNB¹Q* : laboris *B²Z* || tu *OXN* : tum *FBQ* tu et *Π*, *om.* *Z* || ita in *FOXΠN* : id iam *BQZ* ita iam *Hertz.*

V

Si *auarus* (avare) est un mot simple, ou composé de deux parties comme Publius Nigidius le pense.

1. Publius Nigidius dit dans la vingt-neuvième de ses *Notes*[1] qu'*auarus* n'est pas un mot simple, mais formé par jonction et composition : « On appelle en effet *auarus* celui qui est *auidus aeris* (avide d'argent). Mais dans cette composition la lettre *e*, dit-il, est tombée. **2.** De même *locupletem*[2], dit-il, est fait de mots assemblés, pour désigner qui tient *pleraque loca* (beaucoup d'endroits), c'est-à-dire de nombreuses propriétés. »

3. Mais ce qu'il a dit de *locuples* est plus probable et plus solide. Car sur *auarus* on est dans le doute ; pourquoi en effet ne pourrait-il pas passer pour dérivé d'un seul mot *aueo* (désirer) et avoir la même formation qu'*amarus* dont aucun argument ne peut faire un composé de deux mots[3].

VI

Qu'une amende a été infligée par les édiles de la plèbe à la fille d'Appius Caecus, femme noble, parce qu'elle avait parlé avec trop d'arrogance.

1. On a puni officiellement non seulement des actes, mais aussi des paroles trop arrogantes ; il parut qu'ainsi devait être inviolable la dignité des règles de vie romaine.

1. Frag. 42 Swodoba ; 14 Funaioli. Bien entendu *auarus* n'est pas un composé et Aulu-Gelle donne la bonne explication dans le dernier §, avec hésitation seulement.

V

' Avarus ' simplexne uocabulum sit, an compositum et duplex, sicuti P. Nigidio uidetur.

1. ' Auarus ' non simplex uocabulum, sed iunctum copulatumque esse P. Nigidius dicit in ' Commentariorum ' undetricesimo. « ' Auarus ' enim, inquit, appellatur, qui ' auidus aeris ' est. Sed in ea copula ' e ' littera, inquit, detrita est. » **2.** Item ' locupletem ' dictum ait ex conpositis uocibus, qui pleraque loca, hoc est qui multas possessiones teneret.

3. Sed probabilius id firmiusque est, quod de ' locuplete ' dixit. Nam de ' auaro ' ambigitur ; cur enim non uideri possit ab uno solum uerbo inclinatum, quod est ' aue*o* ', eademque esse fictura qua est ' amarus ', de quo nihil dici potest quin duplex non sit ?

VI

Multam dictam esse ab aedilibus plebei Appi Caeci filiae, mulieri nobili, quod locuta esset petulantius.

1. Non in facta modo, sed in uoces etiam petulantiores publice uindicatum est ; ita enim debere esse uisa est Romanae disciplinae dignitas inuiola-

V. *Exstat in TY. Lem.* sicuti *FOΠN* : sicut *BQZ* || **1** p. *Q* : *om. FOXΠNBZTY* || appellatur *FΠBQZTY* : -atus *OXN* || e *FOXΠNTY* : *om. BQZ* || **3** aueo *edd.* : ab eo *FOXNBZ* habeo *ΠTY* auet *Q*.

VI. *Exstat in TY. Lem.* aedilibus : aedibus *Π* || plebei *BQZ* : plebi *FOΠN* || caeci filiae *FON* : cecilie *BQZ* caeci *Π*.

2. La fille du fameux Appius Claudius Caecus, sortant des jeux auxquels elle avait assisté, fut bousculée par le peuple affluant de tous côtés en foule et déferlant. Une fois sortie de là, affirmant avoir été maltraitée, elle dit : « Qu'en eût-il été de moi, et combien eussé-je été pressée plus étroitement et plus fort si mon frère Publius Claudius n'avait pas perdu en combat sur mer une flotte de navires[1] avec un nombre immense de citoyens ? En vérité, j'aurais péri maintenant écrasée par une masse encore plus grande de peuple. Mais plaise au ciel que revive mon frère et qu'il conduise une autre flotte en Sicile, qu'il aille perdre cette multitude qui maintenant m'a fâcheusement malmenée moi malheureuse ! » 3. Pour ces paroles de femme si malhonnêtes et si inciviques les édiles de la plèbe[2] Caius Fundanius et Tiberius Sempronius infligèrent une amende de vingt-cinq mille livres de bronze en lingots[3]. 4. Ateius Capito dans ses notes *Sur les jugements*[4] *publics* dit que l'incident eut lieu lors de la première guerre punique sous le consulat de Fabius Licinus et d'Otacilius Crassus[5].

VII

Que parmi les fleuves qui coulent au delà[6] des limites de l'empire romain, le Nil est le premier par la taille, le second le Danube, le Rhône vient ensuite, comme je me souviens que Varron l'écrit.

1. De tous les fleuves qui coulent dans les mers où s'étend l'empire romain, ce que les Grecs appellent τὴν εἴσω θάλασσαν, la mer intérieure, il est reconnu que le plus grand est le Nil. Salluste[7] a écrit que le Danube

1. La défaite de P. Claudius Pulcher en 249 en Sicile, fut causée par son impiété : il avait fait jeter à la mer les poulets sacrés en s'écriant : « Qu'ils boivent puisqu'ils ne veulent pas manger. » (Sueton. *Tib.* 2, 2. Liu., *Epit.* 19 ; Val. Max. 8, 1, abs. 4.)

bilis. **2**. Appii namque illius Caeci filia, a ludis quos spectauerat exiens, turba undique confluentis fluctuantisque populi iactata est. Atque inde egressa, cum se male habitam diceret : « Quid me nunc factum esset, inquit, quantoque artius pressiusque conflictata essem, si P. Claudius, frater meus, nauali proelio classem nauium cum ingenti ciuium numero non perdidisset ? Certe quidem maiore nunc copia populi oppressa intercidissem. Sed utinam, inquit, reuiuiscat frater aliamque classem in Siciliam ducat atque istam multitudinem perditum eat, quae me nunc male miseram conuexauit ! » **3**. Ob haec mulieris uerba tam inproba ac tam inciuilia C. Fundanius et Tiberius Sempronius, aediles plebei, multam dixerunt ei aeris grauis uiginti quinque milia. **4**. Id factum esse dicit Capito Ateius in commentario ‘ De iudiciis publicis ’ bello Poenico primo, Fabio Licino et *O*tacilio Crasso consulibus.

VII

Fluminum, quae ultra imperium Romanum fluunt, prima magnitudine esse Nilum, secunda Histrum, proxima Rodanum, sicuti M. Varronem memini scribere.

1. Omnium fluminum quae in maria qua imperium Romanum est fluunt, quam Graeci τὴν εἴσω θάλασσαν appellant, maximum esse Nilum consentitur. Proxima magnitudine esse Histrum scripsit

2 p. *ante* claudius *om. BQZ* || **3** plebei *ΠTY* : plebe in *BQZ* plebe *FOXN* || licino *Carrio* : licinio *FOXΠNBQZTY* || otacilio *Carrio* : t. acilio *FOXΠNBZTY* teracilio *Q*.

VII. *Exstat in TY. Lem.* ultra : intra *Ascensius* || m. *om. Q*

vient ensuite. **2.** Mais Varron[1], traitant de la partie du monde que l'on appelle Europe, place le Rhône dans les trois premiers fleuves de cette terre, par quoi il semble en faire le rival du Danube. Le Danube en effet coule aussi en Europe.

VIII

Que parmi les punitions militaires infamantes qu'on infligeait aux soldats, il y eut la prise de sang ; et quelle paraît être la cause d'un châtiment de cette sorte.

1. Ce fut aussi dès l'antiquité une sanction militaire de contraindre un soldat pour sa honte à s'ouvrir une veine[2] et à perdre du sang. **2.** La raison de cela n'existe pas dans les textes anciens, du moins ceux que j'ai pu trouver ; mais je pense que ce fut pratiqué d'abord sur des soldats d'esprit hébété et écartés de l'état normal, si bien que ce n'était pas tant une peine qu'un remède. **3.** Par la suite cependant je crois que le même traitement fut appliqué à de nombreuses autres fautes par habitude, dans l'idée qu'étaient en mauvaise santé tous ceux qui commettaient une faute.

1. *Ant. Hum.* Frag. 13, 6 Mirsch. Varron, affirmant que le Rhône est un des trois premiers fleuve d'Europe, en fait un rival du Danube qui est évidemment un des tout premiers.

2. Sur cette punition peu attestée cf. Cato, *De re militari*, 15 J., *apud* Frontin, *Strat.* 4, 1, 16 ; le chapitre a été repris par Jean de Salisbury dans son *Policrat.* 6, 12 qui écrit *declinantis* comme *Q.*

Sallustius. **2.** Varro autem cum de parte orbis quae Europa dicitur dissereret, in tribus primis eius terrae fluminibus Rodanum esse ponit, per quod uidetur eum facere Histro aemulum. Histros enim quoque in Europa fluit.

VIII

Inter ignominias militares quibus milites coercebantur, fuisse sanguinis dimissionem; et quaenam esse uideatur causa huiuscemodi castigationis.

1. Fuit haec quoque antiquitus militaris animaduersio, iubere ignominiae causa militi uenam solui et sanguinem dimitti. **2.** Cuius rei ratio in litteris ueteribus, quas equidem inuenire potui, non extat ; sed opinor factum hoc primitus in militibus stupentis animi et a naturali habitu declinatis, ut non tam poena quam medicina uideretur. **3.** Postea tamen ob pleraque alia delicta idem factitatum esse credo per consuetudinem, quasi minus sani uiderentur omnes qui delinquerent.

|| **2** terrae *om.* *TY* || fluit *FOΠNBQTY* : fuit *XZ*.
VIII. *Exstat in TY. Lem.* coercebantur : exercebantur *Q* || dimissionem *Z* : dem- *FOΠNBQ* || **1** uenam *FONQTY* : ueniam *ΠBZ* uenum *X* || **2** primitus : primum *T* || stupentis : -ntibus *Q* || a *om.* *Q* || declinatis *FOXΠ²NBZT* : -nantis *Π¹QY* || **3** uiderentur *XNQTY* : uidetur *FOBZ* uideatur *Π*.

IX

De quelle manière et dans quelles formations l'armée romaine se rangeait en bataille ; et quels sont les noms de ces formations.

1. Il y a des termes militaires[1] dont on désigne l'armée rangée en bataille de certaines façons : *front*, *réserves*, *coin*, *cercle*, *masse*, *tenailles*, *scie*, *ailes*, *tours*. **2.** On peut trouver ces mots et certains autres aussi dans les livres de ceux qui ont écrit sur la science militaire. **3.** Mais ils sont transposés à partir des objets mêmes qui sont nommés ainsi au sens propre et dans la formation de l'armée une représentation est donnée de celui de ces objets qui correspond à chaque nom.

X

Quelle est la raison pour laquelle et les anciens Grecs et les Romains ont porté un anneau au doigt de la main gauche le plus proche du petit doigt.

1. Nous savons que les anciens Grecs ont porté un anneau[2] au doigt de la main gauche qui est le plus près du petit doigt, et l'on dit qu'à Rome aussi les gens ont porté souvent leurs anneaux ainsi. **2.** Apion dans ses livres d'*Égyptiaques*[3] dit que la raison en est la suivante : en incisant et ouvrant les corps humains comme c'était la coutume en Égypte, ce que les Grecs appellent ἀνατομαί (dissections), on trouva qu'un nerf très fin allait et parvenait au cœur de l'homme[4] à partir de ce

1. Sur ce vocabulaire, cf. Cato, *De re militari*, Frag. 15 J. cité par Végèce (3, 19) et Isidore (9, 3). Cf. Festus et le *Corpus Gloss. Lat.* qui donnent les mots indiqués ici par Aulu-Gelle.

2. Les données de ce chapitre sont reprises par Macrobe 7, 13, 7 ss. et Isid. 19, 32, 2. Cf. Plin. 33, 1,2 4 ; Plut. *Quaest. conu.* 4, 8, p. 672c ; Joh. Saris. 6, 12.

IX

Quibus modis quoque habitu acies Romana instrui solita sit, quaeque earum instructionum sint uocabula.

1. Vocabula sunt militaria, quibus instructa certo modo acies appellari solet : ‘ frons ’, ‘ subsidia ’, ‘ cuneus ’, ‘ orbis ’, ‘ globus ’, ‘ forfices ’, ‘ serra ’, ‘ alae ’, ‘ turres ’. **2.** Haec et quaedam item alia inuenire est in libris eorum qui de militari disciplina scripserunt. **3.** Tralata autem sunt ab ipsis rebus quae ita proprie nominantur, earumque rerum in acie instruenda sui cuiusque uocabuli imagines ostenduntur.

X

Quae eius rei causa sit, quod et Graeci ueteres et Romani anulum in eo digito gestauerint qui est in manu sinistra minimo proximus.

1. Veteres Graecos anulum habuisse in digito accepimus sinistrae manus qui minimo est proximus. Romanos quoque homines aiunt sic plerumque anulis usitatos. **2.** Causam esse huius rei Apion in libris ‘Aegyptiacis’ hanc dicit, quod insectis apertisque humanis corporibus, ut mos in Aegypto fuit, quas Graeci ἀνατομάς appellant, repertum est neruum quendam tenuissimum ab eo uno digito de

IX. *Exstat in TY*. **1** appellari solet : appellatur *T* || **2** item : ita *Q*.

X. *Exstat in TY*. *Lem.* in eo *FOXΠN* : hoc *BQZ* || qui : quae *Π* || in manu : manu *B* || **1** accepimus O^2XQ : accipimus $FO^1ΠNBZTY$ || plerumque *FOXΠNQTY* : plerique *BZ*.

seul doigt dont nous avons parlé ; c'est pourquoi il n'a pas paru absurde d'honorer d'un tel ornement ce doigt spécialement qui paraissait attenant et pour ainsi dire lié à l'organe premier, le cœur.

XI

Ce que signifie l'adverbe *mature* et quelle est l'étymologie de ce mot ; que les gens en usent ordinairement de façon impropre ; puis dans le même chapitre que *praecox* se décline en *praecocis* et non *praecoquis*.

1. *Mature* veut dire[1] maintenant *en hâte* et *vite* contrairement au sens du mot par lui-même : car *mature* est autre qu'on ne le dit. **2.** C'est pourquoi Publius Nigidius[2], homme remarquable dans l'étude de toutes les sciences libérales dit : « *Mature* désigne ce qui n'est ni trop rapide ni trop lent, quelque chose d'intermédiaire et de mesuré. »

3. Nigidius a dit bien et juste. Car également dans le cas des récoltes et des fruits, sont dits *matura* (mûrs) ceux qui ne sont ni verts et acides, ni prêts à tomber et pourris, mais développés et mûris dans le temps qui est le leur. **4.** Or comme on disait que se faisait *mature* ce qui ne se faisait pas mollement, le sens du mot évolua beaucoup, et l'on dit que se fait *mature,* non plus ce qui ne se fait pas mollement, mais ce qui se fait en hâte, alors que ce qui est hâté sans tenir compte de la mesure du temps qui est la sienne, est dit *immatura* prématuré plus justement.

1. Repris par Macrobe, 6, 8, 8 ss., excepté le § 4 ; Non. p. 73, l. 6 ; Ps. Seruius, *Georg.* I, 260.
2. Frag. 48 Swoboda. Sur Nigidius, cf. *supra*, vol. I, 2, 26, 19 et la note.

quo diximus, ad cor hominis pergere ac peruenire ; propterea non inscitum uisum esse eum potissimum digitum tali honore decorandum, qui continens et quasi conexus esse cum principatu cordis uideretur.

XI

Verbum ' mature ' quid significet quaeque uocis eius ratio sit; et quod eo uerbo uolgus hominum inproprie utatur; atque inibi, quod ' praecox ' declinatum ' praecocis ' faciat, non ' praecoquis '.

1. ' Mature ' nunc significat ' propere ' et ' cito ' contra ipsius uerbi sententiam ; aliud enim est ' mature ' quam dicitur. **2.** Proptera P. Nigidius, homo in omnium bonarum artium disciplinis egregius : « ' Mature ', inquit, est, quod neque citius est neque serius, sed medium quiddam et temperatum est. »

3. Bene atque proprie Nigidius. Nam et in frugibus et in pomis ' matura ' dicuntur, quae neque cruda et inmitia sunt neque caduca et decocta, sed tempore suo adulta maturataque. **4.** Quoniam autem id quod non segniter fiebat, ' mature ' fieri dicebatur, progressa plurimum uerbi significatio est et, non iam, quod non segnius, sed quod festinantius fit, id fieri ' mature ' dicitur, quando ea quae praeter sui temporis modum properata sunt ' inmatura ' uerius dicantur.

XI. *Lem.* utatur *Hertz* : utitur *FOXΠNBQZ* || faciat : facit *edd.* || **3** nigidius : p. nig- *Q* || **4** significatio est et *FOXΠN* : significatio stet *B* significatio et *Z* significatione *Q* || non *ante* segnius *om. Z* || festinantius *ΠBQZ* : -natius *FOXN*.

5. Quant à cette mesure dans la chose et le mot, dont parle Nigidius le divin Auguste[1] l'exprimait avec beaucoup de distinction à l'aide de deux mots grecs. Car il avait l'habitude, à ce qu'on rapporte, de dire dans les conversations et d'écrire dans les lettres σπεῦδε βραδέως (hâte-toi lentement), par quoi il avertissait que l'on employât simultanément, pour mener une entreprise, et la rapidité du zèle et la lenteur de l'attention, deux contraires dont se fait la *maturitas*. **6.** Virgile aussi, dans les vers suivants, si l'on fait attention, a distingué très finement ces deux mots *properare* (se hâter) et *maturare* comme totalement contraires[2] : « Quand la pluie froide retient le laboureur, il lui est donné de mûrir *(maturare)* bien des choses qui seraient à hâter *(properanda)* par ciel serein. » **7.** C'est avec beaucoup de raffinement qu'il a différencié ces deux mots ; car dans la préparation des travaux agricoles, par temps de pluie on peut *maturare* (mûrir) puisqu'on en a loisir ; par beau temps il faut *properare* (hâter) puisque l'heure presse.

8. Mais quand il faut indiquer que quelque chose a été fait avec trop de presse et de hâte il est plus correct de dire que cela a été fait *praemature* (prématurément), que *mature* (à point), comme Afranius[3] l'a dit dans la comédie en toge dont le nom est *Titulus* (le Titre) : « Dans ta folie tu cherches prématurément *(praemature)* un pouvoir dont ce n'est pas l'heure », **9.** vers dans lequel il faut remarquer qu'il dit *praecocem* (précoce) et non *praecoquem ;* le nominatif est en effet non pas *praecoquis*[4] mais *praecox.*

1. Augustus Frag. 50 Malcovati². Cf. Sueton., *Aug.* 25, 4.

2. *Georg.* 1, 259. *Maturare*, mûrir, faire arriver à son heure, à la bonne heure, s'est spécialisé dans un deuxième sens : faire arriver de bonne heure, hâter. On a ainsi abouti à deux emplois presque contradictoires.

3. V. 335 Ribbeck².

4. *Praecoquis* condamné par Aulu-Gelle est attesté chez Nouius, *Atell.* v. 106 Ribbeck².

5. Illud uero Nigidianum rei atque uerbi temperamentum diuus Augustus duobus Graecis uerbis elegantissime exprimebat. Nam et dicere in sermonibus et scribere in epistulis solitum esse aiunt σπεῦδε βραδέως, per quod monebat ut ad rem agendam simul adhiberetur et industriae celeritas et diligentiae tarditas, ex quibus duobus contrariis fit ‘ maturitas ’. 6. Vergilius quoque, si quis animum adtendat, duo ista uerba ‘ properare ’ et ‘ maturare ’ tamquam plane contraria scitissime separauit in hisce uersibus :

> Frigidus agricolam si quando continet imber,
> Multa, forent quae mox caelo properanda sereno,
> Maturare datur.

7. Elegantissime duo uerba ista diuisit ; namque in praeparatu rei rusticae per tempestates pluuias, quoniam otium est, ‘ maturari ’ potest ; per serenas, quoniam tempus instat, ‘ properari ’ necessum est.

8. Cum significandum autem est coactius quid factum et festinantius, tum rectius ‘ praemature ’ factum id dicitur quam ‘ mature ’, sicuti Afranius dixit in togata, cui ‘ Titulus ’ nomen est :

> Adpetis dominatum demens praemature praecocem,

9. in quo uersu animaduertendum est quod ‘ praecocem ’ inquit, non ‘ praecoquem ’ ; est enim casus eius rectus non ‘ praeco*qu*is ’, sed ‘ praecox ’.

7 elegantissime : elig- *O* || necessum : necesse *Q*[2] || **8** festinantius *BQ Macr.* : -natius *FOXΠNZ* || id *om. B* || sicuti : sicut *O* || nomen : omen *Ianus* || **9** praecoquis *Macr.* : praecocis *FOX ΠNBQZ.*

XII

Sur les prodiges fabuleux que Plinius Secundus attribue tout à fait indignement au philosophe Démocrite ; et au même chapitre sur une colombe artificielle qui volait.

1. Pline rapporte au livre vingt-huit de son *Histoire Naturelle*[1] qu'il y a un livre de Démocrite, le plus illustre des philosophes, *Sur les propriétés et la nature du caméléon*[2] et qu'il l'a lu ; et ensuite il rapporte bien des assertions vaines et insupportables à entendre, comme écrites par Démocrite ; j'en rappelle ici quelques-unes, malgré moi, car j'en ai le dégoût : **2.** l'épervier, le plus rapide des oiseaux, s'il arrive qu'il survole un caméléon rampant sur le sol, est attiré vers le bas et tombe à terre sous l'influence d'une force inconnue puis, de lui-même, s'expose et s'offre aux lacérations des autres oiseaux. **3.** De même autre chose qui dépasse la crédulité humaine : si on brûle la tête et le cou du caméléon avec un bois qu'on appelle *robur* (cœur de chêne), pluies et tonnerre surviennent sur-le-champ, et cela se produit si on brûle le foie du même animal au haut d'un toit. **4.** De même autre chose que j'ai hésité, ma foi, à mentionner tant c'est vain et ridicule, et que j'ai cependant mentionné parce qu'il fallait que nous disions ce que nous pensons du charme fallacieux d'étrangetés de cette sorte par lequel se prennent et sont menés à leur perte les esprits les plus intelligents et en premier lieu ceux qui sont le plus avides d'apprendre. Mais je reviens

1. 28, 112 en réalité. Le texte est bien celui qui est donné par Aulu-Gelle avec seulement *et guttur* au lieu de *et collum* (3), *torreri in furno cum herba* au lieu de *t. cum h.* (5), *animalibus* au lieu de *auibus* (2).

2. Le titre ne figure pas dans la liste donnée par Diogène Laërce, 9, 46 ss.

XII

De portentis fabularum quae Plinius Secundus indignissime in Democritum philosophum confert; et ibidem de simulacro uolucri columbae.

1. Librum esse Democriti, nobilissimi philosophorum, ‘ De ui et natura chamaeleontis ’ eumque se legisse Plinius Secundus in ‘ Naturalis Historiae ’ uicesimo octauo refert, multaque uana atque intoleranda auribus deinde quasi a Democrito scripta tradit, ex quibus pauca haec inuiti meminimus, quia pertaesum est : **2.** accipitrem auium rapidissimum a chamaeleonte humi reptante, si eum forte superuolet, detrahi et cadere ui quadam in terram ceterisque auibus laniandum sponte sua obiicere sese et dedere. **3.** Item aliud ultra humanam fidem : caput et collum chamaeleontis si uratur ligno quod appellatur ‘ robur ’, imbres et tonitrus fieri derepente, idque ipsum usu uenire, si iecur eiusdem animalis in summis tegulis uratur. **4.** Item aliud, quod hercle an ponerem dubitaui, ita est deridiculae uanitatis, nisi idcirco plane posui quod oportuit nos dicere quid de istiusmodi admirationum fallaci inlecebra sentiremus, qua plerumque capiuntur et ad perniciem elabuntur ingenia maxime sollertia, eaque potissimum quae discendi cupidiora

XII. *Exstat in TY. Lem.* et ibidem *BQZ* : ibidem *FOXΠN* || **1** eumque *FOXΠNBQTY* eum *XZ* || naturalis : -li *Z* || **2** auium : auem *Π* || auibus : *om. O*[1] animalibus *Plin.* 28, 112 || **3** tonitrus *FOXΠNBTY* : -truus *QZ* || **4** fallaci : -cii *Π* || plerumque : pleraque *X* || sollertia eaque *FOXΠNTY* : sollertie aque *BQZ*.

à Pline. **5.** Il dit que l'on grille le pied gauche du caméléon à un fer chauffé au feu en même temps qu'une herbe qui s'appelle du même nom de caméléon[1], que l'on fait macérer l'un et l'autre dans un onguent, qu'ils sont mélangés et réduits en forme de *pastillum*[2] puis mis dans un récipient de bois : un homme qui porte ce récipient, même s'il va et vient ouvertement au milieu des gens, ne peut être vu par personne.

6. Je ne pense pas que le nom de Démocrite convienne à ces prodiges charlatanesques décrits par Pline ; **7.** comme par exemple ce que le même Pline dans le dixième livre[3] affirme que Démocrite a écrit : que certains oiseaux avaient un langage déterminé et que du mélange du sang de ces oiseaux naissait un serpent ; celui qui le mangerait comprendrait la langue des oiseaux et leurs conversations.

8. Or beaucoup de chimères de cette sorte paraissent avoir été mises sous le nom de Démocrite par ces hommes habiles pour le mal, se réfugiant à l'abri de sa célébrité et de son autorité. **9.** Mais ce que le pythagoricien Archytas a inventé et fait, selon la tradition, ne doit pas paraître moins étonnant sans être aussi vain. Car beaucoup de Grecs célèbres et en particulier le philosophe Favorinus, très expert en recherches sur les témoignages anciens, ont écrit de la façon la plus affirmative qu'une colombe artificielle en bois, faite par Archytas[4] sur un principe rationnel et une méthode mécanique, avait volé, si bien évidemment elle était maintenue par des équilibres et mue par un souffle

1. Sur l'herbe de ce nom, cf. Theophr., *De plantis*, 9, 13 ; Dioscoriden, 3, 8 s.

2. Le pastillum est un gâteau rond qu'on offrait dans les sacrifices.

3. Plin., *N.H.* 10, 137 : *uel quae Democritus tradit nominando aues quarum confuso sanguine serpens gignatur, quem quisquis ederit intellecturus sit alitum colloquia.* Cf. 29, 72 où la même affirmation est répétée, et Philostr., *V. Apoll. Tyan.* 3, 9. Il faut noter que Pline, ici encore nomme un *auctor* pour des récits fantastiques au sujet desquels il évite ainsi de mettre en jeu sa propre responsabilité. Cf. *supra*, p. 121 n. 1 et la référence à G. Serbat.

sunt. Sed redeo ad Plinium. **5.** Sinistrum pedem ait chamaeleontis ferro ex igni calefacto torreri cum herba, quae appellatur eodem nomine chamaeleontis, et utrumque macerari unguento conligique in modum pastilli atque in uas mitti ligneum et eum qui id uas ferat, etiamsi is in medio palam uersetur, a nullo uideri posse.

6. His portentis atque praestigiis a Plinio Secundo scriptis non dignum esse cognomen Democriti puto ; **7.** uel illud quale est quod idem Plinius in decimo libro Democritum scripsisse adseuerat, aues quasdam esse certis uocabulis et earum auium confuso sanguine gigni serpentem ; eum si quis ederit linguas auium et conloquia interpretaturum.

8. Multa autem uidentur ab hominibus istis male sollertibus huiuscemodi commenta in Democriti nomen data, nobilitatis auctoritatisque eius perfugio utentibus. **9.** Sed id quod Archytam Pythagoricum commentum esse atque fecisse traditur, neque minus admirabile neque tamen uanum aeque uideri debet. Nam et plerique nobilium Graecorum et Fauorinus philosophus, memoriarum ueterum exequentissimus, affirmatissime scripserunt simulacrum columbae e ligno ab Archyta ratione quadam disciplinaque mechanica factum uolasse ; ita erat scilicet libramentis suspensum et aura spiritus

5 pedem *FOXΠNTY* : pedum *BQZ* || ex igni... chameleontis *om. BQZ* || et utrumque *ΠBQZTY* ferro et utrumque *FON* foro et utrumque *X* || id *ante* uas *om. BQZ* || **7** si quis ederit *FOXΠNQ²TY* : qui sederit *Q¹* qui ederit *BZ* || **9** uideri *FOXΠNQTY* : uidere *BZ* || plerique : pleraque *X* || inclusa *F²O²X²N²Q* : inlusa *F¹O¹X¹N¹BZTY* illusa *Π*.

d'air qui y était enfermé et caché. **10.** Il me plaît, ma foi, de donner les paroles de Favorinus[1] lui-même sur une chose si incroyable : « Archytas de Tarente qui entre autres connaissances possédait la mécanique, fit une colombe de bois qui volait ; quand elle se posait elle ne se relevait plus. Jusque-là... »

XIII

Quelle est l'explication de *cum partim hominum*, expression employée par les anciens.

1. *Partim hominum uenerunt* se dit souvent, et signifie « une partie des hommes est venue », c'est-à-dire « certains hommes ». Car *partim* en ce cas est adverbe et ne se décline pas : ainsi on peut dire *cum partim hominum* (avec une partie des hommes), c'est-à-dire avec certains hommes et pour ainsi dire « avec une certaine partie des hommes ». **2.** Marcus Caton dans son discours *Sur la fortune de Florius*[2] a écrit ainsi : « Là elle a servi de prostituée, elle s'est bien souvent levée[3] du banquet pour aller dans la chambre et elle se conduisait déjà souvent de la même manière avec une partie d'entre eux *(cum partim illorum).* » **3.** Or les ignorants lisent *cum parti* comme si le mot était décliné en substantif et non pas employé en adverbe.

4. Mais Quintus Claudius dans le livre vingt et un de ses *Annales*[4] s'est servi de ce tour de la manière un peu plus inhabituelle que voici : « En effet se complaisant avec une partie des troupes *(cum partim copiis)* de jeunes

1. Frag. 93 Barigazzi.
2. Frag. 213 Malcovati. Le *de re Floria* ou *de re Floriana* traiterait d'une affaire privée concernant la fortune d'un certain Florius ou peut-être plutôt Florus ; on a aussi émis l'hypothèse qu'il s'agirait des Jeux floraux, de l'hérédité d'une nommée Floria, ou même une accusation de la vestale Floronia, qui fut condamnée en 216 pour stupre (Liu. 22, 57, 2).

inclusa atque occulta concitum. **10**. Libet hercle super re tam abhorrenti a fide ipsius Fauorini uerba ponere :

Ἀρχύτας Ταραντῖνος, τὰ ἄλλα καὶ μηχανικὸς ὤν, ἐποίησεν περιστερὰν ξυλίνην πετομένην· ὁπότε καθ⟨ί⟩σειεν, οὐκέτι ἀνίστατο. μέχρι γὰρ τούτου***

XIII

" Cum partim hominum " qua ratione ueteres dixerint.

1. « Partim hominum uenerunt » plerumque dicitur, quod significat : « Pars hominum uenit », id est « quidam homines ». Nam ' partim ' hoc in loco aduerbium est neque in casus inclinatur, sicuti « cum partim hominum » dici potest, id est cum quibusdam hominibus et quasi cum quadam parte hominum. **2**. M. Cato in oratione ' De re Floria ' ita scripsit : « Ibi pro scorto fuit, in cubiculum subrectitauit e conuiuio, cum partim illorum iam saepe ad eundem modum erat. » **3**. Imperitiores autem « cum parti » legunt, tamquam declinatum sit quasi uocabulum, non dictum quasi aduerbium.

4. Sed Q. Claudius in uicesimo primo 'Annali' insolentius paulo hac figura est ita usus : « Enim cum

10 a fide : con fide *Q* || *Graeca omiserunt omnia QZTY, pleraque B* || τὰ *B* : *om. FOXΠN* || ὁπότε *edd.* : αποτε *FOXΠN* ἦν οποτε *Jacobi* || καθίσειεν *edd.* : καθησειεν *FON* καθεσειεν *XΠ* || *lacunam ostendit Marres.*

XIII. **1** id est *bis* : idem *X* || **2** in : de *X* || scripsit : -bit *Π* || erat : erant *B* || **3** parti *ONZ* partim *FXΠBQ* || tanquam : quasi *Π* || **4** q. : que *Z* || hac *FOXΠN* : ac *BZ* ea *Q* || itemque *FOXBQZ* : item q. *ΠN* || magistratum : -tuum *Q*.

gens. » Et de même voici les termes de Claudius dans le livre vingt-trois[1] des *Annales* : « Mais c'est pourquoi j'ai fait ce dont je ne sais dire si c'est arrivé par la négligence d'une partie des magistrats *(neglegentia partim magistatuum)*, par leur avidité ou par le malheur du peuple romain. »

XIV

Dans quel contexte Caton a dit *iniuria mihi factum itur* (il va m'être fait un tort).

1. J'entends que *illi iniuriam factum iri*[2] (« qu'il va lui être fait un tort »), j'entends que *contumeliam dictum iri* (« qu'il va être dit une insulte »), se disent également ainsi dans le langage courant, que dans le langage courant cette forme verbale fait partie aussi désormais de l'usage normal de la langue[3], c'est pourquoi je m'abstiens d'exemples. **2.** Mais *contumelia illi* ou *iniuria factum itur* (on est en train de lui faire un outrage ou un tort) est un peu plus rare, nous en citerons donc un exemple. **3.** Marcus Caton dans son discours : *Pour lui-même contre Cassius*[4] dit : « Et il se produit, Romains, que dans le présent outrage qui est en train de m'être fait *(factum itur)* par l'insolence de cet homme, je prends aussi en pitié la patrie, je le jure, Romains, par Jupiter gardien du serment. » **4.** De même que *contumeliam factum iri* signifie que l'on va pour faire un outrage, c'est-à-dire que l'on travaille à faire un outrage, de même *contumelia mihi factum itur* dit la même chose avec seulement un changement de cas[5].

1. Frag. 89 Peter.
2. L'accusatif du substantif en *-teu*, dit supin, se construit uniquement avec un verbe de mouvement ; il est donc fait pour le verbe *ire*. Celui-ci a un sens suffisamment vague pour qu'on en soit arrivé à de véritables formes périphrastiques comme dans le cas de *factum iri* qui sert d'infinitif futur passif. Celles que cite Aulu-Gelle, formées aussi à l'aide du passif impersonnel du verbe *ire*, sont moins courantes.

partim copiis hominum adulescentium placentem sibi. » Itemque Claudi in uicesimo tertio Annali uerba haec sunt : « Sed idcirco me fecisse, quod utrum neglegentia partim magistratuum an auaritia an calamitate populi Romani euenisse dicam, nescio. »

XIV

" Iniuria mihi factum itur " quali uerborum ordine Cato dixerit.

1. Audio « illi iniuriam factum iri », audio « contumeliam dictum iri » uulgo quoque ita dici, uulgo et istam esse uerborum figuram iam in medio loquendi usu, idcircoque exemplis supersedeo. **2.** Sed « contumelia illi » uel « iniuria factum itur » paulo est remotius, exemplum igitur ponemus. **3.** M. Cato ' Pro se contra C. Cassium ' : « Atque euenit ita, Quirites, uti in hac contumelia quae mihi per huiusce petulantiam factum itur, rei quoque publicae medius fidius miserear, Quirites. » **4.** Sicut autem « contumeliam factum iri » significat iri ad contumeliam faciendam, id est operam dari quo fiat contumelia, ita « ⟨contumelia⟩ mihi factum itur » casu tantum inmutato idem dicit.

XIV. *Exstat in TY* || ita : ista *Y* || uulgo et : et *TQ²* || usu *Q²TY* : usus *FOXΠNBZ* || **3** c. cassium *FOXΠNTY* : concasium *BQZ* || fidius *om. BQZ* || **4** factum iri *NQTY* : facturi *FOXΠBZ* || contumelia ita contumelia mihi *Lion* : contumelia ita *N* contumelia mihi ita *O* contumelia mihi *FXΠQZ* mihi *B* contumelia sic *TY* ita contumelia *Carrio* || casu *FOXΠNTY* : casum *BZ* casuum *Q* || inmutato *FOXΠNTY* : -tio *BQZ*.

XV

Des interdictions religieuses qui frappent le flamine de Jupiter et la *flaminica*; il y est joint les termes d'un édit du préteur par lesquels celui-ci déclare qu'il ne contraindra pas à prêter serment ni les Vestales ni le flamine de Jupiter.

1. Les interdictions religieuses imposées au flamine de Jupiter sont nombreuses ainsi que les abstinences de bien des sortes que nous lisons dans les livres qui ont été rédigés sur les prêtres d'État, comme dans le premier des livres de Fabius Pictor[1]. **2.** Voici à peu près ce que nous nous en rappelons : **3.** la religion interdit au flamine de Jupiter de monter à cheval[2] ; **4** de même la religion lui interdit de voir l'armée équipée *(classem procinctam)*, hors du *pomerium*[3], c'est-à-dire les troupes sous les armes ; c'est pourquoi le flamine de Jupiter a rarement été fait consul[4] quand les consuls avaient la charge des guerres ; **5.** de même il est sacrilège que le flamine de Jupiter prête serment[5] ; **6** de même il est sacrilège qu'il porte un anneau[6] si ce n'est rompu et vide. **7.** On n'a pas le droit d'emporter du feu de la *flaminia*[7], c'est-à-dire de la maison du flamine de Jupiter, si ce n'est pour un usage religieux; **8.** il faut débarrasser de ses chaînes le prisonnier[8] entré dans sa maison, et faire passer les chaînes à travers l'*impluvium* sur le toit pour les jeter de là dehors dans la rue. **9.** Il ne porte pas de nœud sur son *apex*[9] (bonnet), ni à sa ceinture, ni ailleurs ; **10** quelqu'un qui serait emmené pour être fouetté, s'il se jetait à ses pieds en suppliant, c'est

1. Sur Fabius Pictor, cf. vol. I, p. 47, n. 4. Les tabous imposés au flamine de Jupiter sont un des traits les plus caractéristiques de la religion romaine et tous les ouvrages consacrés à cette religion en traitent.

2. Interdiction attestée par Plut., *Quaest. Rom.* 40 ; Ps. Seru., *Aen.* 8, 552. Pline l'explique (28, 146) : *Damnatur equinum* ⟨*fel*⟩ *tantum inter uenena ; ideo flamini sacrorum equum tangere non licet, cum Romae publicis sacris equum etiam immoletur.* Mais P. Fest. p. 71, l. 23 l'explique autrement : *Equo uehi f. D. non licebat, ne si longius digrederetur, sacra neglegerentur.*

XV

De flaminis Dialis deque flaminicae caerimonis; uerbaque ex edicto praetoris apposita, quibus dicit non coacturum se ad iurandum neque uirgines Vestae neque Dialem.

1. Caerimoniae impositae flamini Diali multae, item castus multiplices, quos in libris qui de sacerdotibus publicis compositi sunt, item in Fabii Pictoris librorum primo scriptos legimus. **2.** Vnde haec ferme sunt, quae commeminimus : **3.** Equo Dialem flaminem uehi religio est ; **4.** ⟨item⟩ ‘ classem procinctam ’ extra pomerium, id est exercitum armatum, uidere ; idcirco rarenter flamen Dialis creatus consul est, cum bella consulibus mandabantur ; **5.** item iurare Dialem fas numquam est ; **6.** item anulo uti nisi peruio cassoque fas non est. **7.** Ignem e ‘ flaminia ’, id est flaminis Dialis domo, nisi sacrum efferri ius non est ; **8.** uinctum, si aedes eius introierit, solui necessum est et uincula per impluuium in tegulas subduci atque inde foras in uiam demitti. **9.** Nodum in apice neque in cinctu neque alia in parte ullum habet ; **10.** si quis ad uerberandum ducatur, si ad pedes eius supplex procubuerit,

XV. *Exstat in TY* || *Lem.* se : sed *F* || **1** qui $F^2\Pi NBQTY$: quo F^1OZ que *X* || compositi : -ta *Q* || **4** item *add. G. Serbat* : *om. FOXΠNBQZ*, religio est *post* uidere *add. TY* item religio est *add. Hertz* || consul est : consul *Z* || **6** uti nisi F^2O^2XNTY : utinis $F^1O^1\Pi$ uti in his BQ^1Z uti his Q^2 || **7** e *NBQTY* : et $F^1O^1\Pi$ ex F^2O^2X ef- *Z* || flaminia *FOXΠNBTY* : -na *QZ* || in *ante* sacrum *uolebat Lipsius* || efferri $O^2\Pi^2QTY$: -eriri $FO^1X\Pi B$ -erriri *NZ* || **8** necessum : -arium *T* || demitti *ed. Ven.* 1517 : di- *FOXΠNBQZTY* || apice : capite N^1 || alia in *FOXΠNTY* : in alia *Q* in alia in *BZ* || ullum F^2NTY : ullam $F^1O^1X\Pi Z$ ulla *BQ*.

impiété de le fouetter[1] ce jour-là. **11.** Seul un homme libre couperait les cheveux[2] du flamine de Jupiter. **12.** Le flamine de Jupiter n'a pas coutume de toucher ni de nommer la chèvre, la viande crue, le lierre[3] ni la fève[4]. **13.** Il ne passe pas sous les pousses de vigne[5] tendues en hauteur. **14.** Les pieds du lit dans lequel il couche doivent être enduits d'une légère épaisseur de boue ; de ce lit il ne découche pas trois nuits consécutives[6], et il est sacrilège qu'un autre y couche. Il doit y avoir auprès du montant du lit une boîte avec des gâteaux de sacrifice[7]. **15.** Les coupures d'ongles et de cheveux du flamine de Jupiter sont cachées dans la terre sous un arbre fécond[8]. **16.** Pour le flamine de Jupiter tous les jours sont jours de fête. **17.** Il ne lui est pas permis d'être dehors sans bonnet[9] ; il n'y a pas longtemps que les pontifes ont décidé de le lui permettre dedans, comme Masurius Sabinus[10] l'a écrit, **18.** et il est dit qu'on l'a dispensé de certaines autres obligations et qu'on lui a fait grâce de certaines interdictions.

19. Il ne lui est pas permis de toucher[11] de la farine mêlée de levain. **20.** Il n'enlève sa tunique de dessous que dans des lieux couverts, pour ne pas être nu sous le ciel[12], c'est-à-dire sous les yeux de Jupiter. **21.** Personne ne se place au-dessus du flamine de Jupiter dans un banquet, excepté le roi des sacrifices[13]. **22.** S'il perd

1. Cf. Plut., *Quaest. Rom.* 111 ; Seru., *Aen.* 3, 607 : *Iure autem pontificali, si quis flamini pedes uel genua fuisset amplexus, eum uerberari non licebat.*

2. Un renseignement complémentaire nous est donné par Servius, *Aen.* 1, 448 : *Flamen Dialis aereis cultris tondebatur.*

3. Plut., *Quaest. Rom.* 111 ; 110 ; 112. P. Fest. p. 72, l. 23 : *Ederam f. D. neque tangere neque nominare fas erat pro eo quod edera uincit ad quodcumque se applicat.*

4. Cf. Plin. *N.H.* 18, 119 : *Varro et ob haec flaminem ea* [*i.e. faba*] *non uesci tradit* (parce qu'elle contient les âmes des morts) *et quoniam in flore eius litterae lugubres reperiantur.* Cf. Schol., *Ter. Eun.* 381 : *Fabam nec tangere nec nominare Diali flamini licet quod ea putantur ad mortuos pertinere. Nam... et in floribus eius luctus litterae apparere uidentur.*

5. Et formant treille. Plut., *Quaest Rom.* 112, donne exactement le sens : οὐδ' ὁδὸν διελθεῖν ἀναδενδράδος ἄνωθεν διάτεταμένης.

eo die uerberari piaculum est. **11**. Capillum Dialis, nisi qui liber homo est, non detonset. **12**. Capram et carnem incoctam et hederam et fabam neque tangere Diali mos est neque nominare. **13**. Propagines e uitibus altius praetentas non succedit. **14**. Pedes lecti, in quo cubat, luto tenui circumlitos esse oportet et de eo lecto trinoctium continuum non decubat neque in eo lecto cubare alium fas est. Apud eius lecti fulcrum capsulam esse cum strue atque ferto oportet. **15**. Vnguium Dialis et capilli segmina subter arborem felicem terra operiuntur. **16**. Dialis cotidie feriatus est. **17**. Sine apice sub diuo esse licitum non est; sub tecto uti liceret, non pridem a pontificibus constitutum, Masurius Sabinus scripsit **18**. et alia quaedam remissa gratiaque aliquot caerimoniarum facta dicitur.

19. Farinam fermento inbutam adtingere ei fas non est. **20**. Tunica intima, nisi in locis tectis, non exuit se, ⟨ne⟩ sub caelo, tamquam sub oculis Iouis, nudus sit. **21**. Super flaminem Dialem in conuiuio, nisi rex sacrificulus, haud quisquam alius accumbit. **22**. Vxorem si amisit, flamonio decedit.

|| **11** detonset *FOXΠNBQZ* : -det *TY* || **13** praetentas F^2Q : -tentus $F^1O^1ΠNBZ$ -tentos O^2X tentis *TY* || succedit F^1BZ : succidet *OXΠQTY* succidit F^2 succedet N^2 -des N^1 || **14** de *FOXΠNBQZ* : in *TY* || alium *O man. rec. X* : ne alium $FO^1ΠNBQ$ *ZTY* || apud *Hosius* : neque apud *FOXΠNBQZT* atque apud *Y* || **15** capilli *ΠQTY* : -illis *FOXNBZ* || terra *ΠNQTY* : terram *FOXBZ* || **16** feriatus *Turnebus* : fertatus *FOXΠNBQZTY* || **17** sub tecto *FOXΠN* : subiecto *BQZTY* || **19** ei *FOXΠNQTY* : et *BZ* || **20** tunica *NQ* : -cam *FO XΠBZTY* || intima F^1ONQZ : -mam $F^2XΠBTY$ || exuit se Q^2 : exuisse *FOXΠNBZ* exuise Q^1 exuit *TY* || ne *TY* : *om.* *FOXΠNBYZ* || **21** haud *NTY* : aut *FOXΠNBQZ* || accumbit *OXΠN* : occ- *FBQZ* dec- *TY* || **22** flamonio *Mommsen* : -munio *FOX* minio *ΠBQTY* -minia *N* -mynio *Z*.

sa femme, il se retire du flaminicat. **23.** Le mariage du flamine[1] ne peut être rompu légitimement que par la mort. **24.** Il n'entre jamais en un endroit dans lequel se fait une incinération, il ne touche jamais[2] à un mort ; **25.** cependant la religion ne lui interdit pas de suivre des funérailles.

26. Les mêmes interdictions à peu près frappent la *flaminica* de Jupiter ; **27.** on dit qu'elle en observe d'autres à part, par exemple elle se couvre d'une étoffe teinte, **28.** elle porte dans son voile *(rica)* un drageon[3] d'arbre fécond, **29.** et monter plus de trois degrés à une échelle, excepté à une échelle que l'on nomme grecque[4], lui est interdit par la religion, **30.** et de plus quand elle va aux Argées[5], elle ne peigne pas sa tête et ne démêle pas ses cheveux.

31. J'ai joint les paroles du préteur dans l'édit perpétuel[6] sur le flamine de Jupiter et les prêtresses de Vesta : « Dans toute ma juridiction je ne contraindrai pas à jurer une prêtresse de Vesta ni le flamine de Jupiter. » **32.** Les paroles de Varron dans le second livre des *Réalités divines*[7] sur le flamine de Jupiter sont les suivantes : « Celui-là seul a une coiffure blanche, soit parce qu'il est le plus grand, soit parce que la victime immolée à Jupiter étant blanche, il est bon que ce soit ainsi. »

1. Plut., *Quaest. Rom.* 50 (qui se fonde sur Ateius) ; Trog. apud *G.L.K.* 2, 149, 6. L'interdiction du divorce du *flamen* est attestée par P. Festus, p. 79, l. 24. Cf. Ps. Seru., *Aen.* 4, 29 : *Sane caerimoniis ueterum flaminicam nisi unum uirum habere non licet.* Sur les tabous qui concernent la *flaminica*, cf. en dernier lieu N. Boels, *Le statut religieux de la* flaminica dialis, in *Rev. Ét. Lat.* 51, 1973, p. 77-100. On notera toutefois qu'il n'est guère étonnant que l'épouse du flamine soit tenue à une discipline particulièrement stricte et que le mariage ait lieu par *confarreatio*, la pureté du flamine lui-même est à ce prix.

2. Seru., *Aen.* 6, 176 (des pontifes) ; Ps. Seru., 11, 76 : *flamini enim nisi uirum mortuum non licet tangere.* Dio Cass. 54, 28, 4 ; *C.I.L.*, XII, 60338, 7.

23. Matrimonium flaminis nisi morte dirimi ius non est. **24.** Locum in quo bustum est numquam ingreditur, mortuum numquam attingit ; **25.** funus tamen exequi non est religio.

26. Eaedem ferme caerimoniae sunt flaminicae Dialis ; **27.** ⟨alias⟩ seorsum aiunt obseruitare, ueluti est quod uenenato operitur **28.** et quod in rica surculum de arbore felici habet **29.** et quod scalas, ⟨nisi⟩ quae Graecae appellantur, escendere ei plus tribus gradibus religiosum est **30.** atque etiam, cum it ad Argeos, quod neque comit caput neque capillum depectit.

31. Verba praetoris ex edicto perpetuo de flamine Diali et de sacerdote Vestae adscripsi : « Sacerdotem Vestalem et flaminem Dialem in omni mea iurisdictione iurare non cogam. » **32.** Verba M. Varronis ex secundo ‘ Rerum divinarum ’ super flamine Diali haec sunt : « Is solum album habet galerum, uel quod maximus, uel quod Ioui immolata hostia alba id fieri oporteat. »

|| **23** morte : forte *N* || **24** quo F^2O^2QTY : qui $F^1O^1X\Pi NBZ$ || **25** funus *ΠNQ* : funis *FOBZ* finis *XT* || **26** flaminicae *Huschke* : -as *FOXΠNBQZTY* || **27** alias *post* dialis *add. Huschke* || uenenato *Fruterius* : bene nato *FOXΠNBQZTY* || **29** scalas nisi *Scaliger* : scalas *FOXΠNBQZTY* || escendere *Carrio* : eas escend- *FOXΠNBQZ* || **31** cogam : cogat *N* || **32** alba id *BQZTY* : albato *FOXΠN* alba *Carrio.*

XVI

Quelles erreurs commises sur l'histoire romaine, Julius Hyginus a relevées dans le sixième livre de Virgile.

1. Hygin[1] reproche à Virgile ce qui est écrit au livre VI et estime que le poète l'aurait corrigé. **2.** Palinure est aux enfers et demande à Énée qu'il s'occupe de rechercher son corps et de l'ensevelir. Il dit ceci[2] : « Toi, l'invaincu, tire-moi de ces maux, ou couvre, tu le peux, mon corps de terre, et recherche les ports Veliens (de Velia). » **3.** « De quelle manière, dit-il, Palinure a-t-il pu connaître et nommer les ports Véliens et Énée trouver un lieu de ce nom, quand la ville de Velia d'où est nommé Vélien le port qui s'y trouve, a été fondée[3] sur le territoire Lucanien et appelée de ce nom alors que Servius Tullius régnait à Rome, plus de six cents ans après la venue d'Énée en Italie ? **4.** Car ceux qui ont été chassés de la terre de Phocide[4] par Harpalus, préfet du roi Cyrus, ont fondé les uns Velia, d'autres Marseille. **5.** C'est donc par extrême ignorance qu'il demande à Énée de rechercher le port Vélien, alors que ce nom n'existait à ce moment-là nulle part. **6.** Et

1. Frag. 7 Funaioli. Sur Hygin, cf. 1, 14 et la note.
2. *Aen.* 6, 365.
3. Velia aurait été fondée en 535 après la bataille d'Alalia où les Phocéens furent vaincus par les Carthaginois. Sur l'anachronisme commis par Virgile, cf. Seru., *Aen.* 6, 359 qui résume ainsi le présent chapitre : *Sane sciendum Veliam tempore quo Aeneas ad Italiam uenit, nondum fuisse. Ergo an anticipatio est quae, ut supra diximus, si ex poetae persona fiat, tolerabilis est, si autem per alium uitiosissima est, ut nunc de Palinuro ait ; quanquam alii ad diuinandi scientiam referant quasi ab umbra dictum.*
4. Il s'agit en réalité non de la Phocide, située à l'ouest de la Béotie, mais de Phocée, ville d'Ionie, conquise par les Perses vers 563.

XVI

Quos errores Iulius Hyginus in sexto Vergilii animaduerterit, in Romana historia erratos.

1. Reprehendit Hyginus Vergilium correcturumque eum fuisse existimat quod in libro sexto scriptum est. **2.** Palinurus est apud inferos, petens ab Aenea ut suum corpus requirendum et sepeliendum curet. Is hoc dicit :

Eripe me his, inuicte, malis, aut tu mihi terram
Inice, namque potes, portusque require Velinos.

3. « Quo, inquit, modo aut Palinurus nouisse et nominare potuit ‘ portus Velinos ’ aut Aeneas ex eo nomine locum inuenire, cum Velia oppidum, a quo portum qui in eo loco est ‘ Velinum ’ dixit, Seruio Tullio Romae regnante, post annum amplius sescentesimum quam Aeneas in Italiam uenit conditum in agro Lucano et eo nomine appellatum est ? **4.** Nam qui ab Harpalo, inquit, regis Cyri praefecto, ex terra Phocide fugati sunt, alii Veliam, partim Massiliam condiderunt. **5.** Inscitissime igitur petit ut Aeneas portum Velinum requirat, cum id nomen eo tempore fuerit nusquam gentium.

XVI. **1** reprehendit *FO*²*XΠNQ* : -det *O*¹*BZ* || correcturumque : -tumque *Π* || **2** potes : potest *O* || **3** aut aeneas *O*²*X* : et aen- *FO*¹*ΠNQZ*, *om.* *B* || **5** igitur *om.* *B* || petit ut *FOXΠBN* : petitur *Q* petit *Z* || fuerit *Π* : fuit *FOXNBQZ*.

on ne doit pas considérer comme semblable ce qui est dans le premier chant[1] : « Chassé par le destin, il vint en Italie aux bords de Lavinium... » **7.** ni non plus dans le sixième livre[2] : « Et léger, il se posa enfin sur la citadelle chalcidienne » **8.** puisqu'il est concédé habituellement au poète lui-même, parlant en son propre nom, de mentionner par anticipation de l'histoire certains points qu'il a pu connaître par la suite, comme Virgile a eu connaissance du bourg de Lavinium et de la colonie de Cumes. **9.** Mais comment Palinure, ajoute-t-il, aurait-il pu connaître ce qui a été fait six cents ans plus tard, à moins que l'on ne pense qu'il a opéré par divination dans les enfers, comme le font d'ordinaire les âmes des morts. **10.** Même si on admettait cela bien que ce ne soit pas indiqué, comment Énée qui n'opérait pas par divination, put-il cependant rechercher le port Vélien, nom auquel rien ne correspondait alors nulle part, comme il l'a dit. »

11. De même il reprend encore ceci dans le même livre[3] et il estime que Virgile l'aurait corrigé si la mort ne l'avait prévenu. **12.** « Car après avoir nommé Thésée,

1. *Aen.* 1, 2.
2. 6, 17.
3. Hygin., Frag. 8 Funaioli.

6. Neque simile, inquit, illud uideri debet, quod est in primo carmine :

Italiam fato profugus Lauinaque uenit
Litora,

7. et aeque in sexto libro :

Chalcidicaque leuis tandem superastitit arce,

8. quoniam poetae ipsi quaedam κατὰ πρόληψιν historiae dicere ex sua persona concedi solet, quae facta ipse postea scire potuit, sicut Vergilius sciuit de Lauinio oppido et de colonia Chalcidicensi. **9**. Sed Palinuros qui potuit, inquit, scire ea quae post annos sescentos facta sunt, nisi quis eum diuinasse apud inferos putat, proinde ut animas defunctorum solent ? **10**. Sed et si ita accipias, quamquam non ita dicitur, Aeneas tamen, qui non diuinabat, quo pacto potuit requirere portum Velinum, cui nomen tunc, sicut diximus, nullum usquam fuit ? »

11. Item hoc quoque in eodem libro reprehendit et correcturum fuisse Vergilium putat, nisi mors occupasset. **12**. « Nam cum Thesea, inquit, inter

6 lauinaque *XNBQZ* : -niaque *FOΠ* || **8** historiae *O^{2}Π* : -ria *FO^{1}XNBQZ* || scire *$F^{2}$$Π^{2}$* : sciri *$F^{1}OXΠ^{1}$NBQZ* || **9** inquit *BQZ* : id inquit *FOXΠN* || diuinasse : diuinas *F* || **11** fuisse *BQZ* : esse *FOXΠN* || mors *FOXΠN* : mori *BQZ* || **12** dixissetque *OXΠN* : dixisset *FBQZ*.

dit-il, parmi ceux qui étaient allés aux enfers et en étaient revenus, et après avoir dit[1] : « Pourquoi nommer Thésée ? pourquoi nommer le grand Alcide ? Je suis né moi aussi du très haut Jupiter ? » il ajoute ensuite[2] néanmoins : « Il siège et siégera jusqu'à la fin des temps le malheureux Thésée. » **13.** Mais comment peut-il se faire, qu'il siège éternellement aux enfers, lui que le poète nomme dans la liste de ceux qui sont descendus là-bas et s'en sont ensuite échappés, surtout que la légende de Thésée, est qu'Hercule l'a enlevé à la pierre[3] et l'a amené aux dieux d'en haut ? »

14. De même il dit[4] que Virgile a fait erreur dans les vers suivants : « Celui-là, il déracinera, et Argos et Mycènes, ville d'Agamemnon, et l'Éacide même, rejeton d'Achille puissant par les armes, qui a vengé ses aïeux de Troie, le sanctuaire intouché de Minerve. » **15.** « Il a confondu, dit-il, des personnages et des époques différents. Car la guerre contre les Achéens et la guerre contre Pyrrhus n'ont été faites ni à la même époque[5] ni par les mêmes hommes. **16.** Pyrrhus en effet, qu'il appelle l'Éacide, passa d'Épire en Italie et combattit contre les Romains et contre Manius Curius qui fut leur chef dans cette guerre. **17.** La guerre argienne, c'est-à-

1. *Aen.* 6, 122.
2. *Aen.* 6, 617.
3. Thésée et Piritoüs avaient été rivés à leur siège de banquet aux enfers. Cf. Seruius, *ad. loc.* D'après Norden, *Komm.* Virgile veut ici combattre les traditions sur le retour de Thésée.
4. Hygin. Frag. 9 Funaioli : *Aen.* 6, 838.
5. Cf. Seru. *ad loc.* La guerre contre Pyrrhus date en effet de 280 ; et Corinthe fut prise et détruite en 146. Mais l'Éacide ne peut être Pyrrhus, puisque Persée avait les mêmes prétentions et que sa défaite à Pydna ne date que de 168 : elle fut l'œuvre de Paul-Émile. Comme l'a noté E. Norden dans son commentaire, Virgile fait une synthèse de la revanche. C'est ainsi qu'Argos ne fut pas détruite à cette époque-là.

eos nominasset, qui ad inferos adissent ac redissent, dixissetque :

Quid Thesea, magnum
Quid memorem Alciden ? et mi genus ab Iove summo est,

postea tamen infert :

sedet aeternumque sedebit
Infelix Theseus.

13. Qui autem, inquit, fieri potest, ut aeternum apud inferos sedeat, quem supra cum is nominat qui descenderint illuc atque inde rursum euaserint, praesertim cum ita sit fabula de Theseo, atque si Hercules eum euellerit e petra et in lucem ad superos eduxerit ? »

14. Item in his uersibus errasse Vergilium dicit :

Eruet ille Argos Agamemnoniasque Mycenas
Ipsumque Aeaciden, genus armipotentis Achilli,
Vltus auos Troiae, templa intemerata Mineruae.

15. « Confudit, inquit, et personas diuersas et tempora. Nam neque eodem tempore neque per eosdem homines cum Achaeis et cum Pyrro bellatum est. **16**. Pyrrus enim, quem dicit *A*eacide*n*, de Epiro in Italiam transgressus cum Romanis depugnauit aduersus Manium Curium, in eo bello ducem. **17**. Argiuum autem bellum, id est Achai-

13 ut : et *Π* || is *OX*[1]*BZ* : iis *FN* his *X*[2]*ΠQ* || e *FOXNBQ* : de *ΠZ* || **16** aeaciden *edd.* : eacidem *Q* eacida *BZ* eacidae *FOXΠN* || de epiro *N* : de epyro *O* de p- *Π* dea e p- *X* et ep- *BZ* et ep- *Q* tep- *F* || manium : manlium *Q*.

dire achéenne, a été faite bien des années plus tard sous le commandement de Lucius Mummius. **18**. On peut donc, dit-il, enlever le vers du milieu sur Pyrrhus qui a été introduit à tort et que Virgile aurait sans aucun doute supprimé.

XVII

Pour quelle raison et de quelle manière le philosophe Démocrite s'est privé de la vue ; et sur cette question les vers de Laberius d'un style tout à fait pur et charmant.

1. Il est écrit dans les monuments de l'histoire grecque que le philosophe Démocrite, homme plus que tout autre respectable et doté d'une autorité à l'ancienne, s'est privé volontairement de la vue parce qu'il estimait que les réflexions et les conceptions de son âme seraient plus fortes et plus précises pour contempler les lois de la nature[1] s'il les libérait des séductions de la vue et des embarras des yeux. **2**. Cet acte et la manière même dont il s'infligea la cécité, facilement, avec une habileté très ingénieuse, le poète Laberius l'a décrit dans le mime qu'il a intitulé *Restio (le Cordier)* en des vers qui ont beaucoup de fini et d'art, mais il a imaginé une autre cause à la cécité volontaire et l'accommoda, non sans habileté, au sujet qu'il traitait alors. **3**. Le

1. La tradition de cette mutilation est attestée par Cicéron (*Tusc*. 5, 39, 114 ; *Fin*. 5, 29, 87) et Plutarque (*De curios*. 12, p. 151 d). Démocrite est ainsi le symbole de la science grecque, dédaignant le sensible pour spéculer plus à l'aise dans l'abstrait. Les *naturae rationes* sont en effet non les lois naturelles telles qu'on peut les constater par l'expérience, mais l'agencement de la nature tel que la raison peut le concevoir. Le chapitre est repris par Vincent de Beauvais (*Spec. Doctr*. 4, 76).

cum, multis post annis a L. Mummio imperatore gestum est. **18.** Potest igitur, inquit, medius eximi uersus, qui de Pyrro inportune inmissus est, quem Vergilius procul dubio exempturus, inquit, fuit. »

XVII

Quam ob causam et quali modo Democritus philosophus luminibus oculorum sese priuauerit; et super ea re uersus Laberii pure admodum et uenuste facti.

1. Democritum philosophum in monumentis historiae Graecae scriptum est, uirum praeter alios uenerandum auctoritateque antiqua praeditum, luminibus oculorum sua sponte se priuasse, quia existimaret cogitationes commentationesque animi sui in contemplandis naturae rationibus uegetiores et exactiores fore, si eas uidendi inlecebris et oculorum impedimentis liberasset. **2.** Id factum eius modumque ipsum quo caecitatem facile sollertia subtilissima consciuit, Laberius poeta in mimo quem scripsit ‘ Restionem ’, uersibus quidem satis munde atque graphice factis descripsit, sed causam uoluntariae caecitatis finxit aliam uertitque in eam rem quam tum agebat, non inconcinniter. **3.** Est enim persona, quae hoc apud

18 inquit, fuit : esset *Π*.
XVII. *Exstat in TY* || **1** quia *F²O²XΠN²B* : qua *F¹O¹N¹Q²* que *Z* quod *QTY* || **2** caecitatem *OXΠNQTY* : -te *FBZ* || restionem *FNBQZTY* : rettiorem *X* rectiorem *Π* || quam tum *F²O²NZ* : quantum *F¹O¹ΠBQTY*.

personnage qui dit cela chez Laberius est celui d'un riche cupide et avare qui déplore les dépenses très considérables et la débauche d'un jeune homme. **4.** Voici les vers de Laberius[1] : « Démocrite d'Abdère, physicien philosophe, mit un bouclier face au lever d'Hypérion, pour que l'éclat du bronze pût lui vider les yeux. Des rayons du soleil il tua son regard afin de ne pas voir le bonheur appartenir aux mauvais citoyens. Je veux qu'ainsi de son éclat, l'argent resplendissant, aveugle l'issue de ma vie, pour que je ne voie pas mon vaurien de fils dans le bonheur. »

XVIII

Histoire d'Artémise, et du concours auquel ont participé auprès du tombeau de Mausole des écrivains célèbres.

1. Artemise, dit-on, aima Mausole[2] son mari au-delà de tous les amours fabuleux et plus qu'on ne peut croire d'une affection humaine. **2.** Or Mausole était, selon Cicéron[3], roi du pays de Carie, selon certains historiens grecs, préfet de la province, les Grecs l'appellent satrape. **3.** Lorsque ce Mausole fut atteint par la mort et enterré après des funérailles grandioses dans les lamentations et les bras[4] de sa femme, celle-ci, Artémise, brûlant de

1. V. 72 Ribbeck[2] ; cité par Non. p. 152 qui écrit *aetatis*.

2. Mausole fut satrape de Carie de 377/6 à 353 ; d'abord très fidèle au Grand Roi, il tendit ensuite à se rendre indépendant et pratiqua même une politique d'expansion qui l'amena à lutter contre les Athéniens et à leur prendre Rhodes et Cos. Il avait participé à la révolte des satrapes en 362 et transféré sa capitale de Mylasa à Halicarnasse. Artémise était sa sœur. Le monument, décrit par Pline, avait été bâti par l'architecte Pythias ; il était considéré comme une des sept merveilles du monde. Il fut détruit par un tremblement de terre avant le ve siècle. Il fut fouillé en 1857 par C. Newton qui retrouva les statues géantes de Mausole et d'Artémise, et transporta tous les restes au British Museum.

Laberium dicit, diuitis auari et parci, sumptum plurimum asotiamque adulescentis uiri deplorantis. **4.** Versus Laberiani sunt :

Democritus Abderites physicus philosophus
Clipeum constituit contra exortum Hyperionis,
Oculos effodere ut posset splendore aereo.
Ita radiis solis aciem effodit luminis,
Malis bene esse ne uideret ciuibus.
Sic ego fulgentis splendore*m* pecuniae
V*o*lo *e*lucificare exitum aetati meae,
Ne in re bona uideam esse nequam filium.

XVIII

Historia de Artemisia ; deque eo certamine quod apud Mausoli sepulcrum a scriptoribus inclutis decertatum est.

1. Artemisia Mausolum uirum amasse fertur supra omnis amorum fabulas ultraque affectionis humanae fidem. **2.** Mausolus autem fuit, ut M. Tullius ait, rex terrae Cariae, ut quidam Graecarum historiarum scriptores, prouinciae praefectus, σατράπην Graeci uocant. **3.** Is Mausolus, ubi fato perfunctus inter lamenta et manus uxoris funere magnifico sepultus est, Artemisia, luctu atque

3 asotiamque *FOXΠNTY* : asoticonque *BQZ* || uiri deplorantis : uiuide plor- *Bothe* || **4** esse *OXΠNQ* : esset *FBZTY* || ciuibus *OXΠN* : ciuilibus *FBQZTY* || fulgentis *X* : -genti *FOΠNBQZTY* || splendorem *Carrio* : splendore in *FOXΠNBQZTY* || uolo *Non.* : uelo *FOXΠNBQZTY* || elucificare *Non.* : lucificare *FOXΠNBQZ* ludif- *TY* || aetati : aetatis *Non.* || ne *om.* *Z* || nequam *FOXΠNTY* : quam *BQZ.*

XVIII. *Exstat in TY* || *Lem.* a *FOΠNQTY* : ad *BZ* || **2** prouinciae *Lipsius* : prouinciae graece *FOXΠNBQZ* p- graeciae *TY* **3** manus : naenias *Mackland.*

douleur et du regret de son mari, mélangea ses os et ses cendres à des parfums, les réduisit en poudre, les délaya dans de l'eau et les but, donnant, dit-on, beaucoup d'autres preuves d'un violent amour. **4.** Dans l'immense désir d'un travail de nature à perpétuer le souvenir de son mari, elle fit bâtir aussi ce tombeau qui a été très célébré et jugé digne de compter entre les sept merveilles de tous les pays. **5.** En dédiant ce monument consacré aux dieux Mânes de Mausole, Artémise instaure un *agon*, c'est-à-dire un concours d'éloquence à la louange de celui-ci et elle offre des récompenses très considérables en argent et autres choses de valeur. **6.** Pour lutter dans cet éloge vinrent, dit-on, des hommes célèbres par leur talent et leur éloquence prestigieuse, Théopompe[1], Théodecte[2], Naucrates[3]; il y en a même qui ont rapporté qu'Isocrate en personne avait participé au concours. Mais on jugea que Théopompe l'avait emporté. Il était disciple d'Isocrate.

7. Il existe encore de nos jours une tragédie de Théodecte qui a pour tire *Mausole* ; par laquelle il eut plus de succès qu'en prose, comme Hygin le rapporte dans ses *Exemples*[4].

1. Né à Chios en 378, banni en 334 pour ses sympathies spartiates, il fut rappelé et protégé par Alexandre. Élève d'Isocrate, il écrivit des *Hellenica*, continuation de Thucydide, des *Philippica* en 58 livres, sorte d'histoire du monde présentée dans une série de dissertations.

2. Né à Phaselos en 375, il fut disciple de Platon, d'Isocrate et d'Aristote. Cicéron loue son éloquence (*Or.* 172). Poète tragique, il écrivit cinquante pièces, participa à 13 concours et remporta 8 victoires dont 7 aux Grandes Dionysies. On connaît de lui les titres de *Lynceus*, *Mausolus*, *Philoctetes*. Il mourut à 44 ans.

3. Naucrates fut également un brillant disciple d'Isocrate. Il pratiqua l'éloquence épidictique, (cf. Cicer., *De Orat.* 2, 94).

4. Frag. 1 Peter.

desiderio mariti flagrans uxor, ossa cineremque eius mixta odoribus contusaque in faciem pulueris aquae indidit ebibitque multaque alia uiolenti amoris indicia fecisse dicitur. **4.** Molita quoque est ingenti impetu operis conseruandae mariti memoriae sepulcrum illud memoratissimum dignatumque numerari inter septem omnium terrarum spectacula. **5.** Id monumentum Artemisia cum dis manibus sacrum Mausoli dicaret, ‘ agona ’, id est certamen laudibus eius dicundis, facit ponitque praemia pecuniae aliarumque rerum bonarum amplissima. **6.** Ad eas laudes decertandas uenisse dicuntur uiri nobiles ingenio atque lingua praestabili, Theopompus, Theodectes, Naucrates ; sunt etiam qui Isocratem ipsum cum his certauisse memoriae mandauerint. Sed eo certamine uicisse Theopompum iudicatum est. Is fuit Isocratis discipulus.

7. Extat nunc quoque Theodecti tragoedia, quae inscribitur ‘ Mausolus ’ ; in qua eum magis quam in prosa placuisse Hyginus in ‘ Exemplis ’ refert.

4 dignatumque : dignumque *Q* || septem : septimum *F* || **5** sacrum *Mommsen* : sacris *FOXΠNBQZTY*, *del. Jordan* || agona : agonem *F* || **6** naucrates *Valesius* : -rites *FOXΠNBQZTY* || isocratem N^{2} : socratem *FOXΠ*N^{1}*BQT* sacratem *Z* socratem philosophum *Y* || his *BQ* : hiis X^{2}*Z* iis *FO*X^{1}*ΠN* is *TY* || mandauerint *FOXΠNBQZ* : -runt *TY* || isocratis *FOXΠN* : socratis *BQZTY* || **7** in *om. O.*

XIX

Que n'est ni effacée ni diminuée une faute quand est donnée pour excuse l'analogie de fautes commises par d'autres ; et au même chapitre un passage d'un discours de Démosthène sur le sujet.

1. Le philosophe Taurus invectivait en reproches sévères et violents contre un jeune homme passé des professeurs de rhétorique et de l'étude de l'éloquence aux enseignements de philosophie, pour avoir commis, disait-il, un acte honteux et impudent[1]. Quant à celui-ci il ne le niait pas, il disait pour sa défense que c'était un acte habituel et il justifiait[2] sa faute honteuse en usant d'exemples et par l'excuse de l'habitude. **2.** Alors Taurus, plus irrité par ce genre de défense, lui dit : « Homme sans raison et vaurien, si les autorités et les raisonnements présentés par la philosophie ne te détournent pas des mauvais exemples, ne t'est-il pas souvenu même de cette phrase de votre Démosthène qui, étant enserrée dans un rythme verbal élégant et charmant, aurait pu comme une sorte de refrain rhétorique se fixer plus facilement dans ta mémoire ? **3.** Si je ne me trompe pas, ajouta-t-il, car en vérité je l'ai lue dans ma première enfance, voici les termes de Démosthène[3] contre celui qui, comme toi maintenant, s'efforçait de supprimer et effacer sa faute par les fautes des autres : « Ne dis pas, toi, que cela est arrivé souvent, mais qu'il convient que cela soit ainsi ; si en effet quelque chose avait été fait contre les lois et que tu

1. Il faut comprendre que cet acte déshonnête est tout autre chose que le passage de la rhétorique à la philosophie.

2. Le mot *deprecabatur* a le sens commenté en 7, 16.

3. *Adu. Androt.* 7, p. 595. Le discours est écrit par Démosthène pour un personnage qui cherche à faire condamner Androtios qui avait obtenu pour le Conseil des cinq cents sortant de charge, la couronne habituelle, alors que la loi ne le permettait pas (il n'avait pas fait construire le nombre de vaisseaux requis). Il tombait donc sous le coup de la loi pour avoir proposé une mesure illégale.

XIX

Non purgari neque leuari peccatum, cum praetenditur peccatorum quae alii quoque peccauerunt similitudo; atque inibi uerba ex oratione super ea re Demosthenis.

1. Incessebat quempiam Taurus philosophus seuera atque uehementi obiurgatione adulescentem a rhetoribus et a facundiae studio ad disciplinas philosophiae transgressum, quod factum quid*d*am esse ab eo diceret inhoneste et improbe. At ille non ibat infitias fecisse, sed id solitum esse fieri defendebat turpitudinemque delicti exemplorum usu et consuetudinis uenia deprecabatur. **2.** Atque ibi Taurus isto ipso defensionis genere inritatior : « Homo, inquit, stulte et nihili, si te a malis exemplis auctoritates et rationes philosophiae non abducunt, ne illius quidem Demosthenis uestri sententiae tibi in mentem uenit, quae, quia lepidis et uenustis uocum modis uincta est, quasi quaedam cantilena rhetorica facilius adhaerere memoriae tuae potuit ? **3.** Nam si me, inquit, non fallit quod quidem in primori pueritia legerim, uerba haec sunt Demosthenis aduersus eum, qui, ut tu nunc facis, peccatum suum peccatis alienis exemptum purgatumque ibat : Σὺ δὴ μὴ λέγε, ὡς γέγονε τοῦτο πολλάκις, ἀλλ' ὡς οὕτω προσήκει γίγνεσθαι· οὐ γάρ, εἴ τι πώποτε

XIX. *Lem.* leuari : lauari *Π* || **1** incessebat *OΠNQ* : incessesebat *B* incessabat *FXZ* || quiddam *edd.* : quidam *FO*¹*XΠNBZ* quidem *O*²*Q* || inhoneste : honeste *Π* || solitum esse *O*²*XNQ* : solitum est *FO*¹*ΠBZ* || **2** ne : neque *Π* || sententiae *FON* : sententia *XΠBQZ* || rhetorica : -ce *Z* || **3** τοῦτο *post* γέγονε *Dem.* : ουτο *BZ* ευτο *N* ουτω *u* || ἄν *Dem.* : καν *NZu* || οὐκ *Dem.* : κουκ *NZu* || ἔγραψας *Dem.* : -φας *Nu* -υας *Z*.

cherchais à l'imiter, il ne serait pas pour autant juste de t'acquitter, tu n'en serais que bien davantage condamné ; car de même que si une condamnation avait été prononcée, tu n'aurais pas fait cette proposition, de même si tu es puni maintenant, personne d'autre ne la fera. ' » **4.** Ainsi Taurus usant de toute façon de persuader et d'avertir, conduisait ses disciples aux façons d'agir d'une bonne et irréprochable nature[1].

XX

Ce qu'est une *rogatio*, une *lex*, un *plebisscitum*, un *priuilegium*; et dans quelle mesure tous ces termes diffèrent.

1. J'entends demander ce qu'est une *lex*, un *plebisscitum*, une *rogatio*, un *priuilegium*. **2.** Ateius Capito[2], très expert en droit public et privé, a défini ce qu'était une *lex* en ces termes : « Une loi *(lex)* est une décision générale du peuple ou de la plèbe, sur interrogation *(rogatio)* d'un magistrat. » **3.** Si cette définition est correcte ni la décision sur le commandement de Pompée,[3] ni sur le retour de Cicéron[4], ni le procès sur le meurtre de Clodius,[5] ni d'autres décisions analogues du peuple ou de la plèbe ne peuvent être appelées lois. **4.** Car ce ne sont pas des décisions générales prises au sujet de l'ensemble des citoyens, mais d'individus ; c'est pourquoi elles doivent être appelées plutôt *priuilegia*[6] parce que les anciens ont appelé *priua* ce que nous nommons individuels. Lucilius s'est servi de ce mot dans le premier livre des *Satires* : « Je vais leur donner, à leur venue, un ventre de thon à chacun individuellement *(priua)*, et une tête d'*acarna*[7] ».

1. Taurus n'est donc pas un philosophe théoricien. Il donne des leçons pratiques et n'hésite pas à se servir de tout, même d'un orateur, pour son enseignement moral. Cf. 9, 5, 8 et p. 122 note 8. La difficulté de la phrase vient de la contradiction entre *rationes* (méthodes rationnelles) et *indoles* qui indique habituellement la « nature » de quelqu'un. On ne la résoudrait pas en donnant à *ad* le sens de ' selon '.

μὴ κατὰ τοὺς νόμους ἐπράχθη, σὺ δὲ τοῦτο ἐμιμήσω, διὰ τοῦτο ἀποφύγοις ἂν δικαίως, ἀλλὰ πολλῷ μᾶλλον ἁλίσκοιο· ὥσπερ γάρ, εἴ τις ἑάλω, σὺ ταῦτα οὐκ ἂν ἔγραψας, οὕτως, ἐὰν σὺ νῦν δίκην δῷς, ἄλλος οὐ γράψει. » **4**. Sic Taurus, omni suasionum admonitionumque genere utens, sectatores suos ad rationes bonae inculpataeque indolis ducebat.

XX

Quid sit ‘ rogatio ’, quid ‘ lex ’, quid ‘ plebisscitum ’, quid ‘ priuilegium ’ ; et quantum ista omnia differant.

1. Quaeri audio quid ‘ lex ’ sit, quid ‘ plebisscitum ’, quid ‘ rogatio ’, quid ‘ priuilegium ’. **2**. Ateius Capito, publici priuatique iuris peritissimus, quid ‘ lex ’ esset hisce uerbis definiuit. ‘ Lex ’, inquit, est generale iussum populi aut plebis, rogante magistratu. **3**. Ea definitio si probe facta est, neque de imperio Cn. Pompei neque de reditu M. Ciceronis neque de caede P. Clodi quaestio neque alia id genus populi plebisue iussa ‘ leges ’ uocari possunt. **4**. Non sunt enim generalia iussa neque de uniuersis ciuibus, sed de singulis concepta ; quocirca ‘ priuilegia ’ potius uocari debent, quia ueteres ‘ priua ’ dixerunt quae nos ‘ singula ’ dicimus. Quo uerbo Lucilius in primo ‘ Satirarum ’ libro usus est :

abdomina thynni
Aduenientibus priua dabo cephalaeaque acarnae.

4 rationes *recc.* : -nis *FOXΠNBQZ*.
XX. *Exstat in TY* || *Lem.* omnia : anima *Q* || **2** hisce : iisque *Π* || magistratu *Π¹BQZ* : -tus *FOXΠ²NTY* || **4** dixerunt : -rint *X¹* || aduenientibus *TY* : a uen- *FOXΠNBQZ* || acarnae *FOXΠNTY* : carne *BQZ*.

5. Quant à *plebes* (la plèbe) Capito, dans la même définition, l'a distinguée de *populus* (le peuple), parce que, dit-il, dans le *populus* toute portion de citoyens et tous les ordres sont compris, alors que l'on appelle *plebes* un ensemble dont les *gentes* (familles) patriciennes sont exclues. **6.** Un plébiscite est donc selon ce Capito[1] une loi qu'adopte la plèbe et non le *populus* (l'ensemble de la nation).

7. Mais dans toute cette affaire juridique, le point capital, l'origine et pour ainsi dire la source est la *rogatio*[2], qu'elle soit pratiquée avec le *populus* ou avec la plèbe, qu'elle s'applique à des individus ou à l'ensemble. **8.** Car tous ces mots sont exprimés et contenus dans le nom principal et générique de *rogatio* ; en effet si le peuple *(populus)* ou la plèbe ne sont pas interrogés *(rogetur)* aucune décision de la plèbe ou du peuple ne peut être prise.

9. Bien qu'il en soit ainsi, nous avons observé qu'il y avait peu de différence entre ces mots dans les écrits des anciens. Ils ont appelé aussi bien les plébiscites que les *priuilegia* du nom traditionnel de loi, et ils ont nommé tout cela du mot *rogatio* qui englobe tout sans distinction.

10. Salluste lui-même, si attentif à la propriété des mots, a cédé à l'habitude et a appelé loi le *priuilegium* que l'on proposait sur le retour de Pompée. Voici ce

1. Frag. 25 Strzelecki. A l'origine les comices tributes étaient les assemblées de la plèbe, alors que les comices centuriates étaient les assemblées du *populus*. Mais la *lex Hortensia* en 287, précédée par les *leges Valeriae Horatiae* en 449 et par une loi de Q. Publilius Philo en 339, avait étendu définitivement les effets des décisions de la plèbe à tous les Quirites, et les comices tributes devinrent assemblée du peuple entier.

2. C'était la proposition de décision déposée devant l'une ou l'autre des assemblées. Le magistrat interrogeait, consultait l'assemblée. Le mot a servi à désigner cette décision une fois prise, qu'elle fût une *lex* ou qu'elle ne méritât pas ce nom, n'étant pas universelle (cf. Fest. p. 326, l. 17).

5. ‘ Plebem ’ autem Capito in eadem definitione seorsum a ‘ populo ’ diuisit, quoniam in ‘ populo ’ omnis pars ciuitatis omnesque eius ordines contineantur, ‘ plebes ’ uero ea dic*a*tur, in qua gentes ciuium patriciae non insunt. 6. ‘ Plebisscitum ’ igitur est secundum eum Capitonem lex, quam plebes, non populus, accipit.

7. Sed totius huius rei iurisque, siue cum populus siue cum plebs rogatur, siue quod ⟨ad singulos siue quod⟩ ad uniuersos pertinet, caput ipsum et origo et quasi fons ‘ rogatio ’ est. 8. Ista enim omnia uocabula censentur continenturque ‘ rogationis ’ principali genere et nomine ; nam, nisi populus aut plebs rogetur, nullum plebis aut populi iussum fieri potest.

9. Sed quamquam haec ita sunt, in ueteribus tamen scriptis non magnam uocabulorum istorum differentiam esse animaduertimus. Nam et ‘ plebisscita ’ et ‘ priuilegia ’ translaticio nomine ‘ legis ’ appellauerunt eademque omnia confuso et indistincto uocabulo ‘ rogationes ’ dixerunt.

10. Sallustius quoque, proprietatum in uerbis retinentissimus, consuetudini concessit et priuilegium, quod de Cn. Pompei reditu ferebatur,

5 dicatur *edd.* : dr̃ *FΠBTY* dicitur *OXNQZ* || 7 plebs *BQZ* : plebis *FOXΠNTY* || ad singulos... siue quod *Mommsen post Gron.* : *om. FOXΠNBQZTY* || fons *OXΠNTY* : frons *FBQZ* || 8 rogationis *FOΠBQZTY* : -nes *XN* || nisi *OXΠN* : sisi F^1 si F^2*BQZTY* || 9 sunt : sint *Q* || translaticio nomine *I. Gron.* : translaticiomine *B* : tranlacio nomine *FQZ* translato nomine *OXΠNTY* || legis *BQZ* : leges *FOXΠNTY*.

qu'il dit dans le livre II des *Histoires*[1] : « Car alors que le consul Sulla proposait une loi sur son retour, le tribun de la plèbe, Gaius Herennius, l'en avait empêché après entente. »

XXI

Pourquoi Cicéron a évité avec beaucoup de soin de se servir aucunement des mots *nouissime* et *nouissimus*.

1. Il est manifeste que Cicéron a refusé de se servir d'un grand nombre de mots dont l'usage est actuellement fréquent et l'a été, parce qu'il ne les approuvait pas ; comme par exemple et *nouissimus* et *nouissime*. **2.** Car alors que Caton et Salluste ainsi que d'autres de la même époque avaient usé de ce mot sans restriction, que de plus bien des hommes fort savants les ont inscrits dans leurs livres, il semble s'en être abstenu[2] cependant comme d'un mot non latin, parce que celui qui avait été le plus savant de ce temps, Lucius Aelius Stilo, avait évité d'en user[3] comme d'un mot nouveau et de mauvais aloi.

C'est pourquoi j'ai jugé qu'il fallait exposer ce que Varron également a pensé de ce vocable, dans les termes de Varron lui-même, tirés du sixième livre de l'ouvrage *Sur la langue latine*[4] dédié à Cicéron : « Ce qui se disait *extremus* (dernier) a commencé de se dire couramment *nouissimus*, forme que de mon temps Aelius aussi bien

1. Frag. 21 Maurenbrecher. En 80, la question du retour de Pompée vainqueur en Afrique et de son éventuel triomphe troubla le dictateur Sylla qui manœuvra pour lui refuser le triomphe sans se brouiller avec lui. Cf. J. Carcopino, *Des Gracques à Sulla*, p. 493 ss.

2. *Nouissimus* figure en réalité dans le *Pro Roscio comoedo*, 30. Au demeurant, les deux superlatifs sont fréquents chez la plupart des auteurs latins. Au contraire, le comparatif est inexistant, malgré Varron, *Ling. Lat.* 6, 59. Notons qu'il apparaît en 6, 17, 8 où il est restitué par une conjecture de Hertz.

‘ legem ’ appellauit. Verba ex secunda eius ‘ Historia ’ haec sunt : « Nam Sullam consulem de reditu eius legem ferentem ex composito tr. pl. C. Herennius prohibuerat. »

XXI

Quam ob causam M. Cicero his omnino uerbis ‘ nouissime ’ et ‘ nouissimus ’ obseruantissime ⟨uti⟩ uitarit.

1. Non paucis uerbis, quorum frequens usus est nunc et fuit, M. Ciceronem noluisse uti manifestum est, quod ea non probaret ; uelut est et ‘ nouissimus ’ et ‘ nouissime ’. **2.** Nam cum et M. Cato et Sallustius et alii quoque aetatis eiusdem uerbo isto promisce usitati sint, multi etiam non indocti uiri in libris id suis scripserint, abstinuisse eo tamen tamquam non Latino uidetur, quoniam qui doctissimus eorum temporum fuerat, L. Aelius Stilo, ut nouo et inprobo uerbo uti uitauerat.

Propterea, quid M. quoque Varro de ista uoce existimauerit, uerbis ipsius Varronis ex libro ‘ De Lingua Latina ad Ciceronem ’ sexto demonstrandum putaui. « Quod ‘ extremum ’, inquit, dicebatur, dici ‘ nouissimum ’ coeptum uulgo, quod mea

10 nam : nam illam *Q*.

XXI. *Lem.* m. *FON* : *om.* *ΠBQZ* || et nouissimus obseruantissime uti uitarit *Madvig* : et nouissimus obseruantissime uitauerit *FOXΠN* est usus *Q* est *BZ* || **1** noluisse : uoluisse *Π* || nouissimus et nouissime $F^2O^2X^2NQZ$: nobissimus et nobissime $F^1O^1X^1B$ nobilissimus et nobilissime *Π* || **2** promisce $F^1OX^1ΠNB^1Z$: -cue $F^2X^2B^2Q$ || suis $F^2OXΠBQZ$: sui F^1 sub *N* || scripserint : -erunt *X* || uarro... ipsius *BQZ* : *om.* *FOXΠN*.

que d'autres vieillards évitaient, dans l'idée que c'était un mot trop nouveau : en voici l'origine, de même que de *uetus* on tire *uetustius* (plus vieux) et *ueterrimus* (très vieux), de même on a tiré de *nouus nouius* et *nouissimus*. »

XXII

Passage pris au livre de Platon qui s'intitule *Gorgias*, sur les turpitudes de la fausse philosophie, à cause desquelles ceux qui ignorent les bienfaits de la vraie philosophie attaquent sans raison les philosophes.

1. Platon, homme très ami de la vérité et très empressé à la montrer à tous a dit par la bouche d'un personnage peu respectable certes et indigne, mais cependant avec vérité et sincérité, ce qui au total peut être dit contre ces incapables et ces paresseux qui en se protégeant du nom de la philosophie recherchent un repos sans utilité et l'obscurité du langage et de la vie. **2.** Car si Calliclès qu'il fait parler ainsi, ignorant de la vraie philosophie, profère des reproches infamants et immérités contre les philosophes, il faut cependant recevoir ce qui est dit en comprenant qu'on nous avertit insensiblement de ne pas mériter nous-mêmes des reproches de cette sorte et de ne pas feindre dans une paresse incapable et vaine le culte et la passion de la philosophie[1].

3. J'ai transcrit sur ce sujet les mots mêmes de Platon tirés du livre qui s'appelle *Gorgias*[2], car j'ai décidé de ne pas traduire puisque aspirer à leur propriété, la

memoria ut Aelius, sic senes alii, quod nimium nouum uerbum esset, uitabant ; cuius origo, ut a ‘ uetere ’ ‘ uetustius ’ ac ‘ ueterrimum ’, sic a ‘ nouo ’ declinatum ‘ nouius ’ et ‘ nouissimum ’. »

XXII

Locus exemptus ex Platonis libro qui inscribitur Gorgias, de falsae philosophiae probris, quibus philosophos temere incessunt qui emolumenta uerae philosophiae ignorant.

1. Plato, ueritatis homo amicissimus eiusque omnibus exhibendae promptissimus, quae omnino dici possint in desides istos ignauosque, qui obtentu philosophiae nominis inutile otium et linguae uitaeque tenebras secuntur, ex persona quidem non graui neque idonea, uere tamen ingenueque dixit. **2.** Nam etsi Callicles, quem dicere haec facit, uerae philosophiae ignarus, inhonesta indignaque in philosophos confert, proinde tamen accipienda sunt quae dicuntur, ut nos sensim moneri intellegamus, ne ipsi quoque culpationes huiuscemodi mereamur neue inerti inanique desidia cultum et studium philosophiae mentiamur.

3. Verba ipsa super hac re Platonis ex libro qui appellatur Gorgias scripsi, quoniam uertere ea consilium non fuit, cum ad proprietates eorum

alii : aliquot *Varro* || nouum *om. Q* || esset *om. BQZ* || ueterrimum *FONBQZ* : deterrimum *X* deterrime *Π*.

XXII. **1** desides N^2 : desinens $FOX\Pi N^1BQZ$ || istos X^2 N^2 : istas $FOX^1\Pi N^1$ ista *BQZ* || nominis *B (ut uidetur)* : nomine *FOXΠN* nominum *Z*, *om. Q* et nomine *coni. I. Gron.* || **2** quem XO^2N^2 : quae $FO^1\Pi N^1BZ$ || indignaque $F^2N^2B^2$: dignaque $F^1OX\Pi N^1B^1QZ$ || nos $F^2O^2N^2Q$: non $F^1O^1\Pi N^1BZ$ nos non *X* || **3** proprietates $F^2\Pi NQ$: proprietates quae F^1OXBZ.

langue latine ne le peut en aucune façon et bien moins encore la mienne : **4.** « La philosophie est vraiment une belle chose, Socrate, si l'on s'y attache avec modération dans sa jeunesse, mais si on s'y absorbe plus longtemps qu'il ne faut, c'est la perte des hommes. **5.** Car ceux qui sont tout à fait bien doués de nature s'ils s'adonnent à la philosophie au-delà de la jeunesse, deviennent nécessairement sans expérience de tout ce dont il faut avoir l'expérience pour être un homme de bien et d'honneur de grande réputation. **6.** Ils deviennent ainsi ignorants des lois relatives à la cité et du langage dont il faut se servir pour fréquenter les hommes en réunions publiques ou privées, ainsi que des plaisirs et des désirs humains : bref ils deviennent totalement ignorants des mœurs. **7.** Quand ils abordent une action privée ou politique, ils se rendent ridicules, **8.** comme aussi bien, je pense, les politiques, lorsqu'ils abordent vos occupations et vos discussions, **9** sont ridicules. »

10. Un peu plus loin il ajoute ceci : « Mais, je pense, le mieux est de participer aux deux. Il est beau de participer à la philosophie tant que c'est pour recevoir une éducation, et il n'est pas honteux de philosopher étant jeune homme. **11.** Mais lorsqu'étant plus âgé on philosophe encore, la chose devient ridicule, Socrate, et pour ma part j'éprouve les mêmes sentiments à l'égard de ceux qui font de la philosophie qu'à l'égard de ceux qui babillent et qui jouent. **12.** Lorsque je vois un petit garçon à qui il convient encore de s'exprimer ainsi babillant et jouant, je me réjouis, cela me paraît une belle chose, digne d'hommes libres et convenant à l'âge de l'enfant ; **13** quand j'entends un enfant s'exprimant avec clarté cela me paraît chose amère, cela m'irrite les oreilles et me semble servile. **14.** Mais quand on entend

nequaquam possit Latina oratio aspirare ac multo minus etiam mea : **4**. φιλοσοφία γάρ τοί ἐστιν, ὦ Σώκρατες, χαρίεν, ἐάν τις < αὐτοῦ μετρίως ἅψηται ἐν τῇ ἡλικίᾳ· ἐὰν δὲ περαιτέρω τοῦ δέοντος ἐνδιατρίψῃ, διαφθορὰ τῶν ἀνθρώπων. **5**. Ἐὰν γὰρ καὶ πάνυ εὐφυὴς ᾖ καὶ πόρρω τῆς ἡλικίας φιλοσοφῇ, ἀνάγκη πάντων ἄπειρον γεγονέναι ἐστίν, ὧν χρὴ ἔμπειρον εἶναι τὸν μέλλοντα καλὸν κἀγαθὸν καὶ εὐδόκιμον ἔσεσθαι ἄνδρα. **6**. Καὶ γὰρ τῶν νόμων ἄπειροι γίγνονται τῶν κατὰ τὴν πόλιν καὶ τῶν λόγων, οἷς δεῖ χρώμενον ὁμιλεῖν ἐν τοῖς συμβολαίοις τοῖς ἀνθρώποις, καὶ ἰδίᾳ καὶ δημοσίᾳ, καὶ τῶν ἡδονῶν τε καὶ ἐπιθυμιῶν τῶν ἀνθρωπείων, καὶ συλλήβδην τῶν ἠθῶν παντάπασιν ἄπειροι γίγνονται. **7**. Ἐπειδὰν οὖν ἔλθωσιν εἴς τινα ἰδίαν ἢ πολιτικὴν πρᾶξιν, καταγέλαστοι γίγνονται **8**. ὥσπερ γε, οἶμαι, οἱ πολιτικοί, ἐπειδὰν αὖ εἰς τὰς ὑμετέρας διατριβὰς ἔλθωσι καὶ τοὺς λόγους **9**. καταγέλαστοί εἰσι. >

10. Paulo post addit haec : Ἀλλ', οἶμαι, τὸ <ὀρθότατόν ἐστιν, ἀμφοτέρων μετασχεῖν. Φιλοσοφίας μέν, ὅσον παιδείας χάριν, καλὸν μετέχειν, καὶ οὐκ αἰσχρὸν μειρακίῳ ὄντι φιλοσοφεῖν· **11**. ἐπειδὰν δὲ ἤδη πρεσβύτερος ὢν ἄνθρωπος ἔτι φιλοσοφῇ, καταγέλαστον, ὦ Σώκρατες, τὸ χρῆμα γίγνεται, καὶ ἔγωγε ὁμοιότατον πάσχω πρὸς τοὺς φιλοσοφοῦντας, ὥσπερ πρὸς τοὺς ψελλιζομένους καὶ παίζοντας. **12**. Ὅταν μὲν γὰρ παιδίον ἴδω, ᾧ ἔτι προσήκει διαλέγεσθαι οὕτω, ψελλιζόμενον καὶ παῖζον, χαίρω τε, καὶ χαρίεν μοι φαίνεται καὶ ἐλευθέριον καὶ πρέπον τῇ τοῦ παιδίου ἡλικίᾳ. **13**. Ὅταν δὲ σαφῶς διαλεγομένου παιδαρίου ἀκούσω, πικρόν τί μοι δοκεῖ χρῆμα εἶναι καὶ ἀνιᾷ μου τὰ ὦτα καί μοι δοκεῖ δουλοπρεπές τι εἶναι·

mea F^2 : meae *FOXΠNBQZ* || **4** *Graeca om. FOXΠQZ, post* ἐστιν *Nu, post* ἐὰν τις *B qui postea scribit* paulo post addit haec... τὸ. *Recc. p. a Platonis libris ipsis, ut uidetur compleuerunt. Hic Platonis editores sequimur.*

un homme babiller ou qu'on le voit jouer cela paraît ridicule, indigne d'un homme et méritant des coups. **15.** J'éprouve quant à moi ce même sentiment à l'égard de ceux qui pratiquent la philosophie. **16.** Quand je vois la philosophie chez un jeune homme, je me réjouis, cela me semble convenable et je juge que cet homme est un homme libre alors que celui qui ne fait pas de philosophie est servile et ne se jugera jamais digne d'une action belle et noble. **17.** Mais lorsque je le vois plus âgé faire encore de la philosophie et ne pas s'en débarrasser, il me paraît mériter des coups, Socrate, cet homme. **18.** Comme je le disais tout à l'heure il appartient à cet être humain, **19.** même si sa nature est excellente, de perdre les qualités viriles en fuyant la foule des cités et les places publiques **20.** dans lesquelles le poète a dit[1] que les hommes deviennent excellents **21.** et de vivre le reste de leur vie **22.** cachés au milieu des jeunes gens, chuchotant dans un coin avec trois ou quatre autres, **23.** sans jamais faire entendre rien qui soit digne d'un homme libre, grand ou satisfaisant. »

24. Cette dissertation, Platon, comme je l'ai dit, l'a placée dans la bouche d'un personnage, il est vrai, sans grande valeur, mais qui mérite la confiance accordée au sens et à l'intelligence communs et doté d'une franchise qui ne saurait dissimuler ; elle ne porte pas évidemment sur cette philosophie qui enseigne toutes les vertus, qui excelle dans les devoirs publics aussi bien que privés et qui gouverne l'État, si rien ne s'y oppose, avec fermeté, courage et compétence, mais sur cette étude futile et puérile d'arguties, qui ne fait faire aucun progrès dans la conduite de la vie et sa mise en ordre, dans laquelle vieillissent en une inactivité pernicieuse[2] des hommes que le vulgaire croit être des philosophes, comme le croyait celui dont le personnage prononce ces paroles.

1. Hom., *Il.* 9, 441
2. *Male feriati* : cf. Horace (*Carm.* 4, 6, 14).

14. ὅταν δὲ ἀνδρὸς ἀκούσῃ τις ψελλιζομένου ἢ παίζοντα ὁρᾷ, καταγέλαστον φαίνεται καὶ ἄνανδρον καὶ πληγῶν ἄξιον. **15**. Ταὐτὸν οὖν ἔγωγε τοῦτο πάσχω καὶ πρὸς τοὺς φιλοσοφοῦντας. **16**. Περὶ νέῳ μὲν γὰρ μειρακίῳ ὁρῶν φιλοσοφίαν ἄγαμαι καὶ πρέπειν μοι δοκεῖ καὶ ἡγοῦμαι ἐλεύθερόν τινα εἶναι τοῦτον τὸν ἄνθρωπον, τὸν δὲ μὴ φιλοσοφοῦντα ἀνελεύθερον καὶ οὐδέποτε οὐδενὸς ἀξιώσοντα ἑαυτὸν οὔτε καλοῦ οὔτε γενναίου πράγματος· **17**. ὅταν δὲ δὴ πρεσβύτερον ἴδω ἔτι φιλοσοφοῦντα καὶ μὴ ἀπαλλαττόμενον, πληγῶν μοι δοκεῖ ἤδη δεῖσθαι, ὦ Σώκρατες, οὗτος ὁ ἀνήρ. **18**. Ὃ γὰρ νῦν δὴ ἔλεγον, ὑπάρχει τούτῳ τῷ ἀνθρώπῳ, **19**. κἂν πάνυ εὐφυὴς ᾖ, ἀνάνδρῳ γενέσθαι, φεύγοντι τὰ μέσα τῆς πόλεως καὶ τὰς ἀγοράς, **20** ἐν αἷς ἔφη ὁ ποιητὴς τοὺς ἄνδρας « ἀριπρεπεῖς » γίγνεσθαι, **21**. καταδεδυκότι δὲ τὸν λοιπὸν βίον βιῶναι μετὰ μειρακίων, **22**. ἐν γωνίᾳ τριῶν ἢ τεττάρων ψιθυρί ζοντα **23** .ἐλεύθερον δὲ καὶ μέγα καὶ ἱκανὸν μηδέποτε φθέγξασθαι. >

24. Haec Plato sub persona quidem, sicuti dixi, non proba, sed cum sensus tamen intellegentiaeque communis fide et cum quadam indissimulabili ueritate disseruit, non de illa scilicet philosophia, quae uirtutum omnium disciplina est quaeque in publicis simul et priuatis officiis excellit ciuitatesque et rempublicam, si nihil prohibeat, constanter, et fortiter et perite administrat, sed de ista futtili atque puerili meditatione argutiarum, nihil ad uitam neque tuendam neque ordinandam promouente, *in* qua id genus homines consenescunt male feriati, quos philosophos esse et uulgus putat et is putabat, ex cuius persona haec dicta sunt.

24 proba sed *O*[2]*N* : probas sed *X* probasset *FO*[1]*ΠBQZ* || sensus *Salmasius* : sensu *FOXΠNBQZ* || fide *FOXΠN* : fidem *BQZ* || et *ante* fortiter *om. BQZ* || futtili : futuri *X* || promouente in *Carrio* : -uentem *F*[1]*OΠNBQZ* -uendam *X* -uente *F*[2].

XXIII

Passage d'un discours de Caton sur la vie et les mœurs des femmes de l'antiquité; et au même lieu que le mari avait le droit de tuer sa femme prise en flagrant délit d'adultère.

1. Ceux qui ont écrit sur la vie et la civilisation du peuple romain disent que les femmes à Rome et dans le Latium passaient leur vie abstèmes, c'est-à-dire qu'elles s'abstenaient en toute circonstance de vin[1] qui s'appelait dans la langue ancienne *temetum*[2], et qu'il a été établi qu'elles donnassent un baiser à leurs parents par le sang[3] pour être découvertes, et que l'odeur les dénonçât si elles avaient bu. **2.** On dit que leurs boissons habituelles étaient le vin de marc, de raisins séchés, la murina[4] et autres produits d'un goût analogue, doux à boire. **3.** Cela, il est vrai, a été publié dans les livres dont j'ai parlé, mais Caton rapporte que non seulement les femmes étaient examinées[5] mais qu'elles étaient punies par le juge non moins si elles s'étaient permis le vin que le déshonneur et l'adultère.

4. J'ai transcrit en annexe un passage de Marcus Caton tiré du discours qui s'intitule *Sur la dot*[6] dans lequel il a été écrit aussi que les maris avaient le droit de tuer leur femme surprise dans l'adultère : « L'homme qui a décidé le divorce est juge[7] de sa femme comme le serait le censeur, il a une sorte de pouvoir absolu ; si la femme a commis une action perverse ou honteuse il la punit ; si elle a bu du vin, si elle a commis quelque acte déshonorant avec un autre homme, il la condamne[8]. »

XXIII

Verba ex oratione M. Catonis de mulierum ueterum uictu et moribus; atque inibi, quod fuerit ius marito in adulterio uxorem deprehensam necare.

1. Qui de uictu atque cultu populi Romani scripserunt mulieres Romae atque in Latio aetatem abstemias egisse, hoc est uino semper, quod ' temetum ' prisca lingua appellabatur, abstinuisse dicunt, institutumque ut cognatis osculum ferrent deprehendendi causa, ut odor indicium faceret, si bibissent. **2.** Bibere autem solitas ferunt loream, passum, murrinam et quae id genus sapiant potu dulcia. **3.** Atque haec quidem in his quibus dixi libris peruulgata sunt, sed Marcus Cato non solum existimatas, sed et multatas quoque a iudice mulieres refert, non minus si uinum in se, quam si probrum et adulterium admisissent.

4. Verba Marci Catonis adscripsi ex oratione quae inscribitur ' De Dote ', in qua id quoque scriptum est, in adulterio uxores deprehensas ius fuisse maritis necare : « Vir, inquit, cum diuortium fecit, mulieri iudex pro censore est, imperium quod uidetur habet ; si quid peruerse taetreque factum est a muliere, multatur ; si uinum bibit, si cum alieno

XXIII. m. *om. QZ* || **1** deprehendendi *Lambecius* : deprehendi *Q* reprehendendi *FOXΠNBZ* || **2** sapiant *X*[2], *Carrio* : aepiant *FOX*[1]*ΠNBZ* expiant *Q* || **3** existimatas *FOXΠN*[2] : existimatus *N*[1]*BZ* existimat *Q* || sed et *BQZ* : sed *FOXΠN* || **4** scriptum *X* : inscriptum *FOΠNBQZ* || uxores *X*[2]*Q* : uxoris *FOX*[1]*ΠBZ* || multatur *FOXΠN* : multiatur *BZ* multicitur *Q* multitatur *Hertz.*

5. Sur le droit de tuer voici ce qui est écrit : « Si tu avais surpris ta femme dans l'adultère, tu la tuerais sans jugement impunément, mais elle, si tu commettais l'adultère [ou si tu te laissais séduire], elle n'oserait pas te toucher du doigt[1] et elle n'en aurait pas le droit. »

XXIV

Que ceux qui ont parlé avec raffinement ont dit *die crastini*, le lendemain, *die quarti*, le quatrième jour et *die quinti* le cinquième jour, et non pas comme on le dit maintenant couramment.

1. J'entends dire de nos jours même les gens instruits *die quarto*[2] (le quatrième jour) et *die quinto* (le cinquième jour) que les Grecs disent εἰς τετάρτην καὶ εἰς πέμπτην, et celui qui dit autrement est méprisé comme grossier et ignorant. Mais les contemporains de Cicéron et ceux qui les ont précédés, n'ont pas parlé ainsi, c'est *diequinte* et *diequinti*[3] qui a été dit en un seul mot comme adverbe, avec la deuxième syllabe brève. **2**. Le divin Auguste[4] même, fort connaisseur en matière de langue latine et disciple de son père pour la pureté de l'expression, ne s'est pas servi autrement dans ses lettres, à maintes reprises, de cette manière de désigner les jours. **3**. Mais il suffira pour montrer l'habitude constante des anciens, de donner les paroles solennelles du prêteur qui ouvre chaque année selon le rite ancestral les fêtes que l'on nomme *Compitalia*[5].

1. Frag. 222 Malcovati[2]. Le droit de mettre sa femme à mort en cas de flagrant délit d'adultère paraît conforme à la législation la plus ancienne. A l'époque historique l'impunité du mari meurtrier en pareil cas résulte plutôt d'une indulgence de fait que d'un véritable droit, cf. Plut., *Rom.* 22. La *lex Iulia* accorde ce droit au père et non au mari (p. 182 n. 6). Mais le mari qui a la *manus* a un droit de justice sur son épouse, cf. Tacit., *Ann.* 13, 32.

L'alternative *siue tu adulterarere* n'a pas de sens ici et a pu être introduite par un lecteur soucieux de compléter le parallélisme : on ne considère pas normalement à Rome qu'un homme puisse être victime des séductions d'une femme. Certains ont pensé à une allusion à des amours homosexuelles, ce qui n'ajoute rien à la vraisemblance.

uiro probri quid fecit, condemnatur. » **5**. De iure autem occidendi ita scriptum : « In adulterio uxorem tuam si prehendisses, sine iudicio inpune necares ; illa te, si adulterares [sive tu adulterarere], digito non auderet contingere, neque ius est. »

XXIV

' Die pristini ', , die crastini ' et ' die quarti ' et ' die quinti ' qui elegantius locuti sint dixisse, non ut ea nunc uulgo dicuntur.

1. ' Die quarto ' et ' die quinto ', quod Graeci εἰς τετάρτην καὶ εἰς πέμπτην dicunt, ab eruditis nunc quoque dici audio, et qui aliter dicit pro rudi atque indocto despicitur. Sed Marci Tullii aetas ac supra eam non, opinor, ita dixerunt, ' diequinte ' enim et ' diequinti ' pro aduerbio copulate dictum est, secunda in eo syllaba correpta. **2**. Diuus etiam Augustus, linguae Latinae non nescius munditiarumque patris sui in sermonibus sectator, in epistulis plurifariam significatione ista dierum non aliter usus est. **3**. Satis autem erit perpetuae ueterum consuetudinis demonstrandae gratia uerba sollemnia praetoris ponere, quibus more maiorum ferias concipere solet quae appellantur Compitalia.

|| **5** occidendi *edd.* : dicendi *FOXΠNBQZ* || prehendisses *FXNQ²NZ* : prehendisset *Q¹* deprehendisses *Π* reprehendisses *B* prehendidisses *O* || adulterarere *Salmasius* : adulteriare *FOΠNBQZ* adulterare *X*.

XXIV. *Lem.* sint *FOXΠNB* : sunt *QZ* || **1** marci tullii *X²N²Q²* : marco tullio *FOX¹ΠN¹BQ¹* tullio *Z* || eam : eum *Π* || dictum : ita dictum *X* || secunda *BQZ* : et sec- *FOXΠN* || **2** etiam *om. Q* || munditiarumque *FB²QZ* : munditiarum *OXΠNB¹* || **3** satis *Acidalius* : is *FOXΠNBZ* : h *Q*.

Voici ces paroles : « Le neuvième jour *(die noni)* il y aura pour le peuple romain, pour les Quirites, les *Compitalia* : quand ils auront commencé ce sera jour sans affaires[1] *(nefas)*. » Le préteur dit *die noni* et non *die nono*.

4. Et ce n'est pas seulement le préteur mais presque toute l'antiquité qui a parlé ainsi. **5.** Voici qu'il me vient à l'esprit ce vers de Pomponius, il est tiré d'une atellane qui s'intitule *Mevia*[2] : « Voici cinq jours que je n'ai rien fait ; dans quatre jours je vais mourir de faim. » **6.** Il me vient encore à la mémoire ce passage de Coelius du deuxième livre des *Histoires*[3] : « Si tu veux me donner la cavalerie et me suivre toi-même avec le reste de l'armée, le cinquième jour *(die quinti)*, à Rome, j'irai au Capitole veiller à ce que ton repas soit à point. » **7.** Or et l'histoire et le mot, Coelius les a pris au quatrième livre des *Origines* de Caton[4] dans lesquelles il est écrit ainsi : « Donc le maître de la cavalerie avertit le dictateur Carthaginois : « Envoie la cavalerie à Rome sous mes ordres ; le cinquième jour *(die quinti)* ton repas sera à point au Capitole. »

8. La dernière syllabe de ce mot je l'ai trouvée écrite tantôt par un *e*, tantôt par un *i* ; car il était tout à fait habituel aux anciens d'user indifféremment de ces deux lettres, c'est ainsi[5] qu'ils ont dit *praefiscine* et *praefiscini*, sans porter malheur, *procliui* et *procliue*,

1. Interdit aux activités légales et officielles, en particulier aux tribunaux.

2. V. 77 Ribbeck[2].

3. Frag. 25 Peter. Cf. T. Liu. 22, 51, 2 : *Die quinto, inquit, uictor in Capitolio epulaberis. Sequere* ; *cum equite... praecedam.* Il s'agit de l'exhortation de Maharbal après la bataille de Cannes. Cf. Val. Max. 9, 5 ext. 3 ; Flor., *Epit.* 1, 22, 18 ; Plut., *Fab.* 17.

4. Frag. 86 Peter.

5. Cf. Non. p. 224 qui cite Caton.

Ea uerba haec sunt : « Dienoni populo Romano Quiritibus Compitalia erunt ; quando concepta fueri*n*t, nefas. » ‘ Dienoni ’ praetor dicit, non ‘ die nono. ’

4. Neque praetor solum, sed pleraque omnis uetustas locuta est. **5.** Venit ecce illius uersus Pomponiani in mentem, qui est ex Atellania, quae ‘ Meuia ’ *in*scribitur :

> Dies hic sextus, cum nihil egi : diequarte moriar fame.

6. Suppetit etiam Coelianum illud ex libro ‘ Historiarum ’ secundo : « Si uis mihi equitatum dare et ipse cum cetero exercitu me sequi, diequinti Romae in Capitolium curabo tibi cena sit cocta. » **7.** Et historiam autem et uerbum hoc sumpsit Coelius ex ‘ Origine ’ *IV*. M. Catonis, in qua ita scriptum est : « Igitur dictatorem Carthaginiensium magister equitum monuit : « Mitte mecum Romam equitatum ; diequinti in Capitolio tibi cena cocta erit. »

8. Extremam istius uocis syllabam tum per e tum per i scriptam legi ; nam sane quam consuetum id ueteribus fuerit, litteris is plerumque uti indifferenter, sicuti ‘ praefiscine ’ et ‘ praefiscini ’, ‘ procliui ’ et ‘ procliue ’ atque alia item multa hoc

fuerint *edd.* : -rit *FOXΠNBQZ* || non *om. Z* || **5** atellania *FONBZ*, *Macr.* : atelliana *Q* atelliani *XΠ* || meuia inscribitur *cod. b Macr.* : maebia inscr- *cod. cet. Macr.* metui ascr- *OXBQZ* metui adscr. *FΠN* || egi : edi *Pontanus* || **6** si uis *FBQZ* : si quis *OXΠN*, *codd. Macr.* || me sequi *OXΠN* : est qui *FBQZ* || romae *FOXΠN* : roma *BQZ* || capitolium : -lio *Macr.* || **7** origine IV *Hertz* : originem *F* origininе *O* origine *XΠNBQZ* originibus *Macr.* || qua *Q* : quo *FOXΠNBZ* || **8** id F^2, *Macr.* : is $F^1ΠNBQZ$ iis OX^1 his X^2 || is F^1ONBQZ : iis X^1 his $F^2X^2Π$, *Macr.*

en pente, et beaucoup d'autres variantes de cette sorte ; on disait aussi de la même manière *die pristini*, ce qui voulait dire *die pristino*, c'est-à-dire le jour d'avant, qui se dit dans la langue courante *pridie* (la veille), équivalent de *pristino die*, l'ordre des éléments du composé étant inversé. Et de même on disait avec la même forme de mot *die crastini*, c'était *die crastino* (le lendemain). **9.** Les prêtres du peuple romain également quand ils convoquent pour le troisième jour (le surlendemain) disent *die perendini*. **10.** Mais de même que beaucoup disaient *die pristini*, Caton[1], dans le discours contre Furius, a dit *die proximi* (le jour le plus proche) tandis que Cneius Matius, homme extrêmement savant, dit, dans les vers que voici de ses *Mimiambes*[2], *die quarto* (le quatrième jour), ce que nous disons nous *nudius quartus* : « Dernièrement, il y a trois jours, je m'en souviens, et c'est sûr, il a cassé le seul pichet de la maison. » La différence sera donc que nous disions *die quarto* du passé[3], et *die quarte* du futur.

XXV

Les noms d'armes, de traits, et d'épées, et au même chapitre les noms de bateaux que l'on trouve mentionnés dans les livres des anciens.

1. Il nous a pris l'envie de rechercher les noms d'armes, de traits et d'épée[4], qui sont mentionnés dans les histoires des anciens, de même les genres de navires et leurs noms, alors que nous étions assis dans un char,

1. Frag. 105 Malcovati[2].
2. Frag. 11 Morel.
3. Cf. Non. p. 708 : *Die* quarte *et die* quarto *hoc differre prudentes uolunt quorum tamen auctoritas in obscuro est, ut sit die* quarto *temporis praeteriti, die* quarte *futuri.* Mais les manuscrits ont chaque fois *quarta* au lieu de *quarte.*
4. Sur les armes romaines, cf. P. Couissin, *Les armes romaines*, Paris, 1926 ; Nonius, p. 886-893 ; Isid. 18, 5 ss. ; Festus sous chaque mot.

genus uarie dixerunt ; ‘ die pristini ’ quoque eodem modo dicebatur, quod significabat ‘ die pristino ’, id est priore, quod uulgo ‘ pridie ’ dicitur, conuerso compositionis ordine, quasi ‘ pristino die ’. Atque item simili figura ‘ die crastini ’ dicebatur, id erat ‘ crastino die ’. **9**. Sacerdotes quoque populi Romani, cum condicunt in diem tertium, ‘ die perendini ’ dicunt. **10**. Sed ut plerique ‘ die pristini ’, ita M. Cato in oratione ‘ Contra Furium ’, die proximi ’ dixit, ‘ ⟨die⟩ quarto ’ autem Cn. Matius, homo impense doctus, in ‘ Mimiambis ’ pro eo dicit, quod ‘ nudius quartus ’ nos dicimus, in his uersibus :

Nuper die quarto, ut recordor, et certe
Aquarium urceum unicum domi fregit.

Hoc igitur intererit, ut ‘ die quarto ’ quidem de praeterito dicamus, ‘ die quarte ’ autem de futuro.

XXV

Telorum et iaculorum gladiorumque, atque inibi nauium quoque uocabula, quae scripta in ueterum libris reperiuntur.

1. Telorum, iaculorum gladiorumque uocabula quae in historiis ueteribus scripta sunt, item nauigiorum genera et nomina, libitum forte nobis est sedentibus in reda conquirere, ne quid aliarum

9 die perendini *F. Skutsch* : diem per- *FOΠNBQZ*, *om. X* || **10** dixit die quarto *edd.* : dixit quarto *FOXΠNBQZ* || unicum *om. O* || quarte *OXΠN* : quarto Q^1 quarta FBQ^2Z.

XXV. *Lem.* gladiorumque : cladiorumque B^1 claudiorumque B^2 || **1** ne quid al- *Hertz* : neque idem al- $FOX^2ΠNBQ^1Z$ neque item al- X^1 neque id al- Q^2 ne quid mal- *F. Skutsch.*

pour éviter que quelques sottises sur d'autres sujets ne s'emparent de notre esprit vide et hébété. **2.** Voici ce qui m'était alors venu : *hasta* (lance), *pilum* (javelot), *falarica*[1] (falarique), *semiphalarica* (semifalarique), *soliferrea*[2] (tout fer), *gaesa*[3] (gèses), *lancea* (pique), *spari*[4] (dards), *rumices*[5], *trifaces*[6], *tragulae*[7], framée[8], *mesancula*[9], *cateia*[10], *rumpia*[11], *scorpii*[12] (scorpions), *sibones*[13], *siciles*[14] (cimeterres), *ueruta*[15], *enses* (épées), *sicae* (couteaux) *macherae*[16], *spathae, lingulae, pugiones* (poignard), *clunacula*[17].

3. Sur *lingula* qui est moins fréquent, j'estime qu'il faut rappeler que les anciens ont appelé *lingula* une petite épée oblongue faite en forme de langue, dont Naevius fait mention dans sa tragédie *Hesiona.* J'ai transcrit le vers de Naevius[18] : « Permettez qu'on me voie me satisfaire de ma langue ou plutôt de cette *lingula.* » **4.** De même *rumpia* est une sorte de trait de la nation Thrace et le mot se trouve au livre XIV des *Annales* d'Ennius[19].

5. Quant aux noms de navires[20] que nous pûmes nous rappeler alors les voici : *gauli*[21], *corbitae*[22], *caudicae*[23], *longae*[24], *hippagines*[25], *cercuri*[26], *celoces*[27] ou comme disent les Grecs κέλητες, *lembi*[28], *oriae*[29], *lenunculi*[30], *actuariae*[31] que les Grecs appellent ἱστιοκῶποι ou ἐπακτρίδες,

1. P. Festus définit ainsi la *falarica : Genus teli missile quo utuntur ex falis, id est ex locis exstructis, dimicantes* (p. 78, l. 20). T. Liu. 21, 8, 10 y voit un javelot un peu plus léger que le pilum. Cf. Couissin, *op. laud.*, p. 185 s.

2. *Soliferrea,* javelot entièrement en fer qui serait osque.

3. Mot gaulois d'après Nonius (*telum Galliarum tenerum*, p. 891. Malgré Fest. p. 88, 5 qui le dit *graue iaculum,* il était au contraire plus léger et du type *ueru* d'après Couissin, *op. laud.*, p. 214 ss.

4. La *lancea* était, semble-t-il, espagnole, les *spari* des armes de jet à fer recourbé et à pointe aiguë.

5. *Genus teli simile spari Gallici* (P. Fest., p. 333, 1).

6. *Telum longitudinis trium cubitorum quod catapulta mittitur,* P. Fest., p. 504, 14.

7. *Genus teli dicta quod scuto infixa trahatur,* P. Fest., p. 505, 6. Sorte de javelot à courroie.

8. Cf. Tac., *Germ.* 6 : hache de guerre des Germains.

9. Trait à courroie, P. Fest., p. 112, 6 : *mesancylum teli missilis genus.*

ineptiarum uacantem stupentemque animum occupare*t*. **2**. Quae tum igitur suppetierant, haec sunt : hasta, pilum, phalarica, semiphalarica, soliferrea, gaesa, lancea, spari, rumi*c*es, trifaces, tragulae, frameae, mesanculae, cateiae, rumpiae, scropi*i*, sibones, siciles, uerut*a*, enses, sicae, macherae, spathae, lingulae, pugiones, clunacula.

3. De ‘ lingula ’, quoniam est minus frequens, admonendum existimo, lingulam ueteres dixisse gladiolum oblongum in speciem linguae factum, cuius meminit Naeuius in tragoedia ‘ Hesiona ’. Versum Naeui apposui :

Sine mi gerere morem uidear lingua, uerum lingula.

4. Item ‘ ru*m*pia ’ genus teli est Thraecae nationis, positumque hoc uocabulum in Quinti Enni ‘Annalium’ XIV.

5. Nauium autem, quas reminisci tunc potuimus, appellationes hae sunt : gauli, cor*b*itae, caudicae, longae, hippagines, cercuri, celoces uel, ut Graeci dicunt, κέλητες, lem*b*i, or*i*ae, *l*enunculi, actuariae, quas Graeci ἱστιοκώπους uocant uel ἐπακτρίδας,

occuparet *Hertz* : -are *FOXΠNBQZ* || **2** suppetierant : suppetientur *Q* || gaesa *ON* : gesea *FXΠBQZ* || rumices *edd.* : rumiges *FOXΠNBQZ* || scorpii *Carrio* : scorpis *FOXΠNBQZ* || ueruta enses *Carrio* : uerutenses *FOXΠNBQZ* || **3** quoniam : quom *N ut semper* || mi *Klussmann* : mihi *FOXΠNBQZ* || morem : mortem *F* || uidear : uidetur *Q* || **4** rumpia *Carrio* : rupia *FOXΠNBQZ* || **5** corbitae *Brodaeus* : coruitae *FOXΠNBQZ* || κελητες *edd.* : celetis *FOXΠNBZ* celeres *Q* || lembi oriae *Carrio* : leniuoxiae *FOXΠNBQZ* || lenunculi *Brodaeus* : renunculi *FOXΠNBQZ* || ἱστιοκώπους *Scheffer* : histoopus *FOΠN* istoopus *XBQZ* || ἐπακτρίδας *Colon.* 1526 : epicaridas *FOXΠNBQZ*.

prosumiae[1], ou *geseoretae*, ou *horiolae*, *stlattae*[2], *scaphae pontones*[3], *uectoriae*[4], *mydia*[5], *phaseli*[6] (transports), *parones*[7], *myoparones*[8], *lintres* (esquifs), *caupuli*[9], *camarae*[10], *placidae*[11], *cydarum*[12], *ratariae*[13], *catascopium*[14] (bateau éclaireur).

XXVI

Qu'Asinius Pollion a fait montre d'ignorance en critiquant Salluste d'avoir appelé une traversée *transgressus* (passage) et *transgressos* (passés) ceux qui avaient fait la traversée.

1. Asinius Pollion[15] dans une lettre adressée à Plancus, et certains autres ennemis de Salluste ont jugé que celui-ci méritait d'être blâmé parce qu'il a au premier livre de ses *Histoires*[16] appelé la traversée et le franchissement fait en bateau d'un bras de mer *transgressus* (passage) et ceux qui avaient franchi le détroit, dont on dit d'habitude qu'ils ont fait une traversée *(transfretasse)*, *transgressos* (passés). **2.** J'ai inséré les mots mêmes[17] de Salluste : « Ainsi Sertorius, ayant laissé une petite garnison en Maurétanie, à l'occasion d'une nuit obscure, par une mer favorable, s'efforça d'éviter par le secret ou la vitesse d'avoir à combattre pendant le passage. » **3.** Et ensuite il a écrit plus bas[18] : « Une montagne occupée d'avance par les Lusitaniens offrit refuge à tous ceux qui avaient fait le passage *(transgressos*. »

4. Ils affirment que cela a été dit sans propriété, sans précaution et sans s'appuyer sur aucun auteur de poids. Car *transgressus*, dit le critique, vient de *transgredi*

1. *Genus nauigii speculatorium paruum* (P. Fest. 252, 18). Cf. *Mon. Piot*, n° 13, fig. 18. Pour *horiola*, cf. *oria*, p.186, n. 29.

2. *Genus nauigii latum magis quam altum et a latitudine sic appellatum, sed ea consuetudine qua* stlocum *pro* locum *et* stlitem *pro* litem *dicebant*. Fest., p. 131, 21 ; *Mon. Piot*, n° 19, fig. 24.

prosumiae uel geseoretae uel oriolae, s*tl*attae, scaphae, pontones, uec*to*riae, m*y*dia, phaseli, parones, myoparones, lintres, caupuli, camarae, placidae, cydarum, ratariae, catascopium.

XXVI

Inscite ab Asinio Pollione reprehensum Sallustium, quod transfretationem ' transgressum ' dixerit, et ' transgressos ' qui transfretassent.

1. Asinio Pollioni in quadam epistula, quam ad Plancum scripsit, et quibusdam aliis C. Sallusti iniquis, dignum nota uisum est, quod in primo ' Historiarum ' maris transitum transmissumque nauibus factum ' transgressum ' appellauit eosque, qui fretum transmiserant, quos ' transfretasse ' dici solitum est, ' transgressos ' dixit. **2.** Verba ipsa Sallusti posui : « Itaque Sertorius, leui praesidio relicto in Mauretania, nanctus obscuram noctem, aestu secundo furtim aut celeritate uitare proelium in transgressu conatus est. » **3.** Ac deinde infra ita scripsit : « Transgressos omnis recipit mons praeceptus a Lusitanis. »

4. Hoc igitur et minus proprie et ἀπερισκέπτως et nullo graui auctore dictum aiunt. « Nam ' transgressus ', inquit, a transgrediendo dicitur idque

stlattae *Turnebus* : scatte *FOXΠNBQZ* || uectoriae *Corazzini* : uetutiae *FOΠN* uetitiae Xue uicie *BQZ* || mydia *Heraeus* : moedia *FOΠNBQZ* media *X* || cydarum *FOXΠN* : cydrarum *QZ* cydriarum *B*.

XXVI. *Lem.* quod : qui *Π* || **1** transmissumque *OXBQZ* : tramis- *FΠN* || **2** posui *O*²*X* : posuit *FO*¹*ΠNBQZ* || **3** ac deinde : de deinde *Q*¹ deinde *Q*² || **4** dicitur *F*²*O*² : dicuntur *F*¹*O*¹*ΠNQZ* dī *BX*.

(passer) et ce verbe lui-même de *ingressus* (l'entrée) et du pas *(pedum gradus)*. **5**. C'est pourquoi il a pensé que le verbe *transgredi* ne convenait ni à ce qui vole, ni à ce qui rampe, ni à ceux qui naviguent, mais à ceux seuls qui marchent et mesurent le chemin de leurs pas. Aussi assure-t-on que l'on ne peut pas trouver chez un bon écrivain *transgressus* (passage) de navires ni le mot *transgressus* pour désigner une traversée.

6. Mais je demande, quant à moi, pourquoi on ne peut pas dire qu'un *transgressus* (passage) est fait aussi en bateau comme on parle sans incorrection d'une *course* de bateaux. Surtout que la faible dimension du bras de mer si étroit dont les flots séparent la terre d'Afrique et l'Espagne, est définie par le mot *transgressio* avec beaucoup d'élégance comme une distance de quelques pas. **7**. Quant à ceux qui réclament des autorités, et affirment qu'on n'a pas employé *ingredi* (entrer) et *transgredi* (passer) dans le cas de navigation, je veux qu'ils me disent quelle différence ils voient entre *ingredi* (entrer) et *ambulare* (se promener, circuler). **8**. Cependant Caton dit dans son traité *De l'agriculture*[1] : « Il faut avoir sa ferme dans un lieu qui se trouve près d'un bourg important aussi bien que de la mer ou d'un fleuve où les navires circulent *(ambulant)*. »

9. En outre Lucrèce aussi porte témoignage à propos du même mot que des transpositions de cette sorte étaient recherchées et tenues pour des ornements du style. Dans le livre IV il dit qu'un cri marche *(graditur)* à travers les artères et le gosier, ce qui est beaucoup plus audacieux que le trait cité de Salluste sur les navires. Voici les vers de Lucrèce[2] : « La voix aussi racle le gosier souvent, et le cri rend rugueux les conduits en passant *(gradiens)*. »

1. 1, 3.
2. 4, 528.

ipsum ab ingressu et a pedum gradu appellatum. » 5. Idcirco uerbum ‘ transgredi ’ conuenire non putauit neque uolantibus neque serpentibus neque nauigantibus, sed his solis qui gradiuntur et pedibus iter emetiuntur. Propterea negant apud scriptorem idoneum aut nauium ‘ transgressum ’ reperiri posse aut pro transfretatione ‘ transgressum ’.

6. Sed quaero ego, cur non, sicuti ‘ cursus ’ nauium recte dici solet, ita ‘ transgressus ’ etiam nauibus factus dici possit. Praesertim cum breuitas tam angusti fretus, qui terram Africam Hispaniamque interfluit, elegantissime ‘ transgressionis ’ uocabulo, quasi paucorum graduum spatium, definita sit. 7. Qui auctoritatem autem requirunt et negant dictum ‘ ingredi ’ ‘ transgredi ’ue in nauigantibus, uolo uti respondeant quantum existiment interesse ‘ ingredi ’ atque ‘ ambulare ’. 8. Atqui Cato in libro ‘ De re rustica ’ : « Fundus, inquit, eo in loco habendus est, ut et oppidum prope amplum sit et mare aut amnis, qua naues ambulant. »

9. Appetitas porro huiuscemodi translationes habitasque esse pro honestamentis orationis, Lucretius quoque testimonium in hac eadem uoce dicit. In quarto enim libro clamorem per arterias et per fauces ‘ gradientem ’ dicit, quod est nimio confidentius quam illud de nauibus Sallustianum. Versus Lucreti hi sunt :

> Praeterea radit uox fauces saepe, facitque
> Asperiora foras gradiens arteria clamor.

6 solet *F. Skutsch* : solent *FOXΠNBQZ* || fretus *Gron.* : -tu *BZ* -ti *FOXΠNQ* || **8** atqui *Q* : atquin *BZ* atque *XΠ* at q. *FO* at m. *N* || cato *FOXΠNBZ* : tito *Q* || **9** eadem *OXΠNBQ* : aedem *F* edem *Z* || radit *Lucret.* : tradit *FOXΠNBQ* tradidit *Z* || saepe *om. Π*.

10. C'est pourquoi Salluste dans le même livre[1] dit non seulement de ceux qui étaient à bord de navires mais aussi des barques qui nageaient, *progressas* (qu'elles ont avancé). J'ai transcrit ses termes mêmes sur les barques : « Parmi elles les unes, après avoir un peu avancé *(progressae)*, s'enfonçaient sous un poids excessif et instable quand la peur avait mis en mouvement les corps. »

XXVII

Histoire sur le peuple romain et sur le peuple carthaginois, qu'ils furent des rivaux de force presque égale.

1. Dans les textes anciens il se trouve mentionné que le peuple romain et le peuple carthaginois furent jadis égaux en force, en énergie et en importance. **2.** Et ce jugement n'est pas sans fondement. Avec d'autres peuples, il est vrai, le combat eut pour enjeu l'indépendance politique de chacun, mais avec les Carthaginois, l'empire sur tous les pays du monde.

3. Une preuve s'en trouve dans ce mot fameux de l'un et l'autre peuple : Quintus Fabius, le général romain, remit aux Carthaginois une lettre. Il y était écrit que le peuple romain leur envoyait une lance et un caducée[2], deux signes de guerre ou de paix, pour qu'ils choisissent celui qu'ils voudraient ; qu'ils estimassent que leur avait été envoyé celui-là seul qu'ils auraient choisi. **4.** Les Carthaginois répondirent qu'ils ne choisissaient ni l'un ni l'autre, mais que ceux qui les

1. *Hist.* 1, 98 Maurenbrecher.

10. Propterea Sallustius in eodem libro non eos solum qui nauibus ueherentur, sed et scaphas quoque nantes ‘ progressas ’ dicit. Verba ipsa de scaphis posui : « Earum aliae paululum progressae nimio simul et incerto onere, cum pauor corpora agitauerat, deprimebantur. »

XXVII

Historia de populo Romano deque populo Poenico, quod pari propemodum uigore fuerint aemuli.

1. In litteris ueteribus memoria extat quod par quondam fuit uigor et acritudo amplitudoque populi Romani atque Poeni. **2.** Neque inmerito aestimatum. Cum aliis quidem populis de uniuscuiusque republica, cum Poenis autem de omnium terrarum imperio decertatum.

3. Eius rei specimen est in illo utriusque populi uerbo factum. Q. Fabius, imperator Romanus, dedit ad Carthaginienses epistulam. Ibi scriptum fuit populum Romanum misisse ad eos hastam et caduceum, signa duo belli aut pacis, ex quis utrum uellent eligerent ; quod elegissent *i*d unum ut esse missum existimarent. **4.** Carthaginienses responderunt neutrum sese eligere, sed posse qui

10 eos X^2NB^2Q : eo $FOX^1\Pi B^1$ eum *Z* || progressas : -ssa O^1 || onere : honere O^1 honore O^2.

XXVII. *Exstat in TY* || **1** litteris *F ONBQZTY* : libris *XΠ* || poeni : poene *Π* || **3** populi *om. BQZ* || factum Q^2, *Vogel* : factumque $FOX\Pi NBQ^1ZT$ factum quod *Y* factoque *Hertz* || q. fabius : quae fabinius *T* || ad *ante* Carthaginienses *om.* Q^1 || ibi *FΠNBQZY* : ubi *OXT* || et caduceum : ad cad- *F* || ex quis : et quis *O* || id unum *edd.* : ad unum *FOXΠNBQZTY*.

avaient apportés pouvaient leur laisser celui qu'ils préféraient ; ils considéreraient comme choisi par eux celui qui leur serait laissé.

5. Marcus Varron dit qu'ont été envoyés non la lance ni le caducée eux-mêmes, mais deux petites tessères[1] sur lesquelles étaient gravés un caducée sur l'une, des représentations de lance sur l'autre.

XXVIII

Chapitre pris à l'histoire de Tubéron sur les limites à assigner aux périodes d'enfance, de jeunesse, de vieillesse.

1. Tubero dans le premier livre des *Histoires* a écrit que le roi Servius Tullius, instituant les cinq classes censitaires de *seniores* et de *juniores*[2] a estimé qu'étaient enfants ceux qui avaient moins de dix-sept ans ; et ensuite à partir de la dix-septième année, âge auquel il pensait qu'ils étaient désormais aptes au service de l'État, il les inscrivit comme soldats ; il les appela *juniores* (les plus jeunes) jusqu'à la quarante-sixième année, et au-delà de cet âge *seniores* (les plus vieux).

2. J'ai noté cela pour que l'on connût les distinctions qui ont été faites par le jugement et les usages des ancêtres entre enfance, jeunesse et vieillesse, d'après ce classement de Servius Tullius, roi très sage.

1. Cf. Dig. 1, 2, 2, 37 qui raconte la même histoire en parlant de *tesserulas* et en l'attribuant à Q. Mucius.

2. 4 Peter. On peut hésiter à suivre la tradition des éditeurs et à restaurer *seniorum et.* Sans cette restauration, le texte indiquerait que Romulus a instauré cinq classes de *iuniores*, considérant qu'auparavant, il n'y avait que des *pueri* et ensuite que des vieillards, désignés, il est vrai, par un comparatif. On sait que seuls les *iuniores* servaient dans l'armée.

adtulissent utrum mallent relinquere ; quod reliquissent, id sibi pro electo futurum.

5. M. autem Varro non hastam ipsam neque ipsum caduceum missa dicit, sed duas tesserulas, in quarum altera caduceum, in altera hastae simulacra fuerunt incisa.

XXVIII

De aetatum finibus pueritiae, iuuentae, senectae, ex Tuberonis historia sumptum.

1. Tubero in 'Historiarum' primo scripsit Seruium Tullium regem, populi Romani cum illas quinque classes ⟨seniorum et⟩ iuniorum census faciendi gratia institueret, pueros esse existimasse qui minores essent annis septem decem, atque inde ab anno septimo decimo, quo idoneos iam esse reipublicae arbitraretur, milites scripsisse, eosque ad annum quadragesimum sextum ' iuniores ' supraque eum annum ' seniores ' appellasse.

2. Eam rem propterea notaui, ut discrimina, quae fuerint iudicio moribusque maiorum ' pueritiae ', ' iuuentae ', ' senectae ', ex ista censione Serui Tulli, prudentissimi regis, noscerentur.

4 electo *Q* : lecto *O²NTY* lectos *FO¹XΠBZ* || **5** caduceum : caducei *Marshall forte recte* || fuerunt : fuerint *Π*.

XXVIII. **1** seniorum et *add. Thysius* : *om. FOXΠNBQZ* || **2** notaui *O²X* : -uit *FO¹ΠNBQZ* || moribusque : moribus *Π*.

XXIX

Que la particule *atque* n'est pas seulement copulative mais a des valeurs nombreuses et variées.

1. La particule *atque* est dite par les grammairiens conjonction de coordination. Et il est vrai que souvent elle joint les mots et les coordonne ; mais parfois elle a certaines autres valeurs insuffisamment connues pour qui n'est pas exercé au maniement attentif des textes anciens. **2.** Elle a en effet force d'adverbe[1] quand nous disons : « *Aliter feci atque tu* (J'ai agi autrement que toi), » car cela signifie *aliter quam tu* (autrement que toi), et si elle est redoublée elle augmente[2] et enflamme ce dont il est question, comme nous le remarquons dans les *Annales* de Quintus Ennius, si ma mémoire ne me fait défaut sur ce vers : « et[3] voici que *(atque atque)*, la jeunesse romaine aborde les remparts. »

3. Le sens contraire est donné par un mot qui a été employé également par les anciens *deque*[4].

4. *Atque* s'emploie en outre à la place d'un autre adverbe, je veux parler de *statim* (aussitôt), ce que je note parce que dans les vers suivants de Virgile[5] on pense que cette particule est employée de façon obscure et inconséquente : « Ainsi par le fait des destins, tout s'écroule à sa perte, remporté en arrière vers le bas, non autrement que le rameur qui pousse son bateau contre le courant péniblement, s'il vient à lâcher l'effort de ses bras, alors le courant l'entraîne vers le bas précipitamment. »

1. Le terme d'adverbe est impropre. Il s'agit d'un emploi, bien connu, comme conjonction de comparaison après *alius* comme après les comparatifs d'égalité.

2. Elle enflamme. Seul B^2 donne *intendit*, mais nos manuscrits confondent facilement le *c* et le *t*.

3. 537 Vahlen². *Atque atque* n'est pas attesté en dehors de cet exemple. *Atque* est une coordination insistante souvent dotée du sens de « et qui plus est », la répétition devait encore augmenter cette insistance.

XXIX

Quod particula ‚ atque ' non complexiua tantum sit, sed uim habeat plusculam uariamque.

1. ' Atque ' particula a grammaticis quidem coniunctio esse dicitur conexiua. Et plerumque sane coniungit uerba et conectit ; sed interdum alias quasdam potestates habet non satis notas, nisi in ueterum litterarum tractatione atque cura exercitis. 2. Nam et pro aduerbio ualet, cum dicimus ' aliter ego feci atque tu ', significatur enim ' alter quam tu ' ; et si gemina fiat, auget incenditque rem de qua agitur, ut animaduertimus in Q. Enni ' Annalibus ', nisi memoria in hoc uersu labor :

Atque atque accedit muros Romana iuuentus ;

3. cui significationi contrarium est quod itidem a ueteribus dictum est, ' deque '.

4. Et praeterea pro alio quoque aduerbio dicitur, id est ' statim ', quod ⟨ideo adnoto quod⟩ in his Vergili uersibus existimatur, obscure et insequenter particula ista posita esse :

sic omnia fatis
In peius ruere ac retro sublapsa referri ;
Non aliter quam qui aduerso uix flumine lembum
Remigiis subigit, si brachia forte remisit,
Atque illum in praeceps prono rapit alueus amni.

XXIX. 1 sane : sanum *Q* || atque cura *om. Π* || 2 significatur *BQZ* : significat *FOXΠN* || incenditque : intenditque *B²* || 3 dictum est : dictum *Q* || 4 statim *FOXΠN* : factum *BQZ* statim factum *Hosius in app.* || quod ideo adnoto quod *F. Skutsch* : quod *codd.* || *lacunam ante* existimatur *statuebat Hertz* || obscure : ubi obscure *Hosius* || ista *om. Q* || esse : est *Hosius in app.*

NOTES COMPLÉMENTAIRES

P. 1

2. *Frequentamentis* correction palmaire des *recc.* ; le mot a déjà été formé par Aulu-Gelle en 1, 11, 12. *Fritamentis* proposé par Heraeus ici et en 1, 11, 12 est un mot populaire, *C.G.L* .2, 580, 42 : *fritamentum uox merulae.*

P. 2

3. Frag. 18 Jacoby. Il faisait partie de la suite d'Alexandre. Il écrivit une histoire de celui-ci dans laquelle il accordait une grande importance au cérémonial, notamment à la προσκύνησις. Il avait été nommé εἰσαγγελεύς (grand maître des cérémonies) après l'introduction du cérémonial perse à la cour du Macédonien (cf. Plut., *Alex.* 46). Sur l'achat du cheval Aulu-Gelle est d'accord avec Plutarque (*Alex.* 6) ; Diodore au contraire affirme que ce fut un cadeau (17, 76, 6). Cf. Q. Curt. 6, 5, 18 ; 9, 3, 23 ; Plin. 8, 154 ; Arr. 5, 14, 4, etc.

4. Le talent dans le système attique valait 60 mines ou 6 000 drachmes. Tite-Live et Polybe l'égalent à 80 livres romaines.

P. 3

3. Sur Protagoras cf. Diogène Laert. 9, 50 à 9, 56 et Athen. 8, 50. Ce fut le plus ancien des sophistes grecs (cf. F. Gisinger in *R.E.*, Bd.2 3, 1 p. 908.) Apollodore (p. 41 Jac.) met son ἀκμή à la 84e Olympiade (444-441) quand il donna des lois à Thourioi nouvellement fondée. Il fait naître Démocrite à la 80e Olympiade (460-456) et l'on considère en général qu'il est plus jeune que le sophiste qu'il paraît viser dans plus d'un de ses fragments.

4. Protagoras avait trouvé pour porter les fardeaux la τύλη sorte de coussinet qui permettait de leur donner appui (Diog. Laert. 9, 53 qui cite Aristote, Περὶ παιδειᾶς, 63 Rose).

5. Abdère cité de Thrace à l'embouchure du Nestus, célèbre par la sottise de ses habitants malgré Protagoras et Démocrite.

P. 5

3. Les *Annales* de Fabius Pictor étaient en grec selon Mommsen : cf. Den. Hal. 1, 6, 2 ; Cic., *Diu.* 1, 43. Un ouvrage sur les prêtres a été écrit en latin en 154 par un Fabius Pictor plus jeune, suivant Münze, *R.E.* VI, 2, p. 1843. Cicéron, *De orat.* 2, 51 et Quintilien, 1, 6, 12 connaissent des *Annales* en latin qui sont attribuées au même deuxième Fabius Pictor.

4. Fr. 6 Peter. L'élection eut lieu en 367. Sur cet événement,

très important dans l'histoire institutionnelle de Rome, cf. J. Heurgon, *Rome et la Méditerranée occidentale...*, Paris, 1969, p. 303 s.

5. *duouicesimo* obtenu par une double correction chez Nonius et ici ne se retrouve pas ailleurs malgré Manilius, 4, 451 où il figure en marge. La formation à partir du cardinal est celle de *duodecimus*.

6. Non. p. 142 reproduit le passage et cite Varron, *Ant. rer. hum.* 16, 1 Mirsch.

P. 7

2. Fiebiger distingue la couronne de laurier du triomphateur et l'*aurea triumphalis* qui était portée au-dessus de lui (Dion. H. 3, 62, 2 ; Mart. 8, 33, 1 etc.). Les *coronae triumphales* étaient en or et offertes par les alliés ou les vaincus (cf. P. Fest. p. 504, l. 25 ; T. Liu. 34, 52, 8).

3. Sur la couronne de gazon, cf. P. Festus p. 208, l. 10 ; Plin., *N.H.* 22, 6 ss. : *Corona quidem nulla fuit graminea nobilior in maiestate, populi terrarum principis praemiisque gloriae*, et la note de J. André qui renvoie à Plin., *N.H.* 15, 126 et 16, 7 ss. En avaient été honorés seulement Dentatus, P. Decius Mus, Fabius Maximus, Scipion Émilien, le tribun militaire M. Calpurnius Flamma, le centurion Cn. Petreius Atinas, Sylla et Auguste.

Pline définit bien les conditions dans lesquelles était décernée cette couronne (22, 7) : *Graminea nunquam nisi in desperatione suprema contigit nulli nisi uniuerso exercitu seruato decreta.*

4. Après la bataille de Cannes, Rome s'est considérée comme ville assiégée et a couronné Fabius Maximus dit le Cunctator qui par sa stratégie de harcèlement avait contraint Hannibal à renoncer à tout siège de la ville.

5. Sur la couronne civique encore attribuée sous Claude (Tac., *Ann.* 12, 31, 4), cf. Plin. 16, 11 ss.: *Ciuica ilignea primo fuit, postea magis placuit ex aesculo* (grand chêne d'Italie méridionale) *Ioui sacra, uariatumque et cum quercu* (chêne pédonculé) *ac data ubique quae fuerat, custodita tamen honore glandis.* Cf. aussi P. Fest. p. 37, l. 20. ; Plut., *Quaest. Rom.* 92 ; Seru., *Aen.* 6, 772, etc.

P. 8

5. Sur la *corona muralis*, cf. Polyb. 6, 39, 5 ; Liu. 10, 46, 3 et 26, 48, 5 ; Sueton., *Aug.* 25 ; Sil. Ital. 15, 257.

P. 9

3. Cf. Plin. 15, 12, 125 ; Val. Max. 3, 6, 5 ; P. Fest. p. 213, 8 : *oualis corona est murtea quam habebant qui ouantes introibant cum bella non erant indicta, aut sine sanguine confecta.* Tout différent était le cas de Papirius : *Murtea corona... usus est quod Sardos in campis Murteis superasset* (P. Fest. p. 131, l. 7).

4. Cf. Cic., *In Pison.* 24, 58 ; Plin. 15, 125. Il s'agit de l'*ouatio* qui suivit la victoire sur Spartacus et pour laquelle Crassus était d'autant moins enclin à se contenter du myrte que Pompée obtenait en même temps le triomphe.

5. Frag. 148 Malcovati[2]. Fuluius, consul en 186, commanda

la campagne d'Ambracie. Caton lui reprocha aussi d'avoir emmené avec lui le poète Ennius.

P. 12

3. *Aen.* 5, 401.
4. *Aen.* 3, 618.
5. *Il.* 4, 125. L'étymologie et l'évolution sémantique de *lituus* laissent des problèmes pendants ; mais le nom du bâton augural a été étendu à l'instrument de musique. Cf. Walde-Hofmann, *s.u.*, I, p. 815 et H. Frisk, *Griech. etym. Wörterb.*, Heidelberg, 1961, 12, p. 121 ; P. Chantraine, *Dict. étymol. de la langue grecque*, p. 631.
6. *Aen.* 6, 167.

P. 17

2. Ennius Frag. 118 Jocelyn. Menalippe, fille d'Éole, était d'après le résumé en prose d'Euripide d'une beauté remarquable. *Stata* est le participe passé de *sisto* et s'applique à ce qui a trouvé sa position d'équilibre. Pour l'incompatibilité entre la beauté et la vertu, cf. Euripide, Frag. 928 ; Ovid., *Am.* 3, 4, 41 ; 3, 14, 1 ; *Epist.* 16, 290 ; Petron. 94, 1 ; Juvénal, 10, 297 : *rarast adeo concordia formae atque pudicitiae*, cf. H. D. Jocelyn, *op. laud.*, p. 383.

P. 18

3. Sur *Lucetius*, cf. Seruius, *Aen.* 9, 567 : *Lucetium solum hoc nomen est quod dictum a Vergilio in nullo alio reperitur auctore. Sane lingua Osca Lucetius est Iupiter dictus a luce quam praestare hominibus dicitur.* Cf. Macr. I, 15, 14 : *Lucetium Salii in carminibus canunt* [sc.I ouem.] D'après G. Wissowa, *Religion und Kultus der Römer*, Munich, 1912, p. 114, cette épithète qui désigne une des propriétés essentielles du dieu était répandue dans toute l'Italie.

P. 19

2. *Vemens* au contraire n'a qu'un seul sens, mais, écrit *uehemens* a-t-il subi l'influence de *ueho* cf. *uexare* ? ou en est-il formé *mens* n'étant qu'un suffixe? Sur ces questions, cf. A. Ernout et Meillet, *Dict. étym...*, *s.u. ue-*, p. 716. En 16, 5, 10 Sulpicius Apollinaris reprend l'explication par *intentio* et *deminutio* (passage reproduit par Macrobe, 6, 8, 18).
3. Sur Vediouis, cf. P. Festus p. 519, l. 22 *Vediouem paruum Iouem et uegrandem fabam minutam dicebant*, et Ovide, *F.* 3, 445 qui interprète aussi ce dieu comme un petit Jupiter. Mais c'est aussi un anti-Jupiter ; cf. K. Latte, *Römische Religionsgeschichte*, p. 81 ss, un dieu infernal : cf. Macr. 3, 8, 10 invoquant les dieux de la *deuotio* : *Dis pater Veiouis Manes.* Il possède un temple sur le Capitole depuis 192 av. J.-C. On voit la *gens Iulia* lui offrir un temple à Bovillae.
4. L'expression ne fait pas allusion à d'anciens sacrifices humains et à un rite de substitution. P. Festus en donne la clé :

Humanum sacrificium dicebant quod mortui causa fiebat (p. 91, l. 24). Cf. G. Wissowa, *Religion und Kultus...*, p. 420, n. 4. C'est un sacrifice destiné à un mort.

Bien entendu il n'y a pas de rapport entre Vediouis et Apollon ; les flèches ici ne sont que le symbole de la puissance maléfique du dieu, et ont entraîné l'erreur et la confusion avec Apollon. La chèvre n'était pas consacrée au culte des morts. Cf. K. Latte, *Römische Religionsgeschichte...* p. 381.

5. *Laeuum* désigne la gauche donc le mauvais côté. Les *numina* s. *laeua* sont des puissances divines qui envoient les mauvais présages et qui contrarient. Dans la langue augurale au contraire *laeuus est* favorable, propice : car dans le rite étrusque on se tournait vers le sud et on avait le levant à gauche. Cf. Plin., *N.H.* 2, 142 : *Laeua prospera existimantur quoniam laeua parte mundi ortus est.* D'où l'interprétation de Nonius p. 72, l. 18 : *Laeuum significari ueteres putant quasi a leuando,* cf. Seruius, *Georg.* 4, 7.

6. *Georg.* 4, 6.

P. 20

3. La tradition nous a livré le début du chapitre dans un état peu satisfaisant. Le premier § annonce des conflits importants entre les participants à la discussion. A cela s'oppose l'accord établi au § 2. Or par la suite, il n'est plus question de conflit. L'opinion de Masurius Sabinus n'apporte de contradiction que sur un seul point. Tout se passe donc comme si le *conueniebat autem* avait suggéré à un lecteur avant que soit établi l'archétype de nos manuscrits un *non consentiebatur* avec l'addition corrélative du *que* après *cum.*

P. 21

3. Frag. 44 Malcovati[2]. Discours prononcé après la mort de Nicomède IV en 74 devant le proconsul M. Iuncus, ou au contraire, selon H. Dahlmann (*Hermes*, 73, 1938, p. 341-346) en 73 à Rome contre M. Juncus accusé par les Bithyniens.

4. Sur le respect dû au client, cf. Seru., *Aen.* 6, 609 qui cite la loi des Douze Tables : *Patronus si clienti fraudem fecerit sacer esto.*

P. 22

4. L'histoire du lion d'Androclès se retrouve chez Aelian., *Nat. an.* 7, 48. Elle est esquissée par Sénèque, *Ben.* 2, 19, 1 et Plin. 8, 56.

P. 26

2. Platon, *Tim.* 67 b.

3. Epic. Frag. 353 Usener.

4. *Scaen.* 28 Jocelyn. La citation était très usitée à l'appui de cette sagesse conforme à la fois au sens commun et à la morale diatribique. Cicéron la donne trois fois (*Rep.* 1, 30 ; *Tusc.* 2, 1 ; *De Or.* 2, 37, 156). Apulée s'en sert dans son *Apologie* (13) : cf. *supra* I, p. XXIV ss. *Introduction* et notre article de *Pallas*, I, 1953, p. 84 ss.

5. Cf. Plut., *De placit. philosoph.* 4, 13, et les textes cités par Hosius, éd. p. 231 s. Macrobe, 7, 14, 3 résume la théorie d'Épicure.

6. Frag. 319 Usener et le commentaire. La théorie est bien connue surtout grâce à Lucrèce, 4.

P. 27

2. Sur Verrius Flaccus, cf. vol. 1, p. 199 et la note. Le même renseignement se trouve chez Macrobe, 1, 15, 22. Cf. Ovide, *Fast.* I, 57 : *omnibus istis... proximus ater erit* ; *Fast. Praenest.* C.I.L. I, p. 312 et 373. Festus p. 378 est très mutilé. Varron oppose les *dies atri* et les *dies fasti* (*L.L.* 6, 29) : *Dies postridie Kalendas, Nonas, Idus appellati atri quod per eos dies nihil noui inciperent. Dies fasti per quos praetoribus omnia uerba... sin piaculo licet fari.* L'idée de *nefasti* paraît donc se limiter aux tribunaux, *atri* s'étendre à un domaine plus large. Nonius (p. 103) confond au contraire les deux catégories : *atri dies quos nunc nefastos uel posteros uocant.*

En 4, 9, 5 Aulu-Gelle définit les *dies religiosi* à peu près comme les *atri* ici, cf. Verrius Flaccus Frag. 3 Funaioli. Le § 2 se lit dans Macr. I, 16, 22 non sans quelques différences. T. Liu. 6, 1, 11 et Plutarque (*Quaest. Rom.* 25) donnent la même explication : la défaite de l'Allia qui permit aux Gaulois de prendre Rome. L. Atilius Priscus et Q. Sulpicius Longus étaient tous deux tribuns militaires à pouvoir consulaire. La bataille est datée traditionnellement du 18 juillet 390. Cf. Liu. *ibid.* et F. Schachermeyr, *Die Gallische Katastrophe* in *Klio,* N.F. 5, 1930 p. 277.

P. 28

3. Frag. 4 Funaioli. L'idée qu'*historia* désigne l'histoire contemporaine de l'auteur, *annales* s'appliquant au passé, est reprise par Seruius, *Aen.* 1, 373 : *Historia est eorum temporum quae uel uidimus uel uidere potuimus, dicta ἀπὸ τοῦ ἱστορεῖν, id est uidere ; annales uero...* et par Isidore 1, 44, 4 : *Inter historiam autem et annales hoc interest quod historia est eorum temporum quae uidimus.* Cf. 1, 41 : *Dicta autem Graece historia ἀπὸ τοῦ ἱστορεῖν id est a uidere uel cognoscere.* Aulu-Gelle et Isidore font en effet une distinction fondamentale entre la véracité du témoin oculaire et le caractère plus douteux du récit d'événements appartenant au passé. Isidore ajoute en 1, 41, 1 : *Apud ueteres enim nemo conscribebat historiam, nisi is qui interfuisset... Quae enim uidentur sine mendacio proferuntur.* Cf. Aulu-Gelle, *supra* 5, 14 et la n. 3 ; 9, 4, 13.

P. 31

1. Q. Mucius Scavola pontifex, Frag. 13 Huschke ; p. 80 Bremer. Son père Publius avait été également grand pontife et avait écrit un traité de droit pontifical. Son autorité juridique fut considérable et son livre de droit civil a été le plus ancien qui ait été compilé dans les *Digesta* de Justinien. Pendant son consulat en 95 il fut avec son collègue Licinius Crassus l'auteur de la lex Licinia Mucia qui visait à chasser de Rome les Latins et les Italiens. Il périt en 82 lors des proscriptions de Marius.

Aulu-Gelle expose très clairement la différence entre *adoptio* et *adrogatio*. Le rite de la première est une vente trois fois répétée afin que le vendeur perdît tout droit sur son fils. Il y a cession des droits d'un *pater* à un autre, c'est un acte de droit privé. L'*adrogatio* au contraire intervient lorsque l'adopté est *sui iuris*. Il n'y a là personne pour céder ses droits. Le *populus* doit donc intervenir pour attribuer l'intéressé à une *gens*. Les *comitia curiata* sont les comices de l'époque royale maintenus assez symboliquement dans la République, cf. *infra* 15, 27. Groupant les citoyens par curies et à l'intérieur des curies par familles ils admettaient aussi, croit-on, les isolés et les familles non nobles. Cf. J. Heurgon, *Rome et la Méditerranée occidentale*, Paris, 1968, p. 216 ss.; F. de Martino, *Storia della costituzione romana*, Naples, 1968, p. 86 ss. ; H. M. Last, *The Servian Reforms* in *Jour. Rom. Stud.* 35, 1945, p. 30-48. A la fin de la République les curies y étaient représentées par 30 licteurs qui votaient encore la *lex curiata de imperio*, procédaient aux ratifications de testaments *calatis comitiis* et aux *adrogationes*.

2. Le mot *rogatio* est employé normalement pour les décisions des comices qu'il s'agisse ou non d'une *lex*. Le magistrat qui présidait était censé *rogare*, interroger, l'assemblée qui votait dans les termes de cette interrogation. Cf. Gaius 1, 98 : *Populi auctoritate adoptamus eos qui sui iuris sunt : quae species adoptionis dicitur adrogatio quia et is qui adoptat rogatur, id est interrogatur an uelit eum quem adoptaturus sit iustum sibi filium esse ; et is qui adoptatur rogatur an id fieri patiatur ; et populus rogatur an id fieri patiatur.* Cf. sur l'*adrogatio* Cic., *Dom.* 13, 34 ss. ; Ulpian. 8, 2s. ; *Inst.* 1, 11 ; *Dig.* 1, 7.

3. Frag. 27 Huschke. Masurius est à la source du chapitre jusqu'au § 14. Dans le cas des esclaves il n'y avait pas non plus de droit parental à céder. Les mœurs étant très favorables à l'affranchissement, les lois ont limité les adoptions d'esclaves pour protéger les droits des hommes libres.

Masurius Sabinus était élève d'Ateius Capito. Né d'humble famille, il fut fait chevalier par Tibère, cf. Pomponius, *Dig.* 1, 2, 48-50. Il vécut jusque sous Néron (Gaius 2, 218). Il fut regardé comme chef d'école après la mort de Capito. Largement utilisé par les juristes postérieurs souvent sans que son nom soit cité, il écrivit de nombreux ouvrages qu'il destinait à des savants, non à la vulgarisation. Ses *libri ciuiles* furent rédigés avant 62, date de la mort de Perse.

4. Frag. 14 Malcovati[2] ; attribué au discours intitulé *Oratio quam dixit in censura cum ad maiorum mores populum hortaret* qui date donc de 142.

P. 32

3. Frag. 2 Funaioli. Sinnius Capito est cité par Festus. Il était un peu plus jeune que Varron. C'est Hertz qui le premier a déterminé sa personnalité dans le livre qu'il lui a consacré (Berlin, 1884). Aulu-Gelle fait dériver *stribiligo* du grec στρόβιλος, qui désigne ce qui tournoie, toupie, ouragan, etc., A Ernout (*s.u.*) songe plutôt à un dérivé de στρεβλός, tordu, vicieux, par le suffixe en *igo*

fréquent dans les noms de maladie (cf. A. Ernout, *Philologica*, I, p. 175 ss.

4. Clodius Tuscus était l'auteur d'un calendrier rustique (Lydus, *De ost.* 59-70). Cf. Seru., *Aen.* 12, 657. C'est peut-être lui qui est cité par Ovide, *Pont.* 4, 16, 20. Cf. Wissowa in *R.E.*, Bd, IV, 1, p. 104, n° 61.

5. Les Attiques représentent à l'époque le modèle du langage. L'atticisme triomphe dans tout un courant de la nouvelle sophistique dont Herodes Atticus est le représentant le plus intransigeant. Mais l'idée est largement répandue et les intellectuels abandonnent la κοινή pour le pur langage attique ; cf. W. Schmid, *Der Atticismus in seinen Hauptvertretern*, Stuttgart, 1896.

P. 33

2. C'est le primat de l'expérience, de la vie sur le savoir livresque qui en l'occurrence n'est pas inexistant. En face le grammairien ridicule cumule pédantisme et ignorance. Cf. *Introduction*, p. XXIII.

P. 34

1. Sur *plus* et ses formes, cf. A. Ernout, *Dict.*, *s.u.* Il n'est pas douteux que la forme étymologique est *plura*. Mais favorisée par le rapport avec *omnia*, il s'est produit une confusion avec les thèmes en *i-* ; le génitif *plurium* est la forme prédominante, tandis que *pluria* et *compluria* ont été employés surtout dans l'ancienne langue comme Aulu-Gelle l'atteste ici pour l'un, Térence usant de l'autre dans le *Phormion* (611). Cf. Donat, *Schol. Ter. Phorm.* 611 : *⟨compluria⟩ sic ueteres quod nostri dempta syllaba camplura dicunt. Sic et Cato ' Originum ' V : « Fana in eo loco compluria et Cicero in ' Protagora ' « Conformandi genera compluria. Credo quia ueteres hoc ' plure ' non hoc ' plus ' dicebant.* Cf. *Gramm. Lat.* 2, 89, 6. Priscian. : *Antiqui tamen etiam pluria dicebant unde Terentius in ' Phormione ' ' compluria '*. Cf. 1, 60, 10 ; 1, 73, 12 ; 1, 125, 3 ; 2, 315, 15 ; 2, 350, 11.

2. Frag. 24 Peter.

3. Frag. 90 Peter.

4. Frag. 65 Peter.

5. Frag. 48 Funaioli.

6. Frag. 64 Swoboda.

7. *Huic rationi* : C'est au fond le seul argument qui plaise au grammairien. Il ne reconnaît pas les vraies autorités. Il y a opposition entre les amis d'Aulu-Gelle pour qui seule vaut l'autorité, celle d'auteurs anciens, et d'autre part les grammairiens professionnels qui veulent tout soumettre aux règles de l'analogie, c'est-à-dire, selon eux, de la raison. C'est là que réside l'opposition véritable, même s'il se trouve finalement que le grammairien ne connaît même pas la raison et reste rapidement coi.

8. *Plura* n'est pas morphologiquement un comparatif, pas plus que *minus*. Cf. E. Benveniste, *Origines de la formation des noms en indo-européen*, Paris, 1935, p. 54. Il proviendrait d'un thème II suffixe en *-ow* de la racine **pel-*, celle de *plenus*, πίμπλημι, πυλύ. Mais *plus* et *plura* se rangent sémantiquement, et syntactiquement,

dans la catégorie des comparatifs, marqués, eux, en règle générale par *-ῃ ε/ος*.

9. Frag. 1 Funaioli. La citation lie ce chapitre au précédent ; tous deux ils tournent autour d'une phrase de la correspondance de Sinnius Capito.

10. Le temple de la Paix avait été commencé en 71 et inauguré en 75 par Vespasien pour célébrer le triomphe sur les Juifs. Il se trouvait sur le forum de Vespasien. *Pax* avait déjà été honorée par Sylla après les guerres civiles et Auguste l'avait honorée particulièrement par la construction de l'*ara pacis Augustae.*

11. Pacuvius Labeo conjuré contre César (Plut., *Brut.* 12) prit part à la bataille de Philippes. Il se donna la mort après la défaite. Il était le père du grand jurisconsulte Antistius Labeo. Cf. A. Berger in *R.E.* XVIII 2, p. 2176 *s.u. Pacuuius* 9.

P. 37

2. Aurelius Victor, *Vir. ill.* 49 raconte l'histoire du serpent ainsi que l'attitude de Scipion au Capitole et le secret divin qu'on disait à l'origine de sa naissance. Cf. J. Aymard, *Scipion et les chiens du Capitole* in *Rev. Ét. Lat.*, 31, 1953, p. 111-116.

3. *De uita prioris Africani* Frag. 2 Peter. Oppius est un correspondant de Cicéron. Avec L. Cornelius il s'occupait des intérêts de César. Il écrivit en outre une biographie de Cassius et peut-être de César ; il composa aussi un pamphlet pour prouver que Césarion, le fils de Cléopâtre, n'était pas de César. Cf. R. Syme, *The Roman Revolution, passim.*

4. *De uita rebusque illustrium uirorum* Frag. 4 Peter. Sur Hygin, cf. 1, 14, 1 et la note.

P. 38

2. Tite Live en 26, 19, 2 note que Scipion était extrêmement habile au maniement des hommes et que, soucieux de sa réputation et de son prestige, il savait suggérer sans le dire son caractère divin. Il conclut ainsi : « *Fuit enim Scipio non ueris tantum uirtutibus mirabilis sed arte quoque quadam ab iuuenta in ostentationem earum compositus* .» C'est Polybe 10, 2, 9 qui insiste le plus sur l'intérêt qu'attachait Scipion à feindre une inspiration divines pour obtenir de ses soldats plus de confiance et plus de zèle. C'est de lui que provient l'interprétation « voltairienne » de Tite Live : « Publius suggérant à peu près de même chaque fois à la foule l'idée qu'il menait ses entreprises avec quelque inspiration divine, rendait ses subordonnés plus confiants et plus ardents à affronter les dangers .»

3. Le récit se trouve chez Valère Maxime 3, 7, 1 et Plutarque, *Apopht. Scip.* 3, qui tous deux parlent du procès et des cautions à fournir. Mais Plutarque insiste sur le temple d'Aphrodite dominant la ville où Scipion fixa le rendez-vous (*in aedem quae intra moenia hostium erat,* dit Valerius plus abstraitement). Ce dernier ramène le délai à un seul jour. Tous deux nomment la ville, Plutarque *Batheia,* Valère Maxime *Badia* et indiquent qu'elle se

trouve en Espagne. On l'assimile en général à Baria, ville des Bastuli en Tarraconaise (que certains auteurs placent cependant en Bétique). Le récit d'Aulu-Gelle est le plus dramatique, celui où les effets sont le plus soulignés.

P. 39

2. Nonius p. 287, l. 8, reproduit la citation d'Ennius sans le dernier vers comme présentant un emploi de *cor* au masculin.
3. V. 381 Vahlen[2].
4. Le cœur est le siège de l'intelligence. Sur Antiochus, le mépris d'Hannibal à son égard et le peu de confiance qu'avait le Carthaginois en l'armée syrienne, cf. *supra* 5, 5. On sait qu'Antiochus n'écouta pas Hannibal. Il fut défait aux Thermopyles en 191 av. J.-C.

P. 41

1. Lors de la troisième guerre macédonienne (171-168) les Rhodiens restèrent les alliés des Romains jusqu'en 169. Ils envoyèrent alors des ambassadeurs au quartier général romain pour déclarer qu'ils ne voulaient plus participer à une guerre contraire à leurs intérêts. Persée fut battu à Pydna en juin 168. Le préteur Juventius Thalna proposa aux comices de déclarer la guerre aux Rhodiens. Deux tribuns s'y opposèrent. Caton intervint alors au sénat. Il ne put persuader totalement ses auditeurs. Les Rhodiens furent punis ; ils perdirent Délos et leurs possessions continentales. L'alliance ne fut renouvelée qu'en 164. Sur ces événements nos sources essentielles sont Polybe 30, 4 ss. et Tite Live 45, 20 ss. Cf. P. M. V. M. Benecke in *Cambridge Anc. Hist.*, t. 8, p. 288 ss.

P. 48

5. Frag. 168 Malcovati[2].

P. 49

3. Le *ius ciuile* ne s'appliquant qu'aux Romains, il a fallu très vite créer une jurisprudence différente pour les étrangers. C'était le *ius gentium* qui servait au préteur pérégrin. Mais la réflexion philosophique amenant à prendre en considération la *societas humani generis*, *ius gentium* devint le droit naturel opposé aux lois des communautés humaines. Cf. Cic., *De Off.* 3, 23 : *Neque uero hoc solum natura, id est iure gentium, sed etiam legibus populorum... Ibid.* 3, 69 où se construit une hiérarchie : *Itaque maiores aliud ius gentium, aliud ius ciuile esse uoluerunt ; quod ciuile non idem continuo gentium, quod autem gentium idem ciuile esse debet.* L'opposition entre droit naturel ou droit des gens et *ius ciuile*, droit réel, devint dès lors classique, et c'est par elle que s'ouvre le traité de Gaius, *Inst.* 1, 1 : ... *ius ciuile quasi ius proprium ciuitatis ; quod uero naturalis ratio inter homines constituit, id apud omnes populos peraeque custoditur uocaturque ius gentium, quasi quo iure omnes gentes utuntur.* Aulu-Gelle est heureux d'entrer

dans cette distinction classique, mais il s'agit plutôt ici d'une opposition entre infractions criminelles au droit pénal et simple transgression de textes réglementaires n'ayant aucun caractère infamant.

P. 52

2. Le *pilleus* était un bonnet fait originairement d'une peau de brebis non rasée. Les hommes le portaient dans des occasions de caractère rituel (ce qui atteste son antiquité), et en premier lieu les flamines, les pontifes, et les Saliens, au moins dans l'exercice de leurs fonctions, dans les sacrifices et les cérémonies. Cf. 10, 15. Il était devenu le symbole de la liberté, les esclaves l'arborant dès qu'ils étaient affranchis. Cf. T. Liu. 24, 32, 9 : *seruos ad pilleum uocare.* Il n'est pas facile de comprendre pourquoi il était aussi l'insigne des esclaves vicieux.

P. 54

1. Soph., *Elec.* V. 1126-1170. Polus était un acteur athénien du ve siècle. Cf. F. Stoessl in *R.E.*, Bd. XXI, 2, p. 1425, *s.u.* n° 5. L'opposition entre les sentiments réellement éprouvés par l'acteur et les sentiments qu'il exprime sur le théâtre a posé de tous temps un problème, avant et après le *Paradoxe sur le Comédien.* Mais ici la situation est doublement compliquée puisque Polus mime une douleur vraie en face d'une urne fausse à l'aide d'une urne vraie.

2. Même énumération des cinq sens *infra,* 19, 2, 1. Cf. *Gramm. Lat.* 3, 75, 7 et 7, 256.

3. Non. p. 187 : Inauditum, *quod non audiat, in ueteribus prudentibus lectum est : « Quaedam animalium aliud alio carent ; aut caeca natura gignuntur aut inodora aut inaudita .»* Mais la formation *inaudita* se voit dotée là d'un sens actif difficile à admettre. Nos manuscrits donnent la bonne leçon. *Inaurita* est une création occasionnelle faite sur le mot bien attesté *auritus.* Cf. nos *Mots nouveaux...*, p. 141.

4. En réalité du *De somno* 2.

5. En dehors de ce qu'en dit Aulu-Gelle (9, 10 et 20, 8) on ne connaît pas grand-chose de ce poète. On a conservé de lui quelques vers fescennins cités par Ausone (*Cent. Nupt.* 145 Sch. 215 P). Ils ont été édités parB aehrens, *Frag. Poet. Rom.*, p. 374. Il fait partie de ceux qui se sont appelés *poetae nouelli* ou *neoterici,* poètes précieux épris d'acrobaties verbales, comme Hadrien lui-même. Ausone se contente de citer à son propos la formule traditionnelle *quibus seuera uita est et laeta materia (loc. laud.).*

P. 55

2. Aulu-Gelle cherche dans la lecture des vers des renseignements sur l'accentuation des mots. Il semble considérer que la syllabe accentuée est frappée de l'*ictus* métrique. Cela est contraire à la théorie de Meillet aujourd'hui très largement acceptée, selon laquelle il existe une différence totale entre l'*ictus* métrique, entièrement d'intensité et l'accent tonique, accent de hauteur qui est sans influence sur le vers.

3. V. 231.
4. *Phormio*, v. 88. Cf. Prisc., *Gramm. Lat.* 3, 514, 23.
5. Cf. *C.G.L.* 2, 311, 36 ἐπίτασις : *intentio*. Selon A. Ernout (*Dict.*, *s.u.*, p. 8) ce sens vient de l'aptitude de *ad* à indiquer l'addition. Mais ce n'est pas le cas pour *affatim*, de *fatis* (fente,) qui veut dire jusqu'à la rupture, jusqu'à en crever. Cf. A. Ernout, *ibid.*, *s.u.*, p. 220. *C.G.L.* 6, 39 ; Donat., *ad Ter.*, *Andr.* 694 : ' ad ' *auctiua particula est... ut* ' admirabiliter ' *ualde mirabiliter* ; Seru., *Aen.* 6, 603 : ' adsimilis ' *ualde similis, ad enim uacat et a maioribus ad ornatum adhibebatur ut Horatius...*

P. 57

1. Sur Apion, cf. *supra* 5, 14 et la note. Les mots *recentes memoriae*désignent en premier lieu le texte d'Apion, mais Aulu-Gelle devait connaître aussi les récits de Pline l'Ancien 9, 25 à 9, 28. Le récit de 9, 25 (résumé par Solin. 12, 7 s.) se passe à Baies et comporte le même dénouement. En 9, 27 le dauphin est responsable de la mort de l'enfant (même dénouement chez Aelien, 6, 15, dont l'histoire se passe à Iassos en Carie). On comparera le récit très orné de Pline le Jeune (9, 33) sur un dauphin d'Hippone. Voir la liste des nombreux auteurs qui ont raconté des histoires analogues chez Hosius, éd. *ad locum*.
2. Naupacte ou Lépante sur le golfe de Corinthe. Pline mentionne Théophraste en 9, 28.
3. Frag. 6 Jacoby.

P. 58

4. *Le peintre*, u. 27 Ribbeck².
5. Frag. 112 Swoboda. Nonius, p. 448 explique *diligitur* dont le sens fait ici difficulté. Deligere *manifestam, habet significationem ut plerumque.* Diligit *diuidit. Plautus in* ' *Curculione* ' (u. 424) : *Clipeatus elephantus ubi machaera diligit ; Titinius* ' *Prilia* ' (u. 84) : *Pernam totam diligit.* Mais les manuscrits de Plaute donnent *dissicit*. Quant à l'action de la chair d'une poule contre les morsures de serpent elle est attestée aussi par Pline, 29, 78 : *Carnibus gallinacorum ita ut tepebunt auolsae adpositis uenena serpentium domantur.* Cette croyance provenait vraisemblablement de la prétendue résistance de la poule aux morsures d'aspic. Plin. 29, 61 : *Gallinas quo die ederint non interfici ab aspide.*

P. 61

2. Le *a* de *-capio* n'est pas long en réalité. Cf. la même erreur sur *scribo* (*infra* 9, 6) en sens inverse. Notre auteur a pu être trompé par une prononciation du mot marquée de l'accent d'intensité. On sait que c'est le système qui a triomphé dans les langues romanes, et qui règne en latin au ᴠᵉ siècle ap. J.-C. Mais dans la langue populaire il se manifeste dès le ɪᵉʳ siècle. Cf. M. Niedermann, *Phonétique...*, p. 12. *Capio* n'est pratiquement usité que dans les deux expressions citées, toutes deux de technique juridique mais courante. *Vsucapio.* désigne l'acquisition de la propriété

quiritaire par *usus*, c'est-à-dire la constatation que l'intéressé a joui de ce bien pendant un certain délai. La *pignoris capio* avait en général valeur coercitive et consistait dans une prise de gage sur les biens d'un inculpé. C'était aussi dans le cadre d'une *legis actio*, l'acte solennel par lequel un créancier à un titre quelconque prenait un gage sur le jugement à venir. Gaius (4, 27) dit que cette procédure s'était introduite dans l'armée : *Introducta est moribus rei militaris. Nam et propter stipendium licebat ab eo qui distribuebat nisi daret pignus capere.* La forme *usus capio* qui se lit chez Cic., *Leg.* 1, a pu être suggérée à Aulu-Gelle par la fausse symétrie avec *pignoris capio.*

3. Depuis Juste-Lipse, on considère que la phrase n'est pas de Caton comme l'indiquent les manuscrits, mais bien de Varron qui s'intéresse aux *tribuni aerarii* (*Ling. Lat.* 5, 36, 181). Cf. Funaioli, Frag. 224 ; Jordan, p. CVIII. On s'est appuyé sur le chap. 2, 10 pour attribuer à Varron un ouvrage *Quaestiones epistolicae* (Funaioli, *loc. laud.*, Hosius, éd. p. XXXV).

4. Aulu-Gelle témoigne là de l'usure qu'avait subie deux mots qui à l'époque classique constituaient deux jugements extrêmement sévères. La *leuitas* s'opposait à la *grauitas* et, comme l'indique Aulu-Gelle, notait le manque de poids moral. Quant à *nequitia*, il avait fini par s'employer comme notre mot vaurien pour noter seulement malice et astuce.

P. 63

2. Frag. 15 Peter. On a pensé que cette phrase se rapportait à l'anecdote contée par Tite Live, 8, 27, 5.

3. 10, 81. : *Nequam* est formé tout simplement de la négation *ne* et de la particule *quam.*

4. Frag. 19 Malcovati[2]. Cf. *supra*, vol. I, p. 112 et les vers de Lucilius cités par Aulu-Gelle en 4, 17, 1.

P. 64

1. La correction a été faite par Marx. La forme est donnée par *P* au § 2. Carrion avait proposé *chiridotis*, mais il est plus satisfaisant de faire venir le mot de δυτός (vêtu) que de δῶτος (donné), et l'on s'éloigne moins de la leçon de la tradition. L'adjectif latin correspondant était *manicleata* à ce que nous dit Isidore, 19, 22, 8 : *Manicleata tunica, id est manicata eo quod habeat manicas, quam* χειροδότην *Graeci uocant.* Servius commentant les paroles de Numanus, beau-frère de Turnus raillait les tuniques à manches des Troyens (*Aen.* 9, 616) : Et tunicae manicas : *tunicae uestrae habent manicas quod etiam Cicero uituperat...*

Comme Aulu-Gelle, Nonius rappelle l'usage normal : « *Tunica est uestimentum sine manicis* », p. 860.

2. Sur Sulpicius Galus, cf. in *R.E.*, Bd. IV, A, 1, p. 808, *s.u.* n° 66. Son nom était *Galus* et non *Gallus* ; les Fastes capitolins l'attestent, 511 et 513. Cf. les Fastes triomphaux d'Urbisaglia (*Notiz. d. Scav.*, 1925, p. 117, n° 11.). Il remporta le triomphe en 166/167.

P. 65

2. Cf. Sall., *Hist.* 3, 83. *Inferior* donné par les manuscrits peut être conservé : il est scandaleux qu'un grand personnage laisse le pas à son amant. Il est vrai que l'ordre de préséance ne suit pas exactement l'ordre des lits, le *locus consularis* étant la place la plus « basse » du deuxième lit, située en principe à côté de la place du maître de maison (place la plus « haute » du troisième lit). C'est pourquoi on a corrigé en *interior.* En réalité la confusion des deux mots est constante. Ils en arrivent en effet à avoir le même sens. Comme le dit le *Thes. Ling. Lat.*, VII, p. 1392, cf. p. 2212: Inferior *ex parte prospicientis fere idem quod ulterior in ordine cenae.* Or c'est précisément dans ce cas le sens d'*interior* qui signifie *remotus, posterior.* Il s'agit dans les deux cas d'une place moins prestigieuse, plus protégée, indigne du grand personnage.

3. *Aen.* 9, 331.

4. *Ann.* 325 Vahlen.

5. L'organisation dite de Servius Tullius divisait les citoyens en cinq classes. La première comprenait tous les sénateurs et tous les chevaliers avec les citoyens qui avaient plus de 100 000 sesterces selon Tite Live, 1, 43, Denys d'Halicarnasse, 4, 16 et Polybe, 6, 23, 15 ; mais 120 000 d'après Pline, *N.H.* 33, 43, et P. Fest. p. 100, l. 22. L'expression se réfère à un état ancien. A l'origine il ne devait y avoir qu'une seule classe et les *proletarii.* Cf. J. Heurgon, *Rome et la Méditerranée...*, p. 252 ; A. Momigliano, *Studi sugli ordinamenti centuriati* in *Stud. Doc. Hist.*, 4, 1938, p. 509-520.

P. 66

4. La précision et la symétrie dans les classements procèdent d'une longue tradition rhétorique déjà sensible chez Cicéron, mais bien plus encore chez Denys d'Halicarnasse et les rhéteurs postérieurs. On notera d'ailleurs un certain manque de logique puisque les mauvais écrivains, exclus du genre qu'ils recherchent, se trouvent finalement n'appartenir à aucun genre.

5. Frag. 322 Funaioli. Même jugement chez Fronton (131, 14 V. d. Hout) sur Lucilius ; Pacuvius est dit *mediocris.*

P. 68

4. La théorie de Gaius est la même (3, 195 s.) : *Furtum autem fit non solum... sed generaliter cum quis rem alienam inuito domino contrectat. Itaque si quis re quae apud eum deposita sit utatur, furtum committit ueluti si quis equum gestandi gratia commodatum longius eum aliquo duxerit.*

5. Frag. 403 Bücheler.

6. Cf. Amm. 30, 4, 14 : *cenarum ciborumque aucupantes delicias exquisitas.*

P. 69

2. Le francolin le meilleur venait d'Ionie si l'on en croit Pline, 10, 133. Sur la manière de le préparer, voir Apicius, n° 218 et 220 André.

3. La grue était un gibier très anciennement connu en Égypte et en Grèce. Varron rapporte qu'en Italie, on l'élevait en grands troupeaux (*R.R.* 3, 2, 14).

4. La viande de chevreau faisait l'objet des limitations de la loi *Licinia*, cf. *supra* 2, 24, 9.

5. Le thon de moins d'un an se nommait *pelamys*.

6. La murène était très recherchée, notamment aussi celle du détroit de Sicile (Pline, 9, 169).

7. C'est le merlus ou le merlan. Cf. J. André, *La cuisine...*, p. 99 s. Mais Pessinonte étant au centre de l'Asie mineure on peut se demander si *asellus* ne doit pas être pris au sens propre. L'ânon a été mangé à Rome. Cf. J. André, *La cuisine...*, p. 143.

8. Après *pectunculus* un adjectif de lieu a dû sauter. Cf. Ennius, *loc. laud. Mytilenae est pecten.* Cf. Col. 8, 16, 7.

9. Pline, 9, 169 nous confirme la réputation du sterlet de Rhodes. Cf. Ennius, *ibid. Surrenti... elopem.*

10. Le scare ne se pêchait qu'en Orient, avant Claude qui en fit transporter le long des côtes d'Italie. Enn., *ibid.* : *Nestoris ad patriam capitur.*

11. Le gland doux du chêne vert, *quercus ilex*, fut consommé en Espagne de l'antiquité à nos jours. Cf. J. André, *La cuisine...*, p. 85, n. 139.

12. Frag. 892 Nauck².

P. 74

2. Pour Cicéron, *Off.* 1, 13, 40, seul un d'entre eux avait pratiqué cette astuce ; c'est aussi l'avis de Tite Live 24, 18, 5 ; 22, 18, qui hésite cependant. En 3, 32, 115 Cicéron exprime des doutes sur le nombre de ceux qui sont repartis. Valère Maxime 2, 9, 8 dit seulement qu'ils avaient refusé de rentrer chez Hannibal et qu'ils furent privés de leurs droits électoraux. En fait, l'épisode marque un certain embarras des autorités romaines qui n'osèrent ni approuver le manque de parole, ni vraiment le réprimer. Cf. aussi Zonaras 9, 2.

3. Frag. 12 Malcovati.

P. 75

2. Caius Minucius Augurinus était tribun de la plèbe en 187. Sur les démêlés des Scipions avec leurs accusateurs, cf. *supra* 4, 18, 7 où il s'agit des Petilii. Notre source la plus détaillée sur la question est le récit de Tite Live 38, 52 ss. Mais les autres témoignages sont nombreux : Plutarque, *Cato* 15 ; Ciceron, *Prov. Cons.* 8, 18 ; Valère Maxime 4, 2, 3 ; Dion Cassius Frag. 62 M.

P. 76

2. Tite Live en 38, 52 place l'intercession de Tiberius Gracchus du vivant de Publius pour un procès concernant celui-ci, alors qu'il s'est retiré à Liternum et que Lucius intervient pour l'excuser. Mais il raconte en 38, 54 ss., un procès fait à Lucius après la mort de son frère et il place là une deuxième intervention de Grac-

chus (38, 57, 4) dont les termes ne sont pas sans analogie avec ceux d'Aulu-Gelle : ... *iurasse sibi inimicitias cum Scipionibus quae fuissent manere nec se gratiae quaerendae quicquam facere sed in quem carcerem reges et imperatores hostium ducentem uidisse P. Africanum in eum se fratrem eius duci non passurum.* Après le procès de Lucius une troisième intervention se produit : cette fois le texte est plus éloquent et vague (38, 59) : *Lucium Scipionem qui ... plurimos duces hostium in carcere... incluserit non passurum inter hostes populi Romani in carcere et uinculis esse.* Le long récit de Tite Live avec ses redites et ses incohérences n'est pas sans présenter certaines incertitudes. L'auteur dénonce lui-même la contradiction de ses sources : *Alii M. Naeuium, alii Petilios diem dixisse scribunt* (56, 1).

P. 83

4. La restitution d'un *non*, admise jusqu'à maintenant par tous les éditeurs, ne fait qu'obscurcir la thèse et lui enlever sa force. Lactance a pris soin lui-même d'indiquer quelle sottise c'est, *Ep. Hist. Diu.* 24 (29), 4 : *Chrysippus eos stultitiae redarguit qui bonum quidem a deo factum putant, malum autem negant.* Tout a été créé par la nature, même les vices et les maux. Mais ils n'ont pas été voulus en tant que tels : ils sont la conséquence nécessaire du bien qui a été créé, comme l'envers d'une étoffe se fait inéluctablement sans être voulu. Pour l'emploi de *sed* sans négation ni particule dans le premier membre, cf. déjà Cicéron : « *perfectus litteris sed Graecis* » (*Brut.* 247).

5. *Maioris* donné par les manuscrits doit être conservé : il s'agit du dessein principal qui s'accompagne d'inconvénients secondaires et non, en écrivant avec Eussner *maiorem*, d'une comparaison entre un grand bénéfice et un petit inconvénient.

P. 84

1. Sur le mot et sa définition dans la philosophie stoïcienne, cf. Cicéron, *Nat. Deor.* 1, 20, 55 : *Hinc uobis extitit primum illa fatalis necessitas quam* εἱμαρμένην *dicitis, ut quidquid accidat, id ex aeterna ueritate causarumque continuatione fluxisse dicatis.*

Et *Diu.* 1, 55, 125 : *Fatum autem id appello quod Graeci* εἱμαρμένην, *id est ordinem seriemque causarum cum causae causa nexa rem ex se gignat. Ea est ex omni aeternitate fluens ueritas sempiterna.* Ces notions se retrouvent chez le scoliaste de Lucain (1, 70) : Fatorum series, *causarum series causa conexa causae haec est quae* εἱμαρμένη *appellatur* et dans les glossaires, *C.G.L.* 6, 439 qui traduit *fatum* par εἱμαρμένη.

2. Frag. 1000 Arnim. Le premier paragraphe est un résumé de la doctrine, le troisième une citation en grec des termes mêmes du philosophe, citation nécessaire en raison de la difficulté d'interprétation. Notons le caractère très vulgarisateur de ces deux chapitres consacrés aux deux grandes difficultés engendrées par le déterminisme métaphysique : la providence et la liberté ou responsabilité des individus.

P. 87

1. Frag. 1 Yon. Dans le texte conservé, Cicéron dénonce la contradiction dans laquelle Chrysippe s'est enfermé : Après avoir exposé la doctrine déterministe, puis la doctrine d'Aristote *sine ullo fato,* Cicéron ajoute : *Chrysippus tanquam arbiter honorarius medium ferire uoluisse, sed adplicat se ad eos potius qui necessitate motus animarum liberatos uolunt ; dum autem uerbis utitur suis, delabitur in eas difficultates ut necessitatem fati confirmet inuitus.* (39) Cf. *Ibid.* 41.

2. Frag. 877 Arnim.

3. Frag. 8 Peter. Q. Aelius Tubero prit le parti de Pompée lors de la guerre civile et se réconcilia ensuite avec César. Cf. *Digest.* 1, 2, 2, 46. Savant en droit public et privé, il écrivit sur la jurisprudence. Ce fut aussi un annaliste : il composa un récit annalistique de l'histoire romaine des origines à son temps. Tite-Live le cite en même temps que Macer (4, 23, 1 ; 10, 9, 10). Aulu-Gelle (*supra* 6, 9, 11) extrait un exemple d'un ouvrage adressé à Oppius, un ami de César.

L'épisode de Regulus a été maintes fois rappelé dans la littérature. Son expédition héroïque et malheureuse eut lieu entre 256 et 254. Cf. A. Ernout, ad Plin. 8, 37.

4. Le Bagradas est l'actuelle Medjerda qui se déverse au sud de Tunis.

5. Lion corrigeait *misisse* en *missum esse,* mais le sujet de *misisse* se tire sans grande difficulté du contexte.

6. Frag. 5 Peter. Gaius Sempronius Tuditanus, consul en 129 av. J.-C., avait écrit des *Libri magistratuum.* Il y a parlé de l'intercalation, de l'*imperium maius* et de l'*imperium minus,* etc. On le cite aussi sur les Aborigènes, sur les livres de Numa. En 13, 15, 4, Aulu-Gelle produit un passage de Messalla qui fait état de l'autorité de Tuditanus. Mais ici Hosius estime avec raison que Tubero, source du précédent chapitre, mentionné au § 2, est la véritable source et qu'Aulu-Gelle ne connaît pas directement Tuditanus.

P. 88

2. Alfenus Varus, consul *suffectus* en 39 av. J.-C., fut un ami d'Horace et de Virgile ; mais les mentions que ces poètes en font ne sont pas toutes sûres, notamment en raison de l'homonymie avec Quintilius Varus. Quant à l'œuvre d'Alfenus, on ne sait si les *Coniectanea* sont une partie des *Digesta* ou une œuvre distincte. Cf. Klebs et Jörs in *R.E.*, Bd. I, 2, p. 1472, n. 8. Sur Seruius Sulpicius, cf. *supra* 2, 10, 1 et la note.

3. Frag. 1 Huschke. Sur les traités entre Rome et Carthage dont parlent Polybe 3, 22 ss ; Diodore 16, 69, 1 et Tite Live 7, 27, 2 ; 9, 43, 26, leurs dates et les problèmes posés par les divergences entre ces témoignages, cf. J. Heurgon, *Rome et la Méditerranée...*, p. 386-395. Polybe seul donne le texte des traités.

P. 89

2. La brève est attestée en effet au vers 1200 du *Pseudolus*

(cf. W.M. Lindsay *Early, latin verse*, p. 213). La théorie d'Aulu-Gelle est celle de Varron, *L.L.* 6, 63 : *Disputatio et computatio e praepositione putandi, quod ualet purum facere ; ideo antiqui purum putum appellarunt. Ideo putator quod arbores puras facit. Ideo ratio putari dicitur, in qua summa fit pura.*

L'idée de Varron est reprise chez Festus p. 241, l. 4 : *putum antiqui dicebant pro puro unde putatae uites... et ratio putata id est pura facta.* Cf. P. Festus p. 96, l. 16. Le rapport *purus putus putare* et le rapport penser émonder sont donnés par Non. p. 232 : *putamina non solum arborum sunt uerum omnium rerum purgamenta.* Cf. p. 39, l. 19 ; par Donat, *Ter., And.* 442 ; *Ter., Ad.* 796 ; Isid. 17, 5, 32 ; *C.G.L.* 5, 525.

P. 91

4. Frag. 38 Funaioli. *Inferus* au sens augural ne se trouve encore que chez Seruius, *Aen.* 3, 361 : *aues aut superiora tenent et praepetes uocantur, aut inferiora et dicuntur inferae.* Cf. Lact., *Stat., Theb.*, 9, 122 : praepetes *aut altissime posuit uolantes aut certe augurium sequentes.*

P. 92

2. Sur Gaia Taracia, cf. Plin. 34, 25 : *Inuenitur statua decreta Taraciae Gaiae siue Fufetiae uirgini Vestali ut poneretur ubi uellet quod adiectum non minus honoris habet quam feminae esse decretam. Meritum eius ipsis ponam annalium uerbis : quod campum Tiberinum gratifica esset populo.* Cf. les notes de H. Le Bonniec, *ad loc.* : Les noms Fufetia et Taracia sont probablement d'origine étrusque. L'histoire de Taracia Gaia est un doublet d'Acca Larentia. Le mari d'Acca se nommait Tarutius et le domaine laissé par Acca au peuple *ager Turax.*

La *lex Horatia* est une grossière falsification de Valerius Antias selon Boehm, *R.E.*, Bd. VII, 1, p. 480 ss. Les avantages mentionnés par Aulu-Gelle appartenaient en réalité à toutes les Vestales.

3. 8, 22. Le texte est cité par Aulu-Gelle en 15, 13, 11.

P. 93

1. Acca Larentia est plus souvent nommée, mais elle paraît sous des personnages assez divers. Macrobe 1, 10, 13, raconte que sa visite accompagnée d'un bon repas, avait été gagnée aux dés par Hercule aux dépens de l'*aedituus* de son temple. Elle avait ensuite fait un riche mariage, et, héritière de tous les biens de son mari, avait légué des domaines considérables au peuple romain. Ces domaines, suivant Macrobe, étaient énumérés par Caton.

2. Frag. 1 Peter.

3. C'est le 23 décembre que se fêtaient les *Larentalia* qui, selon Varron, *L.L.*, 6, 23, se célébraient par un sacrifice au Vélabre près du tombeau d'Acca. Selon d'autres, cette fête était consacrée aux Mânes des esclaves. Cf. *Fast., Praen.* in *C.I.L.*, 1, p. 319, 409 ; Plut., *Romul.* 4, 4 ; Lactant., *Diu. Inst.* 1, 20 ; Aug., *Ciu. D.* 6, 7.

4. Frag. 14 Huschke. Nombreux sont les auteurs qui identifient Acca Larentia à la nourrice de Remus et Romulus, la femme de Faustulus, le berger qui avait recueilli les jumeaux (Macer d'après Macr. 1, 10, 14 ; Ovid., *Fast.* 3, 55; Plut., *op. laud.* 4, 4 et les auteurs cités par Hosius, éd. p. 292). Sur l'institution de la confrérie des Arvales par Romulus, cf. Plin. 18, 2, 6 : *Aruorum sacerdotes Romulus in primis instituit seque duodecimum fratrem appellauit inter illos Acca Larentia nutrice sua genitos.*

5. Le collège des frères Arvales célébrait un culte agraire dans le bois sacré de la dea Dia à 7,5 km de Rome sur la via Campana. Il comprenait notamment les *Ambarualia*, trois jours de fête autour du 29 mai. Les fragments retrouvés de leur rituel restent énigmatiques, comme on sait. Cf. A. Ernout, *Recueil de textes latins archaïques*, Paris, Klincksieck, 1947, p. 107.

6. Sur Apion, cf. *supra*, 5, 14 ; 6, 8.

7. Frag. 22 Jacoby. Cf. Plut., *Curios.* 13 ; Frontin. 2, 11, 6 etc.

P. 95

1. Frag. 25 Peter. Sur le désaccord de Valerius Antias avec les autres annalistes, cf. 6, 19, 8 et la note. Cet annaliste se trouve fréquemment en contradiction avec la tradition généralement admise. C'est pourquoi l'hostilité à son égard est assez générale. Fronton lui reproche d'écrire *inuenuste* (p. 132, V. d. H). Tite Live le cite souvent mais le contredit fréquemment. Il lui reproche notamment de donner des chiffres exagérés : *impudenter ficta* (30, 29, 7). On l'accuse de modifier le fil de l'histoire pour édifier ou pour faire effet. Il amplifie le rôle des Valerii. Sa version sur l'histoire d'Acca Larentia et de Romulus ne paraît pas très sérieuse. Cf. les critiques très sévères de Gelzer in *Gnomon*, 18, 1942, p. 220 ss., au contraire l'apologie de A. Klotz, *Livius und seine Vorgänger*, Neue Wege zur Antik, II, 1 Leipzig, 1940-41, et surtout de R. M. Haywood, *op. laud.* L'hostilité d'Antias à Scipion tendrait à montrer que l'annaliste se désolidarisait de la tradition aristocratique suivie par les historiens romains, ce qui a pu susciter contre lui cette méfiance quasi générale.

2. C'était un client d'Appius Claudius, censeur en 312. Celui-ci avait opéré des réformes hardies et favorisé les affranchis : il avait fait admettre au sénat les fils d'affranchis. Flavius fut édile curule en 304 (le premier édile curule plébéien avait été M. Popilius Laenas en 364). Il acheva l'œuvre de son maître. Il affaiblit le pouvoir des pontifes en publiant le calendrier et les formules de la procédure.

3. Frag. 27 Peter. L. Calpurnius Piso Frugi fut préteur en 136 et consul en 133. Dans l'une et l'autre charge, il combattit en Sicile les esclaves révoltés. Il écrivit des Annales qui allaient des origines à son temps. L'époque primitive et les années contemporaines étaient plus développées que le reste. C'était un conservateur acharné, hostile à toute nouveauté. Son style était assez maladroit, semble-t-il. *Sane exiliter scriptos,* dit Cicéron de ses livres (*Brut.* 106). Il est peu connu des écrivains suivants à l'exception de Tite Live et de Denys d'Halicarnasse qui le cite souvent.

Varron a travaillé à le faire connaître et Pline le nomme. Cf. *R.E.*, Bd. III, 1, p. 1392, *s.u.* n° 96. Tite Live suit Calpurnius de près dans ce récit (9, 46) et critique l'opinion de Licinius Macer selon qui Flavius n'était plus scribe au moment de son élection, et avait même exercé le tribunat. L'histoire est narrée encore par Val. Max. 2, 5, 2 ; Plin. 33, 17 ; *Dig.* 1, 27.

P. 96

3. Euclide de Mégare, disciple de Socrate, fonda l'école de Mégare. Il adhérait au monisme des Éléates qu'il essaya de concilier avec la doctrine de Socrate. Schleiermacher lui attribue une théorie des idées antérieure à Platon.

4. C'est une pièce carrée bordée d'une frange que les prêtresses et les femmes portaient dans les cérémonies religieuses.

P. 97

2. Frag. 6 Malcovati[2]. Le discours est dirigé contre C. ou peut-être plutôt T. Manlius Mancinus comme l'indiquent les manuscrits de Salluste. Ce personnage était tribun de la plèbe en 107 et s'employa à faire rappeler Metellus de son commandement en chef contre Jugurtha pour lui substituer Marius élu consul.

P. 99

4. Cf. traitée d'un tout autre point de vue une question voisine sur le même objet 6, 21.

P. 100

1. 156 d. Voici la traduction de A. Diès :

Tel est bien en effet le sens de l'instantané τὸ ἐξαίφνης : c'est le point de départ de deux changements inverses. Car ce n'est point de l'immobilité encore immobile que sourd le changement ; ce n'est point du mouvement encore mû que part la transition. C'est bien plutôt cette nature étrange de l'instantané qui, sise dans l'intervalle du mouvement et de l'immobilité, hors de tout temps, est justement le point d'arrivée et le point de départ pour le changement du mobile qui passe au repos comme celui de l'immobile qui passe au mouvement.

P. 101

1. Τιμωρία se rattache évidemment à τιμή. Mais ce mot a un sens beaucoup plus général d'évaluation et peut lui-même désigner peine ou récompense. La τιμωρία est donc la punition conçue proportionnellement au tort causé, comme une réparation ; essentiellement une vengeance à l'origine. En ne voyant que le sens d'honneur pour τιμή Aulu-Gelle est amené à une conception partielle. Mais la fonction de réparation est bien une des fonctions de la punition ; et cela apparaît encore plus clairement dans les sociétés anciennes où le châtiment n'est jamais demandé par un ministère public qui n'existe pas, mais par le particulier lésé.

2. 525 b.

P. 103

2. Cette discussion dans laquelle Aulu-Gelle reste très discret, est encore obscurcie pour nous par la longueur de la syllabe qui ne laisse pas juger de celle de la voyelle, mais tout indique que les formes de *quiesco* et les autres mots de la famille ont été faits à partir de la forme suffixée en *e* long du thème radical, et tout semble donner raison à l'adversaire d'Aulu-Gelle (mis à part l'étymologie grecque).

P. 109

2. Cf. Hérodote, 6, 37. Les gymnospermes ont en effet tendance à ne pas faire de rejets. Mais Théophraste, *Hist. plant.* 3, 9, 5 distingue la πεύκη, *picea* et la πίτυς, *pinus*, la première étant seule à ne pas faire de pousses.

3. Hérodote (2, 22) affirme qu'après une chute de neige, il pleut nécessairement dans les cinq jours. Il réfute ainsi la thèse expliquant la crue du Nil par la fonte des neiges.

4. *Aen.* 12, 407. Cf. le commentaire de Seru., *ad locum* : Stare *plenum esse. Alii* stare *constare intelligunt significat* puluere caelum constat, *id est* in puluerem uersum est *et* quasi totum ex puluere est. *Alii diutinum puluerem et continuum* [*et*] *significatum uolunt inumbrationemque ex eo solis et caeli factum, id est non moueri caelum sed consistere eundemque manere habitum aeris ex continua caligine pulueris, obducto semel caelo et quasi ob oculis intercluso.* Cf. *ibid.* 1, 646 ; 2, 333 ; *Buc.* 7, 53 : stant : *id est* abundant (Iunius Philargyrus). Non. p. 628 : *Stat plenum est.* Et il cite Lucilius : *stat sentibus pectus* (v. 213 Marx). Cf. encore Donat, *Ter., And.* 701 : Stetisse *hoc est esse... aliter* plenum est *ut idem* (Vergil., *Buc.* 7, 53) *stant et iuniperi et castaneae h. aliter* horrent et stant lumina flamma (Verg., *Aen.* 6, 300) ; *Schol. ad Lucan.* 2, 103 : *stat cruor in templo* : horret *ut Verg. stant lum. flamma.* Porph., *Hor., Car.* 1, 9, 1. La source d'Aulu-Gelle est donc à l'origine de toute une littérature scolaire.

5. Cf. Hieron., *Os.* III, Prol. Une autre comparaison a été établie entre les ouvrages de Cicéron et de Théophraste en 1, 3, 10 ss.

P. 110

2. L'incident est célèbre ; il a été raconté d'abord par Eschine, *De fals. leg.* 34. Ael., *Var. Hist.* 8, 12 raconte l'histoire de Démosthène et ensuite celle de Théophraste. Cf. Philostr., *Vit. Soph.* 1, 18 ; Longin., *Rhet.* p. 372 W.

3. La phrase citée par Nonius *halophantam mendacem uelit* a été attribuée à Aulu-Gelle et à ce chapitre par Mercerus. Lindsay pense ces mots tirés d'une comédie inconnue.

P. 111

2. Les manuscrits écrivent *Cupsones* ou *Eupsones* et le plus souvent avec un caractère inhabituel et intermédiaire entre C et E. Le mot *Cupsones* dont le sens n'est pas clair se retrouve dans

Augustin (*Serm.* 46, 39). Cf. P. K. Marshall, *Mnem.*, 15, 1962, 3, 273.

3. Aulu-Gelle traite de l'*ambiguitate uerborum* en 11, 12 et, semblet-il, en 18, 4, 10.

4. L'histoire a été reprise par Macrobe, 2, 7, 2, qui cite les vers de Laberius. Cf. Sueton., Frag. 25 ss. Reifferscheid.

5. Priscien (*Gramm. Lat.* K. 2, 246, 6) écrit : *Agellius Noctium Atticarum VIII* (mais la plupart des manuscrits portent VIIII) : *Historia ex libris Heraclidae Pontici iucunda memoratu et miranda.*

P. 115

2. *Nulli rei* forme archaïque de génitif (*infra*, n. 3) attestée notamment dans Ter., *And.* 608. Cf. Plaut., *Truc.* 293. Mais il peut s'agir d'une forme de datif, cf. l'expression *bonae frugi.*

3. *Cuicuimodi* est aussi un génitif archaïque. Cf. l'explication de Leuman, *Lat. Laut- und Formenlehre,* 5e éd., p. 290, pour *isti(s) modi* par un génitif *-īus* en une seule syllabe.

P. 118

3. Sur ce récit et le scepticisme qu'il rencontre chez la plupart des critiques, cf. *Introduction,* p. XXXVIII s. Il est assez curieux qu'on nous donne d'abord le contenu des livres avant même le nom des auteurs. Ce contenu était-il connu d'avance ? Sur les *miracula,* l'intérêt d'Aulu-Gelle pour cette sorte de récit, intérêt encore attesté à la fin du § 5 et sa défiance théorique qui se manifeste bruyamment ici même au § 12, cf. *Introduction,* p. XXIV s. et notre *Critique...*, p. 259 ss.

4. Les auteurs nommés ici sont cités par Pline de 7, 10 à 7, 13 et 7, 27 s. à l'exception de Philostephanus et d'Hégésias cités en 7, 207 seulement et sans qu'il soit question de *miracula.* (cf. Isidore de Séville 11, 3, 26 s. *de portentis* sur l'Inde et les Pygmées. Mais il ne donne pas de nom d'auteur et il n'y a pas à faire avec Aulu-Gelle de rapprochement formel).

Aristeas de Proconnèse, serviteur légendaire d'Apollon, était l'auteur d'un poème sur les Arimaspes mentionnés par Hérodote (3, 116 et 4, 27) et Eschyle (*Prom.*, v. 803). Il était capable de séparer son âme de son corps. Son mysticisme était missionnaire. Cf. J. P. D. Bolton, *Aristeas of Proconnesis*, Oxford, 1962. Hérodote le date de 340 ans avant son temps.

Isigonus de Nicée était l'auteur de paradoxes ; il vivait au Ier siècle av. ou ap. J.-C. Il s'est peut-être servi de Varron (Pline 7, 12).

Ctésias (fin du Ve siècle av. J.-C.) était de Cnide. Il vécut à la cour des rois de Perse et assista Artaménès à la bataille de Cunaxa. Il était l'auteur d'une histoire de Perse écrite en ionien et aussi d'un ouvrage sur l'Inde. Ses fragments ont été étudiés par J. Gilmore, *Fragments of the Persica of Ctesias*, 1888. Cf. J. D. P. Bolton, *op. laud.*

Onesicritus d'Astypalea était marin et philosophe cynique. Il écrivit l'histoire d'Alexandre qu'il accompagna en Inde. C'est un roman du genre de la *Cyropédie* plus qu'une histoire : Alexandre y figure le héros suivant le cœur des Cyniques. Strabon et Pline se sont servis de cet ouvrage.

Philostephanus de Cyrène (IIIe siècle av. J.-C.) fut élève et ami de Callimaque. Il écrivit une œuvre géographique pleine de merveilles et de fables (Athen. 7, 297 f ; 8, 331 d, etc.). Mais les manuscrits d'Aulu-Gelle ne nous donnent pas son nom. Ils portent Polystephanus, nom inconnu d'ailleurs. Philostephanus est mentionné par Pline (7, 207) en même temps qu'Hegesias, Ctesias et Archemagus comme donnant des avis divergents sur le premier qui navigua en *nauis longa*.

Hegesias de Magnésie fut le chef de l'école cyrénaïque au temps de Ptolémée Sôter (mort en 283). Il est connu par le succès de son plaidoyer en faveur du suicide. Il avait écrit lui aussi une biographie d'Alexandre.

P. 120

4. Plin. 7, 23 : *Ctesias scribit et in quadam gente Indiae feminas semel in uita parere genitosque confestim canescere, idem hominum genus qui Monocoli uocentur singulis cruribus mirae pernicitatis ad saltum, eosdem Sciapodas uocari.*

5. *Ad saltum* de Pline a inspiré à Aulu-Gelle *saltuatim* (9), mot pris à Sisenna (cf. 12, 15, 1) ; *saltatim* leçon de *BQZ* n'est pas autrement attesté.

6. Plin., *ibid.* : *quosdam sine ceruice oculos in umeris habentes.*

7. Plin. 7, 25 *Megasthenes... ad extremos fines Indiae... Astomorum gentem sine ore, corpore toto hirtam uestiri frondium lanugine, halitu tantum uiuentem et odore quem naribus trahant.* Aulu-Gelle remplace les feuilles par des plumes.

P. 121

1. Plin. 7, 26 : les Pygmées, *ternas spithamas longitudine hoc est ternos dodrantes, non excedentis.* La spithama mesure 3/4 de pied *(dodrans)*, ce qui fait bien au total 2 pieds 1/4. Le pied attique était de 0,296 m.

Ainsi il faut noter que tout ce que rapporte Aulu-Gelle figure dans Pline, aussi bien ce qui, selon l'auteur, a été pris directement dans les livres de Brindes et retrouvé ensuite chez cet écrivain (§ 7 ss.), que ce qui est exposé dans le § 6 où Pline n'est pas mentionné. Tout se passe donc comme si Aulu-Gelle n'avait pas vu les sources de Pline. Mais il tient à les citer pour leur laisser la responsabilité des *miracula* rapportés. De Pline, il ne donne que des faits non fabuleux, suivant Pline lui-même qui ne nomme pas d'*auctor* pour les faits vraisemblables. Cf. G. Serbat, *Rev. Phil.*, 47, 1973, p. 38-49 : *La référence comme indice de distance chez Pline.*

2. Cf. la même distinction pour Apion, 5, 14, 3, et quant au jugement d'ensemble sur Pline, notre *Critique litt.*, p. 260.

3. 7, 4, 36.

4. Ovide, *Metam.* 12, 189 raconte la légende de Caenis violée par Neptune et qui a obtenu de Zeus d'être changée en homme barbu.

5. En 171 av. J.-C. Le prénom de Licinius Crassus était en

réalité Publius. Il avait été préteur en 176, mais il ne rejoignit pas sa province, l'Espagne. Consul, il fut chargé de la guerre contre Persée. Après une défaite, il eut l'audace de demander au roi de se rendre sans conditions ; il remporta ensuite cependant une victoire. Ses exactions contre les cités grecques furent désavouées par le Sénat. C. Cassius Longinus se rendit célèbre par sa déception : l'Italie lui échut comme province au lieu de la guerre contre Persée. Il entreprit alors de transporter son armée contre Persée. Comme le Sénat l'avait rappelé, il ravagea au retour plusieurs cités grecques. Il fut censeur en 154.

6. C. Licinius Mucianus était à la tête de la Syrie lorsqu'il se révolta et porta Vespasien au pouvoir en 69 ap. J.-C. Il mourut entre 75 et 77. Écrivain, il est souvent cité par Pline à propos de *mirabilia*. L'ouvrage qu'il a laissé devait être un recueil de *mirabilia*. Cf. *R. E. s. u.* XII, col 436 ss. et en particulier col. 441.

P. 122

6. Frag. 23 Wehrli. La correction d'*iniurias* en *incurias* proposée par A. J. Kronenberg in *Class. Quat.* 4, 1910, p. 23 s. ramène toute l'énumération à des inconvénients du même type. Mais l'injustice et ses manifestations peuvent tout aussi bien naître de la volupté.

7. *Obliuiones* peut désigner aussi l'étourderie, l'infidélité aux promesses et toute la légèreté qui comporte l'oubli des devoirs.

8. Le nom de Taurus qui intervient au § suivant invite à penser que ce maître, constamment interprète de Platon dans les *Nuits*, est aussi à la source de cette phrase, d'ailleurs assez peu précise. Les théories en question sont exposées surtout dans le *Philèbe*. Sur Taurus, cf. vol. I, p. 76, n. 2 et *R. E.*, *s.u.* n° 11, col. 58-68.

P. 123

2. L'argument rationnel est évidemment sans valeur, les fréquentatifs cités étant formés, comme Aulu-Gelle l'indique, sur le thème du participe passé et non sur le thème du présent. L'allongement de la voyelle initiale du participe passé a été longtemps expliqué comme un phénomène phonétique dit loi de Lachmann ; devant la sourde *-t* de la désinence *-tos* la consonne sonore de la racine s'assourdirait et allongerait la voyelle qui précède : cf. A. Ernout, *Morphologie historique du latin*, 3e éd., Paris, 1957, p. 224, et avec réserve P. Monteil, *Éléments de phonétique et de morphologie latines*, p. 65. Ainsi pour *actus* de *ago*, pour *unctus* de *ungo*, pour *lectus* de *lego* ; dans le cas de *pensus* de *pendo* la dentale de la racine au contact avec le *t* aboutit à la sifflante *s* et la voyelle, devant le groupe *ns*, s'allonge, le *n* ne subsistant plus dans la prononciation (Niedermann, *Phonétique hist.*, § 36, 2°). Aulu-Gelle semble s'être trompé sur *scribo* dont la voyelle est longue (A. Ernout, p. 127). Dans le cas de *motus* le *o* long est le résultat d'une évolution phonétique normale à partir de *mouetos; esus* est analogique des formes en *e* long du verbe ; cf. A. Ernout, *loc. laud.*

On a de nos jours abandonné presque entièrement l'idée de la loi de Lachmann, les faits ne la confirmant guère. Cf. la prudence de Maniet, *Évolution phonétique* § 44, 4 et surtout les thèses de J. Kurylowicz, notamment dans son *Indogerman. Gramm.*, p. 326-328. L'allongement de la voyelle radicale au participe passé est analogique du supin où le degré long existait d'origine et du parfait avec lequel le participe passé avait des rapports sémantiques de plus en plus étroits. Il s'est constitué ainsi un système morphologique *legere, lēgit lēctus est*, parfaitement clair, dont seule la limitation paraît quelque peu difficile à expliquer.

P. 124

1. L'indication d'Aulu-Gelle paraît dépendre directement de Pline, 2, 108 : *Olea et populus alba et salices solstitio folia circumagunt* ; cf. 16, 87 et 18, 265 ; 18, 266 et les notes de J. Beaujeu et de J. André qui énumèrent tous les auteurs anciens qui ont répété ce renseignement avec plus de foi que d'esprit critique. Parmi eux, citons Varron, *Re Rust.* 1, 46 : ... *ut olea et populus alba et salix. Horum enim folia cum conuerterunt se solstitium dicitur fuisse ;* et Théophraste, *Hist. Plant.* 1, 10, 1 : « L'olivier, le tilleul, l'orne et le peuplier blanc ont une particularité. Ils semblent en effet retourner la face supérieure de la feuille après le solstice d'été, à quoi on reconnaît qu'il est passé. » On notera la formule relativement dubitative de Théophraste à quoi correspond le *prope modum* d'Aulu-Gelle que ses sources n'ont pu tout à fait persuader qu'il constatait un phénomène qui n'existe pas.

2. Frag. 181 Reifferscheid. L'ouvrage s'intitulait en réalité, si l'on en croit Suidas, *De Romanorum spectaculis et certaminibus.*

3. Nonius, p. 317 note *neruia* comme un féminin fréquent chez les *docti*, et à côté de la forme normale *nerui* masculin.

P. 126

1. Les problèmes de traduction sont évoqués souvent dans les *Nuits Attiques.* Voir à ce sujet l'important ouvrage de L. Gamberale, *La traduzione in Gellio*, Roma [1969], sur ce chapitre p. 104-116.

L'expression d'Aulu-Gelle rappelle le principe déjà énoncé par Cicéron (*Opt. gen. or.* 5, 14) : *Non uerbum pro uerbo necesse habui reddere sed genus omne.* Cf. *Fin.* 3, 4, 15 où il s'agit de philosophie et de mots nouveaux. Horace s'était exprimé peu différemment (*A.P.* 5, 13) : *Nec uerbo uerbum curabis reddere fidus interpres* ». Il est vrai qu'Horace ne s'occupe pas seulement de traduction, mais de création poétique à partir d'un modèle grec.

2. En grec dans le texte. Theocr. 5, 88.

3. Ici commence la citation latine. Verg., *Buc.* 3, 64 ss.

4. Theocr. 3, 3 ss. Les mots grecs τὸ καλὸν πεφιλημένε ne paraissent pas intraduisibles.

P. 130

3. L'anecdote légendaire est évidemment à rapprocher de celle qui est contée au ch. 13 de Titus Manlius, cf. Liu. 6, 42. Peter en fait le fr. 12 de Claudius Quadrigarius, auteur expressément nommé du récit de 13. Mais comme l'avait remarqué J. Marouzeau

(*Rev. Phil.* 1921, p. 123) le style du présent récit est beaucoup plus sobre, les effets dramatiques plus mesurés qu'au ch. 13. J. Heurgon dans sa *Capoue préromaine* propose d'attribuer ce récit à Valerius Antias, toujours favorable à Corvinus peut-être pour des raisons gentilices. Le récit a été repris par T. Liu. 7, 26. Il y est fait allusion bien des fois dans la littérature latine : Flor, 1, 8 ; Eutr. 26 ; Aurel. Victor, *Vir. ill.* 29, Dion. Hal., Exc. 15, 1, 1 ; Appien, *Celt.* 10 ; Dio C. Frag. 31 M. ; Suidas *s.u.* Κελτοι et ἀμύσσειν, *Gramm. Lat.* 4, 536, 14.

Sur le sens et la raison de ces combats singuliers, cf. surtout R. Bloch in Tite Live, *Hist. Rom.* 7 par J. Bayet R. Bloch, p. 108 ss. Le combat singulier, selon lui, est une tradition celtique opposée à la tradition romaine de la discipline qui repose sur l'idée d'une force collective. Dans les deux combats des chap. 11 et 13 un champion gaulois se présente en face d'un jeune homme respectueux de la discipline et de la piété. Le Gaulois est orgueilleux et frénétique. Il est animé du *furor* de G. Dumézil, *Horace et les Curiaces*, Paris, 1942, p. 10-34 ; cf. M. J. Sjoestedt, *Dieux et héros des Celtes*, p. 80 ss. L'originalité de la victoire est au chapitre 13 le collier, et l'on connaît le goût des Gaulois pour les colliers. Ici, c'est le corbeau que, selon Denys, Valerius avait été autorisé à porter sur son casque. On a donc songé à une légende étiologique répandue par les Valerii, cf. R. Hanslik in *R.E.*, VIII A, 1, p. 131 ; cf. Volkmann, *ibid.*, VII A, 2, p. 2415. Mais, selon H. Hubert, *Les Celtes depuis l'époque de La Tène*, Paris, 1932, p. 8, le corbeau au combat est un thème celtique. Dans la grande épopée irlandaise, la déesse Morrign attaque Cuchulainon sous la forme d'un corbeau. Le nom du corbeau, *brân*, a été porté par des guerriers gallois. On a plusieurs représentations de corbeau sur un casque gallois (R. Bloch, *op. laud.*, p. 117).

4. En 349, ce qui coïncide avec l'indication donnée au § 9. Le héros de l'histoire M. Valerius Messala Corvinus, ou Corvus d'après certains manuscrits de Tite Live (7, 32, 15), est Valerius Maximus (8, 3, 4 et 8, 16, 4) qui fut ensuite consul en 348, en 346, en 343 ; il exerça en 343/42 la charge de dictateur pour diriger la répression d'une attaque samnite contre Capoue.

Tali genere se rapporte à une phrase non citée par Aulu-Gelle. Les *Valerii* étaient en effet de la plus haute antiquité et d'origine sabine d'après Varron et Denys d'Halicarnasse.

P. 133

2. Frag. 212 Malcovati. Cf. *infra* 10, 13 et la note 4. Non. p. 248 : Suspiciosus *qui in suspicione sit.* Suit la citation de Caton.

3. 7, 5. Cf. Non. p. 162 ; Formidolosum, *et quod ipsum formidet et quod sit formidabile.* Donat., *Ter. Eun.* 4, 6, 18 : Formidolosus *et terribilis et timidus intellegitur.* Cf. Seru., *Aen.* 4, 72 ; Isid. 10, 102 qui fait venir le mot *a formo id est a sanguine.*

4. Frag. 2 Morel. Cf. Nonius p. 193, l. 21 : Laboriosum *in quo laboretur.* Suit l'exemple de Calvus.

5. V. 86 Ribbeck. Cité par Non. p. 254 : Somniculosus *quod ad somnos uocet. Laberius...*

P. 136

4. Sur l'affection d'Aulu-Gelle pour les mots en *-bundus*, cf. nos *Mots...*, p. 187 s. Tite Live parle de chants, de cris et de cliquetis d'armes. On peut préférer la leçon de *Π cunctabundus*, hésitant, prêt à bondir ; ou *cautabundus* formation non attestée ailleurs, peu claire, et dont le sens, plus que celui de *cunctabundus*, ne convient pas à l'image que Quadrigarius veut nous donner du Gaulois fanfaron et sûr de lui.

P. 141

3. A partir de *Sed C. Caesar* Aulu-Gelle revient au génitif. Ce n'est pas extraordinaire. Il a l'habitude de disposer en fin de chapitre ce que nous disposerions en note en bas de page. Il n'y a donc pas lieu de transposer les §§ 25 et 26 avant *facie* au § 20 comme le proposait habilement A. Burger (*Rev. Ét. Lat.*, 10, 1932, 373-381). Marshall, observant que l'exemple donné en 23 peut être un génitif au lieu d'un datif et que la citation de 22 est dans un état douteux, propose de supprimer la phrase 21 qui peut n'être qu'une glose. Il n'y aurait donc plus de témoignage d'Aulu-Gelle sur le datif en *-e*, et tous les exemples seraient des exemples de génitif. Mais la transition entre 20 et 22 devient rude et abrupte. Les deux exemples de Lucilius constituent une contradiction de la phrase qu'ils sont censés illustrer. P. Monteil (*Éléments...*, p. 207) considère le datif en *e* en face de *domino* issu de *dominōi* comme normal, (cf. A. Ernout, *Morphologie...*, p. 70). Il est largement attesté dans *dies*, *res*, *fides*.

4. Frag. 9 Funaioli.

5. 97, 3. *Die* n'est conservé que par PA^1 et *l*.

6. Il s'agit des vacances des tribunaux qui avaient lieu en juillet *(messium)* et en septembre *(uindemiarum)*.

P. 143

2. Les *Studiosorum libri*, œuvre perdue, étaient au nombre de trois et traitaient de grammaire.

P. 154

3. Frag. 41 Swoboda.

4. La correction de Hertz est minime. L'hapax des manuscrits *discertationibus* ne se justifie à aucun point de vue. La *lectio facilior dissertationibus* serait à préférer si la suite ne montrait qu'il s'agit d'un affrontement entre deux théories et non d'exposés successifs de la doctrine stoïcienne.

Le problème de la nature du langage est posé dans le *Cratyle* de Platon. Pythagore dont Nigidius Figulus suit les théories, considérait que le langage avait été donné par le créateur et avait valeur symbolique. Cf. L. Méridier, *Cratyle* ed., Introduction, p. 14-15 et 38-45 ; J. Collart, *Varron*, p. 258-268 ; Chrysippe ap. Galen. 5, p. 216 K.

P. 156

2. Frag. 44 Swoboda ; 15 Funaioli. *Locu-ples* est composé d'un

deuxième élément de la racine de *plenus*. Cf. Cic., *Rep.* 2, 9, 16 : ... *Multaeque dictione ouium et boum quod tum erat res in pecore et locorum possessionibus, ex quo pecuniosi et locupletes uocabantur.* Ce qui est commenté par les auteurs suivants Non., p. 700, l. 9 : *Locupletis non magnarum opum tantummodo sed ad quamlibet rem firmos et certos M. Tullius dici uoluit.* Isid. 10, 155 : Locuples *quasi locis plenus et possessionum plurimarum possessor quomodo docet Tullius de Rep. in libro secundo.* Cf. Schol. *Terent.*, *Heaut,* 2, 3, 17. L'illustration de cette explication est donnée par les expressions *locupletem auctorem* (*ad Caes. Minor.* 2, 24) et *testis locuples* (Cic., *Off.* 3, 10).

3. Cf. Isid. 10, 9 : *auere... Hinc et auarus...* Mais plus loin, il revient à *auidus auri.* Quant à Nonius, il donne bien *auere* comme étymologie à *auidus* mais ne propose rien pour *auarus* (p. 710).

P. 157

2. C. Fundanius fit juger P. Claudius en 249, sa sœur en 246. Il fut consul en 243. Tib. Sempronius Gracchus, édile en 246, fut consul en 238.

3. *Aes graue* : le bronze au poids, non monnayé et n'ayant pas par conséquent subi la dévaluation de l'*aes signatum.*

4. Ateius, Frag. 6 Strzelecki.

5. Les deux consuls de 246 étaient M. Fabius Licinus (dont nos manuscrits confondent le *cognomen* avec le gentilice Licinius des plus célèbres Crassus) et M'. Otacilius Crassus (dont nos manuscrits avaient fait T. Acilius), cf. Münzer *R.E.*, Bd. 6, 2, p. 1775, *s.u. Fabius* 94.

6. *Ultra* a été corrigé en *intra* (correction proposée par Ascensius, adoptée par Mercerus). Mais Aulu-Gelle ne se réfère pas à la géographie de son temps. Il se réfère à Varron et à Salluste au temps de qui les fleuves en question coulaient largement hors des frontières de l'empire.

7. *Hist.* Frag. 3, 80 Maurenbrecher.

P. 159

3. Fr. 7 Jacoby. Sur Apion, cf. 5, 14 et sur les *Égyptiaques*, 5, 14.

4. Bien entendu le renseignement anatomique est fantaisiste.

P. 163

4. Archytas de Tarente est un philosophe pythagoricien du IVe siècle av. J.-C. Mathématicien, homme politique, il eut une compétence militaire, mécanique et scientifique ; d'après Diogène Laërce (8, 83) il fut le premier à ériger en système la mécanique. Sur cette construction et sur l'aigle de bronze d'Olympie, cf. Paus., 6, 20, 7-12 et W. Schmidt (ap. Diels, *Vorsokrat.* I, 425, 7 ss.), A. Barigazzi, *Favorino* ed. p. 242.

P. 164

3. La forme *subrectitauit*, elle se dressa, donnée par tous les manuscrits, est un fréquentatif créé pour l'occasion à des fins quelque peu ironiques ; peut-être serait-il plus prudent d'accepter

la correction de l'*ed. Coloniensis* : *subreptitauit* (elle rampa de la table au lit), avec un *hapax* plus facile à former et à comprendre.

4. Frag. 87 Peter. *Enim* se place en tête de phrase quand on veut lui donner une valeur particulière.

P. 165

3. L'expression d'Aulu-Gelle dans cette phrase est un peu embrouillée. On entend couramment cette locution verbale, et désormais elle est *in medio loquendi usu*, c'est-à-dire qu'elle a droit de cité, ce que *uulgo* n'impliquait pas.

4. Frag. 176 Malcovati[2] qui place ce discours en 154, date de la censure de C. Cassius Longinus et de M. Valerius Messalla. Tite Live et Plutarque qui croient à tort que Caton est né en 239 (il est né en réalité en 234), lui donnent 85 ans quand il prononça cette défense (Liu. 39, 40, 11 ; Plut. *Cat. Mai.* 15, 4).

5. L'accusatif devient un nominatif par une sorte d'assimilation à la construction personnelle, le complément de *factum* devenant le sujet de l'impersonnel qui passe dès lors pour un passif.

P. 166

3. Fest. p. 295, l. 2 : *Procinctam classem id est paratam ad bellum militum multitudinem, Diali flamini uidere non licuit.* La levée des hommes destinés à porter les armes était la *classis*, unique à l'origine, partagée ensuite en cinq classes censitaires.

4. A l'origine les consuls qui remplaçaient le roi, étaient les chefs naturels de l'armée, c'est-à-dire tout simplement de la nation en guerre. Le domaine de Mars était ainsi rigoureusement interdit. Après Sylla, les consuls restaient à Rome et n'exerçaient que des pouvoirs civils ; c'est seulement ensuite, à titre de proconsuls, qu'ils pouvaient commander une armée, et être chargés d'une *prouincia*.

5. P. Fest. p. 92, l. 25 : *Iurare flamini Diali fas non erat.* Plut., *Quaest. Rom.* 44 ; T. Liu. 31, 50, 6 : *C. Valerius quem praesentem creauerant aedilem, quia flamen Dialis erat, iurare in leges non poterat.* Cf. *C.I.L.*, XII, 6038, 7.

6. P. Fest. p. 72, l. 25, après avoir mentionné l'interdiction de toucher ou de nommer le lierre, ajoute : *Sed ne anulum quidem gerere ei licebat solidum, aut aliquem in se habere nodum.* « Le flamine ne doit être retenu par aucun lien ni anneau. Réservé au service du ciel libre et pur, il doit être lui-même libre » (J. Bayet, *Histoire politique et psychologique de la religion romaine*, p. 100).

7. Cf. P. Fest. p. 106, l. 4 : *Ignem ex domo flaminia efferri non licebat nisi diuinae rei gratia.*

8. Plut., *Quaest. Rom.* 111 ; Ps. Seru., *Aen.* 2, 57... *antiquis itaque caerimoniis cautum erat ne uinctus flaminiam introiret, si introisset solueretur uinclaque per impluuium effunderentur inque uiam publicam eicerentur. Flaminia autem domus flaminis dicitur, sicut regia regis domus.*

9. Pour la description de l'*apex*, cf. Seru., *Aen.* 2, 683 : *Apex proprie dicitur in summo flaminis pileo uirga lanata, hoc est in cuius extremitate modica lana est.* Il ajoute plus bas qu'aux fêtes des

Laurentes à Lavinium les vergettes étaient immenses. Cf. l'étude très précise de G. Serbat, *Les dérivés nominaux latins...*, p. 225-228 sur *apex* et *apiculum.*

P. 167

6. Plut., *Quaest. Rom.* 40 ; cf. Tac. *Ann.* 3, 71 où Tibère rappelle la règle et interdit au flamine d'aller gouverner une province. Le texte du passage est particulièrement corrompu : le *ne* qui existe devant *alium*, le *neque* devant *apud* peuvent faire penser à l'existence de lacunes qu'il n'est pas facile de combler avec quelque vraisemblance.

7. *Strues* et *fertum* désignent les gâteaux de sacrifice dans le vieux rituel agraire. Cf. P. Fest. p. 75, l. 17 : Ferctum *genus libi dictum quod crebrius ad sacra ferebatur nec sine strue,* et Fest. p. 409, 2 : Strues *genera liborum digitorum coniunctorum similia...*

8. Sur *arbor infelix*, cf. J. André in *Mél. Bayet*, p. 35-46. Il existait une liste officielle des *arbores felices* dressée par les Pontifes. Ils avaient donc une valeur sacrée.

9. Plut., *Quaest. Rom.* 40 ; Ps. Seru., *Aen.* 1, 305 : ... *flamine extra medium pomerium post solis occasum ponere non licere* ; *Ibid.* 8, 552, où il est indiqué que le flamine de Mars pouvait ne pas porter l'*apex* ; 8, 664 : *Quod* (pilleum) *cum per aestus ferre non possent, filo tantum capita religare coeperunt; nam nudis capitibus eos incedere nefas fuerat...* Cf. Isid. 7, 12, 18 ; Appian., *Bell. Ciu.* 1, 65 : πιλοφορεῖ μόνος ἀεὶ. Cf. Schol. Luc. 1, 604.

10. Frag. 28 Huschke. Cf. Tac., *An.* 3, 71.

11. Plut., *Quaest. Rom.* 109 : ἄλευρου... οὐδὲ ζύμης. Ps. Seru., *Aen.* 1, 179 : *farinam fermentatam.*

12. Plut., *Quaest. Rom.* 40.

13. Après le départ des Tarquins le titre royal fut reporté sur un prêtre soustrait à toute activité politique, mais qui pouvait seul assumer certaines obligations religieuses. Le *rex sacrorum* eut donc le pas sur tous les autres prêtres de Rome et d'abord sur le premier d'entre eux, le flamine de Jupiter. La règle fut maintenue même lorsque le prestige du *rex* eut presque disparu. Cf. Fest. p. 198, l. 30.

P. 168

3. P. Fest. p. 79, l. 23 : *Flammeo amicitur nubens quod eo assidue utebatur flaminica.* Ps. Seru., *Aen.* 12, 602 : *Flaminica enim uenenato operiri debet... Ibid.* 4, 137 : *Arculum uero est uirga ex malo Punica incuruata quae fit quasi corona et ima summaque inter se alligatur uinculo laneo albo...* Le grenadier est suivant N. Boels symbole de fécondité, *op. laud.*, p. 85.

4. Les corrections de Scaliger et de Carrion sont rendues nécessaires par une note de Seruius (*Aen.* 4, 646) qui explique en même temps ce que sont les *scalae Graecae* : « *Apud ueteres autem flaminicam scalas plus tribus gradibus nisi Graecas scandere non licebat ne ulla pars pedum eius crurumue subter conspiceretur, eoque nec pluribus gradibus sed tribus, ut in ascensu duplices nisus non paterentur extolli uestem aut nudari crura. Nam ideo et Graecae*

scalae eliguntur quia ita fabricantur ut omni ex parte compagine tabularum clausae sint ne aspectum ad corporis aliquam partem admittant. »

5. Plut., *Quaest. Rom.* 86 ; Ouid., *F.* 3, 397 et 6, 226. D'après Plutarque l'interdiction était plus large, elle ne se baignait pas et ne faisait pas de toilette de tout le mois de mai ; ce tabou la contraignait en tant que prêtresse d'Héra. Les *Argei* étaient des mannequins d'osier que Vestales et pontifes jetaient dans le Tibre le 15 mai. On ne sait quel était leur rapport avec les *Argaea*, sorte de chapelles, réparties au nombre de 24 sur les collines du Viminal et du Quirinal auxquelles la foule se rendait les 15 et 16 mars.

6. *Font. Iur. Rom*[7]., p. 220. L'édit perpétuel ne fut rédigé définitivement que sous Hadrien par le jurisconsulte Salvien. Mais depuis les préteurs reprenaient dans leur édit l'édit des prédécesseurs. Quant à la promesse ainsi faite, le § 5 l'éclaire suffisamment en ce qui concerne le flamine.

7. Frag. 4 Merkel. Cf. Ps. Seru., *Aen.* 2, 683 : *Suetonius tria genera pilleorum dixit quibus sacerdotes utuntur apicem, tutulum galerum : ... galerum pilleum ex pelle hostiae caesae.* La formule est répétée par Isid. 19, 30, 5. Cf. P. Fest., p. 9, 27 : *Fiebat enim ⟨albogalerus⟩ ex hostia alba Ioui caesa...*

P. 173

3. *Tusc.* 3, 31, 75 ; Val. Max. 4, 6, ext. 1.

4. Markland proposait de lire *naenias* au lieu de *manus.*

P. 176

2. Frag. 24 Strzelecki.

3. La *lex de imperio Cn. Pompei* ou *lex Manilia* en janvier 66 confirmait Pompée dans son *imperium* sur les mers, lui attribuait, avec la conduite de deux guerres contre Mithridate et contre Tigrane, le gouvernement des provinces de Cilicie-Asie et de Bithynie-Pont, et le droit absolu de nouer des alliances, d'étendre les hostilités ou de conclure des traités.

4. La loi sur le retour de Cicéron fut votée le 4 août 56 sur la proposition du consul Lentulus. Ces deux lois sont en réalité des mesures de gouvernement prises par les comices.

5. Pompée, investi du consulat sans collègue, fit voter deux lois contre Milon. Il s'agit ici de la *rogatio de ui* promulguée le 28 février 52 qui permit d'ouvrir le procès de Milon, assassin de Clodius, dans des formes exceptionnelles, et qui prescrivait ces formes.

En réalité, on avait tendance à désigner toute décision du *populus* du mot *lex* et Gaius ne définit pas autrement : *Lex est quod populus iubet atque constituit* (*Inst.* 3).

6. La définition de *priua* par *singula* est reprise dans *C.G.L.* 4, 273, 7 ; 5, 646, 12. Cf. Acro, *Hor. serm.* 2, 5, 11 : *Priuum autem quod unius est unde et priuilegium.* Quant à *priuilegium* les définitions données par les glossaires sont multiples mais parfaitement concordantes : *C.G.L.* 7, 131 : *lex non publica sed priuata, lex singularis, priuata lex, propria lex,* etc. Une loi faite pour un

individu apparaît comme une dérogation à la loi, *excusatio a lege concessa (ibid.)*. C'est pourquoi le *priuilegium* était interdit par les XII Tables. Cf. Cic., *Leg.* 3, 11. et *Dom.* 17, 43.

7. V. 49 Marx. « L'*acarna*, poisson indéterminé dont la tête était un morceau de choix, principalement la cervelle, et qui pourrait être le bar. » J. André, *L'alimentation et la cuisine à Rome*, p. 99. La citation est donnée par Non. p. 235 et p. 30.

P. 178

3. Frag. 53, 15 Funaioli. Sur L. Aelius Stilo, cf. *supra* 1, 18, 1 et vol. I, p. 61.

4. 6, 59.

P. 179

1. Sur la position prise ici par Aulu-Gelle, cf. Introduction, p. XXVI ss. Très pénétré de la doctrine de limitation, et tout en louant Platon, Aulu-Gelle en vient à donner raison au pire des ennemis du philosophe, à celui qui admet de s'arrêter dans la recherche de la vérité pour satisfaire l'opinion commune. La distinction reprise en 24 entre ceux qui encourent les reproches d'exagération et les vrais philosophes n'est pas claire. Une portée pratique est donnée à la philosophie qui, mère de toutes les vertus, excelle dans les devoirs publics et privés et administre les cités ; ce n'est pas absolument contraire à la doctrine de Platon, mais ce n'est pas non plus l'exposé correct d'une doctrine pour qui seule la vérité philosophique importe.

2. 484 c.

P. 182

1. Cic., *Rep.* 4, 6, 17 : *Carent temeto omnes mulieres.* Cf. Plin., *N.H.* 14, 89 et les notes de J. André ; Dionys. Hal. 2, 25 ; Val. Max. 2, 1, 5 ; Polyb., 6, 2 ; Plut., *Q.R.* 6 qui justifient cette interdiction parce que l'ivresse mène à l'adultère. Seru., *Aen.* 1, 737 : *Nam apud maiores nostros feminae non utebantur uino, nisi sacrorum causa certis diebus.* Formule reprise par Isidor. 20, 3, 2. Cf. encore Tert., *Apol.* 6, 4 ; Arnob., *Ad Nat.* 2, 67. Cette interdiction a reçu diverses interprétations : P. Noailles, *Les tabous du mariage*, in *Fas et Ius*, Paris, 1948, p. 1-27, voit dans le vin un substitut du sang et considère que la boisson revenant à un mélange de sangs, était comparable à l'adultère. A cela on peut toutefois objecter que les Romains n'avaient pas à un degré très vif le sentiment que la filiation réside dans une communauté de sang. C'était l'acte volontaire du père relevant le nouveau-né qui en faisait le fils de la famille. M. Durry, *Sur le mariage romain*, in *Gymnasium*, 63, 1956, p. 187-190, note que le vin passait pour avoir des vertus abortives, et que l'acte de boire pouvait être assimilé à un avortement. Mais après tout, étant donné que le vin n'était pas la boisson quotidienne, il était assez naturel que l'excitation qu'il procure fût réservée aux guerriers, aux mâles, aux citoyens.

2. Sur *temulentus, abstemius* et *temetum*, cf. Quint. 1, 7, 9 ;

Donat. *ad Ter., Andr.* 229 ; *Eun.* 655 ; Ps. Acro., *Hor., Ep.* 1, 12, 7 ; 2, 2 163 ; Isid. 10, 11 et 10, 271.

3. Cicéron note un usage inverse (*Rep.* 4, 6) : *Atque etiam si qua erat famosa ei cognati osculum non ferebant.* Mais aux yeux de Polybe, 6, 2, 3-8, il s'agit d'une surveillance à laquelle la femme n'avait pratiquement aucune chance d'échapper. Les *cognati* étaient particulièrement chargés de juger les femmes (cf. *infra*). Notons cependant que l'usage du baiser n'a rien de si extraordinaire entre parents. Martial atteste qu'à une époque beaucoup plus tardive, l'*osculum* constituait une forme très banale de salut et servait aux félicitations (1, 76, etc.). On peut se demander s'il ne s'agit pas de l'interprétation d'un usage dû à d'autres causes.

4. La *lorea* ou *lora* est un vin de marc obtenu en faisant macérer le marc épuisé dans de l'eau et en le pressant à nouveau. Le *passum* est un vin de raisin séché, la *murina* était un *passum* de deuxième jet obtenu par pressurage de marc macéré dans du moût cuit. Cf. J. André, *L'alimentation et la cuisine...*, p. 164 s.

5. On a proposé de lire *malas existimatas* (Friedrich, *Thes. Ling. Lat. s.u.*, p. 1518, l. 82), mais le tour habituel est *male existimare de aliquo* et l'emploi du verbe sans attribut ne paraît pas plus choquant.

6. Frag. 221 Malcovati². On ne connaît rien de ce discours qui n'est pas cité ailleurs. Le texte présente des difficultés d'interprétation considérables. D'abord *diuortium* est étrange. Il peut sembler que celui qui a répudié sa femme n'a plus aucun droit sur elle et ne peut la punir. C'est pourquoi J. Lipse et Gronove ont cherché à installer une négation, *nisi* ou *ni*. On ne le fait plus parce que la condamnation de la femme avait une grande importance dans le divorce ; elle permettait au mari de retenir une partie de la dot sinon la totalité, notamment au moyen de l'*actio rei uxoriae* dont le plus ancien exemple connu serait le jugement rendu par Marius sur un cas frauduleux (Val. Max. 8, 2, 3). Il semble d'ailleurs qu'en pareil cas le jugement aurait dû revenir non au mari mais au père ou aux cognats, à défaut d'un *iudex* désigné hors de toute parenté : c'était le cas après la *lex Iulia* promulguée par Auguste (Vlpian., *Dig.* 48, 5, 24 ; cf. Sueton., *Tib.* 35 : *propinqui more maiorum*). Mais le mari avait eu le droit de se joindre à ce tribunal (Dion. Hal. 2, 25) sinon de le présider. Cf. Kunkel, in *Zeitschr. Savigny St.*, Röm. Abt. 83, 1966, p. 238. Sur la récupération de la dot et les formes d'action qui y mènent, cf. A. Söllner, *Zur Vorgeschichte und Funktion der actio rei uxoriae*, Köln-Wien, 1969.

7. Certains commentateurs, par exemple Wolff, *Zeitschr. Savigny Stift.*, Röm. Abt. 54, 1934, p. 315 ss. voulant mettre d'accord le texte de Caton avec la phrase du § 3, considèrent que le *iudex* n'est pas le mari ; il y aurait alors là une description de l'*actio rei uxoriae* avant la lettre. Mais c'est forcer le texte et lui enlever la cohérence avec la phrase qui le précède immédiatement et qui annonce un texte sur le pouvoir absolu du mari.

Bien entendu les expressions employées n'ont aucune valeur juridique ; le censeur n'avait rien à dire sur la conduite d'une femme qui était sous la *manus* de son mari ou de son père ; l'adultère n'a constitué un délit qu'à partir des lois d'Auguste. Il y a là une comparaison du pouvoir du mari avec le pouvoir des magistrats sur les citoyens. Le pouvoir de vie et de mort du chef militaire (*imperium*) ne s'applique de même que par image au pouvoir du mari qui juridiquement n'est jamais désigné que par *manus*. Cf. P. Fest. p. 55 qui use de la même image dans une des explications qu'il donne de l'usage de la *hasta caelibaris : uel quod nuptiali iure imperio uiri subicitur nubens*. Cf. M. Kaser, *Das Römische Privatrecht*, Munich, 1971, p. 57, n. 5.

8. Tout le sens de la phrase réside dans la ponctuation et dans la valeur de l'opposition entre *multare* et *condemnare*. Notons que si le deuxième terme s'applique mieux à une peine afflictive, il n'implique pas forcément une condamnation à mort. L'interprétation traditionnelle place un point virgule avant *multatur*, un autre après *bibit* ; le vin donne lieu à une *multa* qui en l'occurrence serait une retenue sur la dot ; l'adultère à une condamnation qui peut être la mort. Mais Wolff, *loc. laud.*, considérait déjà que les deux termes ne peuvent guère désigner des peines d'essence différente. Il existe les traces d'une législation ancienne autorisant ses cognats à faire mourir la femme qui avait bu du vin (Dion. Halic. 2, 25, 6). Selon Pline, Fabius Pictor raconte l'histoire d'une matrone que ses cognats firent mourir de faim parce qu'elle avait forcé le coffret contenant les clés du cellier (14, 89). On raconte l'histoire d'Egnatius Maetanninus qui avait tué à coups de gourdin sa femme trouvée sous le tonneau. Il avait été absous par Romulus.

P. 183

2. Le chapitre a été reproduit par Macrobe I, 4, 20 ss.

3. *Die quinte* et *die quinti* sont des formes de locatif ; celui-ci était en *ei* qui est devenu *e* fermé à l'époque archaïque, puis *i* long à partir du IIe siècle av. J.-C. (cf. M. Niedermann, *Précis de phonétique...*, p. 43).

4. Sueton., *Aug.* 86-88.

5. Les *Compitalia* étaient une fête mobile qui se célébrait entre le 16 décembre et le 15 janvier, auprès des autels des carrefours dédiés aux Lares et aussi au *genius Augusti*.

P. 186

10. Ps. Seru., *Aen.* 7, 741 : *ex materia quam maxime lenta, cubitus longitudine tota fere clauis ferreis illigata quas in hostem iaculantes lineis quibus eas adnexuerant reciprocas faciebant.*

11. Cf. § 4, et Plut., *Aemil.*, 18 ; large sabre à deux tranchants.

12. Sorte de fouet à pointes de fer.

13. *Sibones* est peut-être une transcription de *sibonae* ou *sibynae* ou *sibynion*, arme d'origine illyrienne, sorte de pilum mince dont on se servait surtout pour la chasse. Cf. Polyb. 6, 23 et P. Couissin, *op. laud.*, p. 195-203.

14. *Siciles hastarum spicula lata*, P. Fest., p. 453, 20 ; cf. A. Ernout, *Dict.*, *s.u.* p. 623.

15. *Veruta pila dicuntur quod uelut uerua habent praefixa,*

P. Fest. p. 515, 9 ; en réalité arme de jet plus simple et plus légère que le pilum.

16. *Machera*, épée en grec ; *spatha*, large et longue épée, arme des auxiliaires au temps de Tacite (*Ann.* 12, 35) ; elle remplaça le *gladius* au Bas Empire.

17. P. Fest. p. 43, 23 : *Clunaclum cultrum sanguinarium dictum uel quia ad clunes dependit uel quia clunes hostiarum diuidit.* Mais G. Serbat qui a étudié le mot récemment, *Les dérivés nominaux latins à suffixe médiatif*, Paris, 1975, p. 231, a démontré le caractère récent de la formation : la présence de deux *l*, l'un dans la racine, l'autre dans le suffixe, sans qu'aucune dissimilation soit intervenue suffit à le prouver. La racine est probablement **kel*, tailler qui a pu servir de base à un dérivé à suffixe en *n* signifiant « qui tranche », **cluna*. Puis ce mot trop peu caractérisé, menacé aussi par l'homonymie avec *clunes*, aurait laissé la place à un dérivé secondaire, *clunaculum*. Ainsi le rapport avec *clunes* est inexistant et la définition de Festus relève du calembour.

18. V. 1 Ribbeck[2]. Cf. Varro, *L.L.* 7, 107 : *ut apud Naeuium in ' Esiona' mucro gladii lingula a lingua.*

19. V. 380 Vahlen.

20. Sur les noms de navires, cf. Nonius, *De genere nauium*, p. 854 ; Isid. 19, 1 ; Festus sous les différents vocables, et la mosaïque d'Althiburus publiée et commentée par P. Gauckler in *Mon. Piot*, 12, 1905, p. 112-154. Les études sur les noms de navires sont en outre celles de F. Miltner in *R.E.*, suppl. 5, p. 956-962, et surtout Lionel Casson, *Ships and Seemanship in the Ancient World*, Princeton Univ. Press, 1971, qui rend inutile C. Torr, *Ancient Ships*, 1895. Mise au point et bibliographie critique dans E. de Saint-Denis, *Les types de navires dans l'antiquité gréco-romaine*, in *Rev. Phil.*, 1974, p. 10-25. On note une affinité entre la liste illustrée de la mosaïque d'Althiburus et celle d'Aulu-Gelle.

21. *Gauli : genus nauigii paene rotundum* (P. Fest. p. 85, 11) sans doute un transport ; cf. Herod., 3, 136.

22. Navire de charge... *tardum et grande* (Non. p. 854 L) ; Plaute (*Poen.* 507) l'oppose à *celox (infra)... Corbitae dicuntur naues onerariae quod in malo earum summo pro signo corbes solerent suspendi* (Fest. p. 33. 13). Le nom vient plus probablement de l'allure générale et de la silhouette du bateau : *Mon. Piot*, n° 4, fig. 8 : de Saint-Denis, in *Rev. Phil.*, 1974, p. 16.

23. Décrites par Sénèque (*Breu. uit.* 13) : *et naues nunc quoque quae ex antiqua consuetudine commeatus per Tiberim subuehunt, codicariae uocantur.* Mais Isidore les dit creusées dans le bois d'un seul arbre et contenant de 4 à 10 hommes (19, 1, 27). Sur les péniches de ravitaillement, cf. J. Le Gall, *Le Tibre dans l'antiquité*, Paris, 1953, p. 226 ss.

24. Ce sont les navires de guerre.

25. P. Fest. p. 89, 28 ; *Mon. Piot*, n°5, fig. 10. Transports de chevaux. Cf. E. de Saint Denis, *loc. laud.*, p. 14, qui cite J. Rougé, *Recherches sur l'organisation du commerce maritime en Méditerranée*, Paris, 1966.

26. Navires de guerre rapides. Cf. Non. p. 855 : *cercyrus nauis*

est Asiana pergrandis. Ils étaient de forme allongée avec une poupe effilée (E. de Saint Denis, *op. laud.*, p. 20).

27. Opposé chez Plaute à *corbitam* (*Poen.* 543) ; *celox est nauigium breue dictum a celeritudine* (Non. p. 854). Isid. 19, 1, 22 indique que ce sont des navires rapides et maniables. Cf. *Mon. Piot*, n° 3, fig. 7, où il est distingué des *celetes* n° 2 Ce sont des navires de guerre (de Saint Denis, *loc. laud.*, p. 13).

28. *Genus nauicellae uelocissimae quod et dromonis nomine appellamus* (Fulg. *Exp. serm. ant.* 30) ; *nauicula breuis piscatoria*, Non. p. 856 ; il porte aussi le nom de *cumba* (Isid. 19, 1, 25).

29. *Nauicula piscatoria* (Non. p. 855), cf. *Mon. Piot*, n°14, fig. 19.

30. *Nauigium piscatorium* (Non. p. 857).

31. *Nauiculae celeres* (Non. p. 857) ; à rames et à voiles (Isid. 19, 1, 24) et à un rang de rameurs (*Mon. Piot*, n° 7, fig 12). Navire marchand rapide (E. de Saint Denis, *loc. laud.*, p. 19).

P. 187

3. *Nauigium fluminale tardum et graue quod nonnisi remigio progredi potest.* Isid. 19, 1, 24. *Mon. Piot*, n° 17, fig. 22.

4. Le mot contraste par son intelligibilité et sa généralité avec le reste de la liste ; sur *uectoriae*, cf. Suet., *Caes.*, 63., mais ce n'est qu'une conjecture : les manuscrits portent *uetutiae* inattesté par ailleurs et inintelligible. On a pensé à la *uegeia* de la mosaïque d'Althiburus, n° 15, fig. 20.

5. Mot grec qui se trouve sur la mosaïque d'Althiburus (*Mon. Piot*, n° 12, fig. 17), comme équivalent de *musculus*. Correction d'Heraeus pour *moedia* leçon de la tradition manuscrite : cf. *Rhein. Mus.*, 54, 1899, p. 307.

6. Mot largement connu ; seul Nonius (p. 857) le déclare *nauigium Campanum*, pour E. de Saint Denis, *loc. laud.*, il y a trois types de *phaseli* du canot au grand navire, transport de troupes.

7. *Nauigium piratarum aptum et ex his ita uocatum* (Isid., 19, 1, 20) ; *Mon. Piot*, n° 10, fig. 15.

8. *Genus nauigii ex duobus dissimilibus formatum. Nam et* mydion *et* paron *per se sunt*, Fest., p. 131, 21 L ; à tort *quasi minimus paro*, Isid., 19, 1, 21 ; *Mon. Piot*, n° 11, fig. 16, navire de guerre moyen ; *paro* désigne un navire léger, E. de Saint Denis, *loc. laud.*

9. Isidore (19, 1, 25) assimile le *caupulus* à la *cymba* ; bateau petit fait d'un tronc creusé.

10. Tacite (H., 3, 47, 4) décrit ces bateaux tout de bois sans clous, à deux proues, et couverts (cf. de Saint Denis, *loc. laud.*, p. 12).

11. Ces embarcations ne sont pas mentionnées ailleurs qu'ici et dans la mosaïque d'Althiburus, n° 16, fig. 21.

12. *Mon. Piot*, n° 20, fig. 25.

13. *Rates primum... ; ad cuius similitudinem fabricatae naues ratariae dictae*, Isid., 19, 1, 9. La mosaïque en donne l'équivalent grec σχεδαί, n° 1, fig. 6. Cf. E. de Saint Denis, *Sens et évolution de* ratis *en latin classique*, in *Les Ét. Class.*, 1946, p. 55-63.

14. La mosaïque représente un *catascopiscus* (n° 6, fig. 11) muni d'une poupe recourbée et très haute sur laquelle se place un guetteur. Mais c'est peut-être le nom du guetteur. *Catascopium*

se lit dans le *Bell. Afr.* 26, 3 ; Isid. 19, 1, 18. Cf. E. de Saint Denis, *Rev. Phil...*, p. 61.

15. Frag. 2 Funaioli. Les critiques malveillants de Salluste sont plusieurs fois évoqués et combattus dans les *Nuits.* Cf. 4, 15 et notre *Critique...*, p. 239 s.

Tout le passage est repris par Nonius, p. 726 avec les mêmes citations.

16. Frag. 1, 104 Maurenbrecher.

18. Frag. 1, 105 Maurenbrecher ; Servius (*ad Aen.* 1, 518) cite le passage ainsi : *t. o recipit mons Balleaia.* La critique d'Asinius Pollion vient de ce que l'idée de traverser s'exprime en latin comme en beaucoup de langues indo-européennes par le préfixe *trans*, le verbe principal indiquant le mode de mouvement ; or *gradior* veut dire *marcher*, ce qui ne convient dans aucun des exemples cités. Mais comme le dit Nonius *(loc. laud.)* : *auctoritas uetustatis liberiorem loquendi usum dedit.* Cf. Ps. Seru., *Aen.* 1, 157 ; 1, 534 et 6, 194.

P. 189

2. L'envoi d'une lance et d'un caducée est rapporté également par Dion Cassius, Frag. 45 ; Zonaras, 8, 17 ; cf. Oros. 4, 12, 2. Il s'agirait d'une ambassade envoyée par les Romains en 235 lors des événements de Corse pour détourner les Carthaginois de soulever les insulaires contre les Romains. Mais l'autorité de Polybe invite à considérer qu'il s'agit d'une transposition annalistique tardive. Tel est du moins l'avis de De Sanctis, *Storia dei Romani*, 2e éd., p. 273, n. 39. L'ultimatum romain et la manière orgueilleuse dont il a été repoussé rappellent la célèbre séance du sénat carthaginois en présence de l'ambassade romaine en 218, séance d'où sortit la deuxième guerre punique. L'ambassade romaine était conduite par M. Fabius Buteo que la plupart des auteurs appellent Quintus par confusion avec Fabius Maximus (Liu. 21, 18). Mais aucun des auteurs, si prolixes sur cette séance ne parle ni du javelot ni du caducée.

P. 191

4. *Deque* n'est guère employé en dehors de l'expression *susque deque* et ne peut pas s'opposer à *atque.*

5. *Georg.* 1, 199. La phrase en elle-même est obscure. Hertz conjecturait avant *existimatur* une lacune où l'on pourrait restituer *significatur ubi :* statim *sens qu'il a dans les vers suivants de Virgile où l'on pense que cette particule est employée de façon obscure...* Hosius préfère placer *ubi* après *existimatur* et corriger *esse* en *est* ; mais il faut encore ajouter *factum* dans la relative (d'après *BQZ.*) Le sens est alors : « ... statim *ce qu'on juge réalisé dans les vers suivants de Virgile où cette particule est employée de façon obscure.* » La correction de Skutsch est plus simple, plus claire et rend compte au mieux de la faute.

Atque n'a pas le sens de *statim* chez Virgile, ni ailleurs. Dans les vers cités, il crée une sorte d'anacoluthe et insiste sur la rapidité et l'inéluctable de la conséquence.

CORRIGENDA

p. 3 *app.* l. 2: **5** regem *lire* regem.
p. 6 *texte*: et et chlamyde *lire* et chlamyde.
p. 23 l. 9 leuiter *lire* le*n*iter.
l. 19 illi *lire* ill*i*.
p. 28 l. 30 historia *lire* historiae.
p. 30 l. 3 et reprendre *lire* ni reprendre.
p. 45 *app.* l. 4 supprimer *bis*.
p. 46 l. 1 *après* ex *Hertz* || *ajouter 24* noluisse: uoluisse *recc.* ||
p. 49 l.20 beaucoup *lire* de beaucoup.
p. 50 app. l. 3 *après* e *P placer la ligne 1 de la page 51* dici *V*: ... *Sauppe*.
p. 56 l. 22 (*modum*) *lire* (*praemodum*).
p. 65 l. 1 un voluptueux *lire* un efféminé.
p. 72 l. 15 vaurien *lire* esprit fumeux.
p. 79 l. 11 repriatur *lire* reperiatur.
p. 133 *app.* l. 6 soro.ribus *lire* soro-ribus.
p. 151 l. 15 *lire* circumplectitur.
p. 191 *dernière ligne lire* précipitamment.

TABLE DES MATIÈRES

Ce volume,
le deux cent trente-cinquième
de la série latine
de la Collection des Universités de France,
publié aux Éditions Les Belles Lettres,
a été achevé d'imprimer
en mai 2023
par La Manufacture Imprimeur
52202 Langres Cedex, France

N° d'édition : 10644
N° d'impression : 230434
Dépôt légal : mai 2023